Principles of European
Contract Law Part III
Edited by Ole Lando, Eric Clive,
André Prüm and Reinhard Zimmermann

ヨーロッパ契約法
原則 III

オーレ・ランドー／エリック・クライフ
アンドレ・プリュム／ラインハルト・ツィンマーマン 編

潮見佳男　中田邦博　松岡久和 監訳

PRINCIPLES OF EUROPEAN CONTRACT LAW, Part III
Edited by Ole Lando, Eric Clive,
André Prüm and Reinhard Zimmermann
Copyright © 2003 by The Commission on European Contract Law
Japanese translation published by arrangement with Ole Lando
through The English Agency (Japan) Ltd.

目　　次

　　第Ⅲ部序文（5）
　　ヨーロッパ契約法原則Ⅲに関する委員会の構成員（10）
　　第Ⅲ部への序論（13）
　　第10章から第17章の概要（19）
　　略語表（33）

ヨーロッパ契約法原則Ⅲ条文 …………………………… 1

ヨーロッパ契約法原則Ⅲ注解
第10章　多数当事者 ……………………………………… 21

第1節　複数債務者 ……………………………………… 21
　　10：101条　連帯債務，分割債務，共同債務（21）
　　10：102条　連帯債務が生じる場合（25）
　　10：103条　分割債務における責任（28）
　　10：104条　共同債務の不履行に対して金銭の支払いが請求される
　　　　　　　　場合の特則（28）
　　10：105条　連帯債務者間の内部負担割合（30）
　　10：106条　連帯債務者間の求償（32）
　　10：107条　連帯債務における履行，相殺，および混同（34）
　　10：108条　連帯債務における免除または和解（36）
　　10：109条　連帯債務における判決の影響（37）
　　10：110条　連帯債務における時効（38）
　　10：111条　連帯債務におけるその他の抗弁事由（40）

第2節　複数債権者 ……………………………………… 41
　　10：201条　連帯債権，分割債権，共同債権（41）
　　10：202条　分割債権の持分割合（44）
　　10：203条　共同債権における履行の困難（45）

10：204条　連帯債権の持分割合 (46)
10：205条　連帯債権に関するその他の規律 (46)

第11章　債権譲渡 …………………………………………… 51

第1節　総　　則 ………………………………………………… 51
11：101条　本章の対象 (51)
11：102条　契約に基づいて発生する債権の一般的な譲渡性 (57)
11：103条　一部譲渡 (60)
11：104条　債権譲渡の方式 (63)

第2節　譲渡人と譲受人との間における債権譲渡の効果 ………… 65
11：201条　譲受人に移転される権利 (65)
11：202条　債権譲渡の効果発生時点 (67)
11：203条　譲渡人に対する譲受人の権利の存続 (68)
11：204条　譲渡人による保証 (70)

第3節　譲受人と債務者の間における債権譲渡の通知 ……………… 74
11：301条　契約上の債権譲渡禁止 (74)
11：302条　その他の無効な債権譲渡 (77)
11：303条　債務者の義務に対する効果 (79)
11：304条　債務者の保護 (82)
11：305条　競合する請求 (83)
11：306条　履行場所 (84)
11：307条　抗弁および相殺権 (86)
11：308条　無権限の変更による譲受人の非拘束 (89)

第4節　譲受人と競合する権利主張者の間の優先順序 ……………… 90
11：401条　優　先　性 (90)

第12章　債務者の交替，契約の譲渡 ……………………… 95

第1節　債務者の交替 ……………………………………………… 95
12：101条　債務者の交替 (95)
12：102条　交替の抗弁と担保に関する効果 (100)

第 2 節　契約の譲渡 …………………………………………………… *104*
　　12：201条　契約の譲渡（*104*）

第13章　相　　殺 …………………………………………………… *109*

　　13：101条　相殺の要件（*109*）
　　13：102条　未確定の債権（*115*）
　　13：103条　外国通貨による相殺（*118*）
　　13：104条　通知による相殺（*120*）
　　13：105条　複数の債権と債務（*122*）
　　13：106条　相殺の効果（*124*）
　　13：107条　相殺をする権利の排除（*127*）

第14章　時　　効 …………………………………………………… *131*

第 1 節　総　　則 ……………………………………………………… *131*
　　14：101条　債権の時効（*131*）

第 2 節　時効期間および起算点 ……………………………………… *136*
　　14：201条　一般の時効期間（*136*）
　　14：202条　裁判手続によって確定された債権の時効期間（*141*）
　　14：203条　時効期間の起算点（*144*）

第 3 節　時効期間の伸長 ……………………………………………… *149*
　　14：301条　債権者が認識を欠く場合における時効期間の進行停止（*149*）
　　14：302条　裁判またはその他の手続における時効期間の進行停止（*155*）
　　14：303条　債権者の支配を越えた障害の場合における時効期間の進行停止（*160*）
　　14：304条　交渉における時効期間満了の延期（*162*）
　　14：305条　当事者が無能力者である場合の時効期間満了の延期（*165*）
　　14：306条　相続の場合における時効期間満了の延期（*170*）
　　14：307条　時効期間の上限（*171*）

第 4 節　時効期間の更新 ……………………………………………… *176*
　　14：401条　承認による更新（*176*）
　　14：402条　強制執行の申立てが行われた場合の更新（*179*）

第 5 節　時効の効果 …………………………………………… *180*
　14：501条　一般的効果（*180*）
　14：502条　付随的な債権に対する効果（*184*）
　14：503条　相殺に対する効果（*184*）

第 6 節　合意による修正 ………………………………………… *186*
　14：601条　時効に関する合意（*186*）

第15章　違　法　性 …………………………………………… *191*

　15：101条　根本原理に反する契約（*191*）
　15：102条　強行規定に違反する契約（*194*）
　15：103条　一部無効（*202*）
　15：104条　原状回復（*204*）
　15：105条　損害賠償（*207*）

第16章　条　　　件 …………………………………………… *211*

　16：101条　条件の種類（*211*）
　16：102条　条件に対する干渉（*216*）
　16：103条　条件成就の効果（*219*）

第17章　利息の元本の組入れ ………………………………… *221*

　17：101条　利息が元本に組み入れられる場合（*221*）

第Ⅲ部文献一覧（*227*）
ヨーロッパ契約法原則Ⅰ・Ⅱ　目次（*243*）
監訳者あとがき（*247*）
索引（日本語索引・原語索引）（*251*）

第Ⅲ部序文

作業の完了

　本書は，ヨーロッパ契約法原則の刊行のために20年以上にもわたって継続されたプロジェクトの第3部であり，最後の成果でもある。この第3段階においてヨーロッパ契約法委員会は作業を終結することになる[1]。

第1部および第2部

　委員会は，ヨーロッパ契約法原則の準備を1982年に開始した。同原則の第1部は履行，不履行，救済を扱っており，1995年にイングランドで刊行された[2]。フランス語版は1997年にパリで刊行された[3]。第1部の条文のドイツ語版はヨーロッパ私法雑誌という重要な定期刊行物において公表された[4]。

　1992年に委員会は，それに続く原則の準備を始めた。第2段は，ヨーロッパ契約法原則Ⅰ・Ⅱとして，イングランドで1999年に刊行された[5]。同書は，第1部で扱われた時効の改訂版を付加し，さらに，契約の成立，有効性，解釈，内容，および代理を扱うものである。

　同Ⅰ・Ⅱのイタリア語版は2001年に[6]，ドイツ語版は2002年に刊行された[7]。フランス語版およびスペイン語版は現在準備中である*。

　読者への案内のために，Ⅰ・Ⅱの目次のすべてを本書巻末の索引の前に再録しておくことにする。

第3部

　1995年のストックホルムでの最後の会合において，本委員会は，本作業が第3段階においても継続されること，さらに，それが，多数当事者，債権譲渡，債務者の交替，契約の譲渡，相殺，時効，違法性，条件，利息の元本の組入れも含むものとなることについて合意した。

　本委員会は，1997年12月にレーゲンスブルクでの会合においてヨーロッパ契約法原則の第3部の準備に着手した。この作業は，それに続く4つの会合が，1999年1

月5日から9日までエジンバラで，2000年2月14日から19日までグラーツで，2000年11月23日から24日までレーゲンスブルクで，2001年2月6日から10日までコペンハーゲンで開催された。本委員会は，施設や宿泊場所を提供してくれた開催大学に対して感謝の意を表明したい。

第3部は，1999年の出版物の続編である。この2巻本およびその201条の条文は契約法の総論の重要な部分を扱うものである。

本委員会は，この第3部の刊行をもってその仕事を終えた。しかしながら，冒頭で言及したように，ヨーロッパ民法典のスタディ・グループは，クリスチャン・フォン・バール教授が指導的な立場にあり，その指揮の下，現在，売買や役務提供などのいくつかの重要な契約の個別類型，不法行為，不当利得，動産上の担保権を伴った動産譲渡に関する原則を準備している。こうした作業がどのような形で結実するかはまだはっきりしていないが，しかし，ヨーロッパ契約法原則が，場合によってはこれらの新しい原則と融合し，将来のヨーロッパ民法典となるかもしれない。

本原則Ⅲに関する作業に従事した委員会の構成員は，この序文の後にすぐにリストにあげることにする。マルク・エルビンガー弁護士は，他の仕事を抱えたことで1999年に委員会から抜け，それと交替にアンドレ・プリュム教授（ナンシー大学，ルクセンブルク）が加わった。ヒュー・ビール教授は，イギリス法委員会の構成員に指名され，2000年に委員会を去り，エリック・クライフ教授（エジンバラ大学）が加入した。委員リストから分かることであるが，委員会構成員のほとんどが学者である。しかし，そのうちの幾人かはすでに実務家であって，法改革や公的な問題にかかわってきている。

今後の情報

本原則に関する文献情報や，本原則に潜在的に関係するヨーロッパの状況についての今後の発展は，ヨーロッパ契約法委員会のホームページで確認できるであろう[8]。

本委員会の作業の手順

条文，コメント，ノートの起草は報告者の仕事となる。委員会の第3段階の作業についての報告者は次の通りである。

第10章　複数当事者	デニス・タロン教授
	クロード・ヴィツ教授
第11章　債権譲渡	サー・ロイ・グッド教授

第12章　債務者の交替，契約譲渡　　ヴィリバルト・ポッシュ教授
第13章　相　殺　　　　　　　　　ラインハルト・ツィンマーマン教授
第14章　時　効　　　　　　　　　ラインハルト・ツィンマーマン教授
第15章　違法性　　　　　　　　　ヘクター・マックイーン教授
第16章　条　件　　　　　　　　　ミヒャエル・ブリッジ教授
第17章　利息の元本の組入れ　　　ウルリヒ・ドロブニック教授

　各報告者は委員会に，現行各国法に関するコメントおよびノートを付加した該当の章の草案を提示した。これらのノートは，委員会の構成員がそれぞれの国の法について提供した情報にほとんど依拠して作られたものである。会合において，委員会はその文面を承認したり，それを変更したり，さらに考えてもらうため，あるいは発展させてもらうために差し戻したりした。終わりの2回の委員会の会合で，すべての草案が起草グループ[9]によって検討された。

　コペンハーゲンの最後の会合で，エリック・クライフが議長を務めた編集グループ[10]において用語，表現，各条文相互の内的一貫性と整合性，コメントおよびノートが吟味され，英語版の編集が準備された。この段階で，各章の起草者との意思疎通が行われたが，すべての起草者が編集上の疑問や示唆に対して忍耐強く対応してくれたことに心から感謝する次第である。アンドレ・プリュムは，条文を（最初から英語とフランス語の両方とで起草された10条を除いて）フランス語に翻訳した[11]。オーベルニュ大学のジョージュ・ルェエット（Georges Rouhette）[12]教授から有益なコメントが寄せられた。彼は，厚意でヨーロッパ契約法原則Ⅰ・Ⅱとの用語上の一貫性という観点から条文を検討することに同意してくれた。最後の段階では，全部のテキストを出版社に送る前に編集後の第3部の条文の英語テキストを構成員全員に送付した。有益なコメントを受けてごくわずかであるが，修正を施した。

　第3段階の作業のために委員会の事務局を担ったのは，レーゲンスブルク大学のソニヤ・マイヤー（Sonja Meier）とコンラート・ルシュ（Konrad Rusch）の両氏であった。委員会は，事務局の有益な仕事に感謝している。彼らの主要な仕事は，会合の設定であるが，多大の忍耐，関心と注意を払ってそれを遂行してくれた。マルティン・レイング（Martin Laing）が起草グループの会合を支援してくれたことや，デイドル・マッキントッシュ（Deirdre Mackintosh）は文献一覧の準備を手伝ってくれたことも大きな助けとなった。

　1982年から1995年にわたって，12回の会合が催され，59箇条を含む第1巻が用意され，1992年から1999年にかけて，73箇条を含む第2巻を出版するために9回の会合がもたれ，1997年から2002年にかけて5回の会合がもたれ，69箇条を含む第三部が用意された。このように作業が加速したのにはいくつか理由がありうるが，その理由の一つは，われわれがこの種の仕事について経験を積んだことである。

スポンサー

　1997年段階では，まだ委員会はさまざまなスポンサーからドイツ学術財団連盟を通じて提供された資金を保有していた[13]。しかしながら，これらの資金では，委員会や作業グループ，起草グループの会合の費用を填補するには十分ではなかった。こうした会合の費用は，ドイツ学術振興会（Deutsche Forschungsgemeinschaft）がラインハルト・ツィンマーマン教授に授与したライプニッツ賞から同教授によって提供された資金によってまかなわれた。こうした援助がなければ，委員会はこの作業を完成することはできなかったであろう。
　私の仲間たちである委員会の構成員からの支援に対しても同じことがいえる。彼らは報酬を得ずに，その時間と労力をこの仕事のために費やしてくれたのである。

　　ホルテ　2002年5月

オーレ・ランドー
Ole Lando

1) 本委員会は，第1段階の後に，また第2段階の後に，重なりはあるものの，同一ではない構成員によって再組織された。本原則の第1部および第2部に関して作業を行った者たち（第1委員会と第2委員会）のリストは，潮見佳男・中田邦博・松岡久和監訳オーレ・ランドー＝ヒュー・ビール編『ヨーロッパ契約法原則Ⅰ・Ⅱ』（2006年，法律文化社）17頁を参照。第3部の作業を行った者たち（第3委員会）のリストは，この序文に続く節を参照。
2) Lando & Beale (eds.) *Principles of European Contract Law. Part I. Performance, Non-performance and Remedies*（Dordrecht 1995）．品切れ。
3) *Les Principes du droit européen du contrat L'exécution, l'inexécution et ses suites*, Version française, Isabelle de Lamberterie, Georges Rouhette, Denis Tallon（Paris 1997）．
4) (1995) 3 ZEuP 864.
5) Lando & Beale (eds.) *Principles of European Contract Law, Parts I & II*（the Hague 1999）（hereinafter PECL I & II）．
6) Castronovo (ed.) *Commissione per il diritto europeo dei contratti, Principi di diritto europeo dei contratti Parte I e II*, Edizione italiana a cura di Carlo Castronovo（Milano 2001）．
7) *Grundregeln des Europäischen Vertragsrechts, Teile I und II*, Deutsche Ausgabe von Christian von Bar und Reinhard Zimmermann（München 2002）．
8) http://www.cbs.dk/departments/law/staff/ol/commission_on_ecl/index.html.
9) この部会の構成員のリストは，この序文の後すぐの次の節で取り上げる。
10) この部会の構成員のリストは，この序文の後すぐの次の節で取り上げる。
11) 第10章（多数当事者）は，当初からフランス語で起草され，それに関連する条文はフランス語

と英語の両方で起草されていた。同章は，エリック・クライフによって英語に翻訳された。
12) 本原則Ⅰ・Ⅱの編集部会の委員長である。
13) 前掲注1)『ヨーロッパ契約法原則Ⅰ・Ⅱ』の序文を参照。

＊　これらについては，監訳者あとがきを参照。なお，すでにフランス語版も刊行されている。

ヨーロッパ契約法原則Ⅲに関する委員会の構成員

　本巻の原則および本文を起草したヨーロッパ契約法委員会の構成員の名前を次に挙げておくことにする。[1]

クリスティアン・フォン・バール教授（Christian von Bar）
ヒュー・ビール教授（Hugh Beale, 2000年まで）
マルク・エルビンガー弁護士（Maître Marc Elvinger, 1999年まで）
ミヒャエル・ヨアヒム・ボネル教授（Michael Joachim Bonell）
マイケル・ブリッジ教授（Michael Bridge）
カルロ・カストロノーヴォ教授（Carlo Castronovo）
エリック・クライフ教授（Eric Clive, 2000年から）
ウルリヒ・ドロプニック教授（Ulrich Drobnig）
カルロス・フェレーラ・デ・アルメイダ教授（Carlos Ferreira de Almeida）
ロイ・グット教授（Sir Roy Goode）
アートゥア・ハートカンプ教授（Arthur Hartkamp）
エワード・ホンディウス教授（Ewoud Hondius）
コンスタンティノス・ケラメウス教授（Konstantinos Kerameus）
オーレ・ランドー教授（Ole Lando）
ヘクター・マックイーン教授（Hector MacQueen）
フェルナンド・マルティネス・サンス教授（Fernando Martinez Sanz）
ブライアン・マクマホン教授（Bryan McMahon）
ヴィリバルト・ポッシュ教授（Willibald Posch）
アンドレ・プリュム教授（André Prüm, 1999年から）
ヤン・ランバーグ教授（Jan Ramberg）
マティアス・E・シュトルメ教授（Matthias E. Storme）
デニ・タロン教授（Denis Tallon）
トーマス・ヴィルヘルムソン教授（Thomas Wilhelmsson）
クロード・ヴィッツ教授（Claude Witz）
ラインハルト・ツィンマーマン教授（Reinhard Zimmermann）

委員長

オーレ・ランドー

第Ⅲ部に関する起草グループ構成員

ヒュー・ビール
ウルリヒ・ドロブニック
オーレ・ランドー
ラインハルト・ツィンマーマン

第Ⅲ部に関する編集グループ構成員

エリック・クライフ（委員長）
オーレ・ランドー
アンドレ・プリュム
ラインハルト・ツィンマーマン

第Ⅲ部に関する委員会事務局

ソニア・マイアー（Sonja Meier）
コンラート・ルシュ（Konrad Rusch）

1）委員会，起草グループ，編集グループ，事務局において行われた第1期および第2期の作業に従事した構成員については，潮見佳男・中田邦博・松岡久和監訳『ヨーロッパ契約法原則Ⅰ・Ⅱ』のxviiからxixに収録されている。

第Ⅲ部への序論

1．第Ⅰ部および第Ⅱ部との連続性

　本書は，『ヨーロッパ契約法原則・第Ⅰ部および第Ⅱ部（改訂合本版）[1]』（2000年公表）[2]に連続するものである。本書は，この先行書とともに利用されることを想定している。特に，先行書における一般的定義に関する条項の中には，本書の諸条項との関係で適用されるものがある点に注意が必要である。

　本書の目的は，第Ⅰ部および第Ⅱ部と同一である。第1の目的は，ヨーロッパ統一法典の起草作業に対して，ひとつの考えられる枠組みを提示することにある。本原則は，ヨーロッパ統一民法典草案の重要部分を担うものになるだろう。本原則と内容面で重なり合う部分（債務法と物権法の一部）の起草作業は，クリスチャン・フォン・バール教授の主導で積極的に進められている。この作業は，欧州議会からの委託を受けてのものである[3]。このほかにもヨーロッパの複数の機関で作業が進められており，欧州議会の立場もより確固たるものとなってきている。タンペレで開催された欧州理事会[4]では，EU閣僚理事会および欧州委員会に対し，「私法のより一層の集約」を見据えた準備作業の実施が指示された。2001年7月，欧州委員会は，ヨーロッパ契約法に関する通達（Communication）[5]を採択した。その後，司法および域内市場委員会（Committee on Legal Affairs and the Internal Market）での審議[6]を経て，欧州議会において，加盟諸国における私法および取引法の統一化に関する決議[7]が採択されている。同決議は，各国国内法の多様性やヨーロッパ法の不調和からくる諸問題，および，これらの問題が国際私法によっては満足のいく解決を得られないものであることを指摘して，欧州委員会に対し，次のようなアクション・プランの提示を促した。すなわち，比較法分析ならびに概念および用語法統一の段階的な実施，さらに2010年以降には，それまでの作業によって確立される共通の法概念と解決に依拠したEU契約法準則の策定および採択を盛り込んだアクション・プランである。そして同決議では，ヨーロッパ契約法委員会による作業の重要性が言及されている。

　本原則のその他の目的は，契約当事者が契約に取り入れることのできる準則を提示すること，仲裁人などに用いられることを想定して現代における国際商慣習（*lex mercatoria*）の姿を提示すること，および，各国の裁判所や立法者が自国の法発展

に際して模範とすることのできる準則のモデルを提示することである。これらについては，前巻〔『ヨーロッパ契約法原則Ⅰ・Ⅱ』〕で次のように記していたとおりである[8]。

> 「本原則は，短期的な目的だけでなく，長期的な目的をも有している。契約を締結する当事者や，契約紛争について決定する裁判所および仲裁人にとって，本原則は直接に役に立つ。同じことは，ヨーロッパ・レベルであれ国家レベルであれ，契約法の規定を起草する立法者にもあてはまる。本原則の長期的な目的は，EU において一般契約法の調和が実現されるのを支援する点にある。」

2．本原則の守備範囲

本書の各章は2つのグループに分かれる。第1のグループ——多数当事者，債権譲渡，債務者の交替および契約の譲渡，相殺，時効——では，債務法上の主要なトピックが扱われる。これらは，先に出版された原則に残っている小さな隙間を埋めるものではなく，全3部の合本版においてもそれぞれ独立の章として扱われるだろう。第2のグループ——違法性，条件，利息の元本への組入れ——は，先に出版された原則における比較的小さな隙間を埋めるものである。これらは，全3部の合本版においては独立の章として扱われるのではなく，他の章の適切な箇所に組み込まれるだろう。

本書によって追加される新たな章が扱うトピックのほとんどは，契約上の債務に限らず債務一般に関係するものである。本書の大部分がその重点を契約上の債務だけでなく債務法一般に置くものであるため，本委員会は，本書の表題に関して多少の懸念をもった。最終的には，「ヨーロッパ契約法原則」という表題を維持することとされたが，第Ⅲ部の原則のいくつかは契約外の債務にも適用されること，また，そこでは一般的な用語を用いることが最適であるとの認識に変わりはない。

3．本原則の源泉

先行の2部と同様，ヨーロッパ契約法委員会は，主として EU 加盟諸国の法制度を素材にしている。その際，特定の法制度を出発点としたり，または，特定の法制度が大きな影響をもつと考えるものではない。そこでの調査は，将来の最も適切な準則を見据えたものであり，現在の支配的な傾向や妥協点を探るものではない。重要な国際的文書などヨーロッパ以外の素材も，適切なかぎりで用いている。

4．構成と方法

　本書に収められた原則は，全8章69カ条に定められた原則および準則からなる。第Ⅰ部・第Ⅱ部を収めた巻の最終章は第9章であった。そのため，本書は第10章から始まっている。本書の構成は以下の通りである。
　　第10章　多数当事者
　　第11章　債権譲渡
　　第12章　債務者の交替，契約の譲渡
　　第13章　相　殺
　　第14章　時　効
　　第15章　違法性
　　第16章　条　件
　　第17章　利息の元本への組入れ
　このような構成は以下のような考えに基づいている。まず，当初から契約当事者が複数である場合を先に扱い，債権譲渡・債務者の交替・契約の移転によって生じる事後的な当事者の変更をその後に扱うのがより自然であるとの考えである。また，債務の存続を前提とするこれら債権譲渡等のケースを先に扱い，その後に相殺や時効のように債務関係が終了し，または実質的に変更されるケースを扱うのがより自然であるとの考えである。第15章，第16章，第17章で扱われるトピックを最後に配置したのは次の理由による。すなわち，第Ⅰ部から第Ⅲ部を合本する際に，他の章番号を変更することなく，これらのトピックを第Ⅰ部・第Ⅱ部の適切な箇所に組み込むことができるよう配慮したためである。
　先行の2部と同様に，各章は一連の条文からなり，さらに節としてまとめられることもある。各条文には，その準則を採用した理由，その準則の目的，機能，および他の準則との関係について述べたコメントが続く。その準則の機能については，さらに設例を用いて説明される。各条末尾のノートでは，主な参照の対象を明らかにし，EU加盟国の様々な法体系において各論点がどのように扱われているかを簡単に記述する。
　弁護士だけでなくその依頼人にも容易に理解できるよう，簡潔かつ一般的な準則を定立するために，あらゆる努力がされた。本原則は，最大限の柔軟性を備え，対象とする分野における将来の法理論の発展に対応できるように作られている。それゆえ，本委員会は，生じうるすべての事態を網羅するという誘惑に屈しなかった。そのような誘惑に従えば，過度に詳細で個別的なものとなり，将来の発展を妨げるおそれがあるからである。ここで想い起こさなければならないのは，1：106条が，本原則はその目的に沿って解釈しなければならず，本原則の対象範囲に含まれるが

その解決方法が明文では定められていない争点については，できるかぎり本原則の根底にある考え方に沿って解決しなければならないと規定していることである。これが，本原則の創造的機能にとって最も重要な点である。

5．「債権」という概念

　本書の条文では，「債権 claim」という語が頻繁に用いられている。本書では，この語を，債務の履行を求める権利という意味で用いている。この用語の意味は非常に重要である。なぜなら，この用語は，多くの規定の射程を画する機能をもつからである。例えば土地や動産，または知的財産が「債権」に含まれないことは明らかであり，そのため債権譲渡の章ではこれらの財産権の移転は扱われない。同様に，「債権」という用語には，生存権や自由権などの基本的人権，または投票権などの政治的権利が含まれないことも明らかである。さらに，あらゆる私法上の権利が含まれるのでもない。債務の履行を求める権利以外の権利は含まれない。そこに含まれない権利を，内容に従って列挙すれば，次のようになる。
・物的権利（例えば，財産を使用または処分する所有者の権利）
・手続上の権利（例えば，訴訟で審理を受ける権利）
・抗弁的権利（例えば，履行を留保する権利，または，契約の無効を主張しもしくは契約を解消する権利）
・基本的（mere）自由に関する権利（例えば，開放されている土地を歩く一般的な権利）
・高度に人格的な一定の権利（例えば，身体の健康またはプライバシーに関する権利）
・家族法における一定の権利（例えば，婚姻または離婚する権利）
・相続における一定の権利（例えば，相続人または遺言執行者としての権利）

　債権とは，履行を求める権利であり，履行すべき債務と対をなすものである。したがって，本原則のうち債権に適用される条項は，広義の債務法の一部を構成する。個別の条文で特に断らないかぎり，履行すべき債務の発生原因を問わない。債務の発生原因は，契約であっても，（例えば，契約の不履行，または契約外で他人から受けた損害に対する）損害賠償に関する法準則であっても，不当利得に関する法準則であってもよい。

　履行を求める権利の典型は，金銭の支払いを求める権利であり，この種の債権は，特に相殺や債権譲渡との関連で重要になる。しかし，「債権」という語には，それ以外の履行を求める権利も含まれる。例えば，商品の引渡しや役務の提供を受ける権利などである。不作為債務も，履行すべき債務に含まれる。

6．編集上の留意点

　本書は1個の作品の第Ⅲ部であり，このことを前提に編集されている。それゆえ，用語，配置，構成，および引用方法などについて，第Ⅰ部および第Ⅱ部との一貫性を保つため，あらゆる努力がされている。これにより，引用の方法が，引用元の国で通常用いられている方法とは異なっている部分もある。これについては，将来の合本版編集の際に見直す余地があるであろう。

　ノートの長さは章ごとに異なっている。各章のテーマの性質が異なることが，その要因のひとつである。ヨーロッパにおける多くの法制度でほぼ同じように理解されている概念を反映している条項では，ノートにおいて各国の法を詳しく考察する必要はない。これに対し，各国の法が異なるアプローチを採用している場合は，本原則の採用した準則の背景について，より詳細な解説が加えられている。

7．作業完了後の各国法の変更

　ヨーロッパ契約法委員会は，2001年2月に最終会合を開くとともに，編集上の変更を留保した上で本書の記述について合意に達した。したがって，法比較に関するノートに反映されているのは，原則として，2000年12月末時点で効力を有する法である。その後，校正作業のなかで出典表示がいくつか更新されたが，各国国内法の大きな変更や，その他実質的な改訂を要するような展開については盛り込むことができていない。

　特にドイツ民法については，旧法，すなわち2002年1月1日に施行された改正債務法以前のものが引用されている。ドイツ債務法の改正は，本原則第Ⅲ部の内容の大部分には影響を及ぼすものではない。しかし，時効法は，抜本的に改正された。ドイツ新時効法は，第14章でのコメントやノートで言及されている国際的な傾向を考慮するものであり，いくつかの重要な特徴（3年という比較的短期の一般的時効期間，一般的時効期間の進行に関しての認識可能性基準の重要性，10年または30年の上限期間）において，本原則の提示する時効制度（さらに現在では，イングランド法律委員会が勧告する時効制度（LawCom No 270, Limitation of Actions, 2001））と一致するものである。もっとも，細部では多くの相違点が存在する。本原則の時効に関する章（編集完了前の版）は，ドイツの立法者が参照できる状態にあったこと，および，それが最終の改正案の立案に影響を与えたことは，特筆に値する。さらなる情報と出典については，14：101条のノートの補遺（136頁）を参照されたい。

1) Edited by Ole Lando and Hugh Beale.
2) By Kluwer Law International.
3) See Resolution of 26 May 1989, OJEC No. C158/401 of 26 June 1989 and Resolution of 6 May 1994, OJEC No. C 205 (519) of 25 July 1994.
4) 15 and 16 October 1999, Conclusion 39.
5) *Communication from the Commission to the Council and the European Parliament on European Contract Law* July 2001, COM (2001) 398, C5-0471/2001, OJC 255, 13.9.2001, p. 1.
6) See the Report by M. Lehne, A5-0384/2001.
7) 15 November 2001. 2001/2187 (COS).
8) At p. xxiv. 〔『ヨーロッパ契約法原則Ⅰ・Ⅱ』25頁〕。

第10章から第17章の概要

第10章　多数当事者

(a) 総　　説

第10章では，複数の債務者または債権者が存在する状況が扱われる。こうした状況は，契約上の債務についても，契約外の債務についても生じうる。

第1節　複数債務者

(b) 類　　型

ある債務について複数の債務者が存在する場合，それらの債務者がどのような関係にあるかによって，結論はまったく異なる。主に，次の3つが考えられる。第1は，複数の債務者全員が全部の履行をする義務を負い，債権者は，いずれの債務者に対しても全部の履行を求めることができる場合である。第2は，複数の債務者各自の履行義務の範囲が，分割された一部分にとどまり，債権者は，その部分についてのみ各債務者に請求できる場合である。第3は，複数の債務者全員が全部の履行をする義務を負い，しかも，債権者は全部の履行を債務者の1人に求めることができず，債務者全員による履行を求めなければならない場合である。

(c) 用　語　法

上記の3つの状況について，国際的に一致した用語は存在しない。各国の用語法は非常に多様である上，なかにはミスリーディングなものもある。したがって，本委員会は，新たな用語法を採用することにした。この用語法は，各国の制度に直接由来するものではなく，各債務類型の性質をより的確に表すために採用されたものである。第1類型は，各債務者が全部の履行をすべき責任を負う場合であり，この類型の本質的要素は連帯性（solidarity）にある。第2類型は，各債務者が一部分についてのみ責任を負う場合であり，この類型の本質的要素は分割性（separateness）にある。第3類型は，金銭債務に転化しないかぎり個別に責任を負うことがない場合であり，この類型の本質的要素は共同性（communality）にある。以上のことから，本原則の各条では，3つの類型を，それぞれ連帯債務，分割債務，共同債務と呼ぶ。

(d) デフォルト・ルール

複数の債務者が存在する場合，その債務は連帯債務であるというのがデフォルト・ルールである。10：102条が，このことを明らかにしている。

(e) 連帯債務の構造

10：105条から10：111条では，連帯債務における種々の行為，事実，抗弁の効果が規定されている。具体的には，次のものが規定されている。
(a) 債務者の1人がする履行
(b) 債務者の1人について生じた相殺または混同
(c) 債務者の1人に対してする債権者の免除
(d) 債務者の1人について責任を認め，または否定する裁判所の決定
(e) 債務者の1人についての，債権の時効
(f) 債務者の1人が主張できる抗弁

(f) 分割債務および共同債務に関する特則

10：103条は，分割債務における平等性の推定を規定する。10：104条は，共同債務が不履行により金銭債務に転化する場合の特則を規定する。この場合，債務の共同性という特殊な性質を維持すべき特段の根拠がないため，債務者らは，連帯債務者として責任を負うことになる。

第2節　複数債権者

(a) 類　　型

第10章のその他の条項は，ある債務について複数の債権者が存在する場合を扱う。そこでは，3つの類型が規定されている。第1は，いずれの債権者も債務者に対して全部の履行を請求することができ，債務者はいずれの債権者に対しても履行することができる場合である。第2は，債務者が各債権者に対してその債権者の持分についてのみ履行義務を負い，各債権者は自己の持分の限度でのみ履行を請求できる場合である。第3は，債務者はすべての債権者のために履行する義務を負い，かつ，債権者の1人はすべての債権者のためにのみ履行を請求できるという場合である。

(b) 用　語　法

ここでの用語は，複数債務者について用いたものに対応している。上記第1，第2，第3の類型における債権を，それぞれ連帯債権，分割債権，共同債権と呼ぶ。ここでも，既存の用語には，一般に承認され，十分であると考えられるものがないため，新しい語が用いられている。

(c) デフォルト・ルール

連帯債権はデフォルト・ルールではない。ある契約における複数債権の性質は，明示的に定められていない場合には，契約解釈の問題となる。実務では，各債権者が分割債権を有するのが通常である。連帯債権とされると，債権者にとってリスクが高くなる。債務者はいずれの債権者に対しても弁済することができ，その弁済を受けた債権者が姿を消し，あるいは支払不能に陥る可能性があるからである。

(d) 連帯債権の構造

連帯債権に関する準則は，その大部分が，連帯債務に関する準則に必要な修正を加えたものを基礎にしている。各債権者の持分は等しいものと推定され，自らの持分を超えて弁済を受けた債権者は，他の債権者に対し，各自の持分を限度としてその超過分を引き渡さなければならない（10：204条）。債権者の1人に対する全部の履行は債務を消滅させるのに対して，債権者の1人が，履行を受けることなく債務を免除したときは，その免除は他の債権者に影響を及ぼさない（10：205条1項）。履行，相殺，混同，裁判所の決定の効果，時効，および抗弁に関する準則は，適切な調整が施されるほかは，連帯債務の準則と同一である（10：205条2項）。

(e) 分割債権および共同債権に関する特則

分割債権について，各債権者の持分は等しいものと推定される（10：202条）。10：203条は，共同債権者の1人が履行の受領を拒絶し，または履行を受領できなくなったという場合に，債務者が，第三者に金銭または物品を供託することにより，債務を免れることを可能にするための特則を定めている。

第11章　債権譲渡

(a) 重　要　性

履行を求める権利（「債権 claim」——序論5（4頁）を参照）の移転が可能であることは，すべてのヨーロッパ諸国における取引・金融の世界で，非常に重要となる。商取引においては，債権，特に契約上の金銭債権を，原則として債務者の同意なしに移転できることが必要となる。しかしこのことは，明らかに，債務者が不利益を被る危険を生じさせる。例えば，債務者は，1人ではなく複数の債権者から，場合によっては不便な場所での，支払いを求められるおそれがある。また，譲受人にとっての明らかな危険として，例えば，譲渡人と債務者との内部的合意によって債権の内容が変更されてしまっていることもある。これらのことから，本原則では，債権譲渡に関して，当事者の利益を慎重に衡量した準則が必要となる。第11章は，そうした準則を規定している。

(b) **本章の射程**

　本章では，債権譲渡（本来的なものであれ担保目的であれ）のみでなく，譲渡以外の方法による債権への担保権設定も扱われる。このように射程を広げたのは，機能的な理由に基づく。譲渡によらない債権への担保権設定に関する政策的考慮の多くは，債権譲渡に関する政策的考慮に類似している——このことは，いくつかの国際条約で承認されている。しかしながら，非譲渡型担保についての条文の位置づけが，動産担保を独立して扱う将来のヨーロッパ民法典草案との関係で再検討されなければならないことは明らかである。論理的，概念的観点からは，譲渡によらずに設定される担保についての規定を譲渡の章に置くことは，自明のことではない。もうひとつ注意しておかなければならないのは，第11章の準則は，適切な調整をしなければ非譲渡型担保に適用できないということである。本原則自体では，こうした調整がどのようなものであるかについては述べられていない。しかし，本原則を基礎にした将来の担保に関する国内法またはヨーロッパ法では，それが定められなければならないであろう。方式，登録の要件，一定の効果が生じる時期，そして優劣関係などの問題が，考慮されなければならない。

(c) **一 般 原 則**

　本章第1節は，債権譲渡に適用される以下の一般原則を扱う（11：102条～11：104条）。
(ⅰ) 契約上の債権は譲渡することができる。
(ⅱ) 将来債権は譲渡することができる。
(ⅲ) 債権の一部を譲渡することができる。ただし，譲渡人は，それによって債務者に生じた追加費用について，債務者に責任を負わなければならない。
(ⅳ) 特別な方式は不要である。

(d) **譲渡人と譲受人の間での譲渡の効果**

　本章第2節は，譲渡人と譲受人の間での譲渡の効果を扱う。特に，債権譲渡によって移転するものの内容，効果の生じる時期，および，譲渡人が与えたとみなされる保証（債権を譲渡する権利の存在や，譲渡の時点で債権が存在し，強制可能であることの保証）について規定されている（11：201条～11：204条）。また，譲渡が債務者との関係で無効な場合でも，譲渡人と譲受人の間では有効であることも明文で規定されている（11：203条）。

(e) **譲受人と債務者の間での譲渡の効果**

　本章第3節は，譲受人と債務者の間での譲渡の効果を扱う。そこで扱われるのは，債権発生の原因となった契約によって禁止されているために，譲受人と債務者の間

では無効となる譲渡である。一般的には，そのように禁止された譲渡は，債務者に対して効力をもたない。しかし，ファクタリングが大規模に行われているという現実を承認するために，将来の金銭債権の譲渡に関する特則が設けられるなど，例外もある（11：301条）。第3節は，次のような重要な準則を含んでいる。すなわち，債務者が同意していない債権譲渡は，履行の性質または債務者と譲渡人の関係からみて，譲渡人以外の者への履行を債務者に要求することが合理的でないものであるかぎりにおいて，債務者に対しては無効である（11：302条）。また，債務者が譲渡人ではなく譲受人のために履行の責任を負う場合についての準則もある。この場合の一般的な準則としては，譲渡債権を合理的に特定して譲受人への履行をなすことを債務者に求める通知を，譲渡人か譲受人から債務者が受け取った場合にかぎって，債務者は譲受人のために履行する責めを負う（11：303条）。さらに，本節は，次のような広く認められた準則も含んでいる。すなわち，譲受人は譲渡人よりも有利な立場にはならない——債務者は譲受人に対して，譲渡債権について，債務者が譲渡人に対して主張することのできた実体上および手続上のあらゆる抗弁を主張することができる（11：307条1項）。以上に加えて，請求が競合する場合や債権発生の原因となった契約において定められていた場所と異なる場所で履行を求められる場合に，債務者を保護する準則も置かれている（11：305条～11：306条）。

(f) 譲受人と競合債権者の間での優先順位

本章第4節では，譲受人と競合債権者の間での優先順位の問題が扱われる。一般準則では，先に債務者に譲渡の通知をした譲受人が優先するが，例外もある。

第12章　債務者の交替，契約の譲渡

(a) 総　説

債権譲渡が履行を求める権利（「債権」）の移転であるのに対し，第12章で扱われるのは，ある債務についての新旧債務者の交替による債務の移転，および，権利と債務の双方を含む契約全体の移転である。第11章における債権譲渡と，第12章における債務の移転および契約の移転は，次の点で重要な違いがある。すなわち，債権譲渡は債務者の同意なしにされうるのに対し，債務の移転および契約の移転は，三当事者全員の同意が必要である。同意しない債権者に新たな債務者を押し付けることが妥当でないことは明らかであろう。

(b) 債務者の交替

第12章第1節では，旧債務者から新債務者への交替を扱う。これに関する準則として規定されているのは2カ条であり，債権譲渡ほど詳細な規定は置かれていない。

三当事者全員による合意が要求されるため，特に利益保護のための準則を置く必要性が低いからである。もっとも，次のことが必要である。
 (i) 債務者が交替し，旧債務者が債務を免れるという合意が可能であることの明確化
 (ii) 債権者が，あらかじめ債務者の交替に同意しておくことを可能とすること（これは，実務上特に重要である）

以上の2点は，12：101条で規定されている。さらに，債務者の交替が抗弁および担保権に及ぼす影響を規律する必要もある。これを規定するのは，12：102条である。

(c) 契約の譲渡

契約の当事者が別の当事者と完全に交替する必要を生じる場合も多い。このような事態は，通常，賃貸借契約など契約期間が長期にわたる契約において生じる。また，会社の合併や企業買収の結果として，こうした事態が生じることも多い。第12章第2節は，このような場合を扱う。そこでは，従前の契約当事者および承継人の同意により，契約全体（権利と債務の双方を含む）の移転が可能であることが明確化されている。その他の点に関しては，債権の移転については債権譲渡の準則，債務の移転については債務者の交替の準則が準用される。

(d) 更改との関係

言及しておくべき重要な点として，第11章および第12章で規定されていること（移転）は，従前の契約に基づく権利と債務を消滅させて新たな契約に基づく権利と債務に置き換える更改とは異なる。第11章および第12章の理論枠組みでは，契約は継続しつつ，権利もしくは債務，または権利と債務の全体が移転する。もとより，関係当事者において，上述の意味での更改の合意をすることは可能である。第11章および第12章は，これを排除するものではない。

第13章　相　　殺

(a) 総　　説

第13章が扱うトピックは，多くの法体系では，*compensatio* というラテン語に由来する語で知られている。例えば，スコットランド法では"compensation"と呼ばれている。しかし，英語の"compensation"という語には別の意味があるので，"set-off"の語を用いるのがより明確であると考えた。"set-off"の語を用いれば，ここで扱われる問題が，あるものと他のものとが相殺される場合であることを示すことができるという利点がある。法による解決が要求される典型的な問題は以下のよう

なものである。AはBから1000ユーロの支払いを受ける権利を有しており、BはAから500ユーロの支払いを受ける権利を有している。この場合、当事者双方が支払いをしなければならないのか、あるいは、BがAに500ユーロを支払うことですべてが清算されるという解決が可能なのか、可能であるとすればどのようにしてか。第13章は、上記のような状況やもう少し複雑な状況において、一定の制約の下で相殺が可能であることを明確にしている。

(b) 相殺の方法

第13章における相殺は自動的には効力を生じない。会計の透明性やその他の理由により、双方の当事者が、それぞれ全額の支払いを選択することもありうる。現代の資金移動手段によれば、多くの場合、両当事者が全額支払う方法によってもそれほど不便が生じないであろう。

本原則によれば、相殺することを望む当事者は、相手方に通知をしなければならない（13：104条）。したがって、前記の例において、Bが、500ユーロだけを支払えばよいという状態にしたいのであれば、BはAに対し相殺を行なうことを通知しなければならない。Bが相殺をするには、Aに対する500ユーロの支払いが許される状況で、かつ、Aの債務の履行期が到来していなければならない（13：101条）。複数の債権がある場合には、当然に、Bは相殺の対象となる債権を特定しなければならない（13：105条）。

(c) 相殺が可能な場合

相殺は、債権が同種のものである場合に可能となる（13：101条）。典型的には、両債権が金銭債権である場合がそうである。もっとも、必ずしも同一通貨建ての債権であることを要しない（13：103条）。二当事者が互いに債権者であり、かつ債務者でなければならない。受託者または代理人となった者は、その地位とは無関係に信託または本人に対して負う債務をもって、信託または本人がその者に対して負う債務と相殺することはできない。通常は、相殺される両債権が特定されていなければならない。ただし、13：102条は、それによって相手方を害することがない場合には、不確定の債権による相殺も許され、両当事者の債権が同一の法律関係から生じている場合には、相手方を害することがないことが推定されると規定している。13：107条は、相殺が排除される場合を定めている。相殺は合意によって排除することができる。生計維持に必要な財産のような、差押えが禁止される債権は、その債権に手をつけることを認めると公序に反するという場合には、相殺によって消滅することはない。故意の不法行為によって発生した債権についても同様である。弁済の見込みがない債務者に対して多額の債権を有する債権者が、その債権をもって損害賠償債権を相殺しうることを奇貨として、債務者に暴行を加えるなどといった

ことは，許されるべきではないからである。

(d) 相殺の効果

13：106条は，相殺により，双方の当事者は通知の時より対当額においてその債務を免れると規定する。本原則においては，相殺は将来に向かって効力を生じるとされていることが重要である。このような解決方法は，相殺は遡及的に効果を生じるとされている多くの各国現行法と比べて簡明であり，より満足の得られるものである。

第14章　時　　効

(a) 総　　説

本章は，時の経過が履行を求める権利（「債権」）に与える影響について扱う。債権者が権利行使のための措置をとらずに長期間が経過した場合に権利が影響を受けると規定することには，次のような十分な政策的理由がある。すなわち，債務者は，請求されることはないと思い込んでいる。証明は，通常よりも困難で費用がかかるようになる。選択肢は，大きく分けて2つある。第1は，事案の具体的状況に即して判断し，債務者に対する不利益があると裁判所が判断した場合にのみ，権利を不利に扱うというものである。第2は，一定の期間を定め，その期間が経過した場合に権利が影響を受けるとするものである。本原則では，法的安定性と予測可能性を重視して，ヨーロッパ各国の法制度と同じく，第2のアプローチを採用した。もっとも，本原則は，柔軟性が必要であること，および，一定の事案では債権者が困難に直面する場合があることも認めている。それゆえ，本原則は，合理的にみて，債権の存在を知ることを期待できない者については，原則として時効期間は進行しないという，認識可能性（discoverability）を基準とした規定を置いている。また，公平の見地からみて必要である場合には，時効期間の進行を停止させ，または，その満了を延期させる規定も置かれている。

第14章における準則の重要な特徴は，時効制度の構造が，各国の法制度の多くが採用するものに比べて非常に単純化されていることである。とりわけ時効期間は，判決に基づくものを除き，すべての債権についてただ1つである。各国の法制度の多くは，期間の多様さと，それに伴う適用範囲をめぐる問題によって，複雑になっている（または，最近までそうであった）。

(b) 射　　程

本章は，あらゆる種類の債権に適用される。契約上の履行を求める権利，契約の不履行または契約外で他者から受けた損害について損害賠償を求める権利が含まれ

る（序論5を参照）。

(c) 概念上の枠組み

本章は，時効と時効期間を区別している。前者は，法律効果であり，後者は，時効によって権利の性質の変化がもたらされるまでの時間の長さである。時効が作用するのは，ある一時点においてである。時効期間は，開始し，進行し，満了する。その進行は停止することもあり，満了が延期されることもある。一定の事案では，当初の時効期間が満了する前に，新たな期間が進行し始めることもある。

(d) 時効の効果

第14章における時効の効果は，債務者に履行拒絶権を与えることである。これは，単なる出訴期限（訴訟における手続的効果をもつ）でも，完全な消滅時効（権利と義務が自動的に消滅する）でもない。債務者が履行を拒絶しうるにもかかわらず債務が存続するという考え方は，言葉の上では矛盾があるように思われるかもしれない。しかし，こうした性質をもつ不完全な債務というのは，よく知られており，有用なものである。その主たる意義は，債務者が履行した場合に，その履行が，贈与にも法律上の原因のない履行にもならず，存在する債務に基づく履行となることにある。したがって，14：501条が明文で規定しているように，債務を免れるために支払われまたは移転されたものは，支払いまたは移転の時点で時効期間が満了していたという理由のみでは，返還されえない。また，債務者が時効を主張しないことを選択した場合には，時効期間の満了した債権でも，なお相殺に供することができる（14：503条）。

(e) 時効期間

本原則における一般的な時効期間は3年である。これはすべての債権に適用されるが，判決またはそれと同等の効力をもつもの（例えば仲裁判断）によって確定された債権は除かれる。後者については，時効期間は10年である（14：201条～14：202条）。付随的な債権の時効期間が主たる債権の時効期間より後に満了することはない（14：502条）。

このような簡潔な構造は，各国法が一般に複雑であることと対照的である。各国法では，複数の異なる期間が置かれることが多く，現在でもそのような国がある。もっとも，本原則においても，いくつかの状況において時効期間が伸長されうるということは，指摘しておかなければならない。この時効期間の伸長は，一定の状況が継続している間の時効期間の進行停止によることもあれば，一定の状況が終了してから1年間の時効期間満了の延期によることもある。債務者が債権を承認する場合など，一定の状況では時効期間が改めて進行し始める。

(f) 時効期間の起算点

時効期間は，債務者が履行すべき時から進行を開始する。損害賠償を求める権利については，その損害賠償請求権を生じさせる行為があった時から進行を開始する。判決によって確定された債権については，その判決が既判力を生じる時から進行を開始する。債務者が，継続的に一定の行為をすべき義務，または一定の行為をしない義務を負うときは，時効期間は，各義務違反の時から進行を開始する（14：203条）。

(g) 時効期間の進行停止

次の場合には，時効期間の進行が停止する（14：301条〜14：303条）。
(i) 債権者が，債務者もしくは債権を発生させる事実を知らず，または，合理的にみて知ることができないとき。
(ii) その債権について，裁判手続またはこれと同視すべき手続が係属しているとき。
(iii) 時効期間の満了前6ヵ月以内に生じた障害により，債権者が債権を請求することが妨げられている場合で，その障害が債権者の統制を超えるものであり，かつ，合理的にみて，債権者においてその障害を回避し，または克服することを期待できないとき。

債権者の無能力は，ここでいう障害には当たらない。これは，別の条項で扱われる。

(h) 時効期間満了の延期

本原則で時効期間の満了が延期されるのは，次の3つの場合である（14：304条〜14：306条）。
(i) 両当事者が，債権または債権発生の前提となる状況について交渉を開始したときは，その交渉における最後の伝達があった日から1年が経過するまで，時効期間は満了しない。
(ii) 無能力である当事者に代理人が付されていないときは，無能力者でなくなった時，または代理人が選任された時から1年が経過するまで，時効期間は満了しない。
(iii) 債権者または債務者が死亡したときは，その債権が，相続人または代理人によって，またはこれらの者に対して強制可能な状態になった時から1年が経過するまで，時効期間は満了しない。

時効期間満了の延期に関する準則と，時効期間の進行停止に関する準則では，それぞれもたらされる結果が異なる。時効期間の進行停止においては，常に時効期間が伸長される一方，障害事由が終了した時以降，債権者が一定の措置を講じる十分

な時間的余裕が保障されるわけではない。時効期間満了の延期に関する準則の下では，例えば時効期間が1年徒過した時点で障害事由が終了した場合，時効期間は何ら伸長されるものではない。しかし他方で，一定の措置を講じる期間として，障害事由が終了した時から1年の期間が債権者に保障される。

(i) 時効期間の進行停止および満了延期の上限

14：307条では，法的安定性の観点から，時効期間の進行停止または時効期間満了の延期の場合でも，時効期間は10年（人身損害については30年）を超えてはならないと規定されている。この規定は，裁判手続の係属による進行停止には適用されない。

(j) 時効期間の中断

債務者が債務を承認したときは，一般的時効期間が新たに進行する（14：401条）。判決またはこれと同視すべきものによって確定された債権については，債権者によって強制執行のための適切な措置がとられた時から，10年の時効期間が新たに進行する（14：402条）。

(k) 合意による修正

14：601条では，債務の両当事者が合意により時効の要件を修正できること，しかし同時に，時効期間を1年未満に短縮し，または30年よりも長期にすることはできないことが明らかにされている。しかし，時効の要件を修正することと，債務の内容または範囲を定めることとは異なる。14：601条は，当事者らが任意に，短期間または長期間にわたる債務を約することを妨げるものではない。

第15章　違法性

(a) 総説

本章では違法な契約の効力を扱う。そこでは，EU加盟各国の法において根本的とされている原理に反する契約と，根本的でない法準則に違反する契約とが区別される。

根本的な原理に反する契約は当然に無効となる（15：101条）。例えば奴隷を運搬するという契約は，本原則の下では当然に無効となる。

それ以外の法に違反する契約は，（その法において無効となることが明文で規定されていないかぎり）当然には無効とならないが，裁判所によって無効と宣言されうる。本原則は，裁判所が無効か否かを判断する際に依拠するべき一定の指針を定めている（15：102条）。法が，それに違反する契約の効力について何ら定めておら

ず,かつ,契約の有効性について裁判所で争われなければ,その契約は有効に存続する。

(b) 根本的な原理に反する契約

15：101条は,EU加盟各国の法において根本的であるとされている原理に反するかぎりにおいて,契約は無効であると規定する。

(c) 強行法規に違反する契約

違法性を根拠としてその効力が争われうる局面に着目すると,強行法規に違反する契約には,じつに様々なものがある。あるものは,重大かつ明白な違法であり,合理的な者であればそれを有効とすべきでないと考えるような性質のものかもしれない。他のものは,複雑で専門的な取締法規に対する故意によらない違反にすぎないかもしれない。さらに,法規自体が,それに違反する契約の効力には何ら影響がないと規定し,制裁として罰金のみを定めている場合もありうる。それゆえ,本原則において,強行法規違反の契約を当然に無効であると定めることは適切ではない。これに代えて15：102条は,問題となっている法令が,それに違反した場合の契約への影響について明文で定めている場合には,それに従うと定めている。例えば,ある強行法規が,一定の保護規定に違反する契約は,消費者からは強制できるが消費者に対しては強制できないと定めている場合には,そのような効果が生じる。法令が,それに違反した契約の効力について明文で定めていない場合（多くの場合がそうである）について,本原則は,以下のような柔軟なアプローチを採用している。裁判所の裁量において,本原則に定める一定の指針によりつつ,適切かつ調和のとれた結果が得られるよう契約の全部または一部を無効とすることを認めるというものである。その指針としては,違反の対象となった法令の目的,その法令が保護対象としている者の類型,その法令によって科される制裁,法令違反が故意によるものか否か,法令違反の重大さ,および,その法令違反と契約との関連性の強さが挙げられている。

(d) その他の準則

本原則は,違法性を理由に契約の一部のみを無効としうることを明らかにしている（15：103条）。さらに,違法性を理由に無効とされた契約に基づいて支払われた金銭,または引き渡された物の原状回復が可能であること,および,契約が違法であることを知り,または知るべきであったにもかかわらず,その契約を締結した者に対する損害賠償請求が可能であることを規定している(15：104条～15：105条)。これらの救済手段は,考慮すべきあらゆる事情を踏まえた上で,柔軟に用いることができる。

第16章　条　　件

　第16章では，将来の不確実な事実の成否を条件とする契約上の債務を扱う。そこでは，停止条件（条件が成就した場合にのみ債務が効力を生じる）と解除条件（条件が成就した場合に，存在する債務が効力を失う）という伝統的な区別を用いている（16：101条）。本章における最も重要な規定は，16：102条である。同条では，条件の成就が当事者の一方の信義誠実および公正取引上の義務または協力義務に対する違反によって妨げられた場合で，条件が成就していればその当事者にとって不利だったであろうときは，条件は成就したものとみなされる。当事者の一方の信義誠実および公正取引上の義務または協力義務に対する違反によって条件が成就させられた場合についても，同様の規定が置かれている。そこでは，条件の成就がその当事者にとって有利なものである場合，その条件は成就しなかったものとみなされる。

第17章　利息の元本への組入れ

　本章は，履行遅滞の効果について，本原則の規定の隙間を埋めることを意図したものである。支払遅滞にある金額に対する利息が支払われるべきことは，すでに9：508条1項に規定されているが，同条は，利息の元本への組入れ（または複利）については何ら規定していない。17：101条は，9：508条1項に従って支払われうる利息が，12ヵ月ごとに未払いの元本に組み入れられることを規定している。この準則は，当事者の合意によって排除することができ，当事者が遅延利息について定めを置いている場合には，排除されたものとみなされる。

略　語　表

ABGB	Allgemeines Bürgerliches Gesetzbuch（Austrian Civil Code）
A.C.	Appeal Cases（1891-）（Law Reports, England and Wales）
AcP	Archiv für die civilistische Praxis
AJCL	American Journal of Comparative Law
All E.R.	All England Law Reports（1936-）
ALm. Del	Almindelig Del
A.P.	Areios Pagos（Greek Supreme Court in civil matters）
art（s）.	article（s）
BAG	Bundesarbeitsgericht
BAGE	Amtliche Sammlung der Entscheidungen des Bundesarbeitsgerichts
BGB	Bürgerliches Gesetzbuch（German Civil Code）
BGB-KE	Draft provisions of the German Civil Code, as proposed by the German Commission on Reform of the Law on Obligations
BGB-PZ	Draft provisions of the German Civil Code, as proposed in the report by Peters and Zimmermann
BGBl	Bundesgesetzblatt（Federal Law Gazette, Germany）
BGH	Bundesgerichtshof（German Supreme Court）
BGHZ	Entscheidungen des Bundesgerichtshofs in Zivilsachen
Bull.civ.	Bulletin des arrêts de la Chambre Civile de la Cour de Cassation（1792-）
BW	Burgerlijk Wetboek（Netherlands Civil Code）
C.A.	Court of Appeal
Camb.L.J.	Cambridge Law Journal（1921-）
Cass.	Cour de cassation（Belgium, France, Luxembourg）; Corte: Cassazione（Italy）
Cass.civ.	Cour de cassation（Chambres civiles）
Cass.com.	Cour de cassation（Chambre commerciale et financière）
Cass.req.	Cour de cassation（Chambre des requêtes）
Cass.soc.	Cour de cassation（Chambre sociale）
CB（ns）	Common Bench（new series）（England and Wales law reports）
CC	Civil Code（Belgium, France, Greece, Italy, Luxembourg,

	Quebec, Portugal, Spain, Switzerland)
Chron.	Chronique
CISG	United Nations Convention on Contracts for the International Sale of Goods
Comm.C.	Commercial Code (Belgium, France, Spain, Portugal)
D.	Recueil Dalloz (France)
Danske Lov	Kong Christian den Femtis Danske Lov 1683 (Danish Code)
D.L.R.	Dominion Law Reports (Canada)
ELR	Edinburgh Law Review
E.R.	English Reports
ERPL	European Review of Private Law
EU	European Union
EvBl	Evidenzblatt der Rechtsmittelentscheidungen (Aurtria-part of Österreichische Juristenzeitung)
ff.	and following (page or pages, article or articles, etc.)
Fs	Festschrift
Foro It.	Il Foro italiano
Foro pad	Il Foro padano
Giur It.	Giurisprudenza Italiana
Giust.civ.	Giustizia civile
H.L.	House of Lords (United Kingdom Supreme Court in civil matters)
Hell.Dni.	Helliniki Dikaiosyni
HGB	Handelsgesetzbuch (Austrian and German Commercial Codes)
HR	Hoge Raad (Netherlands Supreme Court)
IECL	International Encyclopedia of Comparative Law
I.L.R.M.	Irish Law Reports Monthly (1981-)
I.R.	Irish Reports (1894-)
JBl	Juristische Blätter (Austria)
J.Cl.	Jurisclasseur
JZ	Juristenzeitung (Germany)
K.B.	King's Bench Division (1891-) Law Reports (England and Wales)
Lloyd's Rep.	Lloyd's List Reports (1951-)
LM	Lindenmaier/Möhring (Nachschlagewerk des BGH)
M	Macpherson (Series of Scottish law reports 1862-73)

Mass.Giur.It	Massimario de Giurisprudenza Italiana
MLR	Modern Law Review
NGCC	La nuova giurisprudenza civile commentata
Ned.Jur.	Nederlandse Jurisprudentie
NJA	Nytt Juridiskt Arkiv（Swedish Supreme Court Annual, 1874-）
NJW	Neue Juristische Wochenschrift
NoB	Nomiko Vima（Greece）
NTBR	Nederlands Tijdschrift voor Burgerlijk Recht
ÖBA	Österreichisches Bankarchiv
OGH	Oberster Gerichtshof（Austrian Supreme Court）
O.J.	Official Journal（of the European Communities）
OR	Obligationenrecht/Code des Obligations（Switzerland）
ÖRZ	Österreichische Richterzeitung
Pas.	Pasicrisie（Belgium）
Pas.Lux.	Pasicrisie（Luxembourg）
PECL	The Principles of European Contract Law
PNA	Promissory Notes Act（Nordic countries）
Q.B.	Queen's Bench Division（1891-）Law Reports（England and Wales）
Q.B.D.	Queen's Bench Division（1875-1890）Law Reports（England and Wales）
R	Rettie（Series of Scottish law reports 1873-98）
RabelsZ	Rabels Zeitschrift für ausländisches und internationales Privatrecht
Rdw	Schriftenreihe "Das Recht der Wirtschaft"
Rep.Droit civ.	Repertoire Dalloz de droit civil
RIDC	Revue Internationale de Droit Comparé
Riv.dir.comm.	Rivista del diritto commerciale 1903-
Riv.Notar.	Rivista del notariato
R.W.	Rechtskundig Weekblad
Russ	Russell（English Reports 1823-29）
S.	Recueil Sirey
SC	Session Cases（Scottish law reports）
SCR	Supreme Court Reports（Canada）
STJ	Supremo Tribunal de Justiça（Portugese Supreme Court）
STS	Sentencias del Tribunal Supremo（Spain）

SZ	Sammlung der Entscheidungen des Österreichischen Obersten Gerichtshofes in Zivil- und Justizverwaltungsachen
TPR	Tijdschrift voor Privaatrecht (The Netherlands)
TR	Tijdschrift voor Rechtsgeschiedenis (The Netherlands)
UCC	Uniform Commercial Code (United States of America)
WBl	Wirtschaftsrechtliche Blätter (Austria)
WPNR	Weekblad voor Privatrecht, Notariaat en Registratie (The Netherlands)
ZEuP	Zeitschrift für Europäisches Privatrecht
ZPO	Zivilprozeßordnung (Austria and Germany)

ヨーロッパ契約法原則 III
❖条　文

第10章　多数当事者

第1節　複数債務者

10：101条　連帯債務，分割債務，共同債務
(1) すべての債務者が単一かつ同一の履行をする義務を負い，かつ，債権者が，全部の履行があるまでいずれの債務者に対しても履行を請求することができるときは，その債務は連帯債務である。
(2) 各債務者が一部の履行をする義務を負うにとどまり，かつ，債権者が，各債務者に対してそれぞれの債務者が義務を負う部分についてのみ請求することができるときは，その債務は分割債務である。
(3) すべての債務者が共同して履行をする義務を負い，かつ，債権者が，すべての債務者に対してのみ履行を請求することができるときは，その債務は共同債務である。

10：102条　連帯債務が生じる場合
(1) 複数の債務者が，同一の契約に基づき，1人の債権者に対して単一かつ同一の履行をする義務を負う場合，債務者は，契約または法律に別段の定めのないかぎり，連帯して責任を負う。
(2) 連帯債務は，複数の者が同一の損害について責任を負う場合にも生じる。
(3) 複数の債務者が負う責任の条件が同一でないことは，その債務が連帯債務であることを妨げない。

10：103条　分割債務における責任
　分割債務の債務者は，契約または法律に別段の定めのないかぎり，平等の割合において責任を負う。

10：104条　共同債務の不履行に対して金銭の支払いが請求される場合の特則
　共同債務の不履行に対して金銭が請求されるときは，10：101条3項の規定にかかわらず，債務者は，債権者に対する金銭の支払いについて連帯して責任を負う。

10：105条　連帯債務者間の内部負担割合
(1) 連帯債務者は，内部関係においては，契約または法律に別段の定めのないかぎり，平等の割合において責任を負う。
(2) 複数の債務者が，10：102条2項に基づき同一の損害について責任を負うときは，内部関係における責任の負担割合は，その責任を成立させる出来事を規律する法に従って定められる。

10：106条　連帯債務者間の求償
(1) 連帯債務者の1人が自らの負担部分を超えて履行したときは，他のいずれの連帯債務者に対しても，それらの債務者各自の未履行の負担部分を限度として，自らの負担部分を超える部分を請求することができる。合理的に支出した費用の分担についても同様である。
(2) 前項の規定が適用される連帯債務者は，他のいずれかの連帯債務者に対し，その債務者各自の未履行の負担部分を限度として自らの負担部分を超えて履行した部分を回復するために，付随的担保を含む債権者の権利を行使し，または救済手段を利用することができる。ただし，債権者の優先権および利益を害することができない。
(3) 自らの負担部分を超えて履行した連帯債務者が，あらゆる合理的な努力にもかかわらず，他の債務者から自らの負担部分を超えて履行した部分を回復できないときは，その他の債務者（履行した債務者を含む）の負担部分は，比例的に増加する。

10：107条　連帯債務における履行，相殺，および混同
(1) 連帯債務者の1人が履行もしくは相殺をしたとき，または，債権者が連帯債務者の1人に対して相殺をしたときは，その他の連帯債務者は，その履行または相殺の限度で，債権者との関係において責任を免れる。
(2) 連帯債務者の1人と債権者との間で債務の混同が生じたときは，その他の連帯債務者らは，混同の当事者である債務者の負担部分についてのみ責任を免れる。

10：108条　連帯債務における免除または和解
(1) 債権者が，連帯債務者の1人に対して免除をし，または連帯債務者の1人と和解したときは，その他の債務者は，免除または和解の当事者である債務者の負担部分について責任を免れる。
(2) 免除または和解においてすべての債務者を免責する旨が定められているときは，すべての債務者が責任を免れる。
(3) 連帯債務者間の関係では，自らの負担部分について責任を免れた債務者は，免責の時点における負担部分の限度で免責されるにとどまり，10：106条3項に基づいて事後的に責任を負う追加的負担部分については免責されない。

10：109条　連帯債務における判決の影響
連帯債務者の1人が債権者に対して負う責任に関する裁判所の判決は，次の各号に掲げる事項には影響を及ぼさない。
　(a) その他の連帯債務者が債権者に対して負う責任
　(b) 10：106条に基づく連帯債務者間の求償権

10：110条　連帯債務における時効
連帯債務者の1人に対して履行を求める権利（債権）について生じた時効は，次

の各号に掲げる事項に影響を及ぼさない。
  (a) その他の連帯債務者が債権者に対して負う責任
  (b) 10：106条に基づく連帯債務者間の求償権
10：111条　連帯債務におけるその他の抗弁事由
(1) 連帯債務者の１人は，その他の連帯債務者が主張できるあらゆる抗弁（債務者に固有の人的抗弁を除く）を債権者に対して主張することができる。抗弁の主張は，その他の連帯債務者には影響を及ぼさない。
(2) 求償を求められた連帯債務者は，その債務者が債権者に対して主張できたあらゆる人的抗弁を，求償を求める債務者に対して主張することができる。

第２節　複数債権者

10：201条　連帯債権，分割債権，共同債権
(1) 複数の債権者のそれぞれが債務者に対して全部の履行を求めることができ，かつ，債務者がいずれの債権者に対しても履行することができるときは，その債権は連帯債権である。
(2) 債務者が複数の債権者のそれぞれに対して負う履行義務が各債権者の持分に限られ，かつ，各債権者が自らの持分の限度でのみ履行を求めることができるときは，その債権は分割債権である。
(3) 債務者がすべての債権者に対して履行しなければならず，かつ，各債権者が債権者全員の利益のためでなければ履行を求めることができないときは，その債権は共同債権である。

10：202条　分割債権の持分割合
　分割債権者は，契約または法律に別段の定めのないかぎり，平等の割合において権利を有する。

10：203条　共同債権における履行の困難
　共同債権の債権者の１人が，履行の受領を拒絶し，または履行を受領することができないときは，債務者は，本原則７：110条または７：111条に従って目的物または金銭を第三者に供託することにより，債務を免れる。

10：204条　連帯債権の持分割合
(1) 連帯債権者は，契約または法律に別段の定めのないかぎり，それぞれ平等の割合において権利を有する。
(2) 自らの持分を超える履行を受領した債権者は，その超過分を，その他の債権者に対し，それぞれの持分を限度として引き渡さなければならない。

10：205条　連帯債権に関するその他の規律
(1) 連帯債権者の１人が債務者に対してした免除は，その他の連帯債権者に影響を及ぼさない。

(2) 10：107条，10：109条，10：110条，および10：111条1項の準則は，必要な修正を加えた上で，連帯債権に適用される。

第11章　債権譲渡

第1節　総　則

11：101条　本章の対象
(1) 本章は，現在または将来の契約に基づいて発生する履行を求める権利（「債権claim」）を，合意によって譲渡する場合に適用する。
(2) 別段の定めがある場合，または前後関係から別段の規律を要する場合を除いて，本章は，譲渡性があるその他の債権を，合意によって譲渡する場合にも準用する。
(3) 本章は，次の各号のいずれかに該当する場合には，適用しない。
　(a) 金融証券または投資証券の移転であって，別段に適用される法に基づいて，その移転を発行者によりまたは発行者のために管理される登録簿に登録することによって行わなければならない場合
　(b) 為替手形その他の流通証券（negotiable instrument），または，その他の流通証券（negotiable security）もしくは動産を目的とする権原証券の移転であって，別段に適用される法に基づいて，その移転を（必要であれば裏書とともに）証券の交付によって行わなければならない場合
(4) 本章において，「債権譲渡」は，担保のための債権譲渡も含む。
(5) 本章は，債権譲渡とは異なる方法で合意によって債権を目的として担保権を設定する場合にも必要な修正を加えた上で準用する。

11：102条　契約に基づいて発生する債権の一般的な譲渡性
(1) 11：301条および11：302条の規定に服するほか，契約当事者は，その契約に基づいて発生する債権を譲渡することができる。
(2) 現在および将来の契約に基づいて発生する将来の債権は，その発生時点または当事者が合意したその他の時点において，債権譲渡の対象となる債権として識別できるかぎり，譲渡することができる。

11：103条　一部譲渡
　分割できる債権は，その一部分を譲渡することができる。ただし，これによって債務者の費用が増加したときは，譲渡人が債務者に対して責任を負う。

11：104条　債権譲渡の方式
　債権譲渡は書面を要せず，方式に関するその他のいかなる要件にも服しない。債

権譲渡は，証人を含むどのような方法によっても証明することができる。

第2節　譲渡人と譲受人との間における債権譲渡の効果

11：201条　譲受人に移転される権利
(1) 債権が譲渡されたときは，次に掲げる権利すべてが譲受人に移転する。
   (a) 譲渡対象債権について，譲渡人が有する履行を求める権利すべて
   (b) その履行を担保する付従的な権利すべて
(2) 契約に基づいて発生する債権の譲渡とともに，同一の契約に基づき譲渡人が負担する債務について譲受人が債務者として譲渡人と交替するときは，12：201条に服するほか本条が適用される。

11：202条　債権譲渡の効果発生時点
(1) 現在の債権の譲渡は，債権譲渡の合意がされた時点，または譲渡人と譲受人が合意したその後の時点で，効果を生じる。
(2) 将来の債権の譲渡は，譲渡対象債権が発生するか否かにかかるが，それが発生すれば債権譲渡の合意がされた時点，または譲渡人と譲受人が合意したその後の時点で，効果を生じる。

11：203条　譲渡人に対する譲受人の権利の存続
債権譲渡は，11：301条および11：302条に基づいて債務者に対して無効であるときであっても，譲渡人と譲受人の間では有効であり，譲受人は，譲渡人が債務者から受け取ったものを請求する権利を有する。

11：204条　譲渡人による保証
債権の譲渡または譲渡の表明により，譲渡人は譲受人に次に掲げることすべてを保証する。
   (a) 債権譲渡が効果を生じる時点において，次に掲げる条件が充たされていること。ただし，譲受人にそれと異なることが開示されている場合には，このかぎりでない。
      (i) 譲渡人が，その債権を譲渡する権利を有していること
      (ii) その債権が存在すること，および，譲受人の権利が，債務者が譲渡人に対して主張しえた抗弁または権利（相殺権を含む）によって影響を受けないこと
      (iii) 債権が優先する債権譲渡または第三者のための担保権その他の負担に服するものでないこと
   (b) その債権およびその債権の発生の基礎となる契約が，譲受人の同意なしに変更されないこと。ただし，その変更が債権譲渡の合意において定められている場合，またはそれが信義誠実に従って行われ，かつ譲受人が合理的にみてそれに反対しえなかった性質のものである場合には，このかぎりでない。

(c)　付従的な権利以外で，履行を担保する趣旨の譲渡性がある権利すべてを，譲渡人から譲受人に移転すること。

第3節　譲受人と債務者の間における債権譲渡の通知

11：301条　契約上の債権譲渡禁止
(1)　債権の譲渡は，その債権の発生の基礎となる契約によって禁止されているか，禁止違反以外で契約に反する場合は，債務者に対して効力を有しない。ただし，次の各号のいずれかに該当するときは，このかぎりでない。
　(a)　債務者がそれに同意するとき
　(b)　譲受人が契約違反を知らずまた知るべきであったともいえないとき
　(c)　譲渡が将来の金銭債権についての譲渡契約によるものであるとき
(2)　前項の規定は，譲渡人の契約違反に関する責任に影響を及ぼさない。

11：302条　その他の無効な債権譲渡
　債務者が同意していない債権譲渡は，履行の性質または債務者と譲渡人の関係を理由に，譲渡人以外の者に対して行うことが合理的にみて債務者に求められない履行に関するものであるかぎり，債務者に対して無効である。

11：303条　債務者の義務に対する効果
(1)　11：301条，11：302条，11：307条，11：308条に服するほか，債務者は，譲渡対象債権を合理的に特定しかつ債務者に対して譲受人に履行するよう求める書面による通知を，譲渡人または譲受人から受け取った場合にかぎり，譲受人に履行する義務を負う。
(2)　前項の規定にかかわらず，前項の通知が譲受人からされた場合には，債務者は，合理的な期間内に，債権譲渡についての信頼できる証拠を提示するよう譲受人に求めることができ，それまで履行を留保することができる。
(3)　債務者は，第1項による通知以外の方法で債権譲渡を知った場合には，譲受人への履行を留保することも履行することもできる。
(4)　債務者は，譲渡人に履行した場合には，譲渡について知らずにその履行をしたときにかぎり，免責される。

11：304条　債務者の保護
　11：303条に従った債権譲渡の通知において譲受人とされる者に履行した場合には，債務者は免責される。ただし，債務者が，その者が履行を求める権利を有する者ではないことを知らずにいることなどありえなかったときは，このかぎりでない。

11：305条　競合する請求
　債務者は，2つ以上の競合する履行請求の通知を受け取った場合には，履行場所における法に従って，責任を免れることができる。履行場所が異なるときは，債務者は，その債権に適用される法に従って，責任を免れることができる。

11：306条　履行場所
(1)　譲渡対象債権が，特定の場所における金銭の支払義務に関するものである場合には，譲受人は，同一国内のどの場所でも支払いを求めることができる。その国がEU加盟国である場合，譲受人は，EU内のどの場所でも支払いを求めることができる。ただし，履行場所の変更によって債務者に生じる増加費用についてはすべて，譲渡人が，債務者に対して〔賠償する〕責任を負う。
(2)　譲渡対象債権が，特定の場所において履行されるべき非金銭債務に関するものである場合には，譲受人が他の場所で履行を求めることはできない。

11：307条　抗弁および相殺権
(1)　債務者は，譲渡対象債権に対する実体上または手続上の抗弁で譲渡人に対して主張することができたものをすべて，譲受人に対して対抗することができる。
(2)　債務者は，譲渡人に対する次に掲げる債権について第13章に基づいて譲渡人に対して行使することができた相殺権もすべて，譲受人に対して主張することができる。
　　(a)　債権譲渡の通知が11：303条1項に従ったものであるかどうかにかかわらず，それが債務者に到達した時点で存在していた債権
　　(b)　譲渡対象債権と密接に関係する債権

11：308条　無権限の変更による譲受人の非拘束
　　11：303条1項に従ったものであるかどうかにかかわらず，債権譲渡の通知が債務者に到達した後で，譲受人の同意なしに，譲渡人と債務者の間の合意によって行われた債権の変更は，譲受人の債務者に対する権利に影響を及ぼさない。ただし，その変更が債権譲渡の合意において定められているとき，またはその変更が信義誠実に従って行われ，かつ譲受人が合理的にみてそれに反対できない性質のものであるときは，このかぎりでない。

第4節　譲受人と競合する権利主張者の間の優先順序

11：401条　優　先　性
(1)　同一の債権が重複して譲渡された場合は，債務者に最初に債権譲渡の通知が到達した譲受人が，先行する債権譲渡の譲受人に優先する。ただし，その譲受人がその譲受時に，先行する債権譲渡について知りまたは知るべきであった場合は，このかぎりでない。
(2)　現在の債権の譲渡であるか将来の債権の譲渡であるかにかかわらず，債権の多重譲渡における優先順序は，第1項に服するほか，債権譲渡が行われた順序によって決まる。
(3)　譲渡対象債権に対する譲受人の権利は，11：202条に基づいてその債権譲渡が効果を生じる時点より後に裁判上の手続その他の方法でその債権を差し押さえ

た譲渡人の債権者の権利に優先する。
(4) 譲渡人が破産した場合は，譲渡対象債権に対する譲受人の権利は，次に掲げる事項につき破産に適用される法の準則に服するほか，譲渡人の破産管財人および債権者の権利に優先する。
    (a) その優先の要件としての公示
    (b) 債権の順位
    (c) 破産手続における取引の取消しまたは無効

第12章　債務者の交替，契約の譲渡

第1節　債務者の交替

12：101条　債務者の交替
(1) 第三者は債権者と債務者との同意に基づいて，旧債務者を免責するものとして，旧債務者と交替することができる。
(2) 債権者は，将来において交替が行われることを事前に同意することができる。この交替の効果は，新債務者と旧債務者間の合意に基づく新債務者からの通知が債権者になされたときに生じる。

12：102条　交替の抗弁と担保に関する効果
(1) 新債務者は，債権者に対して，新債務者と旧債務者との間の関係から生じた権利や抗弁を援用することはできない。
(2) 旧債務者の免責は，担保が旧債務者と新債務者の間の行為の一部として新債務者に譲渡されている財産を超えないかぎり，債務の履行に関して債権者に付与された旧債務者の担保にも及ぶ。
(3) 旧債務者の免責によって，債務の履行に関して新債務者以外の誰かから付与された担保も，この者が債権者のために担保を供し続けることに同意しないかぎり，解放される。
(4) 新債務者は，債権者に対して，旧債務者が債権者に対して主張することができた抗弁のすべてを援用することができる。

第2節　契約の譲渡

12：201条　契約の譲渡
(1) 契約当事者の一方は，第三者との間で，この第三者が契約の他方当事者と交替することを合意することができる。この場合，交替の効果は，他方当事者の同意の結果として，当初の当事者が免責される場合にのみ生じる。

(2) 契約当事者としての第三者の交替が，履行請求権（債権）の譲渡を伴うかぎりにおいては，第11章の規定が適用される。また，債務が譲渡されるかぎりにおいては，本章第1節の規定が適用される。

第13章　相　殺

13：101条　相殺の要件
　2当事者が互いに同種の債務を負担している場合，各当事者は，相殺の時点で次の各号に掲げる要件のいずれをも充たすとき，かつ，そのかぎりにおいて，自らが有する履行を求める権利（「債権」）を相手方の債権と相殺することができる。
　(a) 相殺をする当事者が自己の債務を履行することができること
　(b) 相殺をする当事者が相手方に対して履行を求めることができること

13：102条　未確定の債権
(1) 債務者は，その存在あるいは価値について未確定の債権を相殺することはできない。ただし，その相殺が相手方の利益を害するものでない場合はそのかぎりでない。
(2) 両当事者の債権が同一の法的関係から生じている場合には，その相殺は相手方の利益を害するものではないと推定される。

13：103条　外国通貨による相殺
　両当事者が異なる通貨による金銭債務を互いに負っているときは，各当事者は，自らの債権で相手方の債権を相殺することができる。ただし，相殺の意思表示をする側の当事者が特定の通貨でのみ支払うべきことを両当事者が合意していたときは，このかぎりでない。

13：104条　通知による相殺
　相殺をする権利は，相手方に対する通知によって行われる。

13：105条　複数の債権と債務
(1) 相殺の通知をする当事者が相手方に対して複数の債権を有している場合，その通知は，対象となる債権を特定している場合にのみ，効力を有する。
(2) 相殺の通知をする当事者が相手方に対して複数の債務を履行しなければならない場合，7：109条に定められた準則が，必要な修正を加えた上で適用される。

13：106条　相殺の効果
　相殺は，通知の時点から，両債務を対当額で消滅させる。

13：107条　相殺をする権利の排除
　次の各号のいずれかに該当する場合には，相殺をすることができない。
　(a) 相殺が合意により排除されている場合

(b) 受働債権が差押えに適しない債権。この場合は，差押えに適しない範囲で相殺をすることができない。
  (c) 受働債権が故意の不法行為から生じた債権である場合

第14章　時　　効

第1節　総　　則

14：101条　債権の時効
　債務の履行を求める権利（「債権」）は，本原則に従い，一定期間の徒過によって時効にかかる。

第2節　時効期間および起算点

14：201条　一般の時効期間
　一般の時効期間は，3年である。

14：202条　裁判手続によって確定された債権の時効期間
(1) 判決によって確定された債権の時効期間は，10年である。
(2) 仲裁判断，または，判決と同等の効力を有するその他の手続によって確定された債権についても，同様である。

14：203条　時効期間の起算点
(1) 一般的時効期間は，債務者が履行をしなければならない時から，損害賠償請求権にあってはその債権を発生させる行為の時から，進行を開始する。
(2) 債務者が一定の作為または不作為を内容とする継続的債務を負うときは，一般的時効期間は，その債務に対する違反の都度に進行を開始する。
(3) 14：202条が定める時効期間は，判決または仲裁判断が既判力（*res judicata*）を生じた時から，その他の手続にあってはそれが強制可能になった時から，進行を開始する。ただし，債務者が履行をする必要がない間は，このかぎりではない。

第3節　時効期間の伸長

14：301条　債権者が認識を欠く場合における時効期間の進行停止
　債権者が，次の各号に掲げるいずれかの事項について知らず，かつ，合理的にみて知ることができない間は，時効期間の進行は停止する。
  (a) 債務者が誰であるか
  (b) 債権の発生原因となる事実（損害賠償請求権にあっては損害の種類を含む）

14：302条　裁判またはその他の手続における時効期間の進行停止
(1)　時効期間は，債権について裁判手続が開始した時から進行を停止する。
(2)　時効期間の進行停止は，判決が既判力を生じるか，または，その他の方法により紛争が解決するまで継続する。
(3)　前2項の規定は，必要な修正を加えた上で，仲裁手続および判決と同等の効力をもつ文書を得る目的で開始されたその他のすべての手続に適用される。

14：303条　債権者の支配を越えた障害の場合における時効期間の進行停止
(1)　時効期間は，債権者が自己の支配を越える障害によって債権の行使を妨げられ，かつ債権者がその障害を回避しもしくは克服することが，合理的にみて期待しうるものではなかったかぎりにおいて，進行を停止する。
(2)　第1項は，時効期間の最後の6ヵ月内に障害が発生しまたは存続している場合にのみ，適用される。

14：304条　交渉における時効期間満了の延期
　当事者が債権または債権を発生させうる事情に関して交渉している場合には，その交渉における最後の伝達がされた時から1年が経過するまで，時効期間は満了しない。

14：305条　当事者が無能力者である場合の時効期間満了の延期
(1)　無能力である者に代理人が付されていない場合には，その者が有する債権またはその者に対する債権の時効期間は，その者が無能力者でなくなった時，または，代理人が選任された時から1年が経過するまで，満了しない。
(2)　無能力者とその代理人の間に生じた債権の時効期間は，その者が無能力者でなくなった時，または，新たに代理人が選任された時から1年が経過するまで，満了しない。

14：306条　相続の場合における時効期間満了の延期
　債権者または債務者が死亡した場合には，被相続人の財産に属する債権または被相続人の財産を引き当てとする債権の時効期間は，その債権が，相続人もしくは相続財産の代理人によって行使可能となった時，または，相続人もしくは相続財産の代理人に対して行使可能となった時から1年を経過するまで，満了しない。

14：307条　時効期間の上限
　本原則に基づいて時効期間の進行が停止し，または，時効期間の満了が延期された場合でも，時効期間は10年（人身損害に関する債権については30年）を超えることができない。ただし，14：302条に基づく時効期間の進行停止については，このかぎりではない。

第4節 時効期間の更新

14：401条 承認による更新
(1) 債務者が，債権者に対して，一部弁済，利息の支払い，担保の提供その他の方法によって債権を承認した場合には，新たな時効期間が進行を開始する。
(2) 新たな時効期間は，その債権が当初服していた時効期間が一般の時効期間であったか，14：202条に規定された10年の時効期間であったかにかかわらず，一般の時効期間である。ただし，その債権が当初10年の時効期間に服していたときは，その10年の期間が本条によって短縮されることはない。

14：402条 強制執行の申立てが行われた場合の更新
14：202条に定められた10年の時効期間は，債権者によって強制執行のための適切な措置がとられた時から，新たに進行を開始する。

第5節 時効の効果

14：501条 一般的効果
(1) 時効期間が満了した後，債務者は履行を拒絶する権利を有する。
(2) 債務の履行のために給付されたものは，時効期間が満了していたという理由のみに基づいて，その返還を請求することができない。

14：502条 付随的な債権に対する効果
利息の支払いを求める権利，および，付随的な性質を有するその他の債権の時効期間は，主たる債権の時効期間より後に満了することはない。

14：503条 相殺に対する効果
債権は，その時効期間が満了しているときであっても，相殺に供することができる。ただし，債務者が，それ以前に時効を援用していたとき，または，相殺の通知を受けてから2ヵ月以内に時効を援用したときは，このかぎりではない。

第6節 合意による修正

14：601条 時効に関する合意
(1) 時効の要件は，時効期間を短縮または延長するなど，当事者間の合意によって修正することができる。
(2) 前項の規定にかかわらず，時効期間は，14：203条に定められた起算点から1年未満に短縮し，または30年より長期に延長することができない。

第15章　違　法　性

15：101条　根本原理に反する契約
　契約は，欧州連合の各加盟国の法において根本的であると認められている原理に反するかぎりにおいて，無効である。

15：102条　強行規定に違反する契約
(1)　契約が，本原則1：103条に基づいて適用される強行規定に違反する場合において，その違反が契約に及ぼす効果がその強行規定に明文で定められているときは，その定めに従う。
(2)　強行規定違反が契約に及ぼす効果がその強行規定に明文で定められていないときは，その契約は，全部有効，一部有効，全部無効，または改定すべきものと判断されうる。
(3)　本条2項の規定に基づいて下される判断は，次の各号に掲げる事情その他すべての重要な事情を考慮して，違反に対して適切かつ均衡のとれたものでなければならない。
　(a)　その強行規定の目的
　(b)　その強行規定がどのような者を保護しているか
　(c)　その強行規定に基づいて課されるサンクション
　(d)　強行規定違反の重大性
　(e)　故意による強行規定違反か否か
　(f)　強行規定違反と契約との関連性

15：103条　一　部　無　効
(1)　15：101条または15：102条によって契約の一部のみが無効となる場合には，その残部の効力は，維持される。ただし，当該事件のあらゆる事情を適切に考慮すればその契約の残部を維持することが不合理であるときは，このかぎりではない。
(2)　15：104条および15：105条は，必要な修正を加えた上で，一部無効の場合に適用される。

15：104条　原　状　回　復
(1)　15：101条または15：102条に基づいて契約が無効とされた場合，いずれの当事者も，その契約に基づいて給付したものの原状回復を求めることができる。この場合において，受領したものの原状回復は，適切でない場合を除き，同時に履行されなければならない。
(2)　本条1項に基づく原状回復の認否，および，それが認められた場合の同時履行

による原状回復の適否を判断するにあたっては，15：102条3項に挙げられている各要素を考慮しなければならない。
(3) 無効の理由を知りまたは知るべきであった当事者は，原状回復を求めることができない。
(4) 何らかの理由により原物での原状回復ができない場合，受領したものの相当な価額が支払われなければならない。

15：105条　損害賠償
(1) 15：101条または15：102条により無効とされた契約の当事者は，相手方が無効の理由を知りまたは知るべきであった場合には，相手方に対して損害賠償を請求することができる。この損害賠償は，契約が締結されなかったのと同様の状態に，可能なかぎり近づけることを内容とする。
(2) 本条1項に基づく損害賠償の認否にあたっては，15：102条3項に挙げられている各要素を考慮しなければならない。
(3) 無効の理由を知りまたは知るべきであった当事者は，損害賠償を請求することができない。

第16章　条　　件

16：101条　条件の種類
　契約上の債務には，不確実な将来の事実の発生を条件として付すことができる。このとき，債務は，その事実が発生した時にかぎり効力を有し（停止条件），または，その事実が発生した時に効力を失う（解除条件）。

16：102条　条件に対する干渉
(1) 条件が成就すれば不利益を受ける当事者が，信義誠実および公正取引に従う義務または協力義務に違反して条件の成就を妨害した場合には，その条件は成就したものとみなされる。
(2) 条件が成就すれば利益を受ける当事者が，信義誠実および公正取引に従う義務または協力義務に違反して条件を成就させた場合には，その条件は成就しなかったものとみなされる。

16：103条　条件成就の効果
(1) 停止条件が付された債務は，両当事者による別段の合意がないかぎり，その停止条件が成就した時に効力を生じる。
(2) 解除条件が付された債務は，両当事者による別段の合意がないかぎり，その解除条件が成就した時に効力を失う。

第17章　利息の元本の組入れ

17：101条　利息が元本に組み入れられる場合
(1)　9：508条1項に従って支払われうる利息は，12ヵ月を経過するごとに，元本に組み入れられる。
(2)　本条1項の規定は，当事者間で支払いが遅延した場合の利息について合意されている場合には，適用されない。

ヨーロッパ契約法原則 Ⅲ
❖注　解

CHAPTER 10　Plurality of Parties

Principles of European Contract Law, Part III

第10章　多数当事者

第1節　複数債務者

▶10：101条　連帯債務，分割債務，共同債務

(1) すべての債務者が単一かつ同一の履行をする義務を負い，かつ，債権者が，全部の履行があるまでいずれの債務者に対しても履行を請求することができるときは，その債務は連帯債務である。
(2) 各債務者が一部の履行をする義務を負うにとどまり，かつ，債権者が，各債務者に対してそれぞれの債務者が義務を負う部分についてのみ請求することができるときは，その債務は分割債務である。
(3) すべての債務者が共同して履行をする義務を負い，かつ，債権者が，すべての債務者に対してのみ履行を請求することができるときは，その債務は共同債務である。

コメント

A．総　説

　10：101条は，複数債務者に関するすべての事例を網羅しようとするものではない。本原則で扱われるのは，実務上の重要性または理論的な困難さのために規律を必要とする事例に限られる。したがって，1つの目的のために複数の契約が個別に締結され，そこから複数の債務が生じたような場合，例えば，顧客らの需要を充たすために，1人の商人が，複数の供給業者に注文をしたような場合は，本原則の射程外である。複数の債務者が個別の契約から生じた並存する債務に拘束されることは，それぞれの債務の法的性質に影響を及ぼさない。

　本原則で扱われるのは，複数債務関係のうち，10：101条に定められた3つの類型（連帯債務，分割債務，共同債務）である。連帯債務および分割債務は，用語や細部に差異はあるものの，すべての法制度において認められているが，共同債務を明確に認めるのは一部の法だけである。共同債務を認めない法制度には，ほぼ同じ範囲を対象とする「不可分債務 indivisible obligations」という類型を有するものも

ある。いくつかの法制度，例えばフランス法では，債務の不可分性が，相続法上特別な役割を果たしている。すなわち，不可分の債務は，連帯債務と異なり，相続人間で分割されない。むろん，契約が本原則によって規律される場合でも，当事者は，相続における特別な効果を得るために，相続法の認める範囲内で，本原則が規定する連帯条項に不可分条項を付け加えることを妨げられない。

B．連帯債務

10：101条1項は，連帯債務について定義している。連帯債務は，複数債務関係の中でも，実務において最も多くみられるものである。この定義は，連帯債務の特徴を反映している。債権者は，いずれの債務者に対しても全部の履行を請求することができ，すべての債務者を相手取ることも，各債務者に通知をすることも必要ではない。請求を受けた債務者は，債権者に請求の分割を求めることはできない。

設例1：Aは，1万ユーロを，BおよびCに貸し付けた。契約には，連帯である旨の条項が含まれていた。このとき，Aは，自らの選択に基づき，BまたはCに対して，貸付金の返済を請求することができる。

債権者は，どの債務者に全部の履行を請求するかを選択できるため，選択した債務者が履行しない場合には，本原則の規定する不履行に対する各種の救済手段を直ちに行使することができる。したがって，選択した債務者の不履行が重大なものである場合には，債権者は，9：301条に基づいて契約を解消することができる。同様に，選択した債務者が履行または履行の提供をしない間は，債権者は，9：201条の準則に基づいて履行を留保することができる。もっとも，他の連帯債務者が，契約の解消または履行の留保を阻止するために，不履行債務者に代わって履行することもできる（7：106条を参照）

C．分割債務

本条2項は，分割債務について定義している。分割債務は，各債務者が履行の一部についてのみ責任を負う点で，連帯債務と異なる。したがって，債権者は，債務者の1人に対して全部の履行を請求することはできず，必ず，請求を分割しなければならない。

設例2：Aは，1万ユーロを，BおよびCに貸し付けた。契約では，Bが8000ユーロを，Cが2000ユーロを返済することとされた。このとき，Aは，それぞれに対して，合意された部分についてのみ請求できる。

分割債務の場合，債務者の1人の不履行が債権者の契約解消権または履行留保権の行使に与える影響は，他とは異なる。債務者の1人の不履行がある場合には，原

則として，契約の一部を解消しうるにとどまる。分割債務を生じさせる契約は，分割して履行されるべき契約とされ，本原則9：302条（「分割履行契約」の重大な不履行に基づく解消に関する規定）が適用されうる。同様に，債権者は，原則として，不履行に対応する部分以外は履行を留保できない（9：201条1項2文を参照）。もっとも，債権者の履行が不可分である場合は，債務者らは共同して権利を行使しなければならないため，留保は必然的に全体に及ぶ。

　　設例3：A，B，Cの3人の農場主は，種苗業者Dに対し，冬小麦の種12袋を代金9000ユーロで注文した。契約では，各買主が3分の1の部分（3000ユーロ）についてのみ責任を負うとされた。Aが支払不能に陥った。このとき，Dは，それに対応する部分についてのみ契約を解消することができる。

　　設例4：A，Bの2人の農場主は，農機具メーカーCに対し，耕作機械を注文した。契約では，買主2人は，代金について分割債務を負い，引渡しと同時に支払うべきものとされた。このとき，AおよびBは，Cに対し，機械の引渡しについて共同して行使すべき権利を有しているため（10：201条3項を参照），Cは，代金のうちAが支払うべき部分が支払われない間は，耕作機械の引渡しを留保することができる。

D．共同債務

本条3項は，共同債務について定義している。共同債務は，複数の債務者が負う債務の一体性によって特徴づけられる。共同債務は，実務ではほとんどみられない。共同債務は，その性質上，複数の債務者が共同で履行しなければならず，債務者らは，1つの契約に基づいて債権者に義務を負う。

共同債務は，債権者がすべての債務者に対して同時にでなければ権利を行使できないという点で，連帯債務と異なる。また，各債務者の履行が別個独立のものではない点で，分割債務と異なる。共同債務は，単に個別の債務が結びついたものではない。各債務者は，共通の履行を提供するために他の債務者と共同しなければならない。したがって，共同債務と，1つの結果を実現するために締結された別個の契約から生じる独立した複数の債務とを混同してはならない。

本原則で定義された共同債務を，共有債務（community debts）と混同してはならない。後者は，様々な法制度において，夫婦共通財産制の場面で用いられている用語である。そこでは，共有債務は，分割債務と対比され，そのいずれであるかは，配偶者が負担した債務の引き当てとなる財産の性質（共通財産か固有財産か）によって定まる。本原則における共同債務は，総財産（patrimony）または債務者が共有する財産の存在を前提としていない。債務の共同性を裏づけるのは，債務の弁済についての責任が一定の財産の集合に結びついていることではなく，債務者らが集合的に関与していることである。

設例5：あるレコード会社が，複数の音楽家と，1つの契約を結んだ。音楽家たちは，レコードを制作するために交響曲を演奏することになっていた。不履行があったときは，レコード会社は，音楽家全員に対して権利を行使しなければならない。

設例6：一筆の土地を共有する者らが，家を建てることにした。共有者らが，複数の建築業者と個別に交渉して，1つの履行（家の建築）を依頼し，これに対して，各建築業者がその結果の達成のために共同で仕事をすることに同意した。このとき，債務は共同債務である。

共同債務を負う債務者の1人の不履行は，必然的に，契約全体に影響を及ぼす。その結果，債権者は，その不履行が債務者の1人の責めに帰すべき場合であっても，9：301条により，重大な不履行に基づいて契約を解消することができる。同様に，債権者は，債務者らが与えまたは提供するべき履行の懈怠が債務者の1人によるものであっても，9：201条に基づき，全部の履行を留保することができる。

ノ ー ト

1．総　説

本原則は，最も多くの法制度で認められている2つの債務の類型，すなわち連帯債務と分割債務を採用している。本原則の最も独創的な点は，共同債務を明文で認めている点，および，ヨーロッパにおいてよく見られる他の複数債務の類型，すなわち不可分債務と不完全連帯債務（obligation *in solidum*）を規定していない点にある（これらの債務については下記参照）。ドイツ法は，共同債務（*Gemeinschaftliche Schuld*）が認められうる唯一の法制度である。民法典に明文の規定はないが，判例や学説の多数がこれを支持している。

多くの法制度では，不可分債務が連帯債務と並んで規定されている（オーストリア（民法890条〜895条），スペイン（民法1149条〜1151条），フランス，ベルギーおよびルクセンブルク（民法1217条〜1224条。1220条によれば，連帯債務であったとしても，相続人間では当然に分割債務となるのが原則である），ギリシャ（民法494条〜495条），イタリア（民法1316条〜1320条），オランダ（民法6：6条2項），ポルトガル（民法535条））。ドイツ民法も，不可分債務を，連帯責任を生じさせるものとして規定している（民法431条を参照）。上述した条文の中には，性質上の不可分性や慣習上の不可分性を規定しているものもある。他方，北欧諸国および英米法諸国においては，不可分債務について特に展開はみられない。

フランス，ベルギーおよびルクセンブルク法では，共同原因による損害との関係で，不完全連帯債務が認められており，それは，通常の連帯債務とは区別される。これらの法の下では，全部義務には，通常の連帯債務における二次的効果が認められていない。二次的効果とは，例えば，債務者の1人に適式の通知がされた場合には，他の債務者との関係でも等しく効力をもつとみなされることである。このような二次的効果（本原則にはこれに対応するものはない）は，連帯債務者らの統合の前提となる利害関係による結びつきに由来するものである。このような結びつきは，同一の損害が複数の者によって引き起こされた場合には，通常，存在しない。

2．連帯債務

ヨーロッパの多くの民法では，連帯債務が認められており，10：101条に類似した定義が定められている（ドイツ民法421条以下，オーストリア民法891条，スペイン民法1137条，フランス，ベルギーおよびルクセンブルク民法1200条以下，ギリシャ民法481条，イタリア民法1292条以下，オランダ民法6：1条以下，ポルトガル民法512条を参照）。北欧諸国では，学説によって同様の定義がされており，北欧約束手形法（デンマーク，フィンランドおよびスウェーデン）が，その定義を用いている。イングランド法では，「連帯的（joint and several）」債務の類型が連帯債務に相当する（*Chitty*, chap. 18）。アイルランド法では，連帯債務は，複数の者によって引き起こされた損害についての賠償責任に関する1961年の民事責任法第3編に明確に規定されている（全部に対する *in solidum* という表現が用いられている）。同法の準則は，本原則の準則と非常に類似している。スコットランド法でも，連帯債務が認められており，「連帯的 joint and several」または全部に対する（*in solidum*）という表現が用いられている（*Gloag & Henderson* 61）。

3．分割債務

分割債務は，様々な用語（それらのうちのいくつかはややミスリーディングであるが）によって知られており，連帯性の推定が働かない場合の準則である。債務者が複数の場合には，常に，分割債務であることが推定される国もある（例えば，スペイン民法1138条を参照）。分割債務という概念は，可分債務という概念に結びつけられることが多い。各国の法律では，可分債務を不可分債務との対比で規定するものと（例えばフランス民法1217条），独立の概念として可分債務を規定するものとがある（ドイツ民法420条，オーストリア民法889条，ギリシャ民法480条，イタリア民法1314条，オランダ民法6：6条1項）。

4．共同債務

共同債務という概念は，各国の国内法ではほとんど知られていない。共同債務の効果は，部分的には，性質上不可分な債務の効果と重なる。ドイツの学説および判例では，共同債務の概念が見受けられる（*Palandt* BGB §420 no. 7ff. を参照）。イタリアの学説でも，共同して履行されるべき不可分債務について論じられている。その他の国においては，いくつかの学説が，共同債務を認めることを主張している（フランスについて，*Briand* Thèse, "Eléments d'une théorie de la cotitularité des obligations", Nantes, 2000を参照）。

▶10：102条　連帯債務が生じる場合

> (1) 複数の債務者が，同一の契約に基づき，1人の債権者に対して単一かつ同一の履行をする義務を負う場合，債務者は，契約または法律に別段の定めのないかぎり，連帯して責任を負う。
> (2) 連帯債務は，複数の者が同一の損害について責任を負う場合にも生じる。
> (3) 複数の債務者が負う責任の条件が同一でないことは，その債務が連帯債務であることを妨げない。

コ　メ　ン　ト

A．総　　説
本条は，連帯債務が生じる状況について定めている。これは，契約上の債務の連帯性は，債務の分割性または共同性と同様に，第一次的には当事者意思により決定されるという理解に基づいている。

B．契約上の債務における連帯性の原則
本条1項は，1つの契約における複数の当事者が，債務の性質に関して，明示的にも黙示的にも規定を置かなかった場合に機能する。また本項は，数人の債務者が同一の契約に基づいて同一の履行をすべき義務を負うときは，その債務は連帯債務であるという原則を規定している。これ以外の準則を採用したとすれば，契約上の債務について，債権者の一方的な不利益となるおそれがある。

> 設例1：友人同士が集まって，家主との間で，南フランスにある別荘を借りる契約を締結した。このとき，家主は，10：102条1項の準則に基づき，賃借人の1人に対して賃料の全額を請求することができる。

本項が規定する連帯性は，一般準則であるにとどまり，当事者の合意または法律によって排除されうる。

> 設例2：AおよびBは，1個の契約により，一定量の燃料を注文し，別々のタンクに配達するよう指示した。一括して注文したのは，値引きによる利益を得るためである。AおよびBが，その債務を分割債務とする意思を明示していた場合には，一般準則としての連帯性は排除される。CがAとBそれぞれに個別の請求書を送る旨を，三者が合意していた場合にも，同様の結論となる。連帯性を排除するという当事者の意思が黙示的に表明されているからである。

C．複数の者が同一の損害について責任を負う場合の連帯性
本条2項は，複数の者が同一の損害を惹起した場合に，その被害者を保護するため，その損害についての賠償義務は連帯債務であると規定する。したがって，被害者は，その損害について責任を負う者のいずれに対しても損害賠償を請求することができる。この連帯性は，問題となっている責任の性質がどのようなものであるかにかかわらず妥当する。責任を負う者のうちの1人が契約上の責任を負い，その他の者は契約外の責任を負う場合にも，連帯債務となりうる（連帯債務者間の求償については，10：106条を参照）。

設例3：雇用者Aおよび被用者Bは，適法な競業禁止条項が定められた雇用契約を締結した。Cは，A・B間の契約違反になることを知りながらBを雇用した。このとき，BおよびCは，Aに対し，連帯して責任を負う。Bは，競業禁止条項の違反について契約上の責任を負い，Cは，契約違反を不当に誘導したことについて責任を負う。

D．責任の条件が同一でない複数の債務者

本条3項は，連帯債務となるための要件は充されているが，一部の債務者の債務に，条件や期間制限のような付款が付されている場合について定めている。付款の存在は，債務の連帯性の妨げとはならない。債務の1つには担保が付されているが，その他の債務には担保が付されていない場合も，同様である。

設例4：A，BおよびCは，建物を購入するために，Dから資金を借り入れた。Bには，1年以内に現在の家の買い手を見つけることができなければ返済の責任を負わないという条件が付されていた。この条件はBの債務には影響を及ぼすが，A，BおよびCの債務が連帯債務となることを妨げない。同様に，Aの債務には担保が付されているが，BおよびCの債務には担保が付されていない場合にも，これらの債務は連帯債務となる。

ノ ー ト

1．契約上の債務における連帯性の推定

　　各国の立場は様々であるが，3つに分類できる。第1に，ドイツ民法（427条），イタリア民法（1294条，ただし，相続に関する事項を除く），および北欧諸国では，本条1項が定める状況において債務の連帯性を推定する一般準則が置かれている。第2に，ギリシャ民法（480条），オランダ民法（6：6条1項），スコットランド（*Gloag & Henderson* 61），およびスペイン民法（1137条および1138条）では，契約上の債務について連帯性は推定されず，その旨の定めを置かないかぎり連帯債務とはならない。第3に，いくつかの国の法制度では，民事債務と商事債務が区別され，前者については連帯性が推定されないが，後者については連帯性が推定される（例えば，フランス民法1202条（ただし商慣習が優先する），ポルトガル民法513条および商法100条を参照）。イングランド法においては，この問題は契約解釈の問題とされる（*Treitel*, Contract 527）。

2．共同加害者間の連帯性

　　同一の損害について責任を負う者の間における債務の連帯性は，かなりひろく認められている。例えば，ドイツ民法840条1項，オーストリア民法1304条，スペイン民法107条，ギリシャ民法926条～927条，アイルランドの1961年の民事責任法11条1項，12条1項および21条，イタリア民法2053条，オランダ民法6：102条，ポルトガル民法497条1項および507条1項，イングランドの1978年の民事責任（負担部分）法1条1項，スコットランドの1940年の法改革（諸則）（スコットランド）法3条1項を参照。フランス，ベルギーおよびルクセンブルクにおいては，同一の損害について責任を負う者の間の全部義務が，判例により認められている。注目すべきは，賠償義務者間における賠償責任の分担方法は，国ごとに異なっているということである。後述10：105条2項を参照。

3. 責任の条件が同一でない債務者

　本条3項が定める内容はかなり一般的に認められており，各国法で明文化されていなくても，少なくとも学説によって認められている。例えば，スペイン民法1140条，フランス民法1201条，イタリア民法1293条，ポルトガル民法512条2項を参照。

▶10：103条　分割債務における責任

> 　分割債務の債務者は，契約または法律に別段の定めのないかぎり，平等の割合において責任を負う。

　　　　　　　　　　　　コ　メ　ン　ト

　本条は，各自が責任を負う債務の割合についての当事者の意思が，契約またはその事案の諸事情から明らかでない場合に機能する準則を定める。10：102条1項の準則があるため，分割債務となる場合は少なく，実際に本条の準則が機能する範囲は限られている。

　設例：AおよびBは，総額1万ユーロをCに返済する義務を負っている。その契約には，債務者間の連帯を排除する条項が置かれている。このとき，AおよびBは，それぞれ5000ユーロを返済しなければならない。

　　　　　　　　　　　　ノ　ー　ト

　　本条の定める準則は，しばしば国内法において明文で規定されている。例えば，ドイツ民法420条，オーストリア民法889条，スペイン民法1138条，ギリシャ民法480条，オランダ民法6：6条1項，ポルトガル民法534条を参照。他の諸国では，本条の定める準則は，学説によって承認されている。

▶10：104条　共同債務の不履行に対して金銭の支払いが請求される場合の特則

> 　共同債務の不履行に対して金銭が請求されるときは，10：101条3項の規定にかかわらず，債務者は，債権者に対する金銭の支払いについて連帯して責任を負う。

　　　　　　　　　　　　コ　メ　ン　ト

　本条は，共同債務の全部または一部の不履行に対して金銭が請求される場合，債務者らは債権者に対し連帯して責任を負う，という原則を明らかにするものである。これにより，債権者は，いずれの債務者に対しても損害賠償を請求することができる。この準則は，次の2つの考慮によって正当化される。第1に，この準則は，共

同債務の原則の延長に位置するものである。債務者らは共同で責任を負うのであるから，1人の債務者の行為によって不履行が生じたときは，各債務者が全体について責任を負うと考えるのが論理的である。第2に，損害賠償請求権は，第一次的な履行請求権とは異なって，一定額の金銭に対する権利であり，可分であるため，この権利は1人の債務者が単独で満足させることができる。したがって，各債務者が全額について責任を負うとすべきである。

　自らが履行すべき部分を履行し，または履行する用意をしていた債務者は，不履行の責めを負う債務者が本原則8：108条により履行を免責されるのでないかぎり，8：101条に基づき，その債務者に対して不履行に対する救済手段を有する。これにより，債務者らが被った全損害を填補するため（9：502条），損害賠償を請求することができる（9：501条）。この損害賠償額は，不履行債務者が債権者に支払うべき額を超えることもありうる。

設例1：Aは，左官業者Bおよび大工Cとの間で，別荘を建築する契約を締結した。BおよびCは，共同して履行する共同債務を引き受けた。Bは仕事を完了したが，Cは仕事を完了しなかった。Aが損害賠償を請求する場合において，Bは，自らが行うべき仕事の部分を完了したという事実を主張することができない。他方，Bは，Cに対する自らの救済手段としてこの事実を主張することができる。

設例2：事実関係は，10：101条の設例5と同一である。音楽家の1人が現れなかった。音楽家全員が揃わなければレコーディングはできないのであるから，約定の日に現場で演奏の準備をしていた音楽家は，後日債権者が債務者らに訴えを提起する場合において，演奏の準備を整えていたという事実を主張することができない。しかし，演奏の準備を整えていた音楽家は，現場に来なかった音楽家に対して自らが提起する損害賠償請求訴訟（8：101条および9：502条）との関係では，この事実を基礎にすることができる。

ノ　ー　ト

　共同債務の概念は大部分の法で採用されていないため，共同債務の効力はほとんど見出すことができない。しかし，10：104条の準則は，不可分債務との関係で大部分の法で見出すことができる。10：101条で述べたところを参照。ドイツの判例では，この問題について判断が分かれている。連邦通常裁判所は，不履行の場合について，各債務者は連帯責任を負うと判示している（BGH, 18 October 1951, LM § 278 no. 2/3）。他方，連邦労働裁判所は，不履行の責めを負う債務者のみが債権者に対して責任を負うと判示している（BAG, 24 April 1974, BAGE 26, 130）。

▶10:105条　連帯債務者間の内部負担割合

(1) 連帯債務者は，内部関係においては，契約または法律に別段の定めのないかぎり，平等の割合において責任を負う。
(2) 複数の債務者が，10:102条2項に基づき同一の損害について責任を負うときは，内部関係における責任の負担割合は，その責任を成立させる出来事を規律する法に従って定められる。

コメント

A．負担割合平等の推定

本条1項は，負担割合平等の原則を規定するに当たり，分割債務に関する10:103条と同様の当然かつ論理的な準則を採用している。

設例1：Aは，BおよびCに対して1万ユーロを貸し付けた。契約には，連帯して債務を負担する旨の条項がある。この場合に，Bが債権者に1万ユーロを支払ったとすれば，Bは，Cに対して5000ユーロを求償することができる。

負担割合平等の準則は，一般準則として規定されているにとどまる。明示または黙示の契約上の規定，または法により，平等でない負担割合になることもありうる。

設例2：AおよびBは，Cに対して，一定量の燃料を注文した。注文された燃料は，容量の異なる2つのタンクに給油されるべきものとされており，契約には連帯条項が置かれていた。契約では，Aに対しては1万リットル，Bに対しては5000リットルの燃料を引き渡すこととされていた。Cは，Aに代金の支払いを求め，Aは全額を支払った。このとき，AはBに対して求償権を有するが，上記の事実関係の下では，Aの求償権は5000リットル分の代金に限られる旨の黙示の契約条項が存在する。

設例3：Dは，A，B，およびCに対して，6万ユーロを貸し付け，Aら3名は連帯して責任を負うものとされた。契約では，Aが3万ユーロを受領し，BおよびCがそれぞれ1万5000ユーロを受領することとされていた。このとき，Aは，全額を弁済して，BおよびCの各負担部分について両名に求償することができる。この場合も，上記の事実関係の下では，BおよびCに対しAがそれぞれ求償しうる額はBおよびCの借入分（すなわち，各1万5000ユーロであり，各2万ユーロではない）に限られる旨の黙示の契約条項が存在する。

B．損害賠償に関する準則

本条2項は，同一の損害を惹起したことに対する責任の負担割合について，その責任を成立させる出来事を規律する法に委ねるものである。損害賠償責任の負担割

合に関する準則は，各国の国内法で定められているか，または，将来，他人に損害を惹起したことに対する民事責任に関する統一法を規定する国際文書のなかで定められる可能性がある。損害について責めを負う者のこの責任は，契約上の責任である場合と，契約外の責任である場合がありうる。

　設例4：ドイツの会社Aおよびフランスの会社Bは，フランスの市場で製品を販売した不正競争行為により，フランスの会社Cに生じた損害について責任を負っている。上記3社は，紛争を仲裁に付した。仲裁付託合意では，仲裁人が適切と考える法準則が適用されるものとされた。このとき，仲裁人は，本原則10：102条を援用して，AおよびBはCに対し連帯して損害賠償責任を負うと裁定することができる。A・B間における責任の負担割合は，10：105条2項に基づき，責任を成立させる出来事が発生した国の法，または，関係する市場の法として，フランスの民事責任に関する法に従って判断されるべきである。したがって，仲裁人は，AおよびBのそれぞれの違法行為の重大さの程度に従って，内部的な責任の負担割合を決定することになる。

ノ　ー　ト

1．負担割合平等の推定
　　負担割合平等の推定は，いくつかの国の民法に規定されている。例えば，ドイツ民法426条1項，オーストリア民法896条，フランス民法1213条，ギリシャ民法487条，イタリア民法1298条，オランダ民法6：6条1項，および，ポルトガル民法516条を参照。その他の国では，学説によって認められている。例えば，イングランド法について，*Chitty* para. 18.027を参照。アイルランド法では，負担割合平等の推定がない。

2．違法行為に基づく損害賠償
　　同一の損害について責めを負う者の間における損害賠償責任の負担割合の決定方法は，法制度によって異なる。まず，関係当事者の違法行為の重大さの程度に従って判断する法制度がある。例えば，フランスの判例，デンマークの違法行為に基づく損害賠償に関する法律25条，ギリシャ民法926条がこれに当たる（ただし，いずれも契約外の責任に限られる）。その他の法制度では，因果的な寄与が問題とされる。ドイツ民法254条，オーストリア民法1302条，イタリア民法2035条，および，スペインの判例を参照。最後に，イングランドの1978年の民事責任（負担部分）法2条，および，スコットランドの1940年の法改革（諸則）（スコットランド）法3条1項では，裁判官の裁量に委ねられる。アイルランド法も，1961年の民事責任法21条2項の下で，同様の状況にある。

▶10：106条　連帯債務者間の求償

(1) 連帯債務者の1人が自らの負担部分を超えて履行したときは，他のいずれの連帯債務者に対しても，それらの債務者各自の未履行の負担部分を限度として，自らの負担部分を超える部分を請求することができる。合理的に支出した費用の分担についても同様である。
(2) 前項の規定が適用される連帯債務者は，他のいずれかの連帯債務者に対し，その債務者各自の未履行の負担部分を限度として自らの負担部分を超えて履行した部分を回復するために，付随的担保を含む債権者の権利を行使し，または救済手段を利用することができる。ただし，債権者の優先権および利益を害することができない。
(3) 自らの負担部分を超えて履行した連帯債務者が，あらゆる合理的な努力にもかかわらず，他の債務者から自らの負担部分を超えて履行した部分を回復できないときは，その他の債務者（履行した債務者を含む）の負担部分は，比例的に増加する。

コ メ ン ト

A．総　説

10：106条は，連帯債務者が，自らの負担部分を超えて金銭の支払いまたは履行をした場合に，他の連帯債務者の全員またはいずれかに対し，それらの債務者が各自の負担部分について金銭の支払いまたは履行をしていない限度で求償する権利を認めるものである。本原則では，履行前の求償権は認められない。もっとも，一定の事情の下では，連帯債務者らは，債権者から履行を求められた債務者が債権を満足させる前でも，その債務の完済に協力すべき一般的な誠実義務を負う。

10：106条は，10：107条から10：110条までの規定と整合的に解釈されなければならない。

B．求 償 権

本条1項は，債務者の対人的権利に関するものであり，各国の国内法では，委任，事務管理，または不当利得に基づいて一般的に認められているものである。本条の文言では，合理的に支出された費用を請求に追加できることが明らかにされている。

C．弁済による代位

本条2項は，連帯債務者が求償権を行使する場合において，債権者の権利および救済手段を行使することを認めている。したがって，本原則は，多くの各国法制度で認められているいわゆる弁済による代位を認めるものであり，これにより，自ら

の負担部分を超えて履行した連帯債務者は，債権者が設定した担保から利益を受けることができる。債務者は，自らにとって最も有利な方法を選択することができる。もっとも，本条は，弁済による代位によって債権者が害されてはならないことを明らかにしている。債権者にこうした不利益が生じうるのは，いまだ全額の弁済を受けていない債権者と，債権者の権利を代位する債務者との間には，潜在的な競合関係が存在するからである。本準則は，代位によって代位される者の利益が害されてはならない（nemo contra se subrogare censetur）という法諺を具体化するものである。

> 設例 1：A 銀行は，顧客 B との間で，20万ユーロの貸付けに合意した。本件貸付けは，不動産担保と C が負う連帯債務によって担保されている。C は，B に代わって，A に15万ユーロを弁済した。B が支払不能に陥ったため，不動産担保に供されていた建物が10万ユーロで売却され，その代金が A および C に配当された。このとき，本条 2 項の準則により，弁済者である連帯債務者 C は，債権者の権利または救済手段の行使によって債権者 A を害することができないから，A は 5 万ユーロを取得する。この準則がなければ，2 人の不動産担保権者は平等に扱われ，売却代金は比例的に按分され（すなわち，A が 2 万5000ユーロ，C が 7 万5000ユーロの配当を受ける），その結果，A は 2 万5000ユーロを回収し損なうことになろう。

D．求償が不可能な場合の効果

本条 3 項の準則は，平等の考慮に基づくものであり，ひろく認められている。連帯債務者のうちの 1 人の支払不能リスクは，支払能力がある債務者間で比例的に分担されるべきである。このリスク分担は，債権者がどの債務者に履行を求めるかによって左右されるべきではない。

> 設例 2：A，B，および C は，総額 1 万2000ユーロを返済すべき債務を負っており，各自の負担部分はそれぞれ，A が6000ユーロ，B および C が各3000ユーロである。債権者は，A に対して全額の支払いを請求し，A は 1 万2000ユーロ全額を弁済した。B は，支払不能に陥った。このとき，支払能力がある A および C の負担部分は，各自の負担部分に比例して増加する。A および B の負担部分の比は 2 対 1 であるから，B の負担すべき3000ユーロは，A に2000ユーロ，C に1000ユーロで配分され，両名の負担部分は，A が8000ユーロ，C が4000ユーロに増加する。

ノ　ー　ト

1．求　償　権

各国の法律で求償権を定めるものは多い（ただし，必ずしも合理的な費用には触れられていない）。例えば，ドイツ民法426条 1 項，オーストリア民法896条，北欧約束手形法 2 条 2 項，

スペイン民法1145条2項，フランス民法1214条，イタリア民法1299条1項，オランダ民法6：10条，ポルトガル民法524条を参照。イングランドとスコットランドでは，制定法に基づく求償権と判例法に基づく求償権がある。1940年の法改革（諸則）（スコットランド）法3条（共同不法行為者に関する規定），および，イングランドの1978年の民事責任（負担部分）法（損害賠償責任に関する規定）を参照。いずれの制定法においても，裁判所に広範な裁量権が与えられている。アイルランドについては，1981年の民事責任法を参照。ギリシャでは，学説により求償権が認められている。

2．弁済による代位

弁済による代位の権利は，多くの国内法で言及されている（ドイツ民法426条2項，オーストリア民法896条，スペイン民法1210条3項，フランス民法1251条3項および1252条2項（代位は債権者を害することができないとも規定する），ギリシャ民法488条，イタリア民法1203条3項，オランダ民法6：12条1項）。イングランド法およびアイルランド法（後者について，1981年の民事責任法）でも，代位が認められている。

3．求償が不可能な場合の効果

本条3項の準則は，かなりひろく認められている。ドイツ民法426条1項2文，オーストリア民法896条，スペイン民法1145条，フランス民法1214条2項，ギリシャ民法487条2項，イタリア民法1299条2項，オランダ民法6：13条，ポルトガル民法526条を参照。北欧諸国およびアイルランドも同様である。イングランド法とスコットランド法では，前掲の制定法が適用されない事例においてこれと同様の結論を導くために，不当利得法の諸原則が用いられうる。

▶10：107条　連帯債務における履行，相殺，および混同

> (1) 連帯債務者の1人が履行もしくは相殺をしたとき，または，債権者が連帯債務者の1人に対して相殺をしたときは，その他の連帯債務者は，その履行または相殺の限度で，債権者との関係において責任を免れる。
> (2) 連帯債務者の1人と債権者との間で債務の混同が生じたときは，その他の連帯債務者らは，混同の当事者である債務者の負担部分についてのみ責任を免れる。

コメント

A．履行または相殺の効果

本条1項の準則は，履行またはこれと同視しうる行為（例えば相殺）によって債務が消滅した場合の効果を定めるものである。この準則によれば，履行または相殺の限度で，債権者との関係において責任を免れさせるという効果が生じる。もっとも，履行した債務者は求償権を有する。破産の場合において，本項の準則を制限する破産法の準則があるときは，それを考慮する必要がある。

設例1：Aは，ある金融グループの構成員であるB，CおよびDに対して250万ユーロを貸し付けた。BはAに対する50万ユーロの債権を取得し，それをもって相殺する旨の

通知をした（13：104条を参照）。このとき，連帯債務額は200万ユーロとなる。相殺は，他の債務者のためにもその効果を生じる。

B．混同の効果

本条2項の準則は，例えば，連帯債務者の1人が債権者を相続した場合，または連帯債務者である会社と債権者である会社が合併した場合に適用される。債権者と連帯債務者の1人との間で債務の混同（confusio）が生じると，その他の連帯債務者の債務額は，混同を生じた債務者の負担部分の額だけ減少する。混同の当事者以外の連帯債務者の1人が支払不能となった場合には，その連帯債務者の負担部分は，10：106条3項の規定に従い，混同の当事者である連帯債務者を含むすべての債務者が負担しなければならない。

設例2：B，CおよびDは，Aに対して1万2000ユーロの連帯債務を負っており，各自の負担部分は平等である。合併によりBはAの権利を承継した。Bが取得した権利は，Bとの関係においては混同により消滅するが，CおよびDとの関係においては8000ユーロの債権として存続する。Cが支払不能になった場合には，10：106条3項により，BおよびDがCの負担部分を引き受けなければならない。したがって，Bは，Dに対して6000（4000＋2000）ユーロを請求できる。

ノ ー ト

金銭支払いまたはその他の履行に関するかぎりにおいて，本条の定める準則は，まさに連帯性の定義から導かれる。10：101条を参照。相殺は，通常，金銭支払いの一形態であるとみなされる。ドイツ民法422条1項，オーストリア民法896条，ノルウェー小切手法2条，スペイン民法1143条1項，ギリシャ民法483条，イタリア民法1302条1項，オランダ民法67条2項，ポルトガル民法523条を参照。イングランド法においても同様の効果が認められている（*Owen v. Wilkinson* (1858) 5 CB (ns) 526）。アイルランド法も同様である（1961年の民事責任法16条および17条）。フランス法における相殺は，原則として自動的に効力を生じるという特徴があるため，より複雑である（*Terré, Simler, Lequette* n. 1158）。

債務の混同（confusio）は，必ずしも国内法に明文の規定があるわけではないが，その処理については，規定のある他の債務消滅の類型から演繹されうる。スペイン民法1142条，フランス民法1209条，ギリシャ民法4888条，イタリア民法1303条を参照。ドイツ民法425条2項は，明文で，その他の連帯債務者に影響を及ぼさない事象の1つとして混同を挙げている。

▶10：108条　連帯債務における免除または和解

(1) 債権者が，連帯債務者の1人に対して免除をし，または連帯債務者の1人と和解したときは，その他の債務者は，免除または和解の当事者である債務者の負担部分について責任を免れる。
(2) 免除または和解においてすべての債務者を免責する旨が定められているときは，すべての債務者が責任を免れる。
(3) 連帯債務者間の関係では，自らの負担部分について責任を免れた債務者は，免責の時点における負担部分の限度で免責されるにとどまり，10：106条3項に基づいて事後的に責任を負う追加的負担部分については免責されない。

コメント

A．免除または和解の効果

　本条1項の準則は，10：107条2項に定められた債務の混同に関する準則と同様のものである。そこでの準則は，本条の状況においても同様に妥当する。もっとも，本条1項に規定されているように免責を部分的なものに限るべき法政策的な理由はない。免除または和解の当事者は，契約自由の原則に基づき，すべての債務者を免責することもできる。本条2項が，これを定めている。ただし，その意思は，明示されていなければならない。

B．事後的な追加的負担部分についての責任に対する効果

　免責された債務者であっても，その他の債務者の1人が支払不能になったことにより割り当てられる追加的負担（10：106条3項）を負わなければならないとするのが公平に適う。

　設例1：Aは，B，CおよびDを組合員とする組合のために，商事リースに同意した。B，CおよびDは，適用される法に基づくと，組合債務について連帯して責任を負う。リース料の滞納額は，6万ユーロに達した。AはBに対して免除をした。このとき，CおよびDは，4万ユーロについてなお義務を負う。Dが支払不能に陥ったときは，Bは，免除を受けたにもかかわらず，1万ユーロの支払義務を負う。

ノート

1．免除および和解の効果

　　国内法で免除と和解の両方を明文で規定するものはほとんどみられないが，10：108条のような処理は，一般的に認められている。どの国においても，この準則が適用されるのは，債務の免除をした債権者，または和解に合意した両当事者が，その他の債務者に対する効果に関す

る意思を明示していない場合に限られるとされている。ドイツ民法423条（債務の免除。判例によれば，和解は，原則として，和解の当事者でない者に対する効果をもたない），オーストリア民法894条および判例，スペイン民法1143条1項（債務の免除），フランス民法1285条（債務の免除。判例は，Cass.req. 3.12.1906, S. 07.1.269以降，和解が他の連帯債務者にとって有利なものである場合には，代理法理を通じて，他の連帯債務者に和解の効果が及ぶことを認めている），ギリシャ民法484条（債務の免除），イタリア民法1301条（債務の免除）および1304条（和解。他の連帯債務者が，その利益を望まない意思を表明した場合を除き，他の連帯債務者のためにも効果を生じる），オランダ民法6：14条（債務の免除）を参照。また，ポルトガル民法864条1項も参照。イングランド法では，債務の免除は，すべての債務者のために効果を生じる。ただし，免除の内容について異なる解釈がされなければならない場合はこのかぎりではない。免除は，他の債務者に対する債権者の権利に影響を及ぼさない単なる「不訴求特約」とは異なる（*Chitty* para. 18-017）。アイルランド法は，実質的に，10：108条の準則と同様である（1981年の民事責任法17条1項および2項）。

2．事後的な追加的負担部分についての責任に対する効果

　　本条3項の準則は，知るかぎりでは，いずれの国の法にもみられない。

▶10：109条　連帯債務における判決の影響

> 連帯債務者の1人が債権者に対して負う責任に関する裁判所の判決は，次の各号に掲げる事項には影響を及ぼさない。
> 　(a)　その他の連帯債務者が債権者に対して負う責任
> 　(b)　10：106条に基づく連帯債務者間の求償権

コメント

A．連帯債務者の1人の責任に関する裁判所の判決がその他の連帯債務者の責任に与える影響

　ここでは，1：301条2項により，裁判所という語に仲裁裁判所も含まれることに注意しなければならない。また，債権者と債務者の1人との詐欺的通謀によりその他の債務者が不利益を被るリスクがあることから，信義誠実および公正取引に関する規定（1：201条）にも留意しておく必要がある。

　各国の国内法は，連帯債務者の1人の責任に関する裁判所の判決をめぐる問題について，異なった処理をしている。すなわち，その他の債務者にはまったく影響が及ばないとするものと，その他の債務者にとって有利な判決については完全な影響が及ぶが，不利な判決については影響が及ばないとするものとがある。本原則では，裁判所の判決は，訴訟当事者でない連帯債務者に対してはまったく影響が及ばないとの準則が採用されている。相互代理（reciprocal representation）という考え方は採用されていない。各債務者は，その債務者自身の防御方法を最大限に利用できるの

でなければならない。訴訟当事者以外の者に既判力（res judicata）は及ばない。

B．連帯債務者の1人の責任に関する裁判所の判決が求償権に与える影響

本条ｂ号の準則は，主として，連帯債務者の1人の責任を否定する裁判所の判決が，他の債務者の有する求償権に与える影響を明らかにすることをねらったものである。ここでも，裁判所の判決の影響が及ぶ範囲は拡張されないという準則が適用される。その他の連帯債務者が有する求償権には影響は及ばない。もちろん，連帯債務者の1人の責任を認める裁判所の判決によって，その債務者がその他の債務者に対して求償権を行使することが妨げられるものではない。このような状況も，ｂ号の規定するところである。

ノ ー ト

本条が規定する問題に関する各国の国内法の立場は様々である。

いくつかの法では，連帯債務者の1人の責任に関する裁判所の判決は，その他の連帯債務者に影響を及ぼさない。この立場をとるのは，ドイツ法(民法425条2項)，オーストリアの判例，ギリシャ民法486条，および北欧の学説である。また，イングランド法（Chitty para. 18.016）およびアイルランド法（1981年の民事責任法18条）も同じ立場である。

スペイン民法1252条3項は，訴訟当事者でない連帯債務者との関係でも判決が完全な影響を有することを認めている。

その他の法では，一定の場合にのみ判決の影響が及ぶ。イタリア民法1306条を参照（原則として，訴訟当事者以外の連帯債務者には判決の影響は及ばないが，連帯債務者は，債権者に対してその判決を援用することができる。ただし，その判決が訴訟当事者である債務者固有の事由に基づく場合には援用できない）。ポルトガル法も同様である（民法522条）。他方，フランスの判例によれば，訴訟当事者でない債務者に対して判決の影響を援用することができるとされている。ただし，詐害的通謀があった場合，または，判決を援用された債務者に人的抗弁その他責任を免れる事由がある場合は除外される。

▶10：110条　連帯債務における時効

> 連帯債務者の1人に対して履行を求める権利（債権）について生じた時効は，次の各号に掲げる事項に影響を及ぼさない。
> (a) その他の連帯債務者が債権者に対して負う責任
> (b) 10：106条に基づく連帯債務者間の求償権

コ メ ン ト

本条ａ号によれば，時効の効果は，当事者である債務者だけに及び，その他の連帯債務者が債権者に対して負う責任には影響を及ぼさない。その他の債務者に対す

る債権が時効にかかっていない場合に，その者たちが，債務者の1人に対する債権の時効により利益を受けるべき理由はない。この準則は，本原則第14章に定める時効の効果と整合的である。すなわち，時効の効果は，債権を自動的に消滅させるものではなく，債務者に履行拒絶権を与えるものにすぎない。

本条b号は，債務が時効にかかっていない債務者が負担部分を越えて弁済した場合に，その債務者を保護する必要があることによって正当化される。このような債務者は，時効にかかった債務の債務者に対する求償権を奪われるべきではない。債務が時効にかかったのは，債権者が何らの措置を講じなかったことによるものだからである。さらに，b号は，債務が時効にかかったにもかかわらず弁済をした債務者を保護するものでもある。本原則における時効は債務を消滅させるものではないため（14：501条を参照），時効にかかった債務の債務者も現に存在する債務を履行することとなり，したがって，その他の連帯債務者に対して求償権を取得することになる。

　設例：Aは，BおよびCを連帯債務者として，2万ユーロを貸し付けた。3年後，Bに対する債権は時効にかかったが，Cは債権の存在を承認したため，Cに対する時効期間は満了していなかった。このとき，Aは，Bに対し支払いを強制することはできないが，Cに対して全額の支払いを訴求することができる。Cが全額を支払った場合には，本条b号の準則により，Cは，Bに対し1万ユーロを求償することができる。

ノ　ー　ト

1．連帯債務者の1人に対する債権の時効がその他の連帯債務者の責任に及ぼす影響

　　各国の国内法における解決方法は様々である。その要因の1つは，各国の法制度における時効および出訴期限の機能の仕方が異なることにある。他の連帯債務者に対して時効の効果が及ばないという立場をとるのは，ドイツ民法425条2項，オーストリア法（民法894条の解釈），ギリシャ民法486条，および，ポルトガル民法521条である。オランダ法，およびイングランド法（1980年の出訴期限法31条6項）においても，これと同様の結果が生じる。他の連帯債務者に対しても，時効の当事者である債務者とまったく同一の効果が生じるという立場に立つのは，スコットランド法（1983年の時効および出訴期限（スコットランド）法6条），スペイン法（民法1148条），フィンランド法（Decree on Prescription of 9.11.1868），フランスおよびベルギーの判例，イタリアの学説（時効の中断に関するイタリア民法1319条1項を根拠とする）である。

2．連帯債務者の1人に対する債権の時効が求償権に及ぼす影響

　　ドイツの判例によれば，本条b号の準則と同じ結果が生じる（RG 16 November 1908, RGZ 69, 422ff.）。イタリア民法1310条3項，ポルトガル民法521条も参照。オランダ民法6：11条3項は，この問題に関する特別準則を定めている。すなわち，求償を求められた債務者は，求償債務が生じた時点において，その債務者と求償を求める債務者の双方が債権者に対して時効を援用することができた場合にかぎり，求償を求める債務者に対して債務の時効を援用することができる。

> **10:111条　連帯債務におけるその他の抗弁事由**
> (1) 連帯債務者の1人は，その他の連帯債務者が主張できるあらゆる抗弁（債務者に固有の人的抗弁を除く）を債権者に対して主張することができる。抗弁の主張は，その他の連帯債務者には影響を及ぼさない。
> (2) 求償を求められた連帯債務者は，その債務者が債権者に対して主張できたあらゆる人的抗弁を，求償を求める債務者に対して主張することができる。

コ　メ　ン　ト

本条1項は，債務自体に内在する抗弁と個々の債務者の一身専属的な抗弁という伝統的な区別を取り入れている。前者の抗弁は，すべての連帯債務者が主張できる。人的抗弁は，その抗弁を有する債務者しか主張できない。

債務自体に内在する抗弁とは，契約自体に由来する抗弁であり，違法であるために無効であること，方式の不備のために無効であることなどがこれに当たる。人的抗弁は，連帯債務者の1人の個人的な事情に由来するものであり，自由な同意の欠如や，無能力などがこれに当たる。4:103条（錯誤），4:107条（詐欺），または4:108条（強迫）が定める同意の瑕疵を理由として契約を取り消す権利は，必然的に，問題となっている同意をした者に専属する。

　設例1：A，B，およびCは，Dから，5万ユーロを12％の利率で借り入れた。その契約はフランス語で交わされた。フランス語を話せないCには，錯誤があり，その同意について真意を欠いていた。このとき，Bは，債権者から請求を受けても，Cに錯誤があったことを主張できない。

本条2項によれば，連帯債務者の1人から求償を求められた債務者は，その求償が人的訴権によるものであるか（10:106条1項），債権者の権利の代位行使によるものであるか（10:106条2項）を問わず，債権者に対して有していた人的抗弁を主張できる。

　設例2：設例1と同一の事実において，Bは，Dに対して全額を弁済し，Cに対して求償を請求した。このとき，Cは，Bからの請求に対する抗弁として，その同意について真意を欠いていたことを主張できる。

ノ　ー　ト

1．債権者に対する抗弁の主張

　　人的抗弁と，債務に内在する抗弁との区別は，多少の違いはあるものの，一般に認められて

いる。この一般準則は，一定の抗弁（例えば時効や既判力に関する抗弁）に関しては，特則によって修正されることがある。このような区別は，ドイツ民法422条～425条，オーストリア民法1148条，スペイン民法1148条，フランス民法1208条，ギリシャ民法486条（例外的に抗弁が人的なものとされる場合を定めている），イタリア民法1297条，および，ポルトガル民法514条1項にみられる。このような区別は，イングランド法でも当然のことと考えられており，アイルランド法でも用いられている。本条1項2文は，各国の法制度においては必ずしも明文で規定されておらず，議論の対象となっている事項について定めるものである。

2．他の連帯債務者からの求償請求に対する抗弁の主張

　　本条2項が定める準則を一般的に規定している国内法はなく（ただし，ポルトガル民法525条を参照），個別の適用例がみられるにとどまる。もっとも，この準則を一般化することについて障害は存在しない。ただし，スペイン民法1148条（異なる立場をとる）およびオランダ民法6：111条（規定内容がやや異なる）を参照。

第2節　複数債権者

▶10：201条　連帯債権，分割債権，共同債権

(1) 複数の債権者のそれぞれが債務者に対して全部の履行を求めることができ，かつ，債務者がいずれの債権者に対しても履行することができるときは，その債権は連帯債権である。
(2) 債務者が複数の債権者のそれぞれに対して負う履行義務が各債権者の持分に限られ，かつ，各債権者が自らの持分の限度でのみ履行を求めることができるときは，その債権は分割債権である。
(3) 債務者がすべての債権者に対して履行しなければならず，かつ，各債権者が債権者全員の利益のためでなければ履行を求めることができないときは，その債権は共同債権である。

コメント

A．総　　説

10：201条は，債権者が複数存在するあらゆる事例を網羅しようとするものではない。本原則では，複数の債権者が同一人との間でそれぞれ契約を締結すること（例えば，複数の顧客が同一の小売商に対してする商品発注）から生じる権利関係は扱われない。複数の契約が並存しても，そのことは，各契約の法的性質に影響しない。

複数債権の類型化は，複数債務の類型化に倣うものである。したがって，基本的には，連帯債権，分割債権，および共同債権は，連帯債務，分割債務，および共同債務を裏返したものである。しかし，本節の諸規定は，複数債務者に関する諸規定

をそのまま写しとっているわけではない。
　「債権」とは，履行を求める権利を意味する（10：110条を参照）。債務に対応するものである（序論5を参照）。

B．連帯債権
　債権に連帯性が認められるためには，常に，その旨の契約上の合意がなければならない。連帯債権には必然的にリスクが伴うから（特に，1人の債権者が金銭全額を請求してそれを浪費する場合），本原則は，連帯を推定する規定を置いていない。契約当事者が債権の連帯性を約定することがほとんどないのも，同じ理由に基づく。もっとも，銀行口座，特に共同口座（joint accounts）においては連帯性が約定されることが多く，この場合には，複数の口座保有者は銀行に対して連帯債権者となる。
　本原則における連帯債権の定義は，連帯債権の特徴を考慮したものである。各債権者は，債務者から債務の全部の履行を受けることができ，債務者は，債務の分割を主張することができない。他方，債務者は，自らが選択した債権者に対して全債務を弁済することができ，これにより，すべての債権者との関係で免責される。債務者は，全員またはいずれかの債権者から請求を受けたときでも，この選択権を有する。
　債権者の1人から請求を受けた債務者が不履行となったときは，その債権者は，本原則で定める不履行に対する救済手段を用いることができる。このとき，当該債権者は，その他の債権者と共同で行うことを義務づけられない。したがって，債務者による重大な不履行があるときは，債権者は，9：301条に基づいて契約を解消することができる。同様に，債権者は，9：201条に定められた要件に従い，債務者が履行または履行の提供をするまで，自らの履行を留保することができる。

C．分割債権
　実務で最も多用されるのは，分割債権である。債権者複数の場合と債務者複数の場合とでは，各類型の実務上の重要性が異なるのである。

D．共同債権
　共同債権は，原則として，当事者の意思に基づいて生じる。また，共同債権は，債務の性質に基づいて生じることもある。債務の性質により共同債権が生じるのは，履行が不可分であり，かつ，債権者全員の利益のためでなければ履行されえない場合である。共同債権の適用場面として一般的なのは，不可分の共同口座（joint and indivisible bank account）である。このほか，合有的な財産所有者らによって締結される契約も，共同債権が問題となる。後者は，適用される法にもよるが，信託法や相続法の下で生じうる。

共同債権の本質的特徴は，債権者全員による共同行使を要することである。もっとも，共同債権者の1人が，その他の債権者から，金銭その他の履行を受領する権限を委譲されることも考えられる。

設例1：法人格のないパートナーシップまたは組合の構成員であるAおよびBが，その団体の構成員として共同口座を開設した。このとき，AおよびBは，銀行に対する共同債権者である。

設例2：Aは，ある夫婦を，自らが所有するアパートの管理人として雇い入れ，この夫婦を管理人室に住まわせることとした。このとき，この夫婦は，賃借権について共同債権者である。

設例3：友人同士のグループが，旅行のために，運転手付きで自動車を借りた。その運転手の履行は，グループ全体の利益のためでなければ履行されえない性質のものであるから，そのグループのメンバーは共同債権の債権者である。

共同債権の債務者が債務を履行しない場合には，次のような問題が生じる。すなわち，共同債権者らは，債務者に対して共同で権利を行使しなければならないのか，それとも，債権者の1人が債権者全員の利益のために権利を行使することができるのか，という問題である。10：201条3項は，「各債権者が債権者全員の利益のためでなければ履行を求めることができないとき」と規定しており，これによって，債権の回収を容易にしている。さらに，常に共同で権利を行使しなければならないとすれば，債権者の1人が権利を行使しないことにより膠着状態が生じかねないが，このように規定することにより，債権者はこうした膠着状態を回避することができる。

設例4：Aは，BおよびCが有する共同債権の債務者である。Aの債務は履行期にあるが，まだ弁済されていない。このとき，Cは，両債権者に対する債務の弁済を求めて，Aを訴えることができる。

共同債権における債務者の不履行は，必然的に，契約全体に影響を及ぼす。債権の性質，およびこれに対応する債務の性質上，債権者の一部のみによる解消や留保は認められない。9：301条に基づく契約の解消，または，9：201条に基づく自らの履行の留保は，債権者全員が共同で行わなければならない。

設例5：設例3と同一の事実において，運転手が合意された期日に現れなかったとする。友人グループは，契約を解消し，前払いしている金銭を取り戻したいと考えている。このとき，友人たちは，債務者に対して共同で解消を通知するか，または，そのグループの1人に全員を代表して解消通知をする権限を与えなければならない。

ノ　ー　ト

1．総　　説

　　複数債権者の問題は，すべての国内法で扱われているわけではない(例えば，イングランド，スコットランド，アイルランドでは扱われていない)。各国の国内法の中には，複数債務者の規律に従って処理するものがある。共同債権という概念を国内法で定めるものはほとんどなく，学説上の概念であるにとどまる。唯一，この概念を明文で規定するのはドイツ法である（民法432条1項)。そのほかには，債権者側の不可分性という概念をもつ法がいくつか存在しており，その準則は共同債務の準則と類似している。この種の不可分性に言及するものとして，イタリア民法1314条～1320条，ギリシャ民法495条，および，オーストリア民法891条，892条，895条がある。

2．連　帯　債　権

　　本条1項に定められた定義および準則の基本的特徴は，ある程度の各国法典に見出すことができる。例えば，ドイツ民法428条，スペイン民法1137条～1143条，フランス，ベルギーおよびルクセンブルク民法1197条と1198条，ギリシャ民法489条～493条，イタリア民法1292条～1310条（条文ごとに連帯債務と連帯債権が順次規定されている)，ポルトガル民法512条1項と528条1項を参照。北欧法においても，連帯債権への言及がある（*Gomard*, 14-16)。イングランド法については，連帯債権が独立の法的カテゴリーとして認められるのかどうか明らかでない（*Treitel*, Contract 533-537)。

3．分　割　債　権

　　分割債権については，これが複数債権者における原則的規範(background norm)である上に，可分性の推定規定(ポルトガル民法513条，オランダ民法6：15条)に根拠が求められることもあるため，必ずしも各国法典に定義規定が置かれているわけではない。しかし，フランス民法1217条，イタリア民法1314条，オランダ民法6：15条，およびポルトガル民法534条を参照。ドイツ民法は，明文規定がないが，可分債権の存在を認めている。相続人間での法定分割に関するフランス民法1220条および1221条にも注意が必要である。

4．共　同　債　権

　　ドイツ法を例外として，不可分債権とは別に共同債権を直接規定するものはない。類推によって共同債権を導くものがある（オーストリア民法890条2文および892条)。その他の法では，不可分性に関する準則が参照されうる。明文で不可分性の準則と関連付けるものもある（例えば，オランダ民法6：16条)。

▶10：202条　分割債権の持分割合

> 　分割債権者は，契約または法律に別段の定めのないかぎり，平等の割合において権利を有する。

コ　メ　ン　ト

　本条は，複数債務者について同様の原則を定める10：103条に対応するものであ

る。10：202条が定める一般準則も，10：103条と同様に，契約または法律から生じる例外に服する。

　　設例：AおよびBは，Cに対して，1万ユーロを貸し付けた。このとき，特段の定めのない場合には，Cは，各債権者に対し，それぞれ5000ユーロを支払う義務を負う。もっとも，債権者の1人がその他の債権者に対して債務を負っているなどの理由から，異なる持分割合を定める契約条項が置かれることも考えられる。

　　　　　　　　　　　　　ノ　ー　ト

　　本条の準則を明文で規定する例は少ない。ドイツ民法420条，ギリシャ民法493条，ポルトガル民法534条を参照。この準則については，特に争われていない。

▶10：203条　共同債権における履行の困難

> 共同債権の債権者の1人が，履行の受領を拒絶し，または履行を受領することができないときは，債務者は，本原則7：110条または7：111条に従って目的物または金銭を第三者に供託することにより，債務を免れる。

　　　　　　　　　　　　　コ　メ　ン　ト

　本条の準則は，債務者の保護を図るものである。この準則がなければ，債権者の1人が履行の受領を拒絶し，または受領できない場合に，債務者は債務を免れることができないからである。共同債権の債務者は，債権者らに対して同時に履行しなければならないとされている（10：201条3項）。このことのゆえに債務者の履行に困難が生じる場合には，その債務者は，10：203条の準則により，本原則7：110条および7：111条が定める方法を用いることができる。

　　設例：AおよびBは，Cから中古車を購入した。その契約では，AおよびBは共同債権者であることが明示されていた。その後，Bは入院した。Bの病状は重く，自ら履行を受領することも，Aに受領権限を委譲することもできない。Cは，合意された期日に中古車を引き渡したいと考えているが，AおよびBは共同債権者であるため，Cは，Aだけのために中古車を引き渡すことができない。このとき，Cは，本原則7：110条が定める準則に従い，AおよびBのためにその中古車を第三者に供託することができる。

　　　　　　　　　　　　　ノ　ー　ト

　　10：203条に相当する準則を定めるのはドイツ法だけである（ドイツ民法432条1項2文）。

その他の国の法では，(本条と同種の事案については) 供託の制度，または寄託の制度を用いて同様の結果が達成されうる。本原則7：110条および7：111条のノートを参照。

▶10：204条　連帯債権の持分割合

(1) 連帯債権者は，契約または法律に別段の定めのないかぎり，それぞれ平等の割合において権利を有する。
(2) 自らの持分を超える履行を受領した債権者は，その超過分を，その他の債権者に対し，それぞれの持分を限度として引き渡さなければならない。

コ　メ　ン　ト

10：204条1項は，連帯債務者間の負担割合について定める10：105条1項に対応するものである。各債権者の持分は，連帯性を生じさせる合意のなかで定められるのが通常である。そのような定めがない場合には，持分は等しいものとなる。

本条2項は，当然の準則を定めている。自らの持分を超える履行を受領した債権者が，その超過分を保持できないことは明らかである。超過分は，その他の債権者に引き渡されなければならない。

設例：AおよびBは，Cに対して，1万ユーロの連帯債権を有している。Cは，Bに1万ユーロを支払った。このとき，Aは，Bに対して，5000ユーロの分配請求権を有する。

ノ　ー　ト

本条1項の準則を定める法律をもつ国は多くないが，連帯債務に関する準則との対称関係から導き出されている。もっとも，ドイツ民法430条，スペイン民法1143条1項，ギリシャ民法493条，イタリア民法1298条，ならびにポルトガル民法516条および533条には明文の規定がみられる。

▶10：205条　連帯債権に関するその他の規律

(1) 連帯債権者の1人が債務者に対してした免除は，その他の連帯債権者に影響を及ぼさない。
(2) 10：107条，10：109条，10：110条，および10：111条1項の準則は，必要な修正を加えた上で，連帯債権に適用される。

コメント

A．連帯債権者の1人による免除

本条1項によれば，連帯債権者の1人がした債務の免除は，その他の債権者に影響を及ぼさない。この準則は，本原則の連帯債務に関する準則（10：108条）とは異なる。これにより，連帯債権者の1人が，その他の債権者を害するような債権の処分をすることはできないことになる。

設例1：AおよびBは，Cに対して1万ユーロの連帯債権を有している。Aは，Cに対して全額を免除した。これにより，Cは，Aとの関係で債務から解放される。このとき，Aは，もはや債権を回収することはできない。Bは，1万ユーロ全額について，依然としてCに対して債権を有する。

本条1項の準則は，債務の免除について規定するにとどまり，和解については規定していない。和解においては，一部弁済にあたる部分については弁済に関する準則が適用され（10：205条2項を10：107条1項と併せて参照），免除にあたる部分については本条1項の準則が適用される。

設例2：AおよびBは，Cに対して1万ユーロの連帯債権を有している。Aは，Cを訴えたが，訴訟係属中に，債務の半額の免除と残額の支払いを内容とする和解をした。この和解に従い，Cは，5000ユーロをAに支払った。このとき，Cは，Bに対してこの和解を援用することができず，Bは，Cに支払いを求めることができる。ただし，一部が弁済されているため，Bは，5000ユーロしか請求できない（10：205条2項および10：107条）。

B．連帯債務の準則の適用

本条2項は，債務者複数の場合と債権者複数の場合とが対称関係にあることから説明される。本項は，複数債務者に関する準則を繰り返して規定することを避けている。その結果は，次のようになる。

10：107条1項が適用される結果，債務の弁済および相殺はともに，その他の連帯債権者との関係において債務者を債務から解放する。混同（*confusio*）の場合も同様であり，債務は消滅する。もっとも，混同の当事者は，10：204条2項に規定されているように，他の債権者からの分配請求に応じなければならない。

設例3：AおよびBは，Cに対して1万ユーロの連帯債権を有している。Bが死亡し，その唯一の相続人であるCが相続した。このとき，Aは，10：204条2項により，新たに連帯債権者となったCに対し，5000ユーロを請求することができる。

同様に，10：109条によって，裁判所の判決は，その訴訟の当事者にのみ影響を及ぼす。

10：110条１項が連帯債権に適用されることにより，債権の１つが時効にかかった場合でも，その他の債権者は各自の権利を保持する。10：110条２項に基づき，債権者は，自らの債権が時効にかかっても，持分を超えて受領した債権者に対して分配請求権（10：204条２項）を行使することができる。

設例４：AおよびBは，Cに対して１万ユーロの連帯債権を有している。Bの債権が時効にかかったが，Aの債権は存続している。Aは，Cを訴え，全額を回収することができる。このとき，Bは，（10：204条２項に基づき）Aに対して5000ユーロの限度で分配請求権を行使することができる。

最後に，10：111条１項によって，債務者は債権者に対し，他の連帯債権者に対する人的抗弁を除いて，あらゆる抗弁を，すなわち一身専属的なものであっても債務に内在するものであっても主張することができる。

設例５：AおよびBは，Cに対して１万ユーロの連帯債権を有している。債権を生じさせた契約の目的が違法であることを理由として，Aに対して契約の無効を主張することができる。これは，債務に内在する抗弁である。

設例６：AおよびBは，両名の名義で共同口座を開設した。Bは，精神の障害のために，契約を締結する法的な能力がなかった。Aは，預金の引出しを望んでいる。このとき，銀行は，Aに対して，Bの無能力を主張することはできない。これは人的抗弁であり，銀行は，Bに対してのみこれを主張できる。

10：111条２項は，連帯債権には類推適用されない。全額を支払うことによって債務者は債務から解放されるが，支払いを受けた債権者は，債務者が主張することのできた抗弁を主張することはできず，その他の連帯債権者からの分配請求権に応じなければならない。債権の持分は，すべての連帯債権者の合意によって定められるべきものである。

設例７：AおよびBは，Cに対して１万ユーロの連帯債権を有している。AがCに支払いを請求し，Cは，１万ユーロを支払った。Cは，Bに対しては同意の瑕疵を主張できるはずであった。このとき，Aは，Bに5000ユーロを支払わなければならず，CがBに対して主張できたはずの同意の瑕疵をAが主張することはできない。

ノ ー ト

１．連帯債権者の１人による免除

本条１項の準則は，いくつかの法制度とは異なっている。これらの法制度では，連帯債権者

の1人による免除について，債権の部分的な縮減が明文で規定されている。スペイン民法1143条，フランス民法1198条2項，ギリシャ民法491条1項，イタリア民法1301条2項，および，ポルトガル民法864条3項を参照。和解に関しては，イタリア民法1304条を参照（債権者の1人と債務者との和解がその他の債権者に影響を及ぼすのは，その他の債権者がその和解から利益を享受する意思を表明した場合に限られる）。その他の法では，明文の規定がないときは，連帯債務の類推により，債権が部分的に縮減される。

2．連帯債務の準則の適用

　連帯債務の準則を準用するという立法技術は，いくつかの法にみられる。ドイツ民法429条3項（同条2項は，混同について独立に規定している），スペイン民法1137条を参照。その他の法では，連帯債権と連帯債務を併せて規定するか（イタリア民法1300条〜1306条），または，それぞれについて独立の規定を置いている（ギリシャ民法491条および492条，ポルトガル民法532条，869条，530条，および514条2項）。明文の規定がないときは，おそらく，連帯債務の準則が類推適用される。さらにスペイン民法は，1141条において，各連帯債権者は，他の債権者の利益のために行為することができるが，他の債権者を害することができない，と規定する。

CHAPTER 11 Assignment of Claims

Principles of European Contract Law, Part III

第11章　債権譲渡

第1節　総　則

▶11：101条　本章の対象

(1) 本章は，現在または将来の契約に基づいて発生する履行を求める権利（「債権 claim」）を，合意によって譲渡する場合に適用する。
(2) 別段の定めがある場合，または前後関係から別段の規律を要する場合を除いて，本章は，譲渡性があるその他の債権を，合意によって譲渡する場合にも準用する。
(3) 本章は，次の各号のいずれかに該当する場合には，適用しない。
　(a) 金融証券または投資証券の移転であって，別段適用される法に基づいて，その移転を発行者によりまたは発行者のために管理される登録簿に登録することによって行わなければならない場合
　(b) 為替手形その他の流通証券（negotiable instrument），または，その他の流通証券（negotiable security）もしくは動産を目的とする権原証券の移転であって，別段に適用される法に基づいて，その移転を（必要であれば裏書とともに）証券の交付によって行わなければならない場合
(4) 本章において，「債権譲渡」は，担保のための債権譲渡も含む。
(5) 本章は，債権譲渡とは異なる方法で合意によって債権を目的として担保権を設定する場合にも必要な修正を加えた上で準用する。

コメント

A. 総　説

　契約に基づいて発生する債権は，取引の対象となる主要な資産の典型である。これは，例えば典型的なファクタリング取引において真正に売買したり，貸付金その他の債務の担保のために譲渡したりすることができる。本章の目的は，個別の債権であれ大量の債権であれ，債権譲渡を促進するための原則および準則を定めると同時に，債務者の権利が債権譲渡によって害されないことを保証する原則および準則を定めることにある。契約に基づいて発生する債権の譲渡とは，履行を求める権利

51

の移転であり，たいていは金銭の支払いを求める権利〔金銭債権〕を対象とする。譲渡人の債務を移転することは含まない。契約に基づいて債務者自身が有する債権は，譲渡人に対してのみ存続する。債権譲渡は，契約当事者のいずれをも免責するものではないので，基礎となる契約で定めていないかぎり，債務者の同意は必要でない。したがって，債権譲渡は，第三者が債務者と交替し債務者が免責される場合とは区別されなければならない。これは，三当事者すべての合意を要件とするからである（12：101条を参照）。債権譲渡は，第三者が契約当事者の一方と完全に交替しその権利義務を承継する場合とも区別されなければならない。これも，三当事者すべての合意を要件とするからである（12：201条を参照）。

B．適用対象
(i)　「債権譲渡 assignment」

本章は，債務の履行を求める権利（「債権 claim」）を有する者が，債権または債権を目的とする権利を，他人に与えるという方法で取引する場合を扱う。このような取引は，以下の3つのうちのいずれかの形態をとる。すなわち，第1に真正の譲渡，例えば，債権の売買契約に基づいて行われる場合である。第2に，担保のための譲渡，例えば，譲渡担保の場合である。第3に，移転以外の方法による担保権の設定である。この第3の範疇は，債権を目的とする担保で，移転を必要としない形態すべてを含む。本条5項が示す担保のこうした包括的な扱いは，移転以外の方法による形態の担保のうちある法体系に特有のもの，例えば，質権（pledge）（大陸法系においては，観念的な占有の引渡しを根拠に，法律上の〔引渡しの〕要件を充たすとして，無体財産にすら認められるのに対して，コモン・ロー系においては，質権は有体動産にしか利用できない）や，エクイティー上の担保（コモン・ロー系以外ではみられない形態の担保）には立ち入らない。そしてこのことは，11：101条5項に反映されている。本章は，適切な修正の上，これら移転以外の方法による担保権設定に準用される。（条文またはコメントにおいて）債権譲渡（assigning）に言及することは，担保権設定に言及することを含んでいると考えること，そして，「譲渡人 assignor」や「譲受人 assignee」についても同様であるとすることが，もっとも一般的な修正である。その他，より本質的な性質をもつ必然的な修正が存在する。例えば，11：201条（譲受人に移転される権利）は，移転以外の方法による担保権設定には準用することができない。

契約全体（すなわち，契約に基づいて発生する権利および義務）が移転される場合には，本章は，第12章とともに参照されなければならず，また，第12章に服しなければならない。

(ii)　「債権 claim」

債権という文言の意味は，債務の履行を求める権利である。それは，他の章でも

用いられており，適用範囲を定める重要な効果を有している(第Ⅲ編序論5を参照)。本章との関係では，履行期がすでに到来している金銭債権も履行期が将来到来する金銭債権も，建物建築，物品運送および役務提供などの非金銭債権も「債権」概念に含まれることが重要である。しかし，一定の種類の債権（例えば，金融証券，投資証券や流通証券（negotiable instruments）に化体されている債権，あるいはそれらの証券によって証明される債権）には，本章の規定は必ずしも適用されない（後述(v)を参照）。

(iii) 合意による移転のみを対象とする

本章の適用対象は，合意による債権の譲渡に限定される。本章は，法律による債権の移転（例えば，法定代位による場合）や，一方的行為による移転（例えば，信託宣言による場合）には，適用されない。

(iv) 契約以外に基づいて発生する債権

債権譲渡は，契約に基づいて発生する債権との関係で最も実際的な重要性を有するので，本章は，契約に基づいて発生する金銭債権の支払いその他の履行を求める権利をまず念頭において起草された。しかし，本章は，別段の定めがある場合や前後関係から別段の規律を要する場合を除いて，譲渡性があるその他の債権を合意によって譲渡する場合にも適用される。例えば，一方的約束（unilateral undertaking）に基づく金銭債権，契約不履行に基づく損害賠償請求権，不当利得法に基づく金銭債権や原状回復請求権である。本原則に基づく仲裁に委ねられる紛争においては，様々な種類の債権が含まれることがあるので，契約に基づいて発生する履行を求める権利の譲渡に適用される規定と，密接に関係するその他の債権の譲渡に適用されるその他の諸規定を別々に定めれば，不便で不当なものになってしまうであろう。

「譲渡性がある」という文言により，契約以外に基づいて発生する債権で，その債権を規律する法律に基づき性質上譲渡性がないとされる債権は，本章の適用対象から除外される。例えば，一定の社会保障給付請求権を与える法律は，おそらく，この金銭債権には譲渡性がないと定めているだろう。強行規定の優先性に関する準則（1：103条2項）や履行の性質上譲渡人に属人的な履行に関わる準則（11：302条）が，契約に基づいて発生するものであれ，契約以外に基づいて発生するものであれ，一定の債権の譲渡性を制限するか影響することがある点にも注意。後述11：102条のコメントCおよびノートを参照。

「別段の定めがある場合……を除いて」という文言は，本章のいくつかの規定（例えば，11：102条，11：201条2項，11：204条b号）の適用対象が，契約に基づいて発生する債権に明示的に限定されることを反映する。「または前後関係から別段の規律を要する場合を除いて」という文言は，いくつかの規定（例えば，11：301条）が，明示的な限定がなくても，契約に基づいて発生する債権にしか関係しないことを反映する。

(v) 金融証券, 投資証券, 流通証券その他同様の証券

　株式やある一定の債券など, 金融証券または投資証券の移転は, 発行人の下にある登録簿, または発行人のために第三者によって保管されている登録簿に登録することによって行わなければならないが, これは本章の適用対象から除外されている。その他証券に化体されている権利 (documentary intangible) (すなわち, 流通証券等 (negotiable instrument or negotiable security) や動産を目的とする権原証券に化体されている債権) は, 必要であれば裏書とともに交付することによって移転することができるが, この移転についても, 同じことが当てはまる。本条3項が, これらの適用除外を定めている。

　(a) 金融証券および投資証券

　登録された金融証券または投資証券としての性質をもつ債券や株式の所持人は, 発行者に対して支払請求権 (債権) を有するであろうが, これらの証券は債務法に服する一般の権利とは重要な点で異なっている。これらの移転は, 特別法に服し, 一般に, 発行人の登録簿への登録が要件となるであろう。したがって, これらは本章の適用対象から除外されている。

　(b) 流通証券 (negotiable instruments)

　為替手形その他の流通証券 (negotiable instruments) が一連の契約関係を生じる場合があるとしても, 流通証券に基づく権利の移転は, 通常は, 債権譲渡によってではなく, 必要であれば裏書とともに証券を交付することによって効果を生じる。証券上責任を負う当事者の債務とは, 現在の所持人に支払うことであり, その者は最初の受取人とは異なることがあるので, 債権譲渡において必要とされるような移転の通知は必要ない。証券の所持人でない譲受人に支払った場合には, 債務者は, 所持人に対してなお責任を負う。さらに, 流通証券は, その性質上, 債権譲渡に適用される準則とは明確に異なる独自の準則に服する。例えば, 流通証券を有償で取得し, 譲渡人の権原の瑕疵を知らなかった者は, この瑕疵や譲渡人に対して主張可能であった抗弁によって影響を受けない。これに対して, 債権譲渡の譲受人は, これらの事柄の影響を受ける。

　これらの流通証券は, 本章の適用対象から除外されるが, このことは原因債権の譲渡を必ずしも妨げるものではない。債権譲渡は, 流通証券の交付を含まない資産の包括譲渡の場合に, 最もよく生じるであろう。流通証券に化体されている金銭債権が譲渡される場合には, 流通証券法は, 通常, 証券の所持人を債権譲渡の譲受人に優先させる。これも, 本章の適用対象となる事柄ではない。第4章に定める優先性に関する準則は, 競合する債権譲渡に限定される。

　(c) その他の流通証券 (negotiable securities)

　その他の流通証券 (negotiable securities) とは, 登録されていない株式, 社員持分, 債券, 手形を目的とする, 市場で発行された権原証券である。流通証券 (negotiable instruments）の場合と同様に，証券に化体されている権利は，証券の交付によって移転される。流通証券（negostiable instruments）に関する前述のコメントは，その他の流通証券（negotiable securities）についても同様に当てはまる。

　(d)　動産を目的とする権原証券

　動産を目的とする権原証券にも，同様の考察が当てはまる。権原証券は，それ自体債権ではないが，動産の引渡請求権の証拠となることがある。このような証券を発行した運送人や受寄者の債務は，現在の所持人に対するものであり，その者は必ずしも最初の荷送人や寄託者ではないので，動産の引渡請求権は，船荷証券，倉庫証券その他の権原証券の交付によって移転される。

(vi)　焦点は債権譲渡契約よりもむしろ債権譲渡そのものに置かれる

　本章における債権譲渡は，債権譲渡の契約から生じる。場合によっては，この契約は，債権譲渡そのものとは別個に行われ，債権譲渡に先行して，より広範な商取引や商業上の関係を規律しており，債権譲渡はその一部を構成している。債権譲渡の契約と債権譲渡そのものとが，単一の契約書で行われることもある。それどころか，明示的な契約上の約束その他の契約条項がまったく存在せず，単なる債権譲渡だけを行うものもあり，この場合には，契約上の債務は，黙示の合意や法の準則によってしか生じない。いずれにしても，債権譲渡については，契約としての側面と，移転としての債権譲渡そのものの効果を区別する必要がある。本章は，第一次的には，後者を対象とするが，譲渡人によってされるとみなされる保証も取り扱う（11：204条を参照）。債権譲渡の契約としての方式および実質に関わる有効性は，第2章および第4章により規律され，本章により規律されるのではない。

　いくつかの法体系においては，契約による債権譲渡が，契約に基づいて効果を生じるものとして扱われ，もし契約が無効であれば，意図された移転も無効である。その他の法体系においては，債権譲渡は別個の法律行為であって，その原因となる契約から独立し，原則としてその契約が無効であっても影響を受けないとするものもある。移転は契約とは別個のものとみられるが，契約が無効であれば影響を受けることがあるとするものもある。本章は，この問題については，立場を決定していない。しかし，債務者の保護のため，11：304条は，次のように規定する。すなわち，債務者は，債権譲渡の通知を受け取った後に，その通知において譲受人とされる者に履行した場合には，免責される。ただし，債務者が，その者が履行を求める権利を有する者ではないことを知らずにいることなどありえなかったときは，このかぎりでない。

　本章は，債権譲渡のすべての側面を対象とするものではない。例えば，債権を目的とする担保権の実行は扱わない。これは，準拠法に委ねられている。

ノート

　本章は，金銭債権と非金銭債権両方の譲渡を適用対象とする。したがって，UNCITRAL 国際債権譲渡条約*の適用対象よりもいくぶん広い。UNCITRAL 国際債権譲渡条約の適用対象は，その性質上金銭債権に限定されている（草案2条（現2条））からである。ほとんどのヨーロッパ法体系においては，合意による債権譲渡は，契約に基づいて行われ，契約の有効性を基礎としているものとみられている。これに対して，ドイツ法，ギリシャ法およびスイス法においては，無因性の原則が採用されている。それによると，債権譲渡の有効性は，債権譲渡の契約からは独立しているものがみられ，債権譲渡の契約に瑕疵があっても，それは債権譲渡の有効性に必ずしも影響しない。もっとも，ほとんどの場合には，影響するであろうが（比較法的検討については，Kötz. IECL para. 67.（Zweigert and Kötz 446に再録）；フランス法とドイツ法の比較については，Cashin-Ritaine；ドイツ法については，Larenz 571および Münchener Kommentar (-Roth) § 398, n. 2 および23-25；ギリシャ法については，A.P. 481/1960, Note 1961. 297を参照）。イングランド法においては，現在の債権の完全な譲渡は，単なる債権譲渡の契約や将来の債権の譲渡とは対照的に，財産の移転とみなされるので，例えば約因のような，契約の有効要件を充たす必要はない（Holt v. Heatherfield Trust Ltd. [1942] 2 K.B. 1, 5; Chitty paras. 20.018, 20.027; Goode, Commercial Law 680-681を参照）。

　オーストリア法においては，民法1392条が，譲渡を，新債権者の交替による更改として規律している。しかし，譲受人に債務者に対する責任を課すものではない（民法1395条を参照）。ベルギー，ルクセンブルクおよびフランス民法においては，合意による債権譲渡に関する規定は，売買の章に定められているが，その他の形態の債権譲渡にも拡張されている。さらに，フランス民法第3編第17章においては，債権質を対象とする規定が含まれる。同様に，ドイツ法は，債権譲渡は契約の一般準則によって規律される（民法398条以下）ものとする一方，債権質は物権法の準則によって規律される（民法1273条以下）ものとして，区別している。イタリア法においては，合意による債権譲渡（cessioni di crediti）を規律する準則は，民法典1260条～1267条，および1991年2月21日の法律52号に定められている。ルクセンブルク民法は，債権譲渡を，1689条～1691条，および1295条で扱っている。旧規定は，重要な点について法律要件を緩和するための1994年12月21日の法律によって修正されている。

　オランダにおいては，民法3：94条の債権譲渡の規定は，所有権の移転に関する一般準則（民法3：83条以下）の一部を構成している。オランダ法は，信託的な所有権の完全な移転を無効とする（HR 19th May 1995, Ned.Jur. 1996. 119による民法3：84条3項の解釈に基づく）。しかし，2つの形態の債権質を認めている。1つは，通常の質権である。これは，性質上，占有質と考えられ，これを設定するためには，設定者の署名のある書面が作成され，かつ債務者に通知することが要件となる（民法3：236条2項，3：94条，3：98条を参照）。もう1つは，いわゆる「隠れた silent」（または占有を伴わない）質権である。この質権は，債務者に対する通知による必要はないが，正当な権限を有する者（例えば，公証人）によって認証された書面か税務署によって署名の日付が認証された書面によって設定され，かつ一般的には公開されない登録簿にその認証が記載されなければならない。ポルトガル法は，移転（民法577条以下）と質権（民法679条以下）を区別し，債権譲渡を，債務法に属するものとして扱っている。北欧約束手形法は，真正譲渡と担保のための譲渡とをいずれも適用対象とする。同法のある部分は，指名債権（non-documentary, non-negotiable claims）の譲渡にも適用される（Björn 107を参照）。

　＊ヨーロッパ契約法原則Ⅲの起草作業において参照されていたと思われるのは，UNCITRAL 国際債権譲渡条約の1999年の草案（Report of the Working Group on International Contract Practices on the work of its thirty-first session（Vienna, 11-22 October 1999），A/CN. 9/466, ANNEX I, consolidated text of the draft Convention）である。この1999年の草案と成立した条

約とでは,その後の審議過程における挿入および削除の結果,条文番号がずれて変わっている。そこで以下では,UNCITRAL 国際債権譲渡条約が参照されている場合には,条文番号は,1999年の草案を基本としつつ,成立した条約の対応するものを,「草案 XX 条(現 XX 条)」または「草案 XX 条(現規定なし)」のように表すこととする。

▶11：102条　契約に基づいて発生する債権の一般的な譲渡性

(1) 11：301条および11：302条の規定に服するほか,契約当事者は,その契約に基づいて発生する債権を譲渡することができる。
(2) 現在および将来の契約に基づいて発生する将来の債権は,その発生時点または当事者が合意したその他の時点において,債権譲渡の対象となる債権として識別できるかぎり,譲渡することができる。

コメント

A．現在の契約

現在の契約に基づいて発生する債権は,たとえまだ履行期が到来していないとしても譲渡できることが,広く認められている。現在の契約に基づいて発生する現在の債権も,将来の債権も,譲渡することができる。実際に,多くの法体系においては,現在の契約に基づいて発生する履行を求める権利は,履行期が将来到来する場合であっても,反対給付その他の一定の事情にかかる場合であっても,現在の債権として扱われる(履行期が将来到来する現在の債権 debitum in praesenti, solvendum in futuro)。

設例1：C社は,Eとの間で工場建設の契約を締結した。支払いは,建築技師の証明書と引き換えに,分割で行われるべきものとされた。Cの将来の支払請求権が契約上の仕事の遂行状況にかかるとしても,Cはその債権を有効に譲渡することができる。

B．将来の契約

将来の契約に基づいて発生する債権の譲渡については,さらに多くの問題が生じている。1つは,将来の資産や生計のための潜在的な財産を手放すことによる,譲渡人への経済的な影響に関する懸念に基づくものである。もう1つは,債権譲渡は,譲渡時点での対象の特定性を要するが,これが債務者に対する通知や債務者による承諾と結び付けられると,将来の債権の譲渡の場合には,通知や承諾は不可能なことが多い,という認識に基づくものである。金銭債権による融資(例えば,金銭債権その他の売掛債権の買取りや,そうした債権を担保として貸付けをすることによる融資)が商取引上重要であり,譲渡時点で〔譲渡対象〕債権が個別に特定されるか特定可能であることを求めても実行できないことから,債権発生後に譲渡人が新

たに何らかの行為をすることを必要とせずに将来の債権を譲渡することが，徐々に一般に受け容れられていった。国際的な分野では，1988年の UNIDROIT 国際ファクタリング条約および UNCITRAL 国際債権譲渡条約が，このことを認めている。1988年の UNIDROIT 国際ファクタリング条約5条においては，債権は，発生時点で特定可能であれば足りる。本条は，さらにいっそう柔軟である。債権譲渡の両当事者に，特定性要件が充たされるべき時点を合意することを認めているからである。

設例2：Sは，材木商に材木を供給する会社である。Sは，ファクタリング会社Fとの間でファクタリングの合意をした。そして，イギリスで営業しているSの顧客との間の売買契約に基づいて発生する現在および将来の金銭債権すべてを，換価のために売買としてFに譲渡した。これは，有効な譲渡である。将来のいずれの金銭債権についても，それが発生する時点において，イギリスにおけるSの顧客を債務者とする金銭債権としてファクタリング契約の対象となるか否かが確定できるからである。これらの金銭債権がFに帰属する時点については，11：202条を参照して決定される。

設例3：家具製造業者Sは，家具を小売店および百貨店に供給している。Sは，ファクタリング会社Fに，一定の時期ごとにSがFに送付する一覧表に記載される現在および将来の金銭債権を売却することとした。売買は，記載された金銭債権すべてについて有効である。

設例4：クレジットカード発行会社Cは，取引銀行Bから，巨額の融資を受けた。Cは，カード所有者に対する将来の債権を，融資額の総額を超えない範囲で，Bに譲渡することとした。この合意は，契約としては完全に有効であるが，有効な移転ではない。譲渡対象債権を特定するための方法が示されていないからである。

C．優先する強行規定

関係する国際私法上の準則によれば，強行規定が，譲渡契約を規律する法のいかんにかかわらず適用され，したがって，準拠法選択条項によって排除できない（1：103条2項）という点で優先する場合には，本条はそれに劣後する。関係する国際私法上の準則とは，法廷地法で，自国の優先する強行規定を適用するとするか，第三国の優先する強行規定の適用を認めるものをいう。

設例5：個人Hは，融資の担保として，将来の収入および資産すべてを，Aに譲渡しようとした。支払いを強制するために，イングランドにおいて訴訟が起こされた。イングランド法においては，この債権譲渡は，譲渡人から将来の生計の手段を奪うという効果ゆえに，公序に反して無効である。イングランド法の優先する準則が，本条に代わって適用される。

11：102条

ノ　ー　ト

　ヨーロッパ法体系すべてにおいて，現在の契約に基づいて発生する契約上の権利（債権）の譲渡性が認められている。ただし，例えば，債権譲渡が公序に反する場合や権利が債権者の属人的要素に関わる場合には，そうでない（Kötz, IECL, paras. 68ff. を参照）。ほとんどの法体系においては，個人が将来の金銭債権を包括的に譲渡することは，譲渡人から将来の生計の手段を奪う点で，公序に反するものとされる。例えば，裁判官などの公務員の給与債権の譲渡や争いのある債権の譲渡は公序に反すると考える法域も多い。本原則は，この点について特別の準則を定めておらず，優先する強行規定に効力を与える1：103条2項において，一般的な規定を定めるのみである。債権者の属人的要素に関わる権利に譲渡性がないということは，より一般的な規定である11：302条で扱われている。
　コモン・ロー圏においては，将来の契約に基づいて発生する債権の譲渡は，古くから認められている。そしてこれは，本条2項と同様に，特定性ではなく特定可能性を要件とする（Goode, Commercial Law 676-677を参照）。UNIDROIT 国際ファクタリング条約9条1項b号においても，見解は同じである。しかし，イングランド法においては，制定法上の債権譲渡（譲受人は，譲受人自身の名で訴訟を起こすことができる）は，現在の債権の譲渡に限定されている。大陸法圏では，将来の契約に基づいて発生する債権の譲渡に反対する傾向があった。1つは，特定性要件，つまり，譲渡時点において債権を「特定する」ことができないという事実を論拠とするものであった。もう1つは，債務者に通知がされるか債務者が債権譲渡を承諾するまでは，債権譲渡は完全ではない——このこともちろん，債務者が特定可能であることが要件となる——，という法準則が存在することを論拠とするものであった。現在では，大陸法圏のほとんどは，将来の契約に基づいて発生する債権の譲渡性を承認するが，債権の特定可能性が充たされるべき時点については，相違がみられる。いくつかの法体系においては，債権は，発生時点で特定可能であれば足りる。オーストリア法の見解がそうである（OGH EvBl 1969/15; JBl 1984, 85; SZ 61/74; OGH SZ 55/170を参照）。ドイツにおいても，債権譲渡については，同じことが当てはまるが（Kötz, IECL para. 82を参照），質権設定については，そうではない*（Münchener Kommentar（-Roth）§ 398, nn. 81 and 82; Staudinger（-Kaduk）§ 398, n. 43ff. を参照）。その他の法体系においては，明示的に，または，債務者に対する通知を要件とすること，もしくは債務者の特定可能性を債権譲渡の有効要件とすることによって，譲渡時点で債権が特定可能でなければならないとする準則を維持する。ベルギー法の見解がそうである（Dirix, De vormvrje cessie 27を参照）。通常の質権設定については，スコットランド法，オランダ法（民法3：84条2項）そしておそらくルクセンブルク法も同様である。フランス法は，原則として，将来の契約に基づいて発生する金銭債権の譲渡を認めない（Terré, Simler, Lequette n. 1181を参照）。しかし，銀行その他金融機関に対する債権譲渡の場合には，1981年1月2日のダイイ法（現在の通貨金融法典**）に基づいて，譲渡される売掛債権を特定する明細書を交付することができる。この売掛債権は，金銭債権の額や債務者が特定されていない将来の取引に基づいて発生するものでもよい（同法1条）。オランダ法においても「隠れた silent」質権設定については，同様の準則が存在する（民法3：239条1項，Verhagen & Rongen Chap. 4を参照）。しかし，通常の質権設定については，債務者に対する通知が要件とされているので，将来の債権を譲渡する可能性は制限される。イタリアにおいては，現在の契約に基づいて発生する債権（履行期が将来到来する債権も含む）しか譲渡できないとみるのが，支配的見解である（Bianca, IV 589; Perlingieri, Cessione n. 3421を参照）。しかし，ファクタリングについては，特別の制度（1991年2月21日の法52号3条）が存在するので，それに基づいて，将来の契約に基づいて発生する債権をファクターに譲渡することができる（Bassi 1993を参照）。
　＊　引用されているのは差押え Pfändung についての記述で，ノートには質権設定 Verpfänd-

ungとの誤解がある。もっとも，ドイツ民法1280条によると質権設定には第三債務者への通知が必要なので，ドイツ法では将来の債権に対する質権設定ができないという内容自体は正しい。
** いわゆるダイイ法（1981年1月2日の法律1号。その後1984年と1994年に一部改正）のほとんどの規定は，2000年12月14日のオルドナンス1223号により，それらを通貨金融法典（Code monétaire et financier（CMF））の一部（L 313-23条以下）に法典化する形で，2000年12月31日をもって廃止されている。そこで以下では，ダイイ法が参照されている場合には，条文番号は，ダイイ法を基本としつつ，通貨金融法典の対応するものを，「ダイイ法XX条（現在の通貨金融法典XX条）」のように表すこととする。

▶11：103条　一部譲渡

> 分割できる債権は，その一部分を譲渡することができる。ただし，これによって債務者の費用が増加したときは，譲渡人が債務者に対して責任を負う。

コメント

A．可分性

債権者は，債権全体ではなく，債権譲渡をする商取引上の目的を達成するために必要な部分のみを譲渡したいと考えることがある。例えば，会社が第三者に対する2億ユーロの金銭債権を有している場合において，それを担保として取引銀行から3,000万ユーロを借り入れようと考えるときは，その金銭債権のうち，借入金について適切な担保となる部分を譲渡したいと考えるだろう。同様に，卸売業者がある量の代替可能物を購入する契約をした場合において，それらが2つの委託販売品に分けて引き渡され，それぞれ別に支払いが行われることになっているときで，全体の量の半分ずつについて，2人の転買主から注文を受けているときは，その卸売業者は，第1の委託販売品に対する権利を一方の転買主に，そして第2の委託販売品に対する権利を他方の転買主に譲渡したいと考えるだろう。

債権をその一部分について譲渡することができるか否かは，契約の明示または黙示の条項に基づいて，その債権が分割できるか否か次第である。

(i) 金銭債権

金銭債権は分割できるものと推定される。通常は，これによって契約の履行に実際上の困難が生じることはない。しかし，債務者の費用が増加した場合には，債務者は本条に基づいてその償還を求めることができる（コメントCを参照）。金銭債権は分割できるという推定は，契約条項によって排除することができる。

設例1：Lは1万ユーロをBに貸し付けた。Lは，1万ユーロの金銭債権の一部である4000ユーロに対する権利を，Aに譲渡することができる。Bに追加的な銀行手数料が生

じる場合には，Bは，Lにその償還を求め，または，これとLに対する責任とを相殺する権利を有する。

(ii) 非金銭債権

非金銭債権の場合には，その債権が分割できるものと推定されるのは，普通は，債務者が譲渡された部分の債権について分割履行する権利を有するときだけである。そうでなければ，契約全体の履行を分割するよう求めることは，債務者に対して不当であろう。分割履行は，債務者に対して，給付と反対給付の関係を，債務者にとって不利益に変更することになるからである。例えば，集合住宅の建築契約のように，仕事全体について契約が締結されている場合には，1つの住戸に影響するような瑕疵があるときでも，契約全体について注文者による解消を正当化するような重大な不履行があるとは限らない。しかし，その住戸が売却されて，その住戸に関する注文者の権利が買主に譲渡されるときは，その瑕疵は，契約の譲渡された部分との関係で，重大な不履行があることになるであろう。そうすると，建築契約のうち，譲渡された部分については譲受人が解消することができるが，集合住宅の残りの住戸に対応する部分については拘束力が維持されるという，不条理な状況が生じるであろう。したがって，この場合には，一部譲渡はできない。契約全体について代金が定められている場合に，それを分割して支払うことができるときであっても，同様である。譲渡された部分について独立して支払うことが契約において定められている場合には，状況が異なる。その場合には，その効果として，契約の中にもうひとつ契約を作ることになる結果，それぞれの債権の部分が別個のものとして取り扱われ，その一部の譲受人は，譲渡人がその部分との関係で有していたことになる以上の権利を有しないからである。

設例2：Sは，コンピュータ100台をBに売却する契約を締結した。Bへの引渡しは，ハンブルクにおいて，それぞれ25台ずつ，4回分割で行われるべきものとされた。Bは，ハンブルクにおいて引渡しを受ける1～3回分の権利を，Aに譲渡することができる。しかし，各回のさらに一部分について引渡しを受ける権利を譲渡することはできない。これを認めると，Sは，各回につき分割できないと規定する契約の履行を分割しなければならなくなってしまうからである。

設例3：Fは，道具倉庫を含む工場の建設を2000万ユーロでCに注文した。支払いは，建築技師の証明書と引き換えに，分割で行われるべきものとされた。道具倉庫を，工場の残りの部分を除いてAに5万ユーロで売却しても，Fは，請負契約に基づく道具倉庫に関する権利をAに譲渡することができない。請負契約は，一体としての契約であり，その契約上Cの履行は分割できないからである。

設例4：設例3と同一の事実において，契約上道具倉庫について別個に価格が定められており，道具倉庫の建設が完成したときにその履行期が到来するものとされている，と

する。道具倉庫を売却すれば，Fは，道具倉庫の建設に関する権利を譲渡することができる。

B．担保またはその他の付従的な権利

本条に従う債権の一部譲渡は，債務者の債務の履行を担保する担保権その他の付従的な権利を割合的に移転することを含み（11：201条1項b号），譲渡性のある独立した権利すべてを割合的に移転する義務を譲渡人に課す（11：204条c号）。

C．債務者の保護

債務者の目から見れば，債権の一部譲渡は，債権の複数化による費用と不便にさらされる不利益がある。実際には，債権者が，相当数の一部譲渡を行おうとすることはあまりない。そして，一部譲渡によって債務者に追加出費が生じる場合には，債務者は，本条に基づいて，譲渡人に償還を求める権利を有する。これと選択的に，債務者は，第13章に基づいて，その償還請求権と金銭債務とを相殺することもできる。

しかし，追加費用の償還請求権では，債務者の適切な保護とならない場合もある。1つは，債権者が多数の一部譲渡を行い，その処理が，債務者の営業の混乱その他耐えがたいほどの不便の原因となる場合である。債権全体について争いがある場合には，より多くの危険が，またいくつかの点でより深刻な危険が生じる。この場合，債務者は，ある手続ですでに抗弁し証拠を提出したときであってもその後の手続でももう一度そうしなければならない負担を負うことになる。そして，債務者の抗弁は，ある手続では認容されるが，ある手続では棄却される，というように，矛盾した判断がされる危険がある。こうした場合には，債務者の保護は，手続に適用される法に委ねざるをえない。

ノ　ー　ト

　　EUのほとんどの加盟国の法においては，分割できる債権は譲渡することができる。ギリシャ法およびオランダ法においては，債権の一部譲渡について，特別の制定法の準則は存在しない。しかし，債権の一部譲渡は，判例法において明示的に認められている（HR 19th December 1997, Ned.Jur. 1998, 690（Zuidgeest/Furness）および，*Verhagen & Rongen* 8章を参照）。これらの国のいずれにおいても，本条において定められているような債務者を保護するための特別の準則は存在しないようである。もっとも，ドイツの学説は，こうした準則について論じている（*Nörr, Scheying & Pöggeler* 104を参照）。また，ギリシャ法は，債権譲渡が債務者の不利益になるものではないことを要件としている，と解されている（*Georgiadis* 409, no. 16を参照）。

▶11:104条　債権譲渡の方式

債権譲渡は書面を要せず，方式に関するその他のいかなる要件にも服しない。債権譲渡は，証人を含むどのような方法によっても証明することができる。

コメント

A．方式要件の不存在

（契約としてではなく，移転としての）債権譲渡に関する方式は，法域ごとに著しく異なっている。第1に，債権譲渡に書面を要件とするものがある。第2に，債権譲渡が口頭で行われることや，例えば，貸付金の担保として銀行によって保有されるべきという意図で，債権者が銀行に契約書を寄託する場合のように，行為態様から推断されることを認めるものもある。第3の可能性として，譲渡人と譲受人の関係では，口頭の債権譲渡が効力を有する可能性を認めつつも，債務者および債務者の破産管財人や一般債権者を含む第三者を拘束するために，債権譲渡に書面を要件とするものもある。実際には，債権譲渡は，ほとんど例外なく書面によって行われる。本条（本条の草案は，2：101条2項の方針に従う）は，債権譲渡が口頭で行われることや行為態様から推断されることを認める。しかし，(a)債権譲渡が方式上有効であるための要件と，(b)債務者が譲渡人へ履行をすることを妨げる状況（例えば，債権譲渡の通知の受領），(c)譲受人が債務者に履行を求めるために充たされなければならない要件，および(d)譲受人の優先性を保全するための要件とは，区別する必要がある。本条は(a)にしか関係しない。(b)と(c)の問題は，11：303条において扱われる。これは，債務者に対して書面によって通知することが要件となる。(d)は，11：401条において扱われる。先行する債権譲渡が存在するが，その譲受人が通知をしていない場合には，その譲受人に対する優先性を保全するためには，債務者に対して通知すること（書面による必要はない）が要件となる。本条は，債権譲渡についていかなる方式も要件とはしていないが，債権譲渡の通知をしたのが譲受人である場合には，債務者には，債権が譲渡されたことについての証拠を提示するよう求める権利がある（11：303条2項）。

B．債務者に対する通知は，本質的な要件ではない

いくつかの法体系においては，債権譲渡について債務者に対する通知その他の公示行為，例えば譲渡人の会計帳簿への登録が行われない場合には，債権譲渡は，その当事者間を除いて，有効でない。このような通知その他これと同等の行為がされない場合には，債権譲渡は，譲渡人の破産における無担保債権者に対してすら無効である。そして，債権譲渡が譲渡人と譲受人の間で有効であることは，少なくとも，

例えば悪意で行為した第2譲受人のような債権譲渡を対抗される範疇の第三者が存在しないかぎり，財産権の関係ではあまり意味がない。その他の法体系においては，債務者に対する通知は，譲受人に支払義務を課し，劣後する譲受人に対して優先性を保全するためにしか要件とされず，譲渡人の破産において，債権譲渡が有効であるための前提要件とはされていない。後者の考え方は，本条および11：201条から11：203条で採用しているものである。これには，2つの理由がある。第1の理由は，通知の要件が何らかの有用な目的に資するのかという疑問と関係している。債務者に対する通知は，（例えば，登録による）公示と同等のものではない。債務者に対する通知は，債務者しか見ることができないからである。通知の要件は，例えば，破産法上の偏頗行為に関する準則を潜脱するために共謀して債権譲渡の日付を遡らせることを防止することにも役立つかもしれないが，債権譲渡の日付が問題にされることはほとんどなく，また，通常は，債権譲渡の日付は，その他の方法によって証明することもできる。通知を本質的な要件としなかった第2のより重要な理由は，通知は，現在および将来の契約のいずれかに基づいて発生する継続的な一連の金銭債権の譲渡を必要とする債権譲渡による現代の融資にとって有害だからである。事柄の性質上，普通は，将来の債務者を譲渡時点で特定することはできない。さらに近時は，特にファクタリング取引において，通知型融資から，（送り状割引 invoice discounting として知られてもいる）非通知型融資への急速な転換がある。譲渡人＝供給者と債務者であるその顧客の間の関係が混乱することを防止し，譲受人のために譲渡人に金銭債権の取立てを認めるためである。非通知型融資の利用は，譲渡人から譲受人への金銭債権の債権譲渡の有効性に，密接に依存している。したがって，債務者に対する何らかの通知を債権譲渡の本質的な要件としてしまうと，債権譲渡による融資一般，特に非通知型融資を，ひどく阻害しかねないのである。

ノ ー ト

　本条のノートは，債権譲渡が譲渡人と譲受人の間で方式上有効であるための要件にしか関係しない。その他の点については，11：303条および11：401条のノートにおいて扱う。
　UNCITRAL 国際債権譲渡条約においては，実体的な準則は存在しないが，草案8条（現7条）の規定では，債権譲渡は，譲受人の住所がある国の法か国際私法の準則に基づく準拠法において，方式要件を充たせば，方式上は有効である，としている。UNIDROIT 国際ファクタリング条約は，金銭債権の譲渡の方式要件については規定していないが，債務者に対して書面によって通知することができる債権譲渡に適用対象を限定している。EU のほとんどの国の法においては，金銭債権の無償でない譲渡が譲渡人と譲受人の間で方式上有効であるための要件を定めていない。オーストリア，ベルギー，イングランド，イタリア，ルクセンブルク，ポルトガル，スコットランド，スペイン，北欧諸国がそうである。フランス法は，債権を証明する書面の交付を要件とする（民法1689条）が，債権譲渡の両当事者は，この要件を合意によって排除することができる。しかし，ダイイ法（現在の通貨金融法典）が適用される場合には，そう

ではない。その場合には，明細書に関する方式が遵守されなければならないからである。オランダにおいては，債権譲渡および質権設定は，常に，譲渡人の署名のある書面によって行われることが要件とされている（民法３：94条および３：236条２項を参照）。債務者に対する通知は，債権譲渡が譲渡人と譲受人の間で効力を有するための要件とすらされている（民法３：94条）。ただし，この準則に対する批判も支持されており，それゆえ法律が改正されることになるようである。「隠れた silent」すなわち占有を伴わない質権設定については，書面が（例えば公証人によって）公的に認証されるか，そうでなければ，設定の日付が公的に認証されなければならない。

　前述のほとんどの国においては，無方式の債権譲渡も，譲渡人と譲受人の間では有効であるが，譲受人にとってより重要なのは，債権譲渡が，第三者に対して，とりわけ競合する譲受人や譲渡人の破産における破産債権者に対して，有効か否かである。この場合には，準則は，通常，より厳格である（11：401条のノートを参照）。

第２節　譲渡人と譲受人との間における債権譲渡の効果

▶11：201条　譲受人に移転される権利

> (1) 債権が譲渡されたときは，次に掲げる権利すべてが譲受人に移転する。
>   (a) 譲渡対象債権について，譲渡人が有する履行を求める権利すべて
>   (b) その履行を担保する付従的な権利すべて
> (2) 契約に基づいて発生する債権の譲渡とともに，同一の契約に基づき譲渡人が負担する債務について譲受人が債務者として譲渡人と交替するときは，12：201条に服するほか本条が適用される。

コ　メ　ン　ト

A．主たる権利の移転

　債権譲渡の最も重要な効果は，譲渡対象債権（または債権の一部分。11：103条を参照）について，支払いその他の履行を求める権利すべてが移転することである。譲受人は，新債権者となる。しかし，本条は，譲渡人と譲受人の関係にしか影響しない。債権が譲渡された場合には，譲渡対象債権は，両当事者の合意に応じて，真正の譲渡としてまたは担保のための譲渡として譲渡人に帰属することになる。しかし，債権譲渡は，それ自体，譲受人に履行することを債務者に義務づけるものではない。この義務は，11：303条に定められた要件が充足される場合にしか生じない。そして，その場合であっても，11：304条に基づく債務者の抗弁および相殺権を含めて，本章のその他の規定に服する。さらに，本条は，優先性の問題を扱うもので

はない。債権が二重に譲渡された場合には，本章においては，第2譲渡の有効性に影響する問題としてではなく，むしろ11：401条により規律される優先性の問題を生じさせるものとして，取り扱われる（11：401条のコメントAを参照）。同様に，譲渡人が破産した場合には，譲受人の権利の優先性の問題は，11：401条4項によって規律される。

B．救済手段の移転

債権が譲渡された場合には，将来の不履行について損害賠償および利息を請求する権利も，契約の黙示的条項に基づいて譲渡人から移転する。これは，いまや譲受人が債権者であるという事実から帰結される。債権譲渡により，かつての不履行について取得した権利も移転するか否かは，債権譲渡の契約条項次第である。

C．付従的な権利の移転

債権が譲渡された場合には，付従的な権利すべて（11：103条における一部譲渡の場合には，それらの権利の割合的部分）も移転する。債務者の履行を担保するもの，例えば，保証債務や，準拠法に基づいて債権に付従的なものとして扱われ債務が弁済されたときに消滅する形態の不動産担保がそうである。多くの法体系においては，付従的な権利の移転は，債権譲渡に固有のものであるから合意によって排除できない，と考えられている。それを認めると，譲渡人にもはや帰属していない債権についてその担保を譲渡人の下に残すことになるので，譲渡人も譲受人もその担保を実行することができないことになってしまうからである。

しかし，履行を担保する趣旨であるが，性質上付従的ではない権利もある。例えば，請求払保証状（demand guarantees）や，スタンド・バイ信用状は，特定の書面が作成されると，債務者の不履行が実際に生じたか否かを問わずに，支払いを求めることが可能になる。その不履行という要件は，債務者と債権者の内部関係においてのみ存在し，銀行による支払約束には存在しない。同様に，性質上無因の不動産担保も存在する。例えば，ドイツの土地債務は，担保的機能を目的とするが，債務者の不履行を要件としない。これらの権利は，付従的なものではないので，債権譲渡に伴って自動的に移転せず，譲受人に付与しようとするなら，別個に移転されなければならない。11：204条c号を参照。

D．債権譲渡と譲受人の債務者としての交替

債権譲渡とともに，債務者に対する譲渡人の債務について，譲渡人に代わり譲受人が弁済する責任を負うものと合意された場合には，12：201条に服するほか本条が適用される。12：201条は，契約の相手方の同意を要件とすることによって，譲渡人が負っていた負担を有効に引き受けるまで，譲受人は譲り受けた権利から利益

を受けられないことを保障する趣旨である。

ノ　ー　ト

　本条は，ほとんどの法域における法を反映する（Kötz, IECL para. 91を参照）。本条1項a号は，債権譲渡に固有の性質を表している。本条1項b号は，ヨーロッパの各国法典か学説のほとんどにおいて述べられる効果，すなわち，付従的な権利は，独立の行為を必要とせずに移転するとの効果を導き出す。オーストリアにおいては，この効果は，民法1393条において黙示的に生じるものと考えられている。OGH SZ 60/46; ÖRZ 1992/26, RdW 1993, 362を参照。ベルギー（van Malderen para. 3216），北欧諸国，フランス（民法1692条およびダイイ法4条3項（現在の通貨金融法典 L313-27条3項および4項），ドイツ（民法398条，401条），ギリシャ（民法458条，Athens Court of Appeals 459/1993, NoB 42 [1994] 206 at 207）；イタリア（民法1263条1項），ルクセンブルク（民法1692条），オランダ（民法6：142条および3：82条），ポルトガル（民法482条），スペイン（民法1528条）も同様である。本条2項については，12：102条のノートを参照。

▶11：202条　債権譲渡の効果発生時点

> (1) 現在の債権の譲渡は，債権譲渡の合意がされた時点，または譲渡人と譲受人が合意したその後の時点で，効果を生じる。
> (2) 将来の債権の譲渡は，譲渡対象債権が発生するか否かにかかるが，それが発生すれば債権譲渡の合意がされた時点，または譲渡人と譲受人が合意したその後の時点で，効果を生じる。

コメント

　本条は，債権譲渡が効果を生じる時点を扱う。本条は，競合する債権譲渡の間の優先順序を規律するものではない。これについては，11：401条で規律される。

A．現在の債権の譲渡

　債権が，債権譲渡の合意の時点で存在している場合には，債権譲渡はその時点で効果を生じる。ただし，その効果の発生を遅らせることを合意しているときは，このかぎりでない。譲渡された金銭債権の履行期が到来していることは必要ではない。履行期が将来到来する現在の債権（*a debitum in praesenti, solvendum in futuro*）のように，債権が現在すでにある契約に基づいて発生するものであれば足りる。

　設例1：3月1日に，CはOとの間で工場建設の契約を締結した。代金は2億ユーロとし，支払いは，建築技師の証明書と引き換えに，分割で行われるべきものとされた。

6月1日に，Cは，その諸権利をAに譲渡した。最初の証明書は，8月12日に発行された。この債権譲渡は，6月1日に効果を生じる。

B．将来の債権の譲渡

　明らかに，債権は，発生前には，譲受人に帰属することはない。しかし，いったん債権が発生すると，債権譲渡はその合意の時点から効果を生じる。本条2項によって生じるこの遡及効は，主として，優先性の問題（11：401条）にとって重要である。しかし，この遡及効は，債権譲渡が有償であるか無償であるかという判断においても重要となることがある。なぜなら，債権譲渡の後債権の発生の前に与えられた対価は，新たな対価であって，過去の対価ではないからである。

　本条1項同様に2項により，当事者は，本条が定めるよりも後の時点まで，債権譲渡の効果の発生を遅らせることを合意することができる。将来の債権の譲渡については，11：102条のコメントBも参照。

　設例2：9月1日に，不動産開発業者Xは，現在工事中の不動産について，その買主との間で将来締結することになる売買契約に基づく権利すべてを取引銀行Yに譲渡した。工事は翌年に完成し，その年の8月10日に，Xは，不動産の1つをPに売却した。Xの代金債権の譲渡は，売買契約が締結されるか否かにかかるが，それが締結されると前年の9月1日から効果を生じる。

　設例3：材木商Sは，Fとの間でファクタリング契約を結び，その契約で，顧客に材木を売却することによって生じる毎月の金銭債権群をFに売却する申込みをすると約した。その契約では，そうした債権に関する申込みをFが承諾したときに，それらの売買契約が効果を生じるものと定めている。ある金銭債権群について，5月15日にFに申込みがされ，5月20日に承諾がされた。これらの金銭債権の譲渡は，5月20日に効果を生じる。

ノート

　本条は，UNCITRAL 国際債権譲渡条約草案10条（現規定なし）に相当し，将来の契約に基づいて発生する債権の譲渡を認める各国の法を反映する。*Kötz*, IECL§104を参照。これらの債権は，譲渡契約時点では，発生途中にあるものとして扱われる。

▶11：203条　譲渡人に対する譲受人の権利の存続

　債権譲渡は，11：301条および11：302条に基づいて債務者に対して無効であるときであっても，譲渡人と譲受人の間では有効であり，譲受人は，譲渡人が債務者から受け取ったものを請求する権利を有する。

コメント

　債務者は，譲渡人とのみ取引関係をもつという点に正当な利益を有しているが，譲渡人と譲受人の関係については何ら関心をもたない。11：301条および11：302条に定められた準則は，そうした債務者を保護する趣旨である。債権譲渡が例えば譲渡禁止条項によって債務者に対して拘束力を有しないとしても，それが譲渡人に対しても効力を有しないとする理由はない。履行請求権は，通常は，債務者との関係を含むので，本条が明らかにしようとする主たる目的は，債務者が譲渡人に履行した場合に，譲渡人は，譲渡対象債権について債務者から受け取ったものをすべて譲受人に引き渡さなければならない，ということである。本条は，譲渡人がその間に破産した場合の〔譲受人の〕地位を扱うものではない。それは，破産に適用される法に委ねられた問題である。

　設例：Sは，40万ユーロで，地方公共団体Lのための道路建設工事を請け負った。SとLの間の契約には，Sによる債権譲渡を禁じる条項が含まれていた。それにもかかわらず，Sは，取引銀行Bに，100万ユーロの融資の担保として，自らの権利を譲渡した。Sは，道路工事を完成させた。Lは，この債権譲渡を無効とする権利を行使して，Sに40万ユーロを支払った。Bには，同額の金銭をSに請求する権利がある。

ノ ー ト

　EUのほとんどの国の法は，債務者に対して無効である債権譲渡が（これについては，11：301条および11：302条を参照），それでも譲渡人と譲受人の間で有効であるか否かについて，沈黙している。ドイツ法においてはこの問題には争いがある。判例および多数説は，債権譲渡は，譲渡人に対してすら無効であるとしている（BGH 31 Oct. 1990, BGHZ 112, 387, 389. BGH 27 May 1971; BGHZ 56, 228, 230; *Staudinger*（*-Kaduk*）§§ 399, nn. 85ff.）。しかし，無効を，債務者と譲渡人の間に限定するものもある（*Nörr, Scheying & Pöggeler* 31）。イングランド法の見解は定まっていない。譲渡禁止に反する債権譲渡は絶対的に無効であるとされた判例もある（*Helstan Securities Ltd.* v. *Hertfordshire County Council* [1978] 3 All E.R. 262）。しかし，この事件は，譲受人が債務者に請求できるか否かの問題にしか関係しないので，判決は，必要な範囲を超えている。そして，この事件に対するその後の評釈では，債務者が，自分が支払った金額を譲渡人が処分することを有効に禁止できなかったであろうと示唆するものがあり（*Goode*, "Inalienable Rights?"），最高法院は，*Linden Gardens Trust Ltd.* v. *Lenesta Sludge Disposals Ltd.* [1994] A.C. 85, 104事件において，この見解を好意的に捉えた。もっとも，その点を判断する必要はなかったように思われる。イタリア法には，本条に対応する明示の規定は存在しないが，破毀院は不当利得の原則を適用することにより，譲渡人に対して，債権譲渡後に債務者から受け取った履行により得た利益を譲受人に移転するよう求めた（Cass. 29th October 1971, n. 3087, in Foro It. 1972, I, 58）。ルクセンブルクおよびオランダ（民法6：36条を参照）においても，見解は同様である。

▶11：204条　譲渡人による保証

> 債権の譲渡または譲渡の表明により，譲渡人は譲受人に次に掲げることすべてを保証する。
> (a) 債権譲渡が効果を生じる時点において，次に掲げる条件が充たされていること。ただし，譲受人にそれと異なることが開示されている場合には，このかぎりでない。
>   (i) 譲渡人が，その債権を譲渡する権利を有していること
>   (ii) その債権が存在すること，および，譲受人の権利が，債務者が譲渡人に対して主張しえた抗弁または権利（相殺権を含む）によって影響を受けないこと
>   (iii) 債権が優先する債権譲渡または第三者のための担保権その他の負担に服するものでないこと
> (b) その債権およびその債権の発生の基礎となる契約が，譲受人の同意なしに変更されないこと。ただし，その変更が債権譲渡の合意において定められている場合，またはそれが信義誠実に従って行われ，かつ譲受人が合理的にみてそれに反対しえなかった性質のものである場合には，このかぎりでない。
> (c) 付従的な権利以外で，履行を担保する趣旨の譲渡性がある権利すべてを，譲渡人から譲受人に移転すること。

コメント

A．総　説

　債権の譲渡において，譲受人が取引の利益を得られるように譲渡人が保証（undertakings）をする（担保責任 warranties を負う）ことがしばしばある。これらは，債務者に対する譲渡人の法的権利に関する保証と譲受人の権原（title）を実現するために必要なさらなる行為をする保証に限定されることが多い。このような保証は，さらに進んで，債務者の不履行の場合に，譲渡人が履行について責任を負うものとすることや，譲渡対象債権を買い戻すものとすることもある。このような条項がなければ，譲渡人が債務者の不履行について責任を負わないというのが，通常の準則であり，本条で採用されている準則でもある。これに対して，本条の効果とは，譲渡対象債権が法的に価値のないものであるとき，または優先する当事者の利益に服するとき，もしくは債権の発生の基礎となる契約の変更によって価値が減少したときに譲受人を保護するため，譲渡人による一連の保証を，債権譲渡に組み込むことである。多くの法域においては，法は無償の譲渡人にはこの種の義務を課していないが，対価とは何かや何が無償と考えられるかについて，統一的な概念が存在しない。したがって，本条は，有償の譲渡と無償の譲渡を区別しない。

B．譲渡する権利

本条 a 号は，第 1 に，譲渡人が債権を譲渡する権利を有していることの保証を組み込む。譲渡人が債権を有していない場合や債務者と譲渡禁止を合意した場合は，この保証に違反することになる。11：301 条 2 項は，一定の要件を充たす場合に，譲渡禁止の約束に反して行われた債権譲渡を有効とするが，同条 3 項は，このことが譲渡人の契約違反に関する責任に影響しないことを明らかにしている。

設例 1：C は，換価のために売買として，D を債務者とする金銭債権群を X に譲渡した。その後，C は，貸付金の担保のために，同一の金銭債権群を A に譲渡したと表明した。この場合，C は，本条 a 号に基づく A に対する黙示の保証に違反することになる。

C．債権の存在および履行の強制可能性

本条 a 号に基づいて，第 2 に，譲渡人は，債権譲渡が効果を生じる時点で譲渡対象債権が存在すること，および譲渡人に対する抗弁および相殺権に服さないことを保証したものとみなされる。この保証は，次に掲げるいくつもの事柄を対象とする。
(i) その債権の事実的基礎
(ii) その実体的な有効性
(iii) その方式上の有効性および履行の強制可能性
(iv) 譲渡人に対する実体的な抗弁および相殺権の不存在

保証は，債務者が譲渡人に対して援用可能なあらゆる形態の抗弁および相殺権を対象とする。

設例 2：C は，売買契約に基づいて売却し引き渡した商品の代金債権が D に対して存在すると称して A に譲渡した。〔しかし，〕このような売買契約は〔実際には〕締結されていなかった。C は，譲渡対象債権が実際に存在することの保証に違反したことを理由に，A に対して責任を負う。

設例 3：C は，売買契約に基づいて売却し引き渡した商品の代金債権が D に対して存在すると称して A に譲渡した。A が，代金の支払いがないことを理由に D を訴えたところ，D は，その商品が引き渡されていないことを理由とする抗弁を主張し，それが認められた。C は，D が譲渡対象債権について抗弁を有していないことの保証に違反したことを理由に，A に対して責任を負う。

設例 4：C は，C を債権者，D を債務者とする消費者信用契約に基づく自らの権利すべてを A に譲渡した。制定法の規定では，契約で信用付与に対する年利率を明記することが要件とされているところ，C はこの規定を遵守しなかった。その法律の規定では，このような場合には，C の側からは契約の履行を強制することができないが，D の側からはそうでないとしている。A は，その契約が債務者に対して法的に履行を強制できるものとする黙示の保証に違反したことを理由に，C を訴えることができる。

設例５：Ｃは，Ｄに対する１万ユーロの貸付金返還債権をＡに譲渡した。Ｄは，貸付金返還債権の履行期が到来したことには異議を述べなかったが，ＤがＣに対して有する別勘定の２万ユーロの反対債権をもって相殺する権利を行使した。相殺権の存在は，ＣのＡに対する黙示の保証に違反することになる。

しかし，相殺権が存在する場合であっても，それが譲受人に影響を及ぼさないものであるときは，保証の違反とはならない。例えば，債務者が債権譲渡の通知を受け取った後に譲渡人と債務者の間の取引に基づいて反対債権が発生する場合の，債務者から譲渡人に対する相殺がそうである（13：101条を参照）。さらに，保証は，債務者の行方不明や破産を理由として譲受人が履行を得られないことには及ばない。

Ｄ．優先する権利の不存在

本条ａ号に基づいて，第３に，譲渡人は，債権がすでに譲渡されていないことや約定担保権その他の負担に服さないことを保証する。例えば，譲渡人が同一の債権をそれ以前に別の譲受人に譲渡している場合には，この保証に違反することになる。11：401条または準拠法が定める優先順序の準則に基づいて後の債権譲渡が優先する場合であっても，同様である。保証は，約定担保権が存在しないことに限定されず，法定担保権その他の負担にも当てはまる。

Ｅ．同意なければ変更なし

原則として，債権がすでに譲渡されている場合には，譲渡人と債務者は，債権やその発生の基礎となる契約の変更を自由に合意できないとされるべきである。ただし，債権譲渡の合意が変更の自由を定めている場合や譲受人が変更に同意する場合は，このかぎりでない。しかし，この原則に厳格にこだわれば，商業上の著しい不便を生じてしまう。特に，その債権譲渡が，建築請負契約のように譲渡人の側の継続的履行を含む未履行の契約に基づいて発生する権利を対象とする場合が問題である。例えば，建築請負契約の履行過程においては，合理的にみて予見することができなかった追加工事が必要となる場合のように，契約上の変更条項（variation provision）の適用されない変更について，両当事者が合意を必要と考えるような状況が生じることがある。さらに，変更が譲渡された権利には関係しない契約の部分について行われることもある。従って，本条ｂ号は，変更が信義誠実に従って行われ，かつ譲受人が合理的にみてそれに反対できるものでなかった場合には，譲受人の同意なしの変更を認めている。

設例６：建設業者Ｃは，銀行Ｄとの間で，Ｄの顧客の証券その他の貴重品の保管倉庫を建設することを合意した。その後すぐに，Ｄは，銀行事業をＥに譲渡し，建設契約に基

づく権利もＥに譲渡した。建設途上で，その保管倉庫の敷地に関するいずれの図面にも示されていない水脈が，倉庫の床の直下に流れており，浸水を防ぐには，排水用に相当額の追加費用で地下ポンプを設置することが必要である，と判明した。このことは，契約の変更条項には含まれないが，それでも，建築技師は，保管倉庫が使用不能にならないようにするためにはポンプの設置が不可避であると考え，ポンプと労働の費用が契約上の代金に追加されることを示して，建設業者に必要な指示をした。この変更は，Ｅの同意なく行われたとしても，Ｅを拘束する。

Ｆ．付従的ではない権利の移転

付従的な権利は，11：201条1項ｂ号に基づいて自動的に譲受人に移転するので，別個に譲渡する必要はない。11：201条のコメントＣを参照。それと対照的に，債権に付従的ではない独立した権利は，別個に移転される必要がある。これらの付従的ではない権利の具体例については，11：201条のコメントＣを参照。したがって，本条ｃ号は，譲渡人の側に，譲渡性があれば，そうした権利をも移転するとの保証を組み込む。この義務は，合意によって排除することができるが，付従的ではない権利のうち譲渡性があるものにしか当てはまらない。例えば，債権譲渡が，譲渡性がない信用状（信用状に基づく債権も，明示的に別段の合意がされなければ，譲渡性がない。荷為替信用状に関する統一規則および慣行48条ｂ号を参照）によって担保されている場合には，本条は，譲渡人が信用状に基づく債権を移転するものとする保証を組み込むものではないが，譲渡人は，信用状に基づく債権から得られた収益を移転するよう求められることがある（荷為替信用状に関する統一規則および慣行49条を参照）。

Ｇ．その他の義務

本条は，譲受人との関係で譲渡人に課されることがある義務すべてを網羅したものではない。特に，本条は，債務者の支払能力を疑問とする事情を譲渡人が知らないことの保証を組み込むものではないが，例えば，信義誠実および公正取引に関する1：201条その他の条文によって，債務者が支払不能となるかもしれないことを示す事情を知っている譲渡人は，それを開示することを求められる場合もある。譲渡時または履行時に債務者に支払能力のあることの担保責任は，本条には含まれないが，ヨーロッパ各国の法体系も，一般に，同じアプローチを採用している。

ノート

11：204条と同様の規定は，UNCITRAL国際債権譲渡条約草案14条（現12条）にみられる。ドイツ法は，売買における担保責任を規律する民法の準則を適用するが，それは，本条1項にみられるのと同じ準則である。同様の担保責任がみられるのは，ポルトガル法(民法587条，892

条以下，957条以下。*Varela* 331ff., 602ff.; *Lima & Varela* 602ff. を参照），フランス法（民法1693条），イタリア法（民法1266条），ルクセンブルク法（民法1693条，1694条），隠れた（silent）質権（民法3：239条2項）と債権の売買または交換（民法7：47条，7：17条）に関するオランダ法である。フィンランドおよびスウェーデンの動産売買法41条が，同様に解釈できるのに対して，北欧約束手形法9条では，債権の売主は，その有効性を担保する。UNCITRAL国際債権譲渡条約とドイツ民法は，この点で，有償の譲渡と無償の譲渡を区別していない。他のほとんどの法は，担保責任を，有償の譲渡に限定する。スペイン法においては，譲渡人は，譲渡時の債権の存在と適法性を担保するが（民法1529条），原則として，それ以上は担保しない。ただし，債務者が譲渡時点で無資力であることについて，譲渡人が知り譲受人が知らない場合には，譲渡人は債務者の不履行について責任を負う。イングランド法においては，債権譲渡における黙示の担保責任に関する事例は報告されておらず，契約法の教科書でも議論がない。このことは，一般的な実務において，債権譲渡契約に明示的な保証条項を置いていることによると考えられる。一般原則として，少なくとも本条a号およびb号に定められた担保責任は，黙示的に含まれるものと考えられる。オーストリア法（民法1397条）はさらに進んでおり，それによると，債権譲渡が有償で行われた場合には，譲渡人は債権が満期において支払われることを担保するが，その責任は譲渡人が譲受人から受け取った範囲に限定される。

第3節　譲受人と債務者の間における債権譲渡の通知

▶11：301条　契約上の債権譲渡禁止

(1) 債権の譲渡は，その債権の発生の基礎となる契約によって禁止されているか，禁止違反以外で契約に反する場合は，債務者に対して効力を有しない。ただし，次の各号のいずれかに該当するときは，このかぎりでない。
  (a) 債務者がそれに同意するとき
  (b) 譲受人が契約違反を知らずまた知るべきであったともいえないとき
  (c) 譲渡が将来の金銭債権についての譲渡契約によるものであるとき
(2) 前項の規定は，譲渡人の契約違反に関する責任に影響を及ぼさない。

コメント

A．契約上の禁止の尊重

債権の発生の基礎となる契約に，債権者がこの契約に基づく債権を譲渡することを禁じる条項が含まれている場合には，このような禁止は原則として尊重されなければならない。債務者が譲渡禁止条項を挿入することに商取引上の十分な理由を有していることもある。例えば，第1に，債務者は，譲渡人よりも峻厳かもしれない見ず知らずの債権者と取引することを望まないこともある。第2に，債務者は，通

知を見逃して譲渡人に支払いをしてしまう危険を避けたいと思うこともある。譲受人に重ねて支払いその他の履行をしなければならなくなる危険があるからである。第3に，譲渡人と継続的な双方取引を行うことを期待している債務者は，相殺権を確保することを望んでいるが，〔債権譲渡が認められるとすれば〕債権譲渡の通知を受け取った後に生じる反対債権については，相殺権が行使できなくなってしまう。第4に，譲受人が，法制や税制が取引にとって好ましくない地域で設立された会社であることや，そこに主たる営業所を有することもある。それゆえ，譲渡禁止条項に反する債権譲渡は，債務者に対して無効であるというのが，一般的な準則である。契約が債権譲渡を明確に禁止している場合や，債務者の同意を要件とするなど，債権者の譲渡権を制限している場合が，そのような場合にあたる。譲渡禁止の効果として，債務者は，譲受人の地位を認める必要がなく，債権譲渡の通知を無視して譲渡人に履行することができる。譲渡禁止は，このように債務者に対しては債権譲渡を無効とするが，譲渡人と譲受人の関係には影響を及ぼさない(11：203条を参照)。

B．例　外

本条1項本文の一般的な準則は，次のような状況では十分に機能する。それは，債権を譲り受けようとする者が，譲渡対象債権が発生する基礎となる契約の内容を見て，譲渡禁止条項があると知ることができる場合である。しかし，譲受人が，禁止を知らない場合も存在する。例えば，禁止条項が，別の契約に含まれていて，譲受人はその契約の存在を知らないであろう場合がそうである。したがって，本条1項a号のように，債務者が債権譲渡に同意する明白な場合のほかに，本条1項b号は，譲受人が禁止を知らずまた知るべきであったともいえない場合には，債権譲渡が債務者に対して効力を有することを認めている。

また別の例外が，将来の金銭債権（これは将来の契約に基づいて発生する金銭債権であり，すでに存在する契約に基づいて発生して履行期が将来到来する債権ではない）について存在する。この場合にも，債権譲渡は有効である。この例外がとりわけ必要となるのは，譲渡が継続的な一連の将来の金銭債権を対象とする場合，例えば，供給者からファクターに対するファクタリング契約に基づく債権譲渡の場合である。このような契約類型においては，個々の契約に譲渡禁止条項が含まれているかどうかを判断するために，ファクターが何百にも及ぶかもしれない契約を綿密に調査することは，とうてい期待できない。契約が，通常そうであるように，そのような譲渡禁止条項を含まない標準書式条項による契約である場合であっても，そうした契約の1つを吟味した譲受人は，譲渡人がある段階で譲受人に通知することなく契約条項を変えることはないとまでは，確信できない。そこで，本条1項c号は，将来の金銭債権に関する譲渡契約によるものであるときは，債権譲渡が効果を生じることを認めている。このようにして譲渡禁止条項を乗り越えることは，債務

者にとって酷だと思えるかもしれないが，他方で，譲渡禁止条項を要求する債務者は，ほとんど例外なく，強い交渉力をもつ地位にあり，したがって，本来的には保護が必要な者ではない，ということに留意しなければならない。このような場合には，債務者は，例えば，信用状や銀行保証などの，債権者からの支払いの担保の要求を拒絶することができるかもしれない。仮に，求償のないファクタリング契約で債権を譲渡することによってファクターに危険を移転することもできないとされるならば，債権者は著しく害されるであろう。この2番目の例外は，金銭債権の譲渡に限定される。金銭債権による融資の局面においてこそ，譲渡禁止条項が典型的に問題を生じるからである。非金銭的債権は，本条1項c号の対象外である。

譲渡禁止条項の有効性に関するこうした例外は，着々と受け容れられつつある商取引上の需要への対応を表している。例えば，UCC現9-406条（2001年改正前の9-318条）や，UNIDROIT国際ファクタリング条約6条1項，UNCITRAL国際債権譲渡条約草案11条（現9条）を参照。

C．譲渡人は，なお違反の責任を負う

11：301条1項に定められている例外は，譲受人を保護するためのものである。譲渡人が譲渡禁止に反する債権譲渡を行ったことによる契約違反に関する責任には影響を及ぼさない。この点は，本条2項において明らかにされている。

D．譲受人の譲渡人に対する権利には影響しない

本条に基づいて債権譲渡が債務者に対して無効である場合であっても，譲渡人が債務者から受け取った利益すべてを，譲受人に移転することになる。11：203条とそのコメントを参照。

ノ　ー　ト

本条は，UCC現9-406条（2001年改正前の9-318条）およびUNIDROIT国際ファクタリング条約6条1項においてもともと採用されていた方法を，採用する。譲渡禁止条項の，譲渡人と譲受人の間における効力に関する国内法が存在することもあるが，それについては，11：203条のノートを参照。譲受人の債務者に対する権利に譲渡禁止特約が及ぼす効力は，国ごとに異なる。イタリア民法1260条2項においては，譲渡禁止条項は，譲受人と債務者の間ですら，無効である。ただし，譲受人が債権譲渡の時点で条項について知っていたときは，このかぎりでない。ギリシャ民法466条2項（もっとも，証明責任の分配は異なる）およびポルトガル民法577条2項においても，見解は同様である。スペイン法においては，譲渡禁止は，譲受人に対して効力を有しないが，譲渡人が悪意で行動したときはそうではない，と一般的に考えられている（*Diez-Picazo* II, 4th edn. 813）。しかし，学説には，譲渡禁止条項について知らずに債権を取得した譲受人も，債務者に対して債権を行使することはできないが，債務者が債権譲渡に同意しているときはそうではない，とするものもある（*Pantaleón* 1023）。イングランドにおいて

は，最高法院は，譲渡禁止条項が公序に反するという主張を認めなかった。もっとも，その判決は，譲渡人と債務者の関係にのみかかわるものである（11：203条のノートを参照）。北欧法は，債務者との関係で，譲渡禁止条項の有効性と〔制限的な〕効力を完全に認めている（*Ussing, Aftaler* 229）。オランダ法も同様である（民法3：83条2項）。ただし，債務者が債権に譲渡性があるものと譲受人に信頼させ，譲受人が善意かつ合理的に，債務者の言明その他の行為を信頼していた，というまれな場合は，例外となる（民法3：36条）。フランスにおいては，最近の破毀院の重要な判決において，次のように判示された。すなわち，譲受人は，譲渡された〔債権を発生させる基礎となる〕契約の当事者ではないので，譲渡禁止条項に拘束されず，したがって，債務者から弁済を受けることができる，というものである。Cass.com. 21st November 2000, D. 2001, p. 123, obs. *Valérie Avena-Robardet.* ルクセンブルク法には，本条に対応する明示の規定は存在しないが，同法はフランス法とまったく類似しているので，同じ解決が有力となろう。

▶11：302条　その他の無効な債権譲渡

> 債務者が同意していない債権譲渡は，履行の性質または債務者と譲渡人の関係を理由に，譲渡人以外の者に対して行うことが合理的にみて債務者に求められない履行に関するものであるかぎり，債務者に対して無効である。

コメント

A．債権者の属人的要素に関わる権利

ある意味において，どのような債権譲渡も，債務者の地位をある程度変更する。債務者は別の者に履行をしなければならず，そしてその者は，権利を実現するために元の債権者よりも峻厳な態度をとるかもしれない。〔しかし，〕そのこと自体は，債権譲渡を妨げるに足る論拠ではない。

しかし，債権の中には，その性質や両当事者間の関係により，債権者の属人的要素に関わるため，譲受人に履行するよう債務者に強いるとすれば不当なことになるものがある（履行請求との関係で，9：102条c号と比較せよ）。法体系が異なると，こうした考え方を基礎にした原則の定め方も異なる。いくつかの法体系においては，属人的な契約，または属人的な役務の提供を目的とした契約は譲渡できないとする。その他の法体系においては，譲渡によって債権の性質や履行の内容が著しく変容する場合や反対給付を不確実にする場合には，その債権は譲渡できないとする。こうした定め方はすべて，本条において具体化された準則に包摂されるであろう。というのは，それらはすべて，債権譲渡を希望する譲渡人〔＝債権者〕が誰であるかが債務者にとって重要であることを前提とするものだからである。債務者の負担または危険を実質的に増加させる債権譲渡の典型的な例にあたるのは，物品を対象として保険契約が締結されている場合に，その物品が売却され，保険契約も譲渡人から譲受人に譲渡されるときである。被保険者の属人的性質が，保険者の危険にとって

重要なので，債権譲渡を認めれば，引受を合意したのとは異なる危険に保険者をさらすことになってしまう。保険者の負担が増加することは，保険証券の利益が被保険者に属人的なものと考えられることを明瞭に示す要素である。

　設例：Pは，Wの書いた本を出版することに同意した。Wにその本〔の原稿〕を求めるPの権利をPがAに譲渡しようとしても，それはWに対して有効ではない。出版社の性格や評判は，著者にとって重要な事項であるので，著者の同意なしに出版社を変更することはできない。

　使用者が労働契約に基づいて有する履行を求める権利も，譲渡性がない債権の範疇に含まれる。両当事者にとって，当事者間の関係は属人的なものであって，契約の相手方の同意なしに債権者が新たな当事者に交替することは，原則として認められないからである。

　11：301条における場合と同じように，本条においても，譲渡は債務者に対してのみ無効である。譲受人は，譲渡人が債務者から受け取った利益すべてに対してやはり権利を有する。11：203条とそのコメントを参照。

B. 強行規定

　本条および前条とは別に，優先する強行規定によって，債権譲渡が無効となる場合もある。11：102条のコメントCを参照。

ノ　ー　ト

　　ドイツ法においては，債権譲渡によって債務者の履行の実質が変更されることになる場合（民法399条）や債権が債権者の属人的要素に関わる場合には，その債権は譲渡できない。ベルギー，フランス，ルクセンブルク，ギリシャ，オランダ法においても，見解は同様である。同様に，イタリア民法1260条1項も，明示的に，属人的性質の強い債権は譲渡性がないものとしている。こうした債権には，特定の債権者に履行することが債務者にとって重要であるような債権，例えば，保険契約や労働契約に基づく債権が含まれると考えられている。イングランド法も，債権者の属人的要素に関わる債権，例えば，著者が本を書くという契約に基づく利益や，自動車保険証券については，譲渡の有効性を認めていない。*Treitel*, Contract 639-641.

▶11：303条　債務者の義務に対する効果

(1) 11：301条，11：302条，11：307条，11：308条に服するほか，債務者は，譲渡対象債権を合理的に特定しかつ債務者に対して譲受人に履行するよう求める書面による通知を，譲渡人または譲受人から受け取った場合にかぎり，譲受人に履行する義務を負う。
(2) 前項の規定にかかわらず，前項の通知が譲受人からされた場合には，債務者は，合理的な期間内に，債権譲渡についての信頼できる証拠を提示するよう譲受人に求めることができ，それまで履行を留保することができる。
(3) 債務者は，第1項による通知以外の方法で債権譲渡を知った場合には，譲受人への履行を留保することも履行することもできる。
(4) 債務者は，譲渡人に履行した場合には，譲渡について知らずにその履行をしたときにかぎり，免責される。

コメント

　本条は，債務者が譲受人に履行する義務を負うことになる要件と，債権譲渡の正式な通知以外の方法で譲渡を知った債務者に認められる選択権を定める。

A．債権譲渡の書面による通知

　債務者は，債権譲渡の通知がされないかぎり，譲受人に履行するように求められることはない。そして，通知がされたか否かの紛争を防止するために，本条1項は，通知が書面によるものであること，および通知が譲渡対象債権と譲受人を合理的に特定することを要件とする。通知は，譲渡人または譲受人がすることができるが，譲受人から通知がされた場合には，債務者は，債権が譲渡されたことについての合理的な証拠を提示するよう譲受人に求めることができる（本条のコメントBを参照）。債権譲渡の通知は，債務者に対して譲渡対象債権を特定してされなければならないのみならず，債務者に対して譲受人に履行するように求めるものでなければならない。この履行強制の前提要件はいくつかの法域で採用されているが，そこで考慮されているのは，債権譲渡の通知を受け取った債務者には，譲受人に履行するよう求める明確な指示がなければ，自己の債務に対する債権譲渡の効果がわからないこともあるという事実である。

B．債権譲渡の証拠

　債務者は，譲受人から債権譲渡の通知を受け取った場合には，債権が譲渡されたことについての信頼できる証拠を提示するよう譲受人に求める権利を有する。この証拠には，債権が譲渡されたことを示す譲渡人が作成した書面が含まれるであろう。

債務者は，この証拠が提示されるまで履行を留保する権利を有する。

C．手続に瑕疵がある場合の債務者の選択権

債務者が，譲受人から債権譲渡の通知を受け取ったが通知が書面によるものではない場合や，債権譲渡をその他の情報源から知った場合には，こうした通知や認識があることによって，債務者は譲受人に履行することを義務づけられず，債務者が譲受人に履行するか否かは自由である。債務者ができないのは，譲渡人に履行することである。本条4項において明らかにされているように，債務者は，どのような方法によるのであれどのような情報源からであれ，いったん債権譲渡について知った場合には，譲渡人に履行することができなくなる。譲渡人に履行すれば，債務者は譲受人に重ねて履行しなければならない危険を負うことになる。

設例1：Cは，Dに対する金銭債権をAに口頭で譲渡した。Aは，債権譲渡をDに通知したが，Dが債権譲渡についての証拠を求めたときに，それに応じなかった。Dは，Aに履行することもできる。Aに履行すれば，Dは責任を免れる。Aが債権が譲渡されたことについての信頼できる証拠を提示するまで履行を留保することもできる。

設例2：Cは，Dに対する金銭債権をAに譲渡した。CもAも，債権譲渡の通知をしなかったが，Dは，その債権譲渡をその他の情報源から知った。DはCに履行することができない。しかし，Aに履行するか本条1項に従った債権譲渡の通知を受け取るまで履行を留保することができる。

ノ ー ト

1．総　　説

すべての法体系が認めているところによれば，債務者は，債権譲渡について知らない場合には，譲渡人に履行すれば免責され，方式要件を満たす通知がされた場合や（ほとんどの法域において）債権譲渡を承諾した場合には，譲受人に履行しなければならない。しかし，ほとんどの法体系において，通知において明記する必要があるのは，特定の債権が譲渡されたという事実だけである。本条は，債務者の側での誤解を防止するために，通知が譲受人に履行するように求めるものであることも要件としている。

難問が生じるのは，債務者に通知がされたがそれに瑕疵があるという場合や通知はされていないが債務者が債権譲渡をその他の情報源から知った場合において，債務者がいずれにしても債権譲渡を承諾していないときである。実際には異なる次の4つの問題を混同しないことが必要である。すなわち，(1)債務者が譲受人に履行する義務を負うための要件，(2)債務者が譲受人または譲渡人に履行することができるための要件，(3)債務者が譲受人に履行する権利はあるが義務はなく，かつ譲渡人に履行することができなくなるための要件，(4)債務者がなお譲渡人に履行する義務を負い，譲受人に履行する権利がないための要件である。

2．債務者が譲受人に履行する義務を負うための要件

ほとんどの法体系は，書面による通知（通知のその他の方式要件によって厳密にされること

もある）を受け取るか債権譲渡を承諾するまで，債務者は譲受人に履行することを強制されない，という準則によって，債務者を保護しようとする。債務者は，不完全な通知を受け取った後に譲受人に履行しても，債権譲渡をその他の情報源から知ったことを単に頼りにして譲受人に履行しても，責任を免れることができる一方で，こうした履行をする義務は負わない。例外は，ポルトガル法（*Lima & Varela* 602ff.）およびスペイン法（*Diez-Picazo* II, 4th edn. 815-816）であり，債務者の認識が，実質的には通知と同視される。これらの法においては，債務者は，債権譲渡を知った場合には，通知がなくても，譲受人に履行しなければならない。イングランド法においては，1925年の財産権法136条により次のような効果があると一般的に考えられている。すなわち，譲受人は自己の名だけで訴訟を追行することはできず，エクイティー上の譲受人として，原告として譲渡人を訴訟に加えなければならない。ただし，譲渡人かその代理人が署名した書面によって債権譲渡が行われ，かつ書面によって債権譲渡の通知がされているときは，このかぎりでない。それでも，債務者は，債権譲渡を知った場合には，安心して譲渡人に履行することはできない。また，エクイティー上の譲受人が，自己の名だけで訴訟を追行できないのか否かの問題には，決着がついておらず，この問題は，譲渡人を訴訟に加えるとの要件を，実体法の準則と考えるか，手続法の準則にすぎないと考えるか否かにかかるであろう。*Furmston* para. 6. 273.

3．譲受人と譲渡人のいずれかに履行することができるための要件

　　さらに，ほとんどの法体系においては，債務者は，債権譲渡を知った場合には，通知がなくても，譲渡人に履行することができない。この履行は信義誠実に反するとみられるからである。しかし，スコットランド法においては，単に債権譲渡を知っているだけでは，債務者が譲渡人に履行することは妨げず（*McBryde* 12.112），実際上は，債務者は，譲渡人に履行するか譲受人に履行するかの選択権を有することになる。北欧法（北欧約束手形法29条）およびオランダ法（民法6：37条）においても，同じことが当てはまる。ベルギー法においては，見解が分かれている。単に債権譲渡を知っているだけでは，債務者が譲渡人に履行することは妨げないという説（*Dirix* nos. 15-11; *Cornelis*, Handboek no. 335）がある一方で，債権譲渡を知った後に譲渡人に履行した債務者は，必然的に信義誠実に反するとする説（例えば，*Herbots* n. 309）もある。

4．譲受人に履行する選択権はあるが，譲渡人に履行することができなくなるための要件

　　EU各国の大半は，本条3項に具体化された準則を採用する。それによると，債務者は，単に債権譲渡を知っているだけで，譲受人に履行する権利を有するが，もはや譲渡人に履行することはできない。イタリア（民法1264条2項），オーストリア（民法1396条），ドイツ（民法407条1項），オランダ（民法6：37条），北欧（北欧約束手形法29条），イングランド（*Tolhurst* v. *Associated Portland Cement Manufacturers*（1900）*Ltd.*〔1902〕2 K.B. 660, 668），ベルギーの学説（上掲(3)を参照），ルクセンブルク（民法1691条）の見解がそうである。

5．債務者はなお譲渡人に履行する義務を負うための要件

　　フランス法およびオランダ法においては，前述した方式要件を充たす通知がない場合，または債務者の承諾がない場合には，債務者は，債権譲渡を知った場合ですら，譲渡人に履行しなければならない。

　　フランスにおいては，破毀院の確立した判例によると，債務者が単に債権譲渡を知っているだけでは，譲受人に対する支払責任を課すためには足りないばかりでなく，債務者が譲渡人に債権譲渡を主張〔して支払いを拒絶〕することも禁止される。*Ghestin* para. 390; *Malaurie & Aynès* no. 279. オランダにおいても，見解は同じである（民法3：94条，3：236条2項）。ただし，債務者が債権譲渡を承諾することは，譲渡を完全なものにするには足りない。隠れた（silent

質権（債務者に対する通知は必要でない）は，債務者に譲受人に対する義務を課すものではなく，通知によって隠れた質権が通常の質権に転換しないかぎり，譲渡人のみが取り立てをすることができるのである。
　その他の法域においては，通知をしなければならないという要件は，債務者の利益のためである。そして，債務者は，通知がなければ，譲渡人に誠実に履行をすることができるとする法域もあるが，そこでも履行をする義務は負わない。
　本条2項と比較することのできる準則は，いくつかの法体系においてみられる。オランダ（民法3：94条3項），ドイツ（民法410条），オーストリア（疑わしき場合には，債務者が，債権譲渡についての証拠を提示するよう譲受人に求めることができることが，学説上認められている。しかし，普通，債務者に譲渡を通知する義務があるのは，譲渡人である）もそうである。

▶11：304条　債務者の保護

> 11：303条に従った債権譲渡の通知において譲受人とされる者に履行した場合には，債務者は免責される。ただし，債務者が，その者が履行を求める権利を有する者ではないことを知らずにいることなどありえなかったときは，このかぎりでない。

コメント

　本条は，債務者が，債権譲渡の通知に従ってその通知において譲受人とされる者に履行した場合に，債務者を保護する趣旨である。ただし，債務者が，この者が履行を求める権利を有する者ではないことを知らずにいることなどありえなかったときは，このかぎりでない。（「知るべきであった」ではなく）「知らずにいることなどありえなかった」という表現は，調査をする義務や問い合わせをする義務を債務者に課すかのような意味合いを避けるために用いている。諸事情から権利を有しないことが明らかであれば，債務者の悪意が推定される。このような現実の悪意や推断的な悪意が認められなければ，債権譲渡が存在しないか債権譲渡が何らかの理由で無効である場合ですら，債務者は保護される。疑念を抱いた債務者は，11：303条2項に基づいて，債権譲渡についての信頼できる証拠を提示するよう譲受人に求めることができる。

ノート

　いくつかの国においては，本条の適用と同じ結果が，善意で行動した債務者は保護される，という原則の適用によって達成されている。

▶11：305条　競合する請求

> 債務者は，2つ以上の競合する履行請求の通知を受け取った場合には，履行場所における法に従って，責任を免れることができる。履行場所が異なるときは，債務者は，その債権に適用される法に従って，責任を免れることができる。

コメント

　債務者は，譲渡対象債権について権利を主張する2人以上の当事者から，競合する履行請求を受けることがある。まれな事態であろうが，譲渡人が債権譲渡〔の有効性〕を争うこともある。より頻繁に生じることがあるのは，譲渡人が同一の債権を2人以上の譲受人に譲渡した場合である。不正行為の場合もあれば，第1の債権譲渡が担保のためでしかなく，しかも譲渡対象債権の価値を相当に下回る金銭債権の担保のためであって，その後にさらに〔適法な〕債権譲渡の余地がある場合もある。競合は，債権の譲受人と，譲渡人の金銭債務の履行を強制するためにその債権を差し押さえようとしている譲渡人の債権者との間でも，生じることがある。弁済を受領する正当な権利を有しない者に履行をした場合には，債務者は，弁済を受領する正当な権利を有する者に改めて履行しなければならないであろう。各国法は，通常，債務者を保護する準則によって，この問題を処理する。例えば，金銭債権の総額を，裁判所その他の機関に供託することを認めることがある。債務者が裁判所に紛争処理を申し出，その裁判所の判決に従うことを認めることもある。本条においては，債務者は，競合する2人以上の債権者すべてにとって履行場所が同じ場合には，履行場所における法の準則に従って責任を免れることができる。履行場所が異なる場合には，債権に適用される法に従って責任を免れることができる。
　本原則の7：101条は，契約において履行場所が決められていない場合や契約から履行場所が確定できない場合に，履行場所を決定するものである。

ノ　ー　ト

　調査した法体系すべてにおいて，債務者が複数の競合する請求を受けた場合に，債務者を保護するためのある種の準則がみられる。

▶11：306条　履行場所

(1) 譲渡対象債権が，特定の場所における金銭の支払義務に関するものである場合には，譲受人は，同一国内のどの場所でも支払いを求めることができる。その国がEU加盟国である場合，譲受人は，EU内のどの場所でも支払いを求めることができる。ただし，履行場所の変更によって債務者に生じる増加費用についてはすべて，譲渡人が，債務者に対して〔賠償する〕責任を負う。
(2) 譲渡対象債権が，特定の場所において履行されるべき非金銭債務に関するものである場合には，譲受人が他の場所で履行を求めることはできない。

コメント

A．譲渡により金銭債務の履行場所について生じる効果

　債務者が，債権者の営業所においてまたは債権者の取引銀行の口座への振込みによって支払いをしなければならない場合には，債権譲渡は，必然的に，履行場所を変更することになる。ある特定の国の国内では，履行場所は，通常，ほとんど重要ではない。重要な支払いは，たいてい，銀行間の振込みによって行われ，債務者にとって，譲受人の口座への支払いをすることは，譲渡人の口座への支払いをすることと同様に，容易だからである。支払場所が別の国に変わるときには，やや異なった考慮をすることができる。本条１項に基づいて債務者が譲渡人に賠償請求権を有する増加費用を除いて，通貨管理（currency controls），資金移動につき増加する危険および資金移動が効力を生じるためにより長い時間がかかることを我慢する必要性が，債務者に影響を及ぼすかもしれない。それゆえ，本条１項の一般的な準則は，契約上の履行場所が契約自体において特定されているのであれ，本原則７：101条ａ号に従って決定されるのであれ，譲受人は，それと別の国において支払いを求めることができない，というものである。しかし，この原則は，契約上の支払場所がEU加盟国内にある場合には，修正され，譲受人は，その国においてもその他の加盟国においても支払いを求めることができる。本条１項の目的のために，EUは，実際上は，単一の国家と扱われるのである。このことは，単一市場としてのヨーロッパ概念と，経済通貨同盟（EMU）および加盟国に共通の強制通用力のある通貨としてのユーロの登場を反映したものである。

　設例１：ハンブルクのＳは，商品をパリのＢに売却した。支払いは，ハンブルクにあるＳの取引銀行のＳの口座への銀行間の振込みによって行われるものとされた。Ｓは，この金銭債権をミラノのＡに譲渡した。Ａは，債権譲渡の通知をすれば，ミラノにあるＡの口座への支払いを求めることができる。

設例2：設例1と同一の事実において，ニューヨークのSが，Bに対して，ニューヨークでSに支払うように求めていた，とする。ミラノの譲受人Aは，Bに対して，アメリカ合衆国内のどの場所でも支払いを求めることはできる。しかし，その他の国での支払いを求めることはできない。

B．非金銭債務の履行場所は変更できない

非金銭債務については，まったく異なる考慮が生じる。同一の国内であっても，新たな履行場所に変更することは，債務の性質を実質的に変えることもあるからである。例えば，商品をFOB条件でサウサンプトンから船積みするものとする契約上の債務がある場合には，船積港は，重要な契約条項であり，債権譲渡によって，これを，FOB条件でリバプールから船積みするという債務に変更することはできない。したがって，本条2項の規定では，非金銭債務の履行を目的とする債権の譲受人は，債務者の履行場所を変更することはできない，としている。

ノ　ー　ト

金銭債権の譲渡は，ほとんど例外なく，債務者の履行場所を，例えば，譲渡人の営業所または銀行口座から，譲受人の営業所または銀行口座へと，変更することになる。たしかに，金銭債権の譲渡性に固有の性質から，譲受人は，譲渡人にではなく自分に支払うよう求めることができる。したがって，譲受人への支払いについて明示的な準則を有していないようにみえる法体系がほとんどではあるが，少なくとも支払いが同一国内で行われるものとされている場合には，譲受人は，債務者に生じた増加費用について〔賠償する〕責任を負うとしても，その居所において支払いを求めることができると，一般的に認められている。北欧約束手形法3条は，この効果を明示的に定めている数少ない例である。ギリシャにおいては，学説は分かれている。債務者になお譲渡人の住所において支払う権利があると考える説（*Georgiades & Stathopoulos* art. 455, no. 60）がある一方で，譲受人の住所とする説もある（*Georgiades* 421, note 57）。ドイツ法においては，住所を変えた債権者が，送金について増加した費用または危険を負担する（民法270条3項）。この準則は，オランダ法（民法6：116条～6：117条）およびCISG 57条にもみられる。そしてこれは，債権譲渡にも類推適用できるものと考えられている。CISGにおいては，類推に反対する説もあるが，債務者が元の支払場所で支払う権利を有することに固執することは債権の譲渡性と調和しないとみる方がよい。

▶11：307条　抗弁および相殺権

(1) 債務者は，譲渡対象債権に対する実体上または手続上の抗弁で譲渡人に対して主張することができたものをすべて，譲受人に対して対抗することができる。
(2) 債務者は，譲渡人に対する次に掲げる債権について第13章に基づいて譲渡人に対して行使することができた相殺権もすべて，譲受人に対して主張することができる。
　(a) 債権譲渡の通知が11：303条１項に従ったものであるかどうかにかかわらず，それが債務者に到達した時点で存在していた債権
　(b) 譲渡対象債権と密接に関係する債権

コ メ ン ト

A．抗　　弁

　本条は，有効な債権譲渡の存在を前提とする。もし，主張されている債権譲渡が存在しないか無効である場合には，債務者は，譲受人とされる者に対して支払いその他の履行をする義務を負わない。それにもかかわらず，譲受人とされる者に履行した場合には，債務者は，11：304条に基づいて責任を免れることができる。ただし，債務者が，譲受人とされる者が履行を求める権利を有しないことを知らずにいることなどありえなかったは，このかぎりでない。
　譲受人は譲渡人以上の地位を得ることはできない，ということは，広く認められた原則であり，本条において採用される原則である。したがって，譲受人は，債権を取得するにあたって，債務者が主張することができた抗弁すべてに服することになる。そしてこのことは，抗弁の基礎が，債権譲渡の通知の前に生じるか，後に生じるかを問わない。このため，「抗弁」には，契約に基づく手続上の抗弁が含まれる。

　設例１：Ｓは，商品をＢに売却して引き渡した後に，売主の権利をＡに譲渡した。商品は，売買契約に適合していなかった。Ｂは，商品を返還して，Ａに対する代金の支払いを拒絶することができる。これと選択的に，Ｂは，商品を手元に保持して，代金支払責任の減額を求める訴訟で，損害賠償を請求する反対債権を主張することができる。

　設例２：Ｓは，商品をＢに売却することを約し，引渡しは，１ヵ月内に行うものとした。その後Ｓは，売主の権利をＡに譲渡した。しかし，Ｓは，引渡しをしなかった。Ｂは，Ａに対する代金の支払いを拒絶することができる。

　設例３：Ｓは，商品をＢに売却することを約し，その後，売主の権利をＡに譲渡した。売買契約には，紛争はすべて仲裁に委ねるものとする条項が含まれていた。商品の品質について紛争が生じ，Ｂは，Ａに対する代金の支払いを拒絶した。Ａは，訴訟でＢに代

金の支払いを求めた。Bは，売買契約に基づいて紛争を仲裁に委ねるよう求める権利を有する。

B．譲受人は積極的な契約上の責任を負わない

譲受人は，債務者とは契約関係にない。それゆえ，譲受人は，譲渡人による不履行につき，債務者に対して積極的な契約上の責任を負わない。債務者ができるのは，譲受人からの請求に対して〔譲渡人の〕不履行の抗弁を主張することと，譲渡人に対して独立の請求をすることだけである。

C．相　殺　権
(i) 総　　説

相殺には，若干異なった準則が適用される。一般に認められているところによれば，債務者は，債権譲渡の通知の時点で存在していた反対債権について，譲渡人に対して行使することができたのと同じ相殺権を，譲受人に対しても行使することが認められるべきである。また，このような反対債権については，それが同一の契約から生じたのではなく契約とは密接に関係しないという意味で，独立の債権である場合ですら，相殺が可能でなければならない。

設例4：Oに対して建設工事費用につき10万ユーロの債権を有していたCは，建設契約に基づく権利をAに譲渡し，Aが，Oに債権譲渡の通知をした。その後，Oは，消費貸借の合意に基づいて4万ユーロをCに貸し付けた。この消費貸借の合意は，建設契約とは無関係であった。Oは，貸付金返還債権をAに対する債務と相殺することができない。

設例5：Sは，機械類を100万ユーロでBに売却し，支払いは，20万ユーロずつ5年分割で行われるべきものとされた。別の契約で，Sは，5年間，その設備の保守点検を約した。Sは，これらの契約に基づくSの権利すべてをAに譲渡した。賦払金の支払いがないためその支払いを求めるAの請求において，Bは，Sの役務提供契約違反により生じた損失について損害賠償を請求する反対債権もって相殺することができる。

(ii) 履行期未到来の債権

相殺権について，債務者が債権譲渡の通知を受け取った時点で，反対債権の履行期が到来していることは要件ではない。「履行期が将来到来する現在の債権 *debitum in praesenti, solvendum in futuro*」であれば足りる。そうでなければ，債権者の有する債権と同時に履行期が到来する反対債権をもって債権者に対して相殺するという，債務者が潜在的に有している相殺権は，債権者が債権を譲渡してしまうと消滅することになってしまい，債権譲渡は債務者を害してはならないという基本原則に反することになる。もっとも，13：101条においては，債務者が譲渡対象債権を履行するよう求められる時点までに，反対債権の履行期が到来していることが要件で

ある。なぜなら，債務者は，相殺権を行使して反対債権の履行期到来を早める権利を有していないからである。債務者がすでに債権譲渡の通知を受け取っている場合には，債務者が，譲渡人との間の新たな取引に基づいて発生する独立の債権をもって相殺し，その結果，譲受人の利益が縮減または消滅することを許すとすれば，不当であろう。もっとも，これらの新たな債権が，譲渡対象債権と密接に関係するときは，譲受人はそれらの債権〔による相殺〕に服するべきものとするのが，合理的である。

設例6：6月に，Sは，商品をBに代金1万ユーロで供給し，支払いは，12月31日までに行われるべきものとされた。8月に，Bは，消費貸借の合意に基づいて4000ユーロをSに貸し付け，その貸付金は11月1日までに返還すべきものとされた。10月に，Sは，Bに対する1万ユーロの金銭債権をAに譲渡した。Aは，その後直ちにBに債権譲渡の通知をして，1万ユーロを12月31日までに支払うよう求めた。Bは，12月31日までには履行期が到来している4000ユーロの貸付金返還債権をもって相殺することができる。BがAから債権譲渡の通知を受け取った時に，その反対債権の履行期がまだ到来していないことは，問題ではない。

設例7：設例6と同一の事実において，4000ユーロの貸付金返還債権は，翌年の2月1日まで履行期が到来しない，とする。その年の1月15日，Bが1万ユーロを支払わないので，Aがその支払いを求めた。Bは，4000ユーロの貸付金返還債権をもって相殺することはできない。この債権の履行期はまだ到来していないからである。

ノ ー ト

　譲受人が取得する権利は，債務者が譲渡人に対して主張することができた抗弁すべてに服する，という原則は，ヨーロッパ法体系すべてに共通であり，債務者は譲渡によって害されてはならないという方針を表すものである（Kötz, IECL para 97）。しかし，債務者が債権譲渡の通知を受け取った時点で，抗弁の基礎が，現実にか潜在的にかはともかく，存在していなければならないか否かについては，法体系により異なる。フランス（民法1690条），ルクセンブルク（民法1690条），ドイツ（民法404条），ベルギー（Cornelis, Handboek para. 335），ポルトガル（民法585条）においては，これが要件である。その他の法体系のほとんどと，UNCITRAL国際債権譲渡条約草案20条1項（現18条1項）においては，抗弁の基礎が，債権譲渡の通知の前に生じるか，後に生じるかを問わない。相殺権については，ずっと複雑である。いくつかの法体系においては，債務者が，債権譲渡の通知を受け取るのではなく債権譲渡を承諾する場合は，債務者が承諾の表示において相殺権を留保しないかぎり，相殺権が完全に排除されることになる。フランス（民法1295条），ルクセンブルク（民法1295条），イタリア（民法1248条1項：Cass. 15th October 1997, no. 4416：Cass. 1980, no. 1484），スペイン（民法1198条）の見解がそうである。ほとんどの法体系においては，相殺が可能であるか否かを，債務者の譲渡人に対する債権が，譲渡対象債権と密接に関係するものであるか，独立の債権であるか次第とする。前者においては，債権譲渡の通知を受け取った後に発生した債権をもってすら，相殺することができる。後者においては，通知（もっとも，フランスのダイイ法4条2項（現在の通貨金融法典L313-

27条2項）においては，ここで問題となる日付は債権譲渡の日付である）の前に履行期が到来する債権，および通知を受け取った時点で発生しているが履行期は到来していない債権のうちで譲受人が支払いを求める時点で履行期が到来しているものにかぎって，相殺することができる（例えば，ルクセンブルク民法1295条）。本原則においても，本条と13：101条の組み合わせで，同じ効果が導かれる。*Kötz,* IECL para. 98を参照。

▶11：308条　無権限の変更による譲受人の非拘束

> 11：303条1項に従ったものであるかどうかにかかわらず，債権譲渡の通知が債務者に到達した後で，譲受人の同意なしに，譲渡人と債務者の間の合意によって行われた債権の変更は，譲受人の債務者に対する権利に影響を及ぼさない。ただし，その変更が債権譲渡の合意において定められているとき，またはその変更が信義誠実に従って行われ，かつ譲受人が合理的にみてそれに反対できない性質のものであるときは，このかぎりでない。

コメント

　本条は，11：204条b号に基づいて譲渡人がしたものとみなされる保証を補完するものである。しかし，債権譲渡をまだ知らない債務者は，契約の変更が制限されると考える理由はない。したがって，債権譲渡の後債務者が債権譲渡を知る前の間に行われた変更は，譲受人を拘束する。しかし，譲受人は，11：204条b号に基づく黙示の保証の違反を理由として，譲渡人に対して〔損害賠償等の〕権利を主張することができる。次の場合には，債務者は，債権譲渡の通知を受け取った後ですら，自由に変更を合意することができる。それは，債権譲渡の合意自体において変更が定められている場合，または，変更が信義誠実に従って行われ，かつ譲受人が合理的にみてそれに反対できない場合である。11：204条のコメントEとそこで挙げられている設例を参照。

ノート

　債務者が債権譲渡の通知を受け取った後に行われた合意の変更に譲受人は拘束されない，という一般的な準則は，EUの法域すべてに共通であると思われる。例外は，UCC 9-405条に基づくものである。

第4節　譲受人と競合する権利主張者の間の優先順序

▶11：401条　優　先　性

(1) 同一の債権が重複して譲渡された場合は，債務者に最初に債権譲渡の通知が到達した譲受人が，先行する債権譲渡の譲受人に優先する。ただし，その譲受人がその譲受時に，先行する債権譲渡について知りまたは知るべきであった場合は，このかぎりでない。
(2) 現在の債権の譲渡であるか将来の債権の譲渡であるかにかかわらず，債権の多重譲渡における優先順序は，第1項に服するほか，債権譲渡が行われた順序によって決まる。
(3) 譲渡対象債権に対する譲受人の権利は，11：202条に基づいてその債権譲渡が効果を生じる時点より後に裁判上の手続その他の方法でその債権を差し押さえた譲渡人の債権者の権利に優先する。
(4) 譲渡人が破産した場合は，譲渡対象債権に対する譲受人の権利は，次に掲げる事項につき破産に適用される法の準則に服するほか，譲渡人の破産管財人および債権者の権利に優先する。
　(a)　その優先の要件としての公示
　(b)　債権の順位
　(c)　破産手続における取引の取消しまたは無効

コ　メ　ン　ト

　このように本条は，譲渡対象債権について第三者が権利を主張する場合における譲受人の優先性を規定する。そのような第三者の権利は，債権の多重譲渡，裁判上その他の差押え，または譲受人の破産によって生じることがある。特定の債権譲渡に優先性を認めることの効果は，その債権譲渡が真正の譲渡であるか担保のための譲渡であるかに応じて異なる。真正の譲渡の場合には，競合する権利は消滅する。担保ための譲渡でしかない場合には，競合する権利は，後順位となるにすぎず，被担保債権が弁済により消滅すれば，効果を発揮する。

A．債権の多重譲渡
(i)　通知順の準則
　法体系によって，債権の多重譲渡に対する処理の方法は異なる。何人も自己の有する以上の権利を譲渡できない（*nemo dat quod non habet*）という原則〔無権利の

法理〕が適用される法体系がある。〔それによれば〕第1譲渡によって，債権者には，もはや譲渡するものが何も残らない。したがって，第2譲渡は無効となる。第1譲渡について善意で第2譲受人に弁済した債務者は責任を逃れる一方で，第2譲受人は，受け取った弁済について第1譲受人に償還する必要がある。その他の法体系においては，問題は，有効性の問題ではなく優先性の問題として処理され，第2譲渡が（譲受人によるか譲渡人によるかにかかわらず）債務者に最初に通知された場合には，先行する債権譲渡を知らずまた知るべきであったともいえない第2譲受人が優先する。この後者の処理が，本条の採用するものである。これは，2つの異なった考え方を表している。1つは，動産の場合には占有を取得することが優先するための方法として認められているところ，債権譲渡の通知をすることはそれに最も近似するものである，ということである。もう1つは，これから債権を譲り受けようとする者は，債務者に，すでに債権譲渡の通知を受け取っているか否か問い合わせることができる，ということである。第1譲受人が，このような通知をしていない場合には，第2譲受人は，先行する譲渡がないとみなしてかまわない。ただし，第2譲受人が，何らかの形で第1譲渡について知りまたは知るべきであった場合は，このかぎりでない。例えば，第1譲渡が公的な登録簿に登録されているような場合がこれに当たる。

　設例1：Sは，Dに対する金銭債権をA_1に譲渡し，その後，同一の金銭債権をA_2に譲渡した。そして最初にDに債権譲渡の通知をしたのはA_2であった。A_2への債権譲渡の時点で，A_1への譲渡について知らずまた知るべきであったともいえない場合は，A_2が優先する。双方または一方の債権譲渡がともに真正の譲渡であったのか担保のための譲渡でしかなかったのかにかかわらず，こういう結論になる。しかし，A_2への債権譲渡が真正の譲渡である場合は，A_1の権利は，単に劣後するのではなく，消滅する。

(ii)　「通　知」

本章との関係では，通知とは，債務者が通知を受け取ることをいい，単に通知が発信されただけのことをいうのではない。11：303条を参照。また，通知が効果を生じる時点については，1：303条2項を参照。

(iii)　いずれの当事者も通知をしていない場合

　いずれの当事者も債権譲渡の通知をしていない場合は，時に先んずる者は権利に先んずる（*qui prior est tempore potior est jure*）という通常の準則〔制先原則〕が適用される。しかし，第1譲受人の優先は，暫定的なものでしかなく，第2譲受人が，先行する譲渡について善意で，第1譲受人がした債権譲渡の通知よりも前に債権譲渡の通知をした場合には，その順位が逆転する。

B．譲受人対差押債権者

本条3項によれば，債権譲渡は，その効果を生じると，その後に現れた譲渡人の差押債権者に優先する。このことは，差押えが，裁判前の裁判所の〔仮差押え〕命令，判決後の債権差押えや強制執行その他の債権差押え形式のいずれによるものであってもかまわない。11：202条は，債権譲渡が効果を生じる時点を扱う。11：202条2項の遡及効は，本章との関係では重要ではない。債権者は，いずれにしても，未発生の金銭債権を差し押さえることはできないので，競合は現在の金銭債権についてしか生じないからである。

設例2：3月1日に，Dは，換価のために真正の譲渡として，現在の金銭債権をAに譲渡した。3月10日に，Dの債権者Cが，債務者に対してDではなくCに支払えという裁判所の命令を求めた。Dはもはやその金銭債権の債権者ではないので，その支払命令は認められないことになる。

設例3：設例2と同一の事実関係において，Aへの債権譲渡が担保のためであった，とする。債権譲渡によって担保された債権が弁済により消滅しないかぎり，またその時点まで，支払命令は出せない。

設例4：Cは，Dに対して，10万ユーロの支払いを求める確定判決を得た。TがDに対して15万ユーロの債務を負っていたところ，2月25日に，Cは，Tがこのうち10万ユーロについてはDではなくCに支払えという裁判所の命令を求め，それが認容された。3月10日に，Dは，Tに対するこの金銭債権をAに譲渡した。債権譲渡は，裁判所の命令に服した上でその効果を生じるので，Aは，その命令が実現した後に初めて，残額の5万ユーロの範囲内で，Tから取り立てることができる。

C．破　　産

(i)　一般的な準則：譲受人の優先

債権譲渡が債権の移転として実際上の意味をもつのであれば，原則として，譲受人が譲渡人の破産管財人および一般債権者に対して優先するという効果が生じることが，有効なものとして認められなければならない。このような優先性の効果は，債権譲渡が真正の譲渡として行われた場合には，譲渡対象債権は破産財団を構成しない，ということであり，債権譲渡が担保のために行われた場合には，破産財団の権利は，担保権が弁済によって消滅した後に生じうる余剰に限定される，ということである。

(ii)　譲受人の優先の要件

譲受人の優先は，3つの要件に服する。第1に，破産に適用される法が，それ自体，またはその他の法を参照することにより，譲渡人の破産における譲渡人の代理人〔としての破産管財人〕や一般債権者に債権譲渡が優先する要件として，登録のような公示要件を課している場合は，この要件を充たさなければ，債権譲渡は，譲

渡人の破産債権者に対して無効であり，譲受人は，譲渡人の財産に対して譲渡人の一般債権者の債権と平等の（*pari passu*）債権（personal claim）を有するにすぎない。第2に，本条は，債権の順位に関する破産法の特別の準則に影響を及ぼすものではない。例えば，破産法は，ある一定の種類の物権的権利さえも，税金や被用者の賃金など優先債権に劣後させることがある。第3に，本条は，破産手続における取引の取消しや無効に関する破産法の準則に影響を及ぼすものではない。例えば，譲渡人の譲受人に対する現在の債務の免除と引換えまたは免責のために債権譲渡が行われ，その債権譲渡の時点で譲受人が支払不能であったため，譲受人が譲渡人のその他の債権者よりもより有利に扱われた場合には，その債権譲渡は，偏頗行為として否認されることがある。以上すべての場合に，本条3項の優先性に関する準則は，特別法としての破産法に劣後する。

ノ ー ト

　本条1項は，細部においては一定の相違があるもののヨーロッパ諸国の法体系の大半において採用されている準則を表すものである。これは，イングランド（*Dearle* v. *Hall* (1828) 3 Russ. 1），フランス（Terré, *Simler, Lequette* n. 1189），北欧諸国（北欧約束手形法31条2項に基づく），ギリシャ（*Stathopoulos* 2, (1992) 599），イタリア（民法1265条1項），ポルトガル（民法584条），スコットランド（McBryde 12.100(2), 12. 104-12. 106; *Wilson* para. 27.5(a)）においてみられる準則である。これと対照的に，オーストリア（OGH SZ 54/104; JBl 1986. 235; JBl 1996. 251）およびドイツ法は，第1譲渡を優先する。これは，第2譲渡が法的効果を欠くというこれらの法域における原則からの当然の結果である。オランダにおいては，通知がなければ債権譲渡は無効である。その結果，競合する複数の譲受人全員が通知をした場合にしか，優先の問題は生じないことになる。そしてその場合，何人も自己の有する以上の権利を譲渡できない（*nemo dat guod non habet*）という原則に従って，第1譲受人が優先する。

　本条2項，3項および4項は，債権譲渡が有効であるための要件として，債務者に対する通知を要件としない諸国の準則を定めるものである。しかし，フランスおよびオランダなどにおいては，債務者に対する通知が債権譲渡の本質的な要素である。債務者が債権譲渡の通知を受け取っていない場合に，債権譲渡が競合すれば，いずれの債権譲渡も，通知がされるか債権譲渡が承諾されるまで，無効なままである。そして，破産手続が開始されると，通知や承諾は不可能である。ただし，オランダにおいては，質権が隠れた（silent）質権である場合は，例外となる。さらに，オランダにおいては，将来の債権の譲渡は，その後に譲渡人に対する破産手続の開始によって，その時点でまだ発生していない債権につき，効力を失う。破産法35条2項。

　債権譲渡が有効であるための要件は異なっていても，いずれにおいても，いったんそれらの要件が充足されると，譲渡人がその後に譲渡対象債権を差し押さえた債権者に優先する，という準則が採用されている。したがって，債権譲渡が本原則に服し，11：202条によりその効果を生じる場合には，本条3項がその後の差押債権者に対する優先を譲受人に与える。

第12章　債務者の交替，契約の譲渡

第1節　債務者の交替

▶12：101条　債務者の交替

(1) 第三者は，債権者と債務者との同意に基づいて，旧債務者を免責するものとして，旧債務者と交替することができる。
(2) 債権者は，将来において交替が行われることを事前に同意することができる。この交替の効果は，新債務者と旧債務者間の合意に基づく新債務者からの通知が債権者になされたときに生じる。

コメント

A．適用範囲

　12：101条は，旧債務者を免責する効果をもって旧債務者に新債務者が交替する場面を扱うものである。新債務者が旧債務者と併存的に責任を負う場合について何か特別な規定があるわけではない。既存の債務関係における債務者に第三者が加わる形での契約上の合意がなされる場合に，それに特有の問題が何か生じるというわけではないからである。

　このような場合，複数の債務者が登場することになるが，この問題は本原則の10章で扱われる。

B．交替の概念

　ある者（「第三者」あるいは「新債務者」）が他人（「債務者」あるいは「旧債務者」）の債務を引き受けることができ，このことによって，債務者にとって替わることになるという原則は広く承認されている。

　第三者と債務者との間の合意は，それ自体では，債務者を債権者に対する債務から免責するという効果を有するものではない。この効果を発生させるには，債権者がこの意味での交替に同意しなければならない。

ヨーロッパの法体系はそれぞれ異なっており，債務者に第三者が代替することを目的とする第三者と債権者の合意によって交替の効果を生じさせるのに債務者の同意を必要とするかどうかという問題について統一的な回答を見出すことはできない。12：101条では，第三者と債権者の合意は，債務者の同意を得ないかぎり，交替の効果を生じさせない。もちろん，このことは，債権者が，適用される内国法に適合した形で，権利を放棄したり，破棄したりすることで，一方的に債務者を免責することを妨げるものではない。しかし，そうした場合には，12：101条の交替という単独行為がなされたというよりも，2つの独立した法律行為——債権者と第三者の契約と，債権者による単独の放棄が存在するとみることになろう。

C．これ以外の制度との関係
(i)　債権譲渡
　交替は，ある意味では債権譲渡と正反対のものである。債権譲渡は，新債権者をもたらすものである。交替は新債務者をもたらす。もっとも，債権譲渡は三当事者すべての同意を必要としない。
(ii)　「更改 novation」は，様々な法体系で違った意味で使われている。一般的には，更改は，現在の契約を，——同一の当事者間で行われるのがほとんどであるが——，新たな契約によって置き換えることを意味している。他方で，12：101条における交替は，債務者の交替を意味するが，当該の契約は効力を維持し，交替以外の点についてはまったく変わらないままである。
(iii)　第三者のためにする契約
　12：101条に基づく債務者の交替は，三当事者すべてによる合意を含んでいる。このことによって，債務者の交替は，6：110条において規律されている第三者のためにする契約と区別される。
(iv)　第三者による履行
　「第三者による履行」を扱う7：106条は，債務者自体の交替を包含するものではない。同条は，単に，第三者による履行が債権者による拒絶ができない「正当な履行」となることができるかどうかという問題の回答を規定しているにすぎない。

D．債権者の同意の重要性
　12：101条1項の文言は，交替についての債権者の同意が交替の効果を発生させるのに不可欠であることを明示する。たいてい，交替は，債務者と第三者間の合意が始まりとなって行われるが，債務者を免責するときには，この合意に債権者の同意が必要となる。
　同意の表示は明示的である必要はないが，しかし確定的かつ徹回しないものとして行わなければならない。債権者の同意が表示されないかぎり，合意は，第三者が

債務者に交替するという効果を生じさせることができない。そうしておかなければ，債権者は，旧債務者と比して支払い能力がない，あるいは信頼度が落ちるかもしれないという債務者を引き受けさせられるという重大で耐え難いリスクに晒されることになってしまうからである。

　設例1：Aは，B銀行から10万ユーロを借りた。その後すぐに，Cは，Aから12万ユーロで建物を購入し，支払の一部として，B銀行に対するAの債務を債務者Aに交替することで引き受けることを，Aと合意した。Bはこの合意に同意することを表明した。その結果，CはBに対する債務者としてAにとって替わることになる。

　債権者が旧債務者と第三者との間の合意に同意しない場合には，この合意は，旧債務者と第三者との間においてのみ，法的効力を有することになる。もっとも，このことは，第三者が自動的に債権者に債務を負う債務者に加わり，その結果，両者に対して履行を求める権利が債権者に与えられることを意味しない。債権者がこれに加わる者に対する権利を得ることになるかは，第一次的には，旧債務者と第三者との間の契約条項によって決まることになる。第三者のためにする契約に関する6：110条の規定が適用され，債権者は問題となる合意との関係において第三者となる。

　12：101条2項は，同意が事前に債権者によって行われることができることを明示している。この場合には，旧債務者と新債務者が合意に達して，かつ，新債務者がそのことを債権者に通知して初めて，交替の効力が生じる。債権者が，交替が行われたかどうか，またいつ行われたかを認識しなければならない以上，債権者が通知を受領するという要件の必要性は，事前の同意の時点で新債務者がまだ誰であるかが決まっていない場合に限定されるものではない。

　設例2：Aは，建物をCに売却することを予定していたが，その際，緊急にB銀行からの融資が必要になった。AはB銀行に対して，あらかじめ，当該の建物の売買契約の締結日以降に，Cが〔Aの〕借金を肩代わりして支払うことを引き受ける旨につき同意を求めた。Bはこれに同意した。Cはその後に，この肩代わりに同意し，Bに通知した。売買契約が締結された時点以降に，CはAに替わって債務者となる。

E．明示的には規律されなかった事項

　12：101条は，契約に基づいて債務の一部のみについて新債務者が交替することに関して明示的には規定していない。もっとも，このことは，同条によって排除されるものではない。債務が分割可能な場合には，交替は，分割可能な債務であると認められる部分に関して行うことができる。交替には債権者の同意が必要となるので，部分的な債権譲渡に関して11：103条が付与する特別な保護と同等の規定を置く必要はない。

12：101条

　12：101条には，新債務者が旧債務者に交替することへの合意に関する形式的な要件は何ら含まれていない。その結果，2：101条の一般規定によれば，形式的要件は何も必要とされないことになる。

ノ　ー　ト

1．一般的な考え方

　　新債務者が旧債務者に交替するという基本的な考え方は，各国法の体系において一般的に認められており，その違いは用語法にあるにすぎない。
　　オーストリア民法（1405条～1410条）および，ドイツ民法（414条～418条），ポルトガル民法（595条～600条），オランダ民法（6：155条～158条）では，債務引受，あるいは債務の引受（assumption or taking over）という表題の下において明示的な規定が置かれている。ギリシャ民法（471条）も同様に，第三者が，債務を引き受け，それによって債務者を解放することができるとする。「債務引受」は，明確に承認された考え方である（Kerameus-Kozyris 89）。このような法体系では，債務引受は更改と区別されることになる。
　　ヨーロッパの各国法の多くは，更改の表題の下に債務者の交替に言及している。もっとも，そのうちのいくつかの国では学説が，更改なしでの債務引受という固有の考え方をも承認していると思われる。フランス民法は，例えば，更改を行う方法の一つとして，新債務者が，債権者によって免責された旧債務者に替わる場合を認めている。もっとも，学説もまた，債務引受（cession de dette）の考え方を発展させている（Terré, Simler, Lequette n. 1211を参照。もっとも，幾人かの学者がこのような考え方を認めることに懐疑的であるのには注意しておくべきである。Malaurie & Aynès no. 310; Aubert, no. 1 参照）。イタリア民法は，更改の1つの類型として免責される旧債務者に新債務者が交替する状況を考慮している（主観的更改，1235条）。スペイン民法では，更改という一般的表題において1203条2項が，債務は他の者が債務者に交替することによって変更されると規定する。もっとも，債務の引受（Asunción de deuda）という用語もまた，判例法や学説においてよく知られている。イングランド法やアイルランド法では，同じ当事者間であれ，第三者が，それまでの当事者の1人に替わるという契約によって当事者となるのであれ，いずれにせよ，更改という制度によって他の者がある者に替わる場合が規律されている（Treitel, Contract 647; Chitty para. 20.084）。フィンランドでは，新債務者の旧債務者との交替は，簡潔に更改という一般的表題において言及されていることが多い。これについては，Bärlund, Nyberg, Petrell 216; Aurjärvi & Hemmo 179 参照。スコットランドでは，委譲（delegation）という用語が，新債務者が旧債務者に交替し，旧債務者が免責される場合を示すのに使われている。しかしながら，これは更改の一場面とみられることがある。Gloag & Henderson 189, 190 参照。
　　デンマーク法では，「債務者の交替」を意味するdebitorskifteと呼ばれる法制度がある。機能的には，この制度は債務者の交替に相当するものである（Gomard III, 143-156 参照）。
　　スウェーデンでは，新債務者が旧債務者に交替することが承認されており，更改と区別されている。この場合には，債務が主要な部分において同一である場合には存在していない animus novandi（更改の意思）を要求することになろう（Rodhe 639ff.）。

2．債務の「併存的」および「免責的」引受

　　ヨーロッパ各国の民法の多くは，債務引受の2つの類型を明示的に規律している。第1の類型は，第三者が並列して付加的な債務者となるもので，債務者は拘束され続けることになる（併存的債務引受）。第2の類型は，旧債務者が債務から免責され，新債務者に完全に交替する（免

責的ないし免除的債務引受）。例えば，オーストリア一般民法1405条，1406条および，ドイツ民法305条，414条〜418条），ギリシャ民法471条，477条，イタリア民法1268条〜1273条およびポルトガル民法595条2項を参照。フランス民法は，1275条で併存的債務引受の可能性を明示的に承認している。スペイン法については，*Díez-Picazo* II 4th edn 852を参照。

オランダ民法では，6：155条が，旧債務者から新債務者への交替を債権者が承認した場合に，「債務者から第三者への債務の移転」の効果が発生すると規定するにすぎない。

債務の併存的引受および免責的引受の区別もまた，法典システムをとらない国々においては認められていない。スコットランドでは，例えば，旧債務者は引受によって免責されることになるのは，債権者がこれを明確に意図している場合にのみである。それが明らかではない場合には免責を認めないとする推定が働くことになる（*Gloag & Henderson* 189）。

3．形式的な要件

新債務者が旧債務者に交替することを明示的に扱う法典は，一般的には，何らの形式的な要件をも課していない。このことは，例えば，ドイツ法においても同じである。しかしながら，譲渡された債務を発生させる契約が特別の要式を必要とする場合には，同一の要件が，債務者を交替させる合意に関しても適用される（*Münchener Kommentar*（*-Möschel*）§414 n. 4）。

4．合意の様々な種類における相違

新債務者が旧債務者に交替することを明示的に定めている法体系のすべてにおいて，そうした交替は様々な仕方で行われている。こうした交替は，債権者と第三者との合意に旧債務者が同意しなければならないとするか，あるいは同意しなくてもよいとするか，あるいは，旧債務者と新債務者との合意に債権者が同意するかのいずれかを要件として認められている。いずれの国の法でも，債権者の同意が旧債務者を免責するために不可欠であるとされている。しかし，そのやり方は，債務者の同意が交替の効果を発生させるために必要かという問題への対応によって異なる。

ドイツ民法は，債務引受の成立に関して2つの規定を置いている。1つは，414条であり，債権者と，新債務者になる第三者との間の合意を定める。これに関しては，協力も旧債務者の同意も必要とされていない。もう1つは，415条が，債務者と債務者に交替する者との間の，実際にはより重要となる合意を定めている。この規定は，債務者を交替させる効果を生じさせるために債権者の是認を要求している（*Münchener Kömmentar*（*-Möschel*）§414 n. 3，§415, nn. 3 and 6; *Larenz* 601ff.）。

オーストリア法では，一般民法1405条が，債務を第三者に移転させることについて債務者と第三者が同意しなければならない場合を定めるが，債権者の同意が債務者の交替に必要であるとする。他方で，1406条1項は，第三者と債権者との合意によって債務を引き受ける場合を定めるが，このためには債務者の同意は必要とされない。

フランス民法では，1273条が，債務者と第三者の間の合意を規律している。同条は，新債務者の交替によって更改が，旧債務者と競合することなしに行われうることを定めている。1274条は，債務者が，債権者に対する債務を引き受ける他の債務者を見つけることによって行われる委譲（delegation）を規律する。同条は，債権者が明示的に旧債務者を免責することを表示しないかぎり，更改によって旧債務者は免責されないとする。債務引受（*cession de dette*）は，旧債務者および新債務者，債権者間の合意によって生じるものである（*Terré, Simler, Lequette* n. 1211）。

ポルトガル民法595条1項によれば，債権者によって承認された旧債務者と新債務者の契約によって，あるいは，旧債務者の同意の如何にかかわらず，新債務者と債権者との契約によって，債務を移転することができる。

同じような解決はギリシャ民法471条によっても採用されている。それによれば，債務を引

き受けるという債権者と第三者の相互の合意は，それだけで旧債務者に交替するのに十分な理由となるとみられており，旧債務者はこの合意に関与しなくてもよいのである。

デンマーク法では，旧債務者および新債務者，債権者間の合意が要求されている（*Gomard* III, 143ff. 参照）。

イタリア民法1268条ないし1271条は，併存的引受（*delegazione cumulative*）を規律している（この場合は，債務者が債権者に債権者に対する債務を履行する新債務者を指定することになる）。そして，1272条は，免責的引受（*espromissione*）を扱う。（この場合は，第三者は，債務者による委譲 delegation なしに，債務を引き受けることができる）。いずれの場合にも，旧債務者は，債権者が明示的に免責を認めないかぎり，免責されることはない。1273条は，債権者の承認が必要な債務者と第三者の合意による債務の引受（*accollo*）を規律する。*accollo* は，第三者のためにする契約であると考えられている（Cass. 7/8/1941, n. 2776, in Foro It., 916を参照。しかし，これに反対のものとして，Cass. 28/9/1971, n. 2663, in Giur. It., 1, 302）。債権者の同意は，免責が同意の明示の条件とされている場合，あるいは，債権者が明示的に免責を認めた場合にかぎって，旧債務者の免責を生じさせる（一般的なものとして，*Bianca,* 665–666; *Mancini,* 512; *Gazzoni,* 618を参照。同様に Cass. 7/7/1976, n. 2424, in Foro It. 1977, I, 708; Cass. 21/2/1983, n. 6935, In Giust. Civ. 1983, 2376を参照）。

イングランド法およびアイルランド法では，更改による交替には，三当事者すべての同意が必要とされている。

▶12：102条　交替の抗弁と担保に関する効果

(1) 新債務者は，債権者に対して，新債務者と旧債務者との間の関係から生じた権利や抗弁を援用することはできない。
(2) 旧債務者の免責は，担保が旧債務者と新債務者の間の行為の一部として新債務者に譲渡されている財産を超えないかぎり，債務の履行に関して債権者に付与された旧債務者の担保にも及ぶ。
(3) 旧債務者の免責によって，債務の履行に関して新債務者以外の誰かから付与された担保も，この者が債権者のために担保を供し続けることに同意しないかぎり，解放される。
(4) 新債務者は，債権者に対して，旧債務者が債権者に対して主張することができた抗弁のすべてを援用することができる。

コ　メ　ン　ト

A．交替の一般的効果

単なる債務の新債務者への譲渡は，債務の内容を変更するものではない。「更改」と異なる点は，大陸法の伝統的な意味において，債務の内容は，新債務者が旧債務者に交替することでは影響を受けず，その内容を変えないことにある。新債務者に移行されるのは，同じ内容の債務と，すでに存在している付随的な権利（例えば，利息）である。

もっとも，旧債務者の免責によって，旧債務者と新債務者，債権者間の契約上の

関係において当事者とならない者によって供された債務に関する物的担保および人的担保は、そのいずれもが解放されることになる。しかしながら、担保を供した者が、担保が債務者の交替によって影響されないものとなるべきことに同意している場合には、担保はなお存続する。

債権者が債務者に対して有する付随的な権利は、債権者のために有効なまま存続する。このような権利は、交替によっては影響を受けない。新債務者が、債務者となる前に、債権者に担保を供した場合、担保は債務者にとって利用可能なものとして存続し続ける。債権者は、そのとき、あるいはその後に新債務者によって提供された追加の担保について優先権を取得することになる。

B．交替の合意から生じる抗弁に関する効果

12：102条1項は、債権者が、第三者と債務者との合意から生じる権利や抗弁の影響を受けないことを明示している。旧債務者と債務者との間の交替に関する合意の瑕疵により当該の合意が無効となったり、取消しできるものとなったりする場合であっても、この瑕疵は債権者との関係での新債務者の地位を変更するものではない。たとえ債権者が、旧債務者と新債務者との関係について、当事者の合意が欠けているとか、瑕疵があるとか、あるいは、新債務者が旧債務者に対して抗弁を出すことができたとか、そういったことを知り、または知るべきであったとみられる場合であっても、債権者は新債務者に対して訴えを提起できる。交替は、この意味で、「無因 abstract」とみられている。つまり、交替は旧債務者と新債務者との間にある基礎的な関係における瑕疵から独立しているのである。この規定の趣旨は債権者を保護することにある。債権者は、旧債務者と新債務者との間にある法的関係における瑕疵から影響を受けるべきではないとされている。

> 設例：AはCに、原価と称された価格で中世風の中国の芸術品を2万ユーロで販売し、Cと、その代金の支払いのために、Cが、銀行Bの債務者としてAに交替することについて合意した。Aによる通知に基づき、銀行Bは交替についての同意を表明している。この後すぐに、A——その間に破産したが——が、模造品をCに販売していたことが判明した。このことは、交替に影響を及ぼさない。

C．担保に関する旧債務者と第三者の免責

12：102条2項によれば、債務の履行のための担保を供した旧債務者は、原則として、この担保に関して免責されることになる。12：102条3項によれば、旧債務者による債務の履行のための担保を供した第三者もまた同様に、原則として解放される。このような準則は、ヨーロッパ各国の法体系の大多数においてみられるものとなっている。

もっとも、こうした準則には例外がある。旧債務者によって供された担保に関す

るこの準則は，旧債務者と新債務者となった第三者との間の取引の一部として譲渡された財産上の担保には適用されない。このことは，動産の所有権留保条項がある場合について重要な意味をもつことになる。これに関する代金は，旧債務者が債権者に対して支払うものとされていたからである。

債務の履行のために誰か他の者によって提供される保証や質（surety and pledge）のような担保に関しては，この者は，債権者のために担保を継続するよう合意することができる。しかし，そうした合意がなければ，担保は解放されることになる。

D．旧債務から生じる抗弁

旧債務者と債務者との間の交替は，新債務者が旧債務者と同じ法的地位に就くことを意味する。したがって，新債務者は，——一定の例外はあるが——，旧債務者が債権者との旧契約との関係において有していた債権者に対するすべての実体法上および手続法上の抗弁を提出することができる。この例となるのは，時効の抗弁である。

抗弁の提出に関する重要な期限となるのは，新債務者が旧債務者に交替するための合意を締結した時点である。旧債務者がこの時点以前に提出することができた，あるいはこの時点までに生じた事件に基づいて生じていたであろうすべての抗弁を，新債務者もまた提出することができる。すでに交替の効力が生じた時点以降において旧債務者が行使しうることになった抗弁は，新債務者によっては提出しえないものとなる。

もっとも，新債務者は，相殺のために旧債務者の請求権を行使することはできない。というのは，それはもはや抗弁の行使とはならず，原則として新債務者は，旧債務者の同意を得ることなしには，そうした債権を行使することができないからである。

新債務者が旧債務者の抗弁を提出できるという準則には一定の例外がある。とりわけ，この準則は，新債務者が旧債務とは独立して存在する債務を承認する場合は，適用されない。また新債務者は，債権者に対して，旧債務者と新債務者との間の契約上の関係から生じる抗弁を行使することもできない。

ノ　ー　ト

　　ドイツ法では，民法417条が12：102条2項にほぼ近いものとなる。また民法418条は12：102条3項に相応する。第三者は，債権者に対して，債権者と第三者との法的関係から生じる抗弁を主張することができる。債務から交替によって処分された部分を分離することの帰結として，第三者は，債務者との関係から生じる，債権者に対する抗弁を主張することはできず，単に合意された契約から生じる抗弁のみを行使できるにすぎないことになる。第三者は，債務者の債権をもって相殺することはできない（*Münchener Kommentar*（*-Möschel*）§417, n. 2ff.; *Larenz*, 606 ff. 参照)。民法418条によれば，債務引受の場合，付随的担保利益は債務者が交替すると消滅する（*Münchener Kommentar*（*-Möschel*）§418, n. 1）。担保を供与する者が債務者の交替に同意する場合にのみ，担保は存続する（*Münchener Kommentar*（*-Möschel*）§418, n. 6ff.）。同様の準則は，付随しない担保利益にも適用される。民法418条の趣旨は，債務者の責任を知らないうちに負担する危険から担保供与者を保護することにある（*Nörr, Scheying & Pöggeler* 250, *Staudinger*（*-Kaduk*）§418, n. 6参照）。

　オーストリアでは，一般民法典1407条2項によれば，このような債権に関する既存の権利は，原則として，債務者の交替によって影響を受けない。もっとも，オーストリア法は，12：102条3項と同じである。この点については，民法1407条2項の2文によれば，第三者による保証と質（sureties and pledges）の継続は，この者の同意にかかる。また，12：102条4項と同様に，新債務者は，民法1407条1項によって，旧債務者が債権者に対して主張することができるすべての抗弁を行使できる（OGH SZ 55/132 参照）。

　スペイン法においては，債権者と新債務者との間の関係に基づいてこれらの抗弁を主張することができる点について何ら争いがない。もっとも，これ以外の抗弁や担保については意見の一致はみられない（*Díez-Picazo* II, 4th edn 848-849）。

　イタリアでは，免責引受（*espromissione*）の場合には，第三者は，債権者に対して，第三者と旧債務者との関係から生じる抗弁を主張することはできない（イタリア民法1272条2項）。しかし，第三者は，旧債務者が債権者に対して主張できたであろう抗弁を，それが旧債務者の一身専属的なものや，引受に付随する行為から生じたものでないかぎり，債権者に対してすべて主張することができる。イタリア民法1272条3項によれば，第三者は，債権者に対して，たとえ，そうした相殺状態が引受の前に生じていたものであっても，旧債務者によって主張される可能性のある相殺は主張できない。同じような立場は，ポルトガル民法598条にみることができる。イタリアでは，*accollo* の場合に，第三者は，いつでも，第三者が引き受けた債務の上限に至るまで，約定（stipulation）を主張する債権者に拘束される。そして，債権者に対して，引受が生じる基礎となる契約において見出される抗弁を主張することができる。これについてはイタリア民法1273条3項を参照。担保に関して，同1275条は，債権者が旧債務者を免責するすべての場合において，債権に付着するすべての保証は，これを提供する者がこれらの存続に特に合意するかぎり，消滅しないと規定する。

　デンマーク法の準則は，契約関係における人の交替は，関係当事者の誰にも不利な影響を与えてはならないとする。これによると，新債務者は，債権者に対して，旧債務者が債権者に対して行使することができるすべての抗弁を主張することができる。

　スウェーデン法においては，旧債務者やそれ以外の者によって供与された担保が存続するかどうかは，その同意によって決まることになる。

　イングランド法およびアイルランド法では，契約によって設定された債務は，更改によって消滅することになる。その結果，債権者によって供された付随的権利，例えば債務の担保もまた消滅することになる。ただし，付随的権利が新債務者に譲渡された財産を超える場合には，このかぎりではない。新債務者は担保の付随した財産を取得することを意図しているからである。更改においては，保証人の同意がなされるか，保証条項が更改の場合にも保証人の責任を残さないかぎり，旧契約の保証人を解放するという本来的に意図されていない結果をも生じさせることがありうる。

第2節　契約の譲渡

▶12：201条　契約の譲渡

> (1) 契約当事者の一方は，第三者との間で，この第三者が契約の他方当事者と交替することを合意することができる。この場合，交替の効果は，他方当事者の同意の結果として，当初の当事者が免責される場合にのみ生じる。
> (2) 契約当事者としての第三者の交替が，履行請求権（債権）の譲渡を伴うかぎりにおいては，第11章の規定が適用される。また，債務が譲渡されるかぎりにおいては，本章第1節の規定が適用される。

コメント

A．緒論

債権譲渡は債権だけを譲渡するものである。また，旧債務者と新債務者との交替は，債務を負担する主体の交替にすぎない。これに対して，本条が対象とするのは，契約の一方当事者から第三者に対して，契約上の権利義務全体が譲渡される場合である。長期間にわたり存続する契約や，企業買収，企業合併は，ヨーロッパでは日常的に行われていることを考えると，全体としての契約の譲渡に関する準則は，実務上，非常に重要である。したがって，本原則においても，この問題に関する規定を定めておくことが重要であると考えられた。

契約の譲渡に関する合意は，しばしば，不動産賃貸借契約，ローンアレンジメント，労働契約，そしてこれら以外の類型の長期間の契約に関して締結される。

契約全体の譲渡は，契約の更改とは区別されなければならない。契約の更改とは，従来の契約関係を消滅させた上，これとは別の対象あるいは別の原因をもった新たな契約を成立させる合意を意味する。他方，契約の譲渡においては，契約関係はそのまま存続する。契約上の拘束は同一であるが，この拘束が，当初の当事者から，これに替わって契約関係に入ってくる当事者へと移転するのである。

B．全体としての契約関係についての当事者の交替

それぞれの契約当事者は，他方当事者の同意があれば，契約から生じる関係の全体を，第三者に引き継がせることができる。その結果，第三者は，当初の当事者に替わって契約上の利益と負担の双方を引き受けることになる。すなわち，第三者は，当初の当事者の履行請求権と，契約上の履行義務の双方を引き受けることになる。

設例：Aは，会社Bとの間において，ある価格でプレハブ住宅を建築させる契約を締結し，最初の割賦金を支払った。その後すぐに，Bは倒産した。Aが同意すれば，会社Cは，従来のBの契約上の権利義務をすべて引き受けたうえ，Bに替わってこの契約に入ることができる。

C．他方当事者の同意の重要性

当初の当事者が，他方の契約当事者に対するすべての債務から解放されるためには，他方当事者の同意が必要である。この同意は，あらかじめ与えられている場合がある。実際には，そのような場合が一般的であり，また重要である。

他方当事者が同意しない場合，譲渡の効果は生じない。この場合，義務も権利も譲渡されないことになる。もちろん，この場合，当初の契約当事者は，しばしば，次の方法をとることが可能であろう。すなわち，(a)権利を第三者に譲渡し（これについては，他方当事者の同意は必要とされないであろう），あわせて，(b)他方当事者への義務の履行を，この第三者に依託する方法である。しかし，後者については，本原則の8：107条に従うかぎりで効力を有することになろうし，その結果，当初の当事者は，債務の本旨履行について，責任を負い続けることになろう。

D．債権譲渡および債務者の交替に関する準則の適用可能性

契約の譲渡は，単に，債権譲渡と新債務者への交替を組み合わせただけのものではなく，それ以上のものである。すなわち，契約の譲渡は，独特の取引行為であり，これによって，権利，法的地位，義務の構造全体が譲渡される。したがって，債権や義務の譲渡に向けた個々の行為の組み合わせ以上のものと評価するのが適切である。もっとも，実際には，契約の譲渡がなされる場合，付随的権利を含む契約上の全債権が譲渡されるとともに，新たに加入する当事者によって，契約上の全債務が引き受けられることになる。

このような事情は，債権譲渡および新債務者への交替に関する規定が，適切な変更を加えた上で契約の譲渡に適用される理由を物語っている。例えば，付随的権利は，債権譲渡に関する11：201条1項の規定が定めるのと同様に扱われることになる。他方当事者の同意があらかじめ与えられている場合には，新当事者による通知が，契約の譲渡の効果を発生させる要件となる（12：101条2項の通りである）。そして，新当事者は，他方当事者に対し，自分と従来の当事者との関係において基礎づけられるいかなる権利ないし抗弁も主張することはできない（12：102条1項の通りである）。

ノート

1. 近時の法典における規定

　契約全体の譲渡は，近時のいくつかの法典においては明示的に承認されている。例えば，イタリア民法1406条～1410条，ポルトガル民法424条～427条，およびオランダ民法6：159条を参照（*Asser-Hartkamp* I, nos. 610–612がこの点を論じている）。

　イタリア民法1406条は，「いずれの当事者も，相互の対価的履行を目的とする契約から生じる関係において，それらの履行がまだなされていないかぎり，他方当事者の同意を条件として，第三者と交替することができる」と規定する。これは，複数当事者による契約の一種であり，これに関与する三当事者の同意が不可欠である（Cass. 14/5/1962, n. 999, in Giust. civ. 1962, I 1906; Cass. 18/10/1971, n. 2929 in Riv. Notar. 1972, 278参照）。同1408条1項および2項は，契約の譲渡が有効な場合，当初の契約当事者が譲渡人の免責を拒絶しないかぎり，譲渡人は，この者に対する債務から免責されると規定する。同1409条は，当初からの契約当事者に，この契約から生じるすべての抗弁を譲受人に対して主張する権限を認めているが（例えば，不履行に基づく抗弁），他方，その契約当事者が，譲渡に対する同意を与えるに際して，明示的に権利を留保しておかないかぎり，譲渡人とのこれ以外の関係に基づく抗弁を主張する権限までを与えていない。ある学説によれば，譲受人は，取消権や解除権を別として，契約から生じるすべての権利を取得するとされる（*Fusaro* 249. これに反対する見解として，*Galgano* 121を参照）。

　ポルトガル法では，契約上の地位の譲渡（*transmissão da posição contratual*）が，民法424条～427条で明示的に承認されている。この考え方は，主要な部分において，12：201条に規定されているのと同じである。もっとも，12：201条2項のような準則を定める明文規定は，ポルトガル法では不要であると考えられている。支配的見解によれば，契約の譲渡は，権利の譲渡との義務の譲渡を集めたものにすぎないと評価することはできない（*Varela* 415ff.; *Pinto* 387ff. 参照）。同民法427条に基づき，残された当事者は，譲渡人に対して主張することができたはずのすべての抗弁を，譲受人に対して主張できる。もっとも，時効の抗弁は債権譲渡の場合には主張することができるが，契約の譲渡の場合には主張できない（*Varela* 406を参照）。

2. 実務および学説において承認された考え方

　契約の譲渡に関して法規定を欠いている国であっても，全体としての契約の譲渡の可能性は一般的に認められている。

　例えばオーストリアでは，契約の譲渡は，判例・学説上，関係する三当事者のすべての合意を必要とする独特の取引として把握されている。この点についての例としては，OGH JBl 1986, 131（note *Krejci*）; OGH JBl 1988, 720; OGH JBl 1990, 717; *Bydlinski; Koziol* 137; *Krejci; Schima* 319 を参照。

　ドイツ民法は，明示的には，契約全体の譲渡を規定していない。それにもかかわらず，この考え方は連邦通常裁判所で承認されている。BGH decision of 27. November 1985, BGHZ 96, 302 を参照。また，*Dörner* 2916; *Fabricius* 144; *Münchener Kommentar*（*-Möschel*）Introduction to §414, n. 7, 8 を参照。旧契約当事者との関係を全体において終了させるためには，契約の譲渡という特別の考え方が必要である。すなわち，関係全体を終了させるという解決を達成するには，債務の引受だけではだめである。旧債務者が一方的に行使できる一定の権利，例えば取消権，撤回権，解消権がそのまま残されることになるからである。

　フランス法では，民法上は明示の規定がないが，伝統的な学説は，契約の譲渡を，債権譲渡および債務の引受との単なる結合にすぎないとみていた。しかし現在では，契約の譲渡は，もともとの契約に由来する権利義務の全体の譲渡であるという見解が支配的である（*Aynès*, Cession; *Malaurie & Aynès* no. 510; *Terré, Simler, Lequette* n. 1213を参照。また，Cass.civ. I, 12.12.1982,

Bull.civ. I, no. 360をも参照)。破毀院は,従前の当事者の合意を要件としつつ,その旨の合意はあらかじめ当初の契約において行うことができるとしている (Cass.com., 6.5.1997, Bull.civ. IV, N°117, note Mazeaud, Rép. Defrénois 1997, 977; note Mazeaud, D. 1997, 588; note Billiau et Jamin, Rev.trim.dr.civ. 1997, 936, Note Mestre. Cass.com., 6. 5. 1997, Bull.civ. IV, no. 118 and *Aynès*, Nouvelles précisions D. 1998, chron. 25ff をも参照)。

スペイン法でも同じような状況がみられる。スペイン民法には何も規定が置かれていないことから,かつては,契約を全体として譲渡できるかどうかが議論の対象になったものの,今日の支配的見解は,スペイン民法1255条(契約の自由。*Garcia Amigo; Díez-Picazo* II, 4th edn 842-843参照)を根拠として,そのような可能性を認めている。いくつかの特別法は,契約の譲渡の可能性を予定している(保険契約,労働契約,リース契約)。

ギリシャ民法には,契約全体の譲渡についての明示的な規定を見出すことはできない。それにもかかわらず,契約から生じた債権の譲渡と新債務者への交替を組み合わせることは,学説および判例によって承認されている(学説については,*Papantoniou; Sourlas* art. 455 no. 3; *Kritikos*, in *Georgiadis & Stathopoulos* art. 455 no. 39を参照。判例については,A.P. 1002/1991; HellDni 33 (1992) 829; 1369/1993, ibid. 36 (1995) 304, at 306; 681/1995, NoB 45 (1997) 607, at 606-607を参照)。

スコットランド法では,全体としての契約の譲渡という考え方が承認されている。いわゆる契約の譲渡(assignation of the contract)である。譲受人が責任から解放される場合には,他方の契約当事者の同意が必要とされる。このような事例の多くで問題となるのは,他方の契約当事者の事前の同意を推定することができるかどうかである(*Gloag* 416-425; *McBryde* paras 12.39-12.48を参照)。

デンマーク法においては,契約譲渡に関する法規定はない。しかし,この問題は企業の売却に関して議論されている。基本的に,そこでの見解は12:201条に規定された見解と類似している。三当事者すべてが譲渡に合意しなければならない。もっとも,いくつかの法律上の規定による例外や,さらに慣習法による例外さえも存在する。例えば,新聞その他の定期刊行物が譲渡された場合,購読契約者は直ちに,新オーナーに対する請求権を有することになるとともに,旧オーナーもまた,購読契約者との契約が通知によって解消されることになるまで,依然として責任を負い続ける(*Gomard* III 155を参照)。

デンマーク法およびフィンランド法の学説の考え方は,12:201条と一致している。スウェーデン法では,旧当事者と新当事者の間の合意は,契約の譲渡の効力発生要件である。契約には,次のような条項が含まれていることがよくある。すなわち,ある者に対し,従前の当事者と同じグループ企業内の法人の1つを,従前の当事者に替わる新たな当事者にすることを許可する条項である(この条項では,契約を脱退した旧当事者は,保証人としての地位にとどまることが多い)。この場合,特段の合意がないかぎり,新当事者は,旧当事者の権利と義務のすべてを引き継ぐ(この点は,sec. 27 of the 1936 Act on Promissory Notes: Lag [1936: 81] om skuldebrev において示された,債権譲渡に関する基本原則と一致している)。仲裁条項に関するNJA 1997 p. 886の最高裁判決をも参照。もっとも,この場合でも,「特段の事情」があれば,交替される側の当事者は,契約に残る側の当事者に対し,この条項に基づく主張ができなくなる(*Ramberg*, Stockholm Arbitration Report 1999: 1 p. 26を参照)。

イギリス法は,更改という表題のもとで,契約全体の譲渡を扱っている(*Chitty* para. 20.084)。これは,会社の合併や企業買収,コモディティ市場,クレジットカード取引などとの関係において重要である。しかしながら,理論的には,更改は新たな契約を生じさせる。更改ができるかどうかは,契約においてあらかじめ定められていることが多い。

CHAPTER 13　Set-Off

第13章　相　　殺

▶13：101条　相殺の要件

> 2当事者が互いに同種の債務を負担している場合，各当事者は，相殺の時点で次の各号に掲げる要件のいずれをも充たすとき，かつ，そのかぎりにおいて，自らが有する履行を求める権利（「債権」）を相手方の債権と相殺することができる。
> (a)　相殺をする当事者が自己の債務を履行することができること
> (b)　相殺をする当事者が相手方に対して履行を求めることができること

コ　メ　ン　ト

A．相殺の性質

本原則において，相殺は，純然たる手続法上の制度としてではなく，実体法上の問題として扱われている。相殺の要件が充たされた上で（13：101条），相殺の意思表示がされたとき（13：104条），相互に対立する債務は消滅する（13：106条）。その後に当事者の一方が相手方を訴えたとき，請求の基礎とされた債権がもはや存在していないのであるから，その請求は棄却されなければならない。以上のルールに対しては，13：102条に定められている例外がある（自働債権が不確定である場合）。

訴訟手続の中で被告が相殺の意思表示をすることが許されるかどうかは，当該訴訟手続に適用可能な民事手続の準則に従って決定されなければならない。このような意思表示が許されるとき，相殺は，直接に実体法のレベルで効力を有する。そして，債務が消滅したとの事実は，当該紛争について判決を下す際に考慮に入れられなければならない（ただし，13：102条が適用される場合は，このかぎりでない）。他方，このような意思表示が許されないときには，被告は，なお，訴訟手続外で，当該債権を主張することができる。

「債権」の意味については，序論の第5節を参照せよ。

B．相殺の要件

相殺には，次の4つの要件がある。

(i) 相 互 性

債権は，同一当事者間に存在していなければならない。伝統的な定式によれば，債務と債権の対応（*concursus debiti et crediti*）が認められるのでなければならない。例えば，債権者に対して自らも債権を有している保証人は，この債権と，主たる債務者に対して債権者が有している債権とを相殺することができない。相互性の要件からは，ある者（P）に対して有している債権と，Pが代理人または受託者としてこの者に対して有している債権とを相殺することができないということが帰結される。前者の債権の債務者であるのはPであるが，後者の債権の債権者であるのは，Pがその者のために，またはその者の利益のために行動している者であって，Pではないからである。この考えを表現するために一般的に用いられている言い方によれば，相殺に供される債権は同一の属性または同一の権利を有する同一の当事者間に存在するのでなければならない。

相互性の要件には，1つの例外がある。債権が譲渡されたとき，債務者は，譲受人に対して，譲渡人に対して行使することができたであろう相殺権を，一定の場合に主張することができる（11：307条）。このことは，債務者保護の必要性という観点から正当化される。同様に，債権者が主たる債務者の自己に対する債権を受働債権として相殺の意思表示をすることによって満足を得ることができる場合や，さらにまた，おそらくは，主たる債務者が債権者の自己に対する債権を受働債権として相殺の意思表示をすることができる場合にも，保証人にも，債権者の自己に対する債権について保護が与えられるべきであろう。しかし，このことは，保証に関する一群の原則に委ねられねばならない。

(ii) 同種の債務

両債務は，同種のものでなければならない。すなわち，金銭債権は，金銭債権に対してのみ相殺に供することができるし，穀物の引渡しを目的とする債権は，同種の穀物の引渡しを目的とする債権に対してのみ相殺に供することができる。通常，相殺が行われるのは，金銭債務に関してである。非金銭債権のうち，相殺が今日重要でありうるものの主たる例は，有価証券である。ちなみに，証券が発行されているか，発行されていないかに関係ない。債権が同種か否かは，相殺の通知がされた時点での債権の状況によって判断される。外国通貨債務に関する相殺は，（この関係で最も重要な実務上の問題なのであるが）13：103条で扱われる。

(iii) 自働債権の履行期到来

相殺は，自働債権（相殺の意思表示をする当事者が有している債権）の実現という形式をとるものであるから，自働債権は実現可能なものでなければならない。それゆえ，自働債権は，履行期が到来していなければならない。相手方が履行拒絶の抗弁を出すことができるものであってはならない。また，自働債権は，自然債務（強制可能性はないが，履行がされれば債権者がこれを保持することを許される債務）

であってはならない。もっとも，自働債権の時効が関係してくるかぎりでは，14：503条を参照せよ。

設例1：Aは，Bに対して100ユーロの債権を有している。この債権は，厨房設備の売買から生じたものであり，10月10日に履行期が到来するものであった。Bは，Aに対する債権で相殺をすることを望んでいる。Bの債権（自働債権）は，融資にかかるものであって，その履行期は10月20日である。10月20日より前に，Bは，相殺の意思表示をすることができない。10月20日以降は，AがBの債権に対して抗弁を有している場合は，Bは依然として相殺をすることができない。同じことは，強制不可能な債権（いくつかの法制度では，ギャンブルから生じた債権は，そのようにされている）を自働債権として相殺が試みられた場合にも，当てはまる。

(iv) 相殺の意思表示をする当事者が履行することができること

受働債権（相殺の意思表示をする当事者に対する債権）は，履行期が到来している必要がない。相殺の意思表示をする当事者が履行をすることができるのであれば足りる。なぜなら，債務者が債権者の意思に反してでも債権者に対し履行をすることができるかぎり（そして，このことは，受働債権の履行期が到来するよりもずっと前の時点で起こりうる），相殺の意思表示をすることを債務者に許さないとする理由はないからである。これに対して，履行をすることが許されていない債務者は，相殺の意思表示をすることができない。受働債権に対して差押命令が発せられているために債務者がもはや履行をすることを禁止される場合にも，相殺は排斥される。

設例2：AはBに対して債権を有していて，その債権の履行期は10月10日であった。BはAに対して債権を有していて，その債権の履行期は9月10日であった。Bは10月10日より前には相殺の意思表示をすることができないのに対して，Bは，9月10日以降，この期日からAに対して履行を提供することが許されているという前提を充たすのであれば，相殺の意思表示をすることができる。

設例3：Aは，Bに対して1万ユーロを投資した。この額は，10月10日に返済期日が到来するものとされた。両当事者は，利息を10％で固定していた。Aは，Bに対して，Bの所有していた自動車を目的とする売買契約から生じた1万ユーロの代金支払義務を負担していた。Bは，8月1日にこの自動車を引き渡し，同日，Aの代金支払義務は履行期が到来していた。それにもかかわらず，Bは，10月10日より前には相殺の通知をすることができない。なぜなら，7：103条1項により，Aは，10月10日に至るまでは，Bに投資した金額の返済を受けることを拒絶できるからである。

C．自働債権が未確定の場合

自働債権の存在または金額が確定しているということは，必ずしも相殺の要件ではない。13：102条における準則を参照せよ。

D. 異なる場所で履行されるべき債務

両債務が異なる場所で履行されるべきであるとの事実があるからといって，これによって相殺が排斥されるわけではない（例えば，7：101条1項a号により貸主の営業場所で返済されるべき借入金債務を，7：101条1項a号により売主の営業場所で支払われるべき売買代金の支払債権と相殺する場合）。この種の状況において相殺を許容することは，受働債権の債権者に何らの不利をもたらすものでない。

E. 倒産の場面での相殺

以上に述べた本原則は，倒産の場面での相殺を扱うものではない。倒産の場面での相殺については，適用可能な国内倒産法により定められた特別の準則が優先する。

ノート

1. 相殺の性質

相殺は，純粋に手続法上の制度として扱うことが可能であるし，実体法上の問題として扱うことも可能である。本原則は実体法的アプローチに従っているが，それは，大陸法諸国の中で優勢なアプローチである。また，本原則は，相殺を断片的なものとしてではなく，統一的な制度として定めている点でも，大陸法諸国のアプローチに従っている。その際，本原則は，イングランド法においても生じている展開を反映している。イングランドは，伝統的に，制定法上の相殺とエクイティー上の相殺（両者とも，もともとは，手続法上の制度であった）を区別していたのであるが，この区別は，エクイティー上の準則が優勢になるにつれて，かなり薄められてきた。しかしながら，注目に値するのは，有力説が，今日，エクイティー上の相殺の性質を実体法上のものとして認めるのに好意的な点である（なお，*Derham* 56ff.; *Wood* 4-1ff.）。こうして，有力説は，倒産の場面での相殺と合意による相殺を，両者とも疑いなく実体法上の性質を有するものとして，同列に置いている。現代の学説は，エクイティー上の相殺が公正および自然的正義の観念に基礎を置くものであることを認めている（なお，*McCracken* 53ff., 66ff.）。この見方は，大陸法の学説が相殺を正当化するために伝統的に提示しているものと広範に一致するものである。AがBに対して支払うことを義務づけられている額についてAがBを訴えるとき，Aは，信義誠実の要請に反して行動している（直ちに返済しなければならないものを請求する者は誰も，詐害的意思をもって請求する者である。*dolo petit qui petit quod statim reddititurus est*）。これについては，*Windscheid & Kipp* §349, 2. 大陸法学説の中でも，相殺の断片的アプローチから統一的アプローチへの展開があった。この移動は，相殺の手続法的理解から実体法的理解への移行を含意するものであった。*Zimmermann*, Fs. Medicus, 710ff. を参照。

2. 相互性

一方の債権の債権者は他方の債権の債務者でなければならず，逆もまたそうでなければならないということは，一般に認められているところである（相互性の要件。*concursus debiti et crediti, réciprocité, Wechselseitigkeit*）。フランスについては，民法1289条および *Terré, Simler, Lequette* n. 1297，ベルギーについては，民法1289条および *Cornelis*, Algemene theorie 869，ルクセンブルクについては，民法1289条，ドイツについては，民法387条および *Gernhuber* 233ff.，イタリアについては，民法1241条および *Bianca* 481ff.，オランダについては，民法6：127条2項および *Asser-Hartkamp*, Verbintenissenrecht I, n. 533，スペインについては，民法1195条，ポルトガルに

ついては，民法847条1号および *Varela* II，200ff.，オーストリアについては，民法1438条および1441条ならびに *Koziol-Welser* II，101および *Dullinger* 5ff.，ギリシャについては，民法440条，スコットランドについては，*McBryde* 25.44ff. および *Wilson* 13.4，スウェーデンについては，*Lindskog*，Kvittning 43，デンマークについては，*Gomard* III，189，フィンランドについては，*Aurejärvi & Hemmo* 187ff. オランダ民法は，互いに異なった財産に属する債権と債務に関しては相殺の権利が認められないとの規定を，特別に設けている（6：127条3項。この規定に関しては，Parlementaire Geschiedenis 491を参照）。イングランドでは，その基礎にある考え方は，しばしば，債権は同一当事者間で，かつ同一の権利として存在していなければならないと言うことによって表現されている。例えば，*Goode*, Credit and Security 154を参照。アイルランドについては，*Murdoch's Dict.* 722を参照。相殺の権利は，1877年のアイルランド最高裁判所法27条3項および1963年の会社法284条により認められた。*Frawley v. Governor and Co. of Bank of Ireland* [1975] I.R. 376および *In re Fredericks Inns Ltd.* [1994] I.L.R.M. 387を参照。一般的には，アイルランドは，コモン・ローの立場に従っている。

　債権者がその債権を第三者に譲渡した場合における債務者の地位に関しては，11：307条のノートを参照。

3．同種の債務

　両債権が同種のものでなければならないということでは，すべての法制度が原則的に一致している。ドイツについては，民法387条および *Gernhuber* 236ff.，イタリアについては，民法1243条1項および *Perlingieri*, Estinzione 316ff.，オランダについては，民法6：127条2項および *Asser-Hartkamp*, Verbintenissenrecht I n. 534，スペインについては，民法1196条2項，ポルトガルについては，民法847条1号bおよび *Varela* II, 205f.，オーストリアについては，民法1438条および1440条ならびに *Rummel*（-*Rummel*）§ 1440, n. 1 および *Dullinger* 77ff.，ギリシャについては，民法440条，スコットランドについては，*McBryde* 25.37f.，スウェーデンについては，*Lindskog*, Kvittning 43，デンマークについては，*Gomard* III 184，フィンランドについては，*Aurejärvi & Hemmo* 185. フランス，ベルギーおよびルクセンブルク民法1291条は，同じ原則を記しているが，これに加えて，市場相場表によって価格が定められる穀物および作物に対する支払いを目的とする債権であって，当事者間に争いのないものは，金額が確定し，かつ貫徹可能なものを目的とする債権との間で相殺することができるということを定めている。*Terré, Simler, Lequette* n. 1298によれば，同条は民法起草者が新たに採り入れたものであったが，その合理性と当否の点で明白とは言えないものであり，これまであまり適用されてきたとも思われない。イングランド法は金銭債務どうしの相殺に制限しているが，このことは，特定履行の例外的性質から説明がつく。さらに，この点において，イングランド法は，経済の現実を反映している。他の国でもそうであるが，相殺は金銭債務に関係するのが通常だからである。アイルランドは一般的にはコモン・ローに従っているものの，なぜ相殺が金銭債務に制限されるべきなのかという点についてのアイルランド独自の正当化や，その他の合理的な理由は存在していないようである。

4．自働債権の履行期が到来していること

　自働債権が実現可能なものでなければならないことは，すべての法制度が認めている。イングランドについては，*Derham* 27f.，スコットランドについては，*McBryde* 25.40ff. および *Wilson* 13.5，フランスについては，民法1291条1項および *Terré, Simler, Lequette* n. 1300，ベルギーについては，民法1291条1項および *Cornelis*, Algemene theorie n. 673，ルクセンブルクについては，民法1291条1項，ドイツについては，民法387条および390条1項（2002年1月1日以降は，新法の215条も参照）ならびに *Gernhuber* 247ff.，イタリアについては，民法1343条1項および *Bianca* 485ff.，オランダについては，民法6：127条2項および *Asser-Hartkamp*, Verbintenissenrecht

I, n. 536, スペインについては, 民法1196条3項および4項, ポルトガルについては, 民法847条1号aおよび *Varela* II, 204ff., オーストリアについては, 民法1439条ならびに *Koziol-Welser* II, 102および *Dullinger* 82ff., ギリシャについては, 民法440条, スウェーデンについては, *Lindskog*, Kvittning 43, デンマークについては, *Gomard* III 185, フィンランドについては, *Aurejärvi & Hemmo* 185ff.

5. 相殺の意思表示ができるのは履行をすることができる当事者であること

さらに, 広く認められているのは, 受働債権の履行期が到来している必要がないということである。相殺の意思表示をする当事者が履行をする権利を有していれば十分である。このことについては, ドイツ民法387条および *Gernhuber* 252ff., オランダ民法6：127条2項および Parlementaire Geschiedenis 492, オーストリアについては, *Rummel*（-*Rummel*）§1439, n. 7, ポルトガルについては, *Varela* II, 207ff., ギリシャについては, *Stathopoulos*, Obligations 164（民法440条の文言には反している）, スウェーデンについては, *Lindskog*, Kvittning 43, デンマークについては, *Gomard* III 185, フィンランドについては, *Aurejärvi & Hemmo* 185ff. を参照。イングランド法とアイルランド法によれば, 受働債権の履行期が到来していなければならない。このことは, これらの法制度において相殺が（伝統的に）手続法上の性質のものであるということからの当然の帰結である。フランス, ベルギーおよびルクセンブルク民法1291条1項も, 両債権とも履行期が到来していることを要件としている（なお, イタリア民法1243条1項および *Bianca* IV, 485ff., スペイン民法1196条3項も参照）。このことは, 相殺の効果が当事者の意思表示を要することなく, 法上当然に生じることからの帰結である。すなわち, 相殺の対象となる債権のいずれにも, 受働債権や自働債権という名称を付けることができないのである。もっとも, フランスの裁判所は, しばしば任意相殺（*compensation facultative*）により, ドイツ法と同一の帰結を導いている。すなわち, 履行期が到来していない債権の債務者は, 履行期の未到来から生じる法的保護を放棄することができるのである（*Terré, Simler, Lequette* n. 1312を参照）。

6. 異なる場所で履行されるべき債務

2つの債務が異なる場所で履行されなければならないとの事実によって相殺が排斥されるわけではないということは, 一般に認められている。けれども, 多くの法制度は, 受働債権の債権者に, 本来の場所で履行を受領しなかったことまたは本来の場所で履行をすることができなかった結果として被ったあらゆる損失について賠償を求める権利を認めている。これについては, フランス, ベルギーおよびルクセンブルク民法1296条, ドイツ民法391条, イタリア民法1245条, オランダ民法6：138条, スペイン民法1199条, ポルトガル民法852条, ギリシャ民法446条, およびデンマークについて *Ussing*, Alm. Del. 324を参照。さらにまた, *Dullinger* 80ff. および *Wood* 24-31ff. も参照。

7. 倒産における相殺

たいていの法制度は, 倒産における相殺を扱う特別の準則を有している。もっとも, それらは, 通常, 各国の倒産制度の一部である。すなわち, イングランドには1986年の倒産法323条があり, これについては, *Goode*, Credit and Security 176ff. および *Derham* 149ff. を参照。アイルランドには1988年の破産法があるほか, 会社が倒産した場合については1963年の会社法（とりわけ, 284条）がある。スコットランドにおける「破産の場合の貸方と借方の清算」については, *McBryde* 25.59ff. および *Wilson* 13.10を参照。ドイツには, 倒産法94条以下がある。フランスには企業の再建手続および清算手続に関する1985年1月25日法33条1項があるが, 同法は1994条6月10日法によって修正されている。これに関しては, *Ripert/Roblot*, n. 3039を参照。イタリアには破産法56条があるが, これについては *Bianca* IV, 511ff. および *Perlingieri*, Estinzione 260ff. を参照。オーストリアには和議法19条以下と破産法19条以下があるが, これについ

ては，*Rummel*（*-Rummel*）§1439, nn. 8-11および*Dullinger* 307ff.を参照。スウェーデンには，1987年の破産法5章15条〜17条がある。デンマークには，1997年の破産法42条〜45条がある。フィンランドには，1868年の破産法33条，33 a 条，34条がある。ギリシャには，商法537条がある。ポルトガルには，1993年の倒産法（Código dos Processos Especiais de Recuperaçao de Empresa e de Falência）153条と，1999年の担保法（Código dos Valores Mobiliários）がある。これに対して，ルクセンブルクについては，商法455条を参照。この問題は，スペイン法では争われている。すなわち，支配的見解によれば，相殺は，倒産が宣告されれば，その時点以降は許容されない（*Rubio Garcia-Mina* 234）。なお，民法926条（出資が未払いの場合における会社とその構成員との間の相殺）も参照。倒産手続に関しては，EUの規則（No. 1346/2000 of 29 May 2000, O.J. L 160, 30 June 2000, 1ff.）も存在している。同規則6条は，倒産債務者の債権について適用可能な法によれば倒産手続が開始したときでも債務者の債権を自己の債権で相殺することが認められている場合，倒産手続の開始が債権者の相殺をする権利に影響を与えない旨を定めている。

▶13：102条　未確定の債権

(1) 債務者は，その存在あるいは価値について未確定の債権を相殺することはできない。ただし，その相殺が相手方の利益を害するものでない場合はそのかぎりでない。
(2) 両当事者の債権が同一の法的関係から生じている場合には，その相殺は相手方の利益を害するものではないと推定される。

コメント

A．選択肢

被告が，容易に証明できない，あるいはその存在が未だはっきりしない，未確定の自働債権に基づく相殺を主張することによって，不必要に法的手続を引き延ばすことができるとなれば，それは明らかに危険である。それゆえ，原告には，何らかの保護が必要となる。これは次の3つの方法から選ぶことができる。

(1) 自働債権は確定されなければならない

「自働債権が確定されること」〔債権内容の確定 liquidity〕を，相殺に関する5番目の実体的要件とすることもできる。しかし，それは少し行き過ぎかもしれない。というのも，相殺が相手方を害するものではなく，また極めて適切であるといった場合もあるからである。例えば，いずれにせよ受働債権にかかわる法的手続が進行する間に，自働債権の価値を確定しうることが明らかな場合もある。また自働債権が受働債権の価値を超えることが確実な場合もあろう。このことから，債権内容の確定を実体法上の要件とした場合，裁判官のあらゆる裁量を奪うこととなり，相殺の可能性を不必要に妨げることとなろう。

(2) 自働債権を確定する必要はない

これに代わり，法体系によっては，自働債権が確定されていないことによって相殺が妨げられることはない，といった立場を実体法レベルでとることができる。このような解決策をとる場合，実務的な理由から，相殺が過度に訴訟手続を引き延ばすようであれば，裁判官はそのような相殺を考慮せずともよいといった規定を併せておくのが一般的であろう。その結果，典型的には，裁判官に，受働債権と自働債権とを分けて取り扱い，そして受働債権については仮判決（provisional judgment）を認める手続上の規定を置くこととなろう。しかしこのような解決策は扱いにくく，いくぶん実用的でないように思われる。なぜなら，この場合，仮判決の執行を求める原告は，後に，この執行措置が有効な執行名義によるものではなかったことが判明した場合には，取得した金銭を返還し，損害賠償を支払わねばならないというリスクを負うことになるからである。言い換えれば，原告には，現実には確実で有用な執行名義がまだない。このことから，被告に弁済を提供するよう促すことは難しいのではないだろうか。

(3)　裁判官の裁量

　以上のことから，原則として，第3のアプローチがとられる。それは，本質的には上記の2つの方法の妥協とみることができる。容易に自働債権を確定することができない場合であって，受働債権について判決を下すに足りる状況になっているときには，裁判官は，被告が主張する相殺を考慮することなく，受働債権につき判決を下すことができる。したがって，裁判官には裁量の余地が与えられ，その際，例えば，受働債権と自働債権について予想されるおおよその手続の時間，あるいは原告における遅滞の影響といった，当該事案のあらゆる事情を考量しなければならない。ともあれ，このような裁量を行う際に，裁判官は次の2つのケースを区別しなければならない。(a)受働債権と自働債権が同一の法的関係から発生している場合には，裁判官は，通常，受働債権に限らず，自働債権も考慮に入れ，相殺の問題を考えることとなる。この原則は，このような場合，通常，受働債権の債権者の利益は害されないという事実上の推定からなる。(b)受働債権と自働債権が同一の関係から発生したものでない場合には，通常，その決定は別の方向へと向かう。つまり，商取引における予測可能性と公正性から，確定した債権を有する当事者が，その債権の追及を妨げられることのないことが要請される。裁判官が，受働債権につき判決を下すと決定すれば，その判決は暫定的な性格のものではなくなる。そのような判決は，もっぱら，裁判官が相殺の意思表示によって影響を受けないものとみなす原告の債権の正当な評価にのみ向けられる。その結果，その相殺の意思表示には効力がないとみなされる。したがって，被告の債権は，別途追及されねばならない。

B．履行留保権

　被告が9：201条の文言における履行留保権を主張できる場合には，上述した問

題は生じない。これらの場合には,(受動)債権はまだ判決準備が整っているとはいえない。

ノ ー ト

1. 相殺の要件としての「債権内容の確定 Liquidity」

　　フランス,ベルギーおよびルクセンブルク法は,債権内容の確定(liquidité)を相殺の実体的要件とみなす。しかもそれは,自働債権のみならず,受働債権にも適用される(フランスについては,民法1291条および *Terré, Simler, Lequette* n. 1299および *Kegel*, Aufrechnung 160ff., またベルギーについては,民法1291条および *Cornelis*, Algemene theorie n. 672)。イタリアについては,民法1243条を参照のこと(その注釈として,*Perlingieri*, Estinzione 294; *Di Prisco* 321; 債権内容の確定(liquidity)の意味については,Cass.civ. 22 April 1998, n. 4073を参照)。スペインについては,民法1196条4項参照。この背景として,フランス法における相殺の法上当然の効果を,見ておく必要がある。なぜなら,受働債権と自働債権が容易に確定できない以上,債権が果たしてかつどの程度,相殺されるのかを示すことはできないからである。しかし,「債権内容の確定(liquidité)」要件は,多くの問題をもたらすことから,フランスの実務では,かなり修正されている。一方,ある債権を内容が確定したものとして扱うに十分に確実であるか,またそれゆえに,相殺の考慮に入れることができるかを決定するに際し,裁判所に一定の裁量の余地が与えられている(イタリアについて,最も最近のものとして,Cass.civ. 16 November 1996, n, 10065; Cass.civ. 1 February 1995, n. 1114)。他方,より重要なこととして,もし被告が反対訴訟の形で自働債権を主張するのであれば(*demande reconventionnelle*),裁判上の相殺(*compensation judiciaire*)という措置に訴え出ることができる。裁判上の相殺の法的性質については議論がある。しかし,そこでは,裁判所が両当事者の訴えを一度にまとめて取り扱い,そしてその判決をその差額に限定して決定できる以上,これは,少なくとも,相殺という実務的な効果を生じるものである。裁判上の相殺については,*Terré,Simler, Lequette* n. 1313; *Kegel*, Aufrechnung 10f.; *Cornelis*, Algemene theorie n. 680; *Kruithof, de Ly, Bocken & de Temmerman* 711; *Bianca* IV, n. 257. スコットランドでは,相殺が法上当然の効果をもっていないという事実があるにもかかわらず,債権内容の確定という要件が賠償法(Compensation Act)1592条にある。本条によれば,相殺に用いられる債務は,金額が確定していること,その時点で支払時期が到来していること,争いのないこと,とされる。この点については,*McBryde* 25.40ff. および *Wilson* 13.5.

　　イングランド法では,受働債権と自働債権が口頭弁論終結時に確定していなければならない(*Hanak* v. *Green* [1958] 2 All E.R. 151 at 145; *Stooke* v. *Taylor* [1880] 5 Q.B.D. 569 at 575)。しかし,これは制定法上の相殺に適用されるにすぎない(つまり,受働債権と自働債権が関係のない取引に起因する場合である)。アイルランドについて,*Walek* v. *Seafield Genex* [1978] I.R. 167. その立場は,基本的にイングランドと同様である。

2. 手続的アプローチ

　　このようにして,フランスでさえ,その主眼は,実体法から手続法に移っている。ドイツにおいては,手続的な解決に向けた道筋は(ユスティニアヌス法典や注釈学派によって描かれ,また後期普通法学者によって支持され,この点については *Derburg* 554ff.を参照),ドイツ民法の起草者によって追求されてきたところである。自働債権の債権内容の確定は,相殺の要件ではない(*von Kübel* 1092を参照。またオーストリアでは,民法1439条があるにもかかわらず,今日でも同様の見解が主張されている。これについては,*Koziol-Welser* II, 102; *Dullinger* 90ff.; *Reiterer* 38ff.を参照。なお比較法的な評価については,*Kegel*, Aufrechnung 158ff.を参照のこと)。

ドイツ民法の起草者は，(今日に至るまで，本質的には変更されることなく維持されてきた) 民事訴訟法における2つの規定を用いることができた。これによれば，裁判所が受働債権と自働債権とを（双方が同一の法律関係に起因していないかぎり）別々に取り扱うとの決定が可能であり，しかも，このような状況では，受働債権について，仮判決を下すことができる（ドイツ民事訴訟法145条3項，302条）。同様に，フィンランドやポーランドでも，自働債権の債権内容の確定は要件ではない。この点について，*Halila & Ylöstalo* 58ff.を参照。またポーランドでは，民法847条3号がある。

3．裁判所の裁量

オランダでは，折衷的なアプローチが採用されている。それによれば，裁判所は，被告が主張する相殺につき，その抗弁に根拠があるかを容易に確定できない場合，あるいは，その訴えについて判決の準備が整っている場合には，被告が主張する相殺を考慮することなく，その訴えにつき判決を下すことができる（オランダ民法6：136条，これについて，*Parlementaire Geschiedenis* 509f. および *Asser-Hartkamp* Verbintenissenrecht I, nn. 550ff. を参照。現在の条項によってされる解決は，ギリシャでも受け入れられている。この点について，*Balis* 442ff. および *Georgiadis* 497を参照のこと。デンマーク法は，実体法の要件として，債権内容の確定を課してはいない。しかし，そのことが当事者の利益を害する場合には，裁判所は相殺を認めない（手続法249条2項と253条を参照）。双方の主張が同一の法律関係に起因する場合には，他方当事者の利益は害されないという推定があるのかは，はっきりとはしない。例えば，Supreme Court, Ugeskrift for Retsvaesen 1970, 599. 本件では，裁判所は，たとえ賃借人が必要な賃料を超えて支払い，そのため，その一部の返還を求める権利があると主張している場合であっても，賃貸人は，賃料の支払い遅滞を理由として，賃借人に対し立ち退きを求めることができるとの判決がなされた。この賃借人の返還請求権は，別の法廷で審理されるべきであるとされた。アイルランド法では，原告が審理前に申請すれば（*Sheehan v. National Bank* [1937] I.R. 783），相殺や反訴が係争中の訴訟において容易に処理されえない場合，あるいは特別の理由により認められない場合には，相殺や反訴を被告に認めないといった，広範な裁量権が裁判官に認められている。*Rohan Constructioin Ltd. v. Antigen Ltd*. [1989] I.L.R.M. 783も参照のこと。

▶13：103条　外国通貨による相殺

> 両当事者が異なる通貨による金銭債務を互いに負っているときは，各当事者は，自らの債権で相手方の債権を相殺することができる。ただし，相殺の意思表示をする側の当事者が特定の通貨でのみ支払うべきことを両当事者が合意していたときは，このかぎりでない。

コメント

A．相殺は妨げられない

異なる通貨による複数の債務が，13：101条において「同種の」ものであるかどうか，したがって相互に相殺がなされうるかどうかは，曖昧である。本原則は，1999年1月1日に施行された，ユーロ導入に関するEU規則1998年5月3日974/98号（OJEC1998, 139/1）8条6項をモデルとした。このEU規則では，ユーロは通貨

統合に参加した国々にとっての単一通貨単位となり、移行期（2001年12月31日まで）には、従前の国内通貨はユーロの下位通貨単位とみなされた。その結果、ユーロ圏内ではもはや、複数の債務が異なる通貨で表示されていることを理由に相殺が妨げられることはなかった。これは他の通貨についても準則とされるべきであり、新しい見解に一致している。この見解は、受働債権の債権者の正当な利益を不当に害することなく相殺を容易にすることから、各国内法制度において採用されることが増えている。外国通貨による相殺を自由に利用できることが、もしかすると通貨市場の変動への投機を助長するかもしれない。しかし、まさにこのことによって、そのような変動の結果損をしそうな側の当事者は、通常、できるだけ早く相殺の通知をするように誘導されるだろう。2002年1月1日以降、通貨の換算の問題がユーロ圏内で生じることはもはやなくなっている。

> 設例：Aは、Bに対して、ある機械の引渡しの対価として1万ポンドを支払う義務を負っている。10月10日に履行期が到来した。10月20日には、ある貸付けの合意に基づきBに対して4万ユーロの支払いを求めるAの債権の履行期が到来した。10月20日（すなわち自働債権の履行期）から、Aは、Bに相殺の通知をすることによって、相殺をすることができる。

B. 為替相場

ユーロに関するEU規則8条6項は、すべての換算は、「換算レートにて」行われるべきことを定める。「換算レート」は、同規則1条において、「EC条約109条4項前段（現在の123条4項前段）に従って、各参加EU加盟国の通貨のためにEU理事会により採用された、改廃しえないものとして固定された換算レート」として定義されている。他の通貨に関しては、適用される為替相場は、もし統一レートがあるときはそのレートでなくてはならない。統一レートが存在しないときは、相殺の意思表示がなされた対象である債権の通貨の買取レートとされるべきである。

ノ ー ト

> 単純明快な処理としては、外国通貨による債務は常に、履行期が到来した日付の為替相場でポンドに換算されるという、イングランド法で伝統的に採用されていた処理があった。しかしながら、1975年の *Miliangos* v. *George Frank* (*Textiles*) *Ltd*. [1976] A.C. 443 (H.L.) においては、イングランドの裁判所は外国通貨で表示されている金銭債務についても判決を下すことができ、そして換算は通常、裁判所がポンドで金額を記した判決の強制を認める時の日付で行われるものであるとされた（*Derham* 130ff.）。これは制定法上の相殺に適用される。エクイティー上の相殺についての見解は、まだ明らかではないように思われる（*Derham* 131ff.）。これと比較して、相殺一般における外国通貨による債務について、*Wood* 11-1 ff. の詳細な議論も参照。アイルランド法は一般に、この問題についてイングランド法に従っている。しかしイングランドと違って、アイルランドは通貨統合に参加しており、その内部ではもはやこの問題は生じない。

スコットランド法は，*Miliangos* 判決に従っている（*Commerzbank Aktiengesellschaft* v. *Large* 1977 SC 375を参照）。ドイツ法における支配的見解によれば外国通貨による債務と国内通貨による債務は，決して「同種の」ものではない。その結果，相殺は当事者がそれを可能なものと合意していた場合にのみ行われうる。例えば，*Münchener Kommentar* (*-von Feldmann*) §387, n. 16を参照。同様の見解は，ポルトガルで支持されている（*Verela* II, 205）。このような見解を時代遅れのものとみることには十分な理由がある（*Gernhuber* 238ff.（相殺の日付での換算）を参照）。フランスとベルギーの法学者達は，換算ができない場合を除き，異なる通貨による複数の債務の相殺を認める傾向にある（*Malaurie & Aynès* no. 123（フランス）と *Cornelis*, Algemene theorie n. 671（ベルギー）を参照）。オランダについて，民法 6：129条 3 項と *Asser-Hartkamp*, Verbintenissenrecht I, n. 534を参照。イタリアについて，異なる通貨での複数の債権の相殺の可能性は，金銭債務の支払いに関する規律（民法1278条以下）から黙示的に導かれる。オーストリアについて，*Rummel* (*-Rummel*) §1440, n. 2（外国通貨による債務に関わる相殺は，実際に支払いがなされることが合意されていたのでないかぎり，可能である）を参照。ギリシャについて，*Stathopoulos*, Obligations, 547, n. 24（異なる通貨での複数の債務は「同種の」ものであり，それゆえ，それらの債務が同一の通貨に換算されうるものであるときには，相互に相殺が可能である）を参照。デンマークについて，*Gomard* III, 184を参照（複数の債権が異なる通貨で支払可能な場合にも相殺は許容される。それらの通貨が換算可能でないときには，例外とされることがあろう）。フィンランドについて，*Aurejärvi & Hemmo* 185（異なる通貨による複数の債権は，同種のものであるとはみなされない。しかし，約束手形法 7 条によれば，債務者は支払地の通貨で債務を支払うことを選択でき——ただし反対合意があるときはこのかぎりでない——，そしてこの選択権を有する債務者は相殺の場合にもこれを行使することができる）を参照。比較研究について *Wood* 24-34を参照。外国通貨の法的性質について，*Staudinger* (*-K.Schmidt*) §244, nn., 11ff., *Grothe* 558ff., *Dullinger* 78ff.を参照。

▶13：104条　通知による相殺

> 相殺をする権利は，相手方に対する通知によって行われる。

コメント

A．通知の要件

相殺の意思表示をするには，相手方に対する無方式，一方的かつ裁判外の意思表示で十分である。これについては，通知の要件に関する 1：303条を参照。この問題が最終的に法廷に持ち込まれたとき，法廷での決定は，確認的な効果を有するにすぎない。つまり，その決定は，相殺そのものの効力を生じさせるのではなくて，相殺がすでに効力を生じていたことを確認するにすぎない。相殺の意思表示は，対当額において両債務を消滅させるという効力を生じさせるものなので（3：106条），両当事者間の法律関係に直接に影響する。相殺の通知には，法律関係を変更するその他の一方的権利と同様に，条件や期限（*dies*）をつけることができない。それゆえに，とりわけ，相殺のすべての要件が充足されたとき，債務者は，将来のいずれかの期日において効力が生じる（延期された相殺）ものとして相殺の意思表示をす

ることができない。もっとも，その一方で，債務者は，自働債権の履行期が到来していなくても，相殺の意思表示をすることができる（時期を早めた相殺の意思表示）。ただし，そのような意思表示は，自働債権の履行期が到来したときに初めて，効力を生じる。

B．合意による相殺

言うまでもないことだが，両当事者は，通知による相殺の方法によらず，合意によって相殺の効果を生じさせることができる。このことは，契約自由の一般的な承認からの帰結である。合意による相殺の場合に，両当事者は，本原則の定める相殺の要件を排除することができる。実際，両当事者は，相殺のための何かの要件が充足されていない場合に，合意による相殺に訴えるものである。当座預金勘定に関する合意は，貸方と借方を対当額で相殺するとの意味を含んでいる。

ノ ー ト

1．通知による相殺と自動的な相殺

　　註釈学派の時代以来，ヨーロッパ大陸では，2つの異なるアプローチが互いに競い合っていた（*Zimmermann*, Obligations 760ff. を参照）。1つのアプローチは，相殺によりアクチオは法上当然に縮減される（*ut actions ipso iure minuant*）とする Inst. IV, 6. 30のようなテキストに立ち返るものである。もう1つのアプローチは，相殺が主張されるか，または表示されなければならない旨を述べているかにみえるテキストに依拠するものである。この違いは，現代の法制度の中にも依然として反映している。

　　前者のアプローチは，フランス民法1290条に最も明確に表現されている。同条によれば，相殺可能な2つの債権が相互に対立するや否や，両債権は法上当然に消滅する。もっとも，フランスの判例や学説は，この制度を妥協なく文字通りに実行するのは実際的でないと考えた。そして，被告が裁判所で相殺を援用した場合にのみ，相殺を有効なものとして扱う。例えば，*Terré, Simler, Lequette* no. 1311を参照。その結果，相互に対立する2つの債権の自動的な消滅は，厳密に言えば，相殺の抗弁が裁判所で主張されることを要件として認められる。この制度は，ルクセンブルクでも採用されているし，少なくとも一見したところでは，スペイン（民法1202条および旧民事訴訟法543条）およびイタリア（民法1242条1項）でも採用されている。スコットランドにおける法状況もこれと類似しているが，同一ではない。すなわち，相殺は裁判所で主張されなければならず，かつ，それが判決によって確認されて初めて効力を生じる（*McBryde* 25.54および *Wilson* 13.6）。アイルランドのアプローチは，これと似ているようにみえる。アイルランド最高裁判所法27条3項および最高裁判所規則0.12 R 7を参照。賃貸料の支払いを求めて賃貸人から訴えられた賃借人が相殺を援用して減額を勝ち取るためには，賃貸人に対して通知をしなければならない（*Deale* 42）。ベルギーでは，判例も学説も，フランスのアプローチに従っていない。

　　後者のアプローチを採用してきたのは，ドイツ民法である。それによれば，相殺は，相手方に対する裁判外の，方式無用かつ一方的な意思表示によって主張されなければならない（民法388条。*von Kübel* 1075ff. も参照）。オーストリア法も，（民法1438条が相殺の法上当然の効果を認めているかにみえるという事実にもかかわらず）これに従っている（*Koziol-Welser* II, 102ff.

およびDullinger 96ff. を参照）。ギリシャ民法441条（これに関しては、Stathopoulos, Obligations n. 241を参照）、ポルトガル民法848条1号（Valrela II, 214ff. を参照）、オランダ民法6：127条（これに関しては、Asser-Hartkamp, Verbintenissenrecht I, n. 530を参照）においても同様である。このアプローチは、さらに、イタリア法（Bianca IV, 494, Perlingieri, Estinzione 280およびCian, (1998) 6 ZEuP 220ff.）およびスペイン法（Díez-Picazo II, 4th edn 554ff.）においても、広く支持されている。スウェーデン、デンマークおよびフィンランド法も、通知による相殺を認めている（Lindskog, Kvittning 533ff., 526ff.; Gomard III, 182, 184; Aurejärvi & Hemmo 183）。

2. 合意による相殺

すべての法制度が、合意による相殺（契約による相殺）を許している。イングランド（およびインドランド法に従っているアイルランド）については、Derham 540ff.、スコットランドについては、McBryde 25.54およびWilson 13.6、ドイツについては、Gernhuber 326ff.、オーストリアについては、Dullinger 259ff. およびRummel（-Rummel）§1438, nn. 31ff.、ギリシャについては、Georgiadis 493、デンマークについては、Gomard III, 219、スペインについては、Díez-Picazo II, 4th edn 538, Rojo Ajuria 58f. および最高裁判所1971年6月14日判決、1983年6月7日判決および1989年2月2日判決、ポルトガルについては、Varela II, 227f. 比較法的概観をするものとしては、Wood 24-43ff.、さらに、Berger, On compensation conventionelle, or facultative の包括的な研究も参照。フランスについては、Terré, Simler, Lequette n. 1312、ベルギーについては、Cornelis, Algemene theorie nn. 681-685、ルクセンブルクについては、上告裁判所1999年3月17日判決（Pas. Lux., vol. 31, 129）、イタリアについては、民法1252条（任意相殺 compensazione voluntaria）を参照。当座勘定の関係での相殺に関しては、Wood 3-1ff.（イングランド）、Berger 173, 285ff.（ドイツ）、オランダ民法6：140条およびParlementaire Geschiedenis 517ff. ならびにWood 24-36ff.（比較法）を参照。

▶13：105条　複数の債権と債務

(1) 相殺の通知をする当事者が相手方に対して複数の債権を有している場合、その通知は、対象となる債権を特定している場合にのみ、効力を有する。
(2) 相殺の通知をする当事者が相手方に対して複数の債務を履行しなければならない場合、7：109条に定められた準則が、必要な修正を加えた上で適用される。

コメント

相殺の通知をする当事者が相手方に対して複数の債権を有しているという場合があるし、相手方に対して複数の債務を負担しているという場合がある。その両方に該当する場合もある。相殺の通知をする当事者が複数の債権を有している場合、その当事者は、相殺の通知が結びつけられる債権を特定しなければならない。これがされないときには、相殺の通知は、特定が不十分であることを理由として、無効となる。しかし、相殺の通知が結びつけられる債権を明示的に特定する必要はない。相殺の通知をする当事者の意図は、2：102条の準則に従って確定することができる。そのような確定ができないときには、相殺の通知をする当事者が、不確定性ゆ

えのリスクを負担しなければならない。相殺は自働債権の実現という形態をとるのであり，債務者に対して複数の債権を有している債権者は，実現される自働債権がどれであるかということについて，常に十分に特定をしなければならない。

　設例1：Aは，Bに対して30ユーロの金額の3個の債権を有している。Bは，Aに対して300ユーロの債権を有している。すべての債権が履行可能となっている。Aが相殺の宣言をした。Aは，相殺の通知が結びつけられる債権を特定しなければならない。そうしなければ，相殺の通知は無効である。

　相殺の通知をする当事者が相手方に対して複数の債務を負担している場合，通知をする当事者は，7：109条で想定された状態にある。相殺の通知をすることは債務を消滅させる1手段なのであるから，同条に定められた準則が適当な補正を加えた上で適用されるべきである。このことは，7：109条4項により相殺を通知する当事者の指定が決定的であるということを意味する。この者が相殺の通知の結びつけられる債務を指定しないときには，相手方が，7：109条2項に基づき指定をすることができる。両当事者による指定がされないときには，7：109条3項に示された順序での充当が妥当する。多くの諸国の法制度は，相殺の通知を受ける当事者もまた相殺の通知をすることのできる地位にあるとき，この者に，相殺の通知をする当事者による指定に対して遅滞なく異議を唱える権利を与えている。この準則が基礎に据えているのは，相殺に関しては，いずれの当事者が先に相殺の通知をしたかという偶然の事情によって充当の問題が左右されるべきでないとの考慮である。これに対して，本原則により本条で採用された準則が基礎に据えているのは，相殺を奨励したいとの願望である。

　設例2：状況は，設例1と同じであるが，相殺の通知をしたのがBであった。このとき，Bは，Aの3個の債権のうちのどれが消滅するのかを指定することができる。Bが指定をしなかったときには，Aは，合理的な期間内に指定をして，その選択をBに知らせることができる。指定がされなかったときには，7：109条3項で定められた基準が，同条に示された順序で適用される。

ノ　ー　ト

　ヨーロッパで最も広くいきわたっている制度は，次のようなものである。すなわち，当事者のいずれかが相殺に適した複数の債権を有している場合，相殺の通知をする当事者は，複数の債権のうちのいずれが受働債権との相殺に供されるのかを指定することができる。指定がされなかった場合や，相手方が遅滞なく指定に異議を唱えた場合，弁済の充当に関する一般準則が適当な補正を加えた上で適用される。ドイツについては，民法396条，オランダについては，民法6：137条および Parlementaire Geschiedenis 512ff.，オーストリアについては，*Rummel* (-*Rummel*) §1438, n. 17，ギリシャについては，民法452条，スコットランドについては，*Wilson*

13.6. ポルトガルについては，民法855条。相殺の効力が法上当然に生じる法制度では，この命題の前半部分が妥当しないのは当然のことであるが，後半部分の弁済の充当に関する準則は（適当な補正を加えた上で）直接に適用される。これについては，フランス，ベルギーおよびルクセンブルク民法1297条，イタリア民法1249条，スペイン民法1199条。

▶13：106条　相殺の効果

> 相殺は，通知の時点から，両債務を対当額で消滅させる。

コ　メ　ン　ト

A．相殺に遡及効なし

相殺には遡及効がない。相殺の効力は，単に将来に向かって生じるだけである。すなわち，相殺は，その実体的要件がすべて充足され，かつ相殺の通知が効力を有した時点から，将来に向かって効力を生じるのである。その結果，一般的に言えば，相殺がされた状況は，あたかも相殺の意思表示がされた時点で両債務が弁済されたかのように評価されなければならない。このことから，以下の帰結が導かれる。

B．利　　息

（両債務の）利息は，相殺の意思表示がされた時から起算される。その結果，相殺が可能であることを認識したときに相殺の意思表示をすることは，より高い利率で利息を支払わなければならない側の当事者にとって有利になる。

C．支払遅延

支払遅延に関して，法的には，次のようになる。Bが売買契約に基づいてAに対し10万ユーロを10月10日に支払わなければならなかったところ，この日に支払いをしなかったとき，Bは，原則として，8：108条の下で免責されない不履行をおかしたことになろう。Aは，履行を請求するか，損害賠償を請求するか，または契約を解消するかの選択をすることができる。Bが相殺の意思表示をしなかったか，または，後日になって初めてAに対する同額の債権があるという事実に気づいたとき，このことは，10月10日におけるBの違反を治癒しない。

D．不履行についての支払合意

不履行が生じた場合に備えて支払いの合意がされていたとき，相殺の通知をする権利を行使しなかった当事者は，この支払いを請求されるか。このことは，当該条項の解釈次第である。通常は，約定額が支払われなければならないということが意図されているであろう。

設例 1：Aは，Bから借りていた 1 万ユーロを10月10日に返済しなければならなかった。AとBは，Aがこの日に 1 万ユーロを返済しなかった場合にはAは2000ユーロを上積みした金額を支払わなければならないことを，先に合意していた。9 月 1 日に，Aは，自分の叔母Cから，Bに対する 3 万ユーロの債権を相続した。このことにAが気づいたのは，11月20日のことであった。そして，Bは相殺の意思表示をした。しかし，Aは，10月10日に支払いをしなかったのであるから，Bは，2000ユーロの約定額を請求することができる。

E．相殺後に行われた支払い

相殺の意思表示がされた後に支払いがされたとき，この支払いについての返還請求が可能である（たいていの国内法の下では，不当利得に基づいて返還請求がされる）。なぜなら，この支払いは，債務として負担されていないものに対する支払いだからである（法律上の原因のない履行だったのである）。相殺の意思表示がされる前に支払いがされたとき，その支払いは債務を消滅させる効果を有していたのであり，その結果として，相殺の相互性要件が取り除かれる。それゆえに，原状回復に関するいかなる特別の問題も生じない。

F．自働債権の時効

相殺をする権利の時効の効果に関しては，14：503条を参照。

G．対当額を限度としての債務の消滅

相殺は，債務を，対当額の限度で消滅させる。このことは，金銭債務に関するかぎり，より少ないほうの債務額の限度で消滅するということを意味する。

設例 2：Aは，Bに対して 1 万ユーロの債権を有している。Bは，Aに対して5000ユーロの債権を有している。AまたはBのいずれかによる相殺の通知があったとき，その結果としてAの債務はすべて消滅するが，Bには，5000ユーロの債務が残ったままである。

H．自働債権の一部の相殺

相殺の意思表示をする当事者は，相手方に対する債権の一部だけを相殺に供することができる。このとき，この債権の残部は消滅しない。

ノ ー ト

1．自動的効力と遡及効

相殺が法上当然の効果を生じる諸国（フランス，スペイン，ベルギー，ルクセンブルク）では，いずれも，相殺は，両当事者が認識をしなくても効力を生じる。しかし，相殺の通知を必

要とするたいていの法制度ですら，相殺は，その通知に遡及的な効力を認めている。すなわち，相殺がされた結果として，当該債権は，対当額において，それらが相殺に適した状態で互いに最初に対立した時点で消滅したものとみなされる。この準則を採用しているのは，ドイツ（民法389条），オーストリア（*Dullinger* 96ff.），ギリシャ（民法441条），オランダ（民法6：129条および *Asser-Hartkamp*, Verbintenissenrecht I, n. 538）およびポルトガル（民法854条および *Varela* II, 224ff.）である。イタリアにおいても，同じ状況がみられる。すなわち，イタリア民法では，相殺は「両債務がともに存在した日から」両債務を消滅させるのだが（1242条1項），それにもかかわらず，通説によれば，相殺が考慮されうるためには，その前に相殺の意思表示がされることが必要である（*Bianca* IV, 494; *Perlingieri*, Estinzione 273ff.; *Cian*, (1998) 6 ZEuP 220f.）。スコットランドにおいても，相殺（相殺の効力が生じるためには，裁判上で主張され，かつ判決で確認されなければならない）は，遡及効を有する。これについて，*McBryde* 25.55; *Wilson* 13.6.

両者のアプローチは，ほぼ同一の実際上の結果をもたらす。その結果，とりわけ一般に認められているのは，利息がもはや発生しないということ（そして，すでに支払われた利息は，非債弁済（*condictio indebiti*）を理由として返還請求することができるということ）である。もっとも，オランダ民法6：129条2項は，いずれの当事者も遅滞（*mora debitoris*）に陥ったものとされないとし，また，違約罰を請求することはできないとしている。ドイツについては，*Gernhuber* 309ff., イタリアについては，*Cian-Trabucchi* art. 1242, II, オランダについては，*Asser-Hartkamp*, Verbintenissenrecht I, n. 538, さらに民法6：134条，オーストリアについては，*Rummel* (-*Rummel*) §1438, n. 14を参照。

債務が相殺によって消滅していたにもかかわらず，債務者がその債務を弁済したとき，フランス，ベルギーおよびルクセンブルク民法1299条によれば，その債務を消滅させた債権を知らなかったことにつき正当な事由があった場合にのみ，債務者は非債弁済（*condictio indebiti*）を理由とする返還請求をすることができる。ドイツでは，この問題は，長きにわたって議論されてきた（例えば，*Dernburg* 587ff.を参照）。今日の通説によれば，相殺の通知をすることができることを知らずに弁済をした者は，不当利得を理由として返還請求をすることができない（*Gernhuber* 299ff. オーストリアについては，*Rummel* (-*Rummel*) §1438, n. 15.もっとも，そこには，多くの異説が示されている。イタリアについては，*Cian-Trabucchi* art. 1242, I. なお，*Dullinger* 162ff. における議論も参照）。スペインでは，最近の学説は，（民法1202条が相殺の法上当然の効果を採用しているかにみえるという事実にもかかわらず）債権者に対して請求することのできる債権があることを知らずに弁済した債務者が非債弁済（*condictio indebiti*）に依拠することができないという立場を維持している。これについては，*Díez-Picazo* II, 4th edn 554.

2．将来効

西ヨーロッパで，方式自由な相殺の宣言を必要とするが，相殺に遡及効を認めない唯一の法制度を採用しているのは，北欧諸国である。スウェーデンについては，*Lindskog*, Kvittning 533ff., 526, デンマークについては，*Gomard* III, 207, フィンランドについては，*Aurejärvi & Hemmo* 183. この点でいささか驚かされるのは，スウェーデンおよびフィンランド法もまた，ドイツ民法390条2項を反映した準則を知っているということである（ドイツ民法390条2項〔2002年1月1日以降は，民法215条〕は，「時効にかかった債権が反対債権と相殺可能であった時点で時効にかかっていなかった場合，その債権の消滅時効は相殺を妨げない」としている）。時効法10条および1868年の時効に関するデクレ5条。これは，スウェーデン法における相殺の一般的な将来効と一致しないのであり，その結果として，批判の対象となっている。これについては，*Lindskog*, Kvittning 115ff. を参照。デンマーク法については，*Gomard* III, 207を参照。しかしながら，同一の法律関係から生じる債権については，相殺は一定の局面で遡及効を有している。

すなわち，利息は，2つの債権が互いに相殺に適した状態となった時点から起算される。また，相殺の宣言がされる前に自働債権が時効にかかったときでも，相殺は排除されない。これについては，*Supreme Court, Ugeskrift for Retsvaesen* 1956, 977および *Gomard* III, 207を参照。イングランド法（おそらくは，アイルランド法も）もまた，相殺に対して将来に向けた効力しか認めない。ドイツおよびオーストリアでは，相殺の遡及効は，最近では批判されるようになっている。これについては，*P. Bydlinski*, (1996) 196 AcP 281ff.; *Dullinger* 174ff., 182ff.; *Zimmermann*, Fs. Medicus 721ff. 相殺の遡及効は，説得力のある合理的な根拠に基づくものというよりは，むしろ，相殺の法上当然の効果に関するユスティニアヌス法典（Inst. IV, 6, 30. さらに，C. 4, 31, 14 も参照）の曖昧な表現に基礎を置いたユス・コムーネ（*ius commune*）の思考モデルを熟慮せずに継続したことによるものである（*Zimmermann*, Fs. Medicus 724; *Pichonnaz*, (2000) 68 TR 541ff. も参照）。相殺の将来効は，きわめて自然な準則であり，十分に満足のゆく結果をもたらすように思われる。

▶13：107条　相殺をする権利の排除

次の各号のいずれかに該当する場合には，相殺をすることができない。
(a) 相殺が合意により排除されている場合
(b) 受働債権が差押えに適しない債権。この場合は，差押えに適しない範囲で相殺をすることができない。
(c) 受働債権が故意の不法行為から生じた債権である場合

コ　メ　ン　ト

A．合意による相殺

契約自由の一般原則に従い，相殺をする権利は，私的自治に関する一般的制限（例えば，本原則4：110条のような個別交渉されていない不公正な標準条項に関する準則）が遵守されているかぎり，合意によって排除することができる。相殺を排除する合意が特定の法律関係から生じる債権のみを対象としているのか，それとも，両当事者間のすべての債権を対象としているのかは，解釈の問題である。

B．差押えに適しない債権

相殺によって，最低生活水準を保障する債権（例えば，扶養や賃金を目的とする債権）がその債権者から奪われるべきではない。この問題を最も簡単，適切かつ包括的に処理する方法は，受働債権が差押えに適していないかぎりで相殺を禁止することである。受働債権が差押えに適していないか，どの範囲で適していないかは，この問題に適用可能な法によって決せられる。

C．故意の不法行為から生じた債権

履行期の到来した債権を回収することのできない債権者は，自力救済に訴えるこ

とへと誘惑されるかもしれない。よく出される教科書事例は,債権を回収できない債権者が（未履行の債権を債務者の損害賠償債権と相殺することができるとの認識の下で）債務者を自由に暴行殴打してよいと考えるというものであるが,このような事例は,実際に重要であるとは思われない。より現実的なのは,債権者が債務者の所有する物を占有している場合において,その物を違法に譲渡し,これによって得た売却代金から自己の債権の満足を受けるという状況である。不法行為に基づく債権が差押えに適していないとされる法制度においては,すでに本条 b 号により,相殺を排除する効果が導かれるであろう。

D. 未履行の出資についての責任

いくつかの国内法は,出資者が会社に対して負担する未履行の出資責任を,自らが会社に対して負っている債務と相殺するのを禁止することが望ましいものとして扱っている。このような準則は,会社の資本金を減少させない点で会社債権者の利益を保護するのに役立つが,相殺に関する一般準則というよりは,むしろ会社法に属する。

ノ ー ト

1. 合意による排除

相殺が契約によって排除できることは,いずれの国においても認められている。イングランドについては, *Derham* 140ff., アイルランドについては, *Hegarty & Sons Ltd*. v. *Royal Liver Friendly Society* [1985] I.R. 524, スコットランドについては, *McBryde* 25.54, 25.58, および *Wilson* 13.6, フランスについては, *Starck, Roland & Boyer* n. 347, ベルギーについては, *Cornelis*, Algemene theorie n. 678 (p. 879末尾), ルクセンブルクについては, *Courd' Appel*, 10 ctober 1963, Pas. Lux. Vol. 19, 209, ポルトガルについては, *Varela* II, 198, ドイツについては, *Gernhuber* 274ff., イタリアについては, *Bianca* IV, n. 251, オランダについては, *Asser-Hartkamp*, Verbintenissenrecht I, n. 531, オーストリアについては, *Koziol-Welser* II, 103および *Rummel* (-*Rummel*) §1440, n. 29, スコットランドについては, *McBryde* 25.58f., スウェーデンについては, *Lindskog*, Kvittning 303f., デンマークについては, *Gomard* III, 196（土地賃貸借および消費者契約については,例外が妥当する。そこでは,賃借人や消費者の相殺をする権利は,排除することができない）, フィンランドについては, *Aurejärvi & Hemmo* 192. ギリシャ民法450条 2 項によれば,債務者は,相殺する権利を事前に――しかも一方的にすら――放棄することができる。

2. 差押えに適しない債権

ほとんどすべての法制度では,最低生活水準を保障する債権を債権者から奪う相殺は許されるべきでないということを保障している。フランスおよびベルギーについては,民法1293条 3 号,（フランスについて） *Terré, Simler, Lequette* n. 1302,（ベルギーについて） *Cornelis*, Algemene Theorie n. 674, ドイツについては,民法394条および *Gernhuber* 261ff., イタリアについては,民法1246条 3 号および *Bianca* IV, n. 251, オランダについては,民法 6 : 135条(a)および *Asser-Hartkamp*, Verbintenissenrecht n. 552, スペインについては,民法1200条 2 項, ポルトガルにつ

いては，民法853条1-b号（両債権とも差押えに適しない場合を例外とする），オーストリアについては，*Koziol-Welser*, II, 103および*Dullinger* 121ff., ギリシャについては，民法451条，スウェーデンについては，*Lindskog*, Kvittning 247ff., 283, デンマークについては，*Gomard* III, 196, フィンランドについては，*Aurejärvi & Hemmo* 192ff., イングランド法（おそらくは，アイルランド法も）に関しては，*Wood* 12-04ff. を参照。

3．故意の不法行為から生じた債権

　　故意の不法行為に関する準則（C. 4, 31, 14, 2 に遡る。これについては，*Dernburg* 511ff. を参照）は，形は様々だが，多くの法制度において存在している。フランス民法およびベルギー民法は，ローマ法の準則をかなり忠実に条文化したものを含んでいる。それによれば，所有者が違法に奪われた物の返還を目的とした債権に関する場合，相殺をすることができない。これについては，民法1293条1号および*Terré, Simler, Lequette* n. 1302, さらに，イタリア民法1246条1号も参照。オーストリアについては，民法1440条を参照。ドイツ民法は，基礎にある考え方を一般化している。それによれば，故意に行われた不法行為から生じた債権を受働債権とする相殺は，許されない。これについては，民法393条および*Gernhuber* 259ff. これと同一ないし非常によく似た準則は，オランダ（民法6：135条b号），ポルトガル（民法853条1-a号），ギリシャ（民法450条1項），スウェーデン（*Lindskog*, Kvittning 258ff.），フィンランド（Supreme Court 1969 II 90および1995：196）に見られる。イングランド法およびアイルランド法は，この準則を知らないが，その確かな「痕跡」については，*Wood* 12-127ff. を参照。

4．未履行の出資についての責任

　　たいていの法制度は，細部において多くの違いが存在しているものの，出資者が未履行の出資責任を自らが会社に対して負っている債務と相殺することを禁止している。もっとも，このことは，多くの諸国では，会社法が扱うべき事項であるとみられている。イングランドについては，*Wood* 12-127ff. および*Derham* 250ff., ドイツについては，*Gernhuber* 270ff., オーストリアについては，*Rummel*（-*Rummel*）§1440, n. 28.

CHAPTER 14　Prescription

Principles of European Contract Law, Part III

第14章　時　　効

第1節　総　　則

▶14：101条　債権の時効

　債務の履行を求める権利（「債権」）は，本原則に従い，一定期間の徒過によって時効にかかる。

コ　メ　ン　ト

A．時効という用語とその意義

　大陸法における伝統的用語法において，「時効 prescription」には次の２つがある。すなわち，(i)期間の徒過による所有権の取得（「取得時効」），および，(ii)期間の徒過による権利の喪失（「消滅時効」）である。しかし，この両者を規律する準則は大きく異なり，したがって，これらを単一の論拠の下で一元的に理解することが有益でないことは，すでにひろく認められている。本原則が扱うのは，後者の時効に限られる。もっとも，本原則との関係においては，「消滅」時効という用語は不正確である。なぜなら，本原則の時効制度の下では，権利は消滅しないからである。権利を存続させながら債務者に履行拒絶権を与えるというのが，本原則の立場である（14：501条１項を参照）。このことを表現する用語として，的確とはいえないまでも比較的相応しいのは，スコットランド法の用語（「消極的時効 negative prescription」）である。他の選択肢としては，「解放的時効 liberative prescription」という表現が考えられる。さらに，イングランド法の概念である「出訴期限」を実体法的に変化させた用語として，「債権の行使期限 limitations of claims」というものも考えられよう。本原則では取得時効は扱われないから，叙述の簡略化のためにも，特に修飾語を付すことなく単に「時効」と表記している。

　本章の規定において，「時効」という用語は，期間の徒過によって債権に生じる法的効果それ自体を指している。時効は，ある特定の瞬間に生じるのである。一方で，「時効期間 period of prescription」という用語は，これが徒過することで時効が

生じるその期間を意味する。

　B．債権の時効
　時効制度の中心となる概念は，「債権」の概念である。本原則の随所で用いられるこの概念は，債務の履行を求める権利を意味する（序論5を参照）。したがって，時効は実体法上の制度と捉えられている。期間の徒過によって，債務者には履行を拒絶する権利が付与される。債務者が履行を拒絶すれば，その結果として，債権者は履行を求める権利を喪失するのである。債権者は，当然ながら，裁判所において債権を行使することもできなくなる。もっとも，時効は，訴求する権利を制限するだけではない。すなわち，時効は，履行を受領する権利をも制限する。例えば，支払請求に対して債務者が〔履行を受領する権利の〕時効を援用し，かつ，時効の要件がすべて充たされている場合は，債務者は，本原則9：508条にいう支払遅滞にはもはや該当せず，したがって，遅滞に関する準則の効果も生じない。
　時効は債権にしか適用されないから，取消しを通知する権利（4：112条），契約を解消する権利（9：301条），その他の法律関係に変動を生じさせる権利は，時効の影響を受けない。これらの権利は，「合理的な期間内に」行使されなければならない。このことは，4：113条，9：303条2項などの特別規定に定められている（これらの特別な期間制限について，後述コメントDも参照）。

　C．履行留保権および代金減額請求権
　履行留保権（例えば9：201条に規定された権利）も，時効にかからない。すなわち，履行留保権を基礎づける債権について時効期間が徒過しても，なお，履行留保権を主張することができる。

> 設例：Aは，Bに自動車を売却した。その自動車の引渡しは1996年10月10日に，代金の支払いは同年12月10日に行われることとされていた。これら両債権の時効期間は3年である。3年後，Bはまだ自動車を受領していなかった。この場合において，1999年10月10日以降に，Bが，Aを相手取って自動車の引渡しを求める訴訟を提起したときは，Aは，時効の抗弁を提出することができる。反対に，同年11月10日に，Aが，Bを相手取って代金の支払いを求める訴訟を提起したときは，Bは，9：201条の履行留保権を行使することができる。履行留保権は，BのAに対する債権の時効には影響されることなく存続するからである。同年12月10日以降には，Bは，Aの請求に対して時効の抗弁を提出することができる。

　9：401条に規定された代金減額請求権も，時効にかからない。一方の当事者が，契約に適合しない履行を受け入れた結果として代金減額請求権を有するならば，相手方の支払請求に対して代金減額請求権を行使することができる。なお，代金支払

請求権自体が時効の一般準則に従うのは当然である。代金減額請求権を有する当事者が，減額後の代金を超える額をすでに支払っている場合には，相手方に対して超過額の返還を求めることができる（9：401条2項）。超過額の返還を求める権利は，時効の一般準則に従う。

D．適用範囲

本章は，契約上の債権のみならず，それ以外の，履行を求める権利にも適用される。履行を求める権利のうち一定のものに限って時効の準則を適用することは，理論的に正当化することができない上に，実務上の困難と不便（14：201条のコメントを参照）をもたらすであろう。他方，履行を求める権利以外の各種の権利，例えば物的権利，婚姻する権利，相続人または遺言執行者たる権利を対象とすることは，望ましいとは思われない。こうした場合の多くは，絶対的権利（所有権など）の保護も問題とする。絶対的権利を時効にかからせるとすれば，絶対的権利に重大な制限を加えることとなるが，そのような制限を正当化することは不可能であろう。それゆえ，絶対的権利から生じる権利はその基礎になる絶対的権利と運命を共にするという立場が支持されうるのである。さらに，物権法の領域においては取得時効法（usucaption ともいう）との慎重な調整が必要になる。これに対し，債務の履行を求める権利は，独立の法領域として十分な拡がりと独自性を備えている。比較法的にもこのような方向が示されており，現代の時効制度の多くは，明示的または実質的に，債務法に適用されている。

本原則には，期間制限に関する規定が多数含まれている（承諾の期間制限に関する2：206条，取消しの通知の期間制限に関する4：113条，解消の通知の期間制限に関する9：303条2項，および，履行請求権の期間制限に関する9：102条3項を参照）。これらの期間制限は，時効期間ではない。しかし，本章の準則のいくつか（例えば，14：303条）に示された指針は，承諾の表明，取消しの通知，解消の通知，または履行請求が，各規定で定められた時点から「合理的な期間内に」行われたかどうかを判断する際にも重要となる。

本章の規定は，時効期間が徒過する前に当事者が債権の行使を禁止される場合がありうることを排除していない。例えば，もはや債権を行使されることはないという合理的な信頼を相手方に生じさせ，したがって，債権を行使するという決断が1：201条における信義誠実および公正取引の原則に反する場合には，時効期間が徒過する前であっても債権の行使が禁止されうる。

E．基礎にある法政策的考慮

時効は，基本的に，次の3つの法政策的考慮に基づいている。まず，⑴債務者は，「時間の曖昧化作用」（*Windscheid & Kipp* §105（p. 544））により，自らへの債権の

行使に対する防御が次第に困難となるから,そのような債務者を保護すべきである。次に,(2)期間の徒過は,債権に対する債権者の無関心を示すとともに,そのことによって,もはや債権を行使されることはないという合理的な信頼を債務者に生じさせる。さらに,(3)時効により,不行使状態が長期間継続した債権に関する訴訟の長期化が防止される。このように,時効は,法的安定性を目的とした,非常に独特の制度である。時効制度によって,確たる根拠のある債権でも無に帰することがありうるけれども,法制度は,時効制度がもつ利点に対し代償を払わなければならない。もっとも,法的安定が要請されるとしても,債権者の合理的な利益との均衡が保たれていなければならない。時効は,実質的にみれば権利の剥奪をもたらすから,債権者には債権を行使する公平な機会が与えられていたことが必要である。このことは,14:301条に規定された時効期間進行停止の制度で,特に考慮されている。

時効は,事案によっては過酷な結果をもたらしうるが,一般的には,現代の法制度に欠かせない制度と考えられている。

ノ ー ト

1. 総　説

ヨーロッパのすべての法制度において,期間の徒過によって権利および義務が影響を受けることが認められている。時効法の歴史について,*Coing* I, 183ff.; *Coing* II, 280ff.; *Zimmermann*, Obligations 768ff.; *Johnston* 1. 13ff.; *Oetker* 12ff. を参照。

2. 実体法上の制度か手続法上の制度か

イングランド法およびアイルランド法における出訴期限は,解放的時効と同じ機能を営む。出訴期限は手続法上の制度であって,権利に影響を及ぼすことはなく,裁判所において権利を行使することができなくなるにとどまる。このようなアプローチは,決して,大陸法の伝統的考え方と相容れないものではなく,いくつかの大陸法諸国では現在でも,伝統的な考え方と異なる条文文言や見解が実際に存在する。しかし,ほとんどのヨーロッパ大陸諸国で現在支配的な理論は,時効は実体法の問題であり,債務そのものが消滅するというものである。例えば,*Marty & Raynaud*, Obligations II, nn. 341ff.; *Ferid & Sonnenberger* (1 C 246); *Spiro*, Begrenzung § 241; *Storme*, in: *Hondius* 47を参照。*Lipstein* (n. 29) によれば,現代ヨーロッパのすべての法制度において,時効は,実体法的な要素と手続法的な要素の双方を兼ね備えているとされる(*Staudinger* (-*Peters*) § 194, n. 4 も参照)。

国際動産売買における時効に関する UNCITRAL 条約〔以後 UNCITRAL 時効条約とする〕(1988年8月1日に発効。しかし,批准国は17ヵ国にとどまり,そのうちヨーロッパ連合加盟国は1ヵ国も含まれていない)では,「どちらにも与しない」(*Smit*, (1975) 23 AJCL 339) との立場が採られた(*Boele-Woelki* 112ff. も参照)。UNCITRAL 時効条約は,「制限 limitation」の語を用いつつ,一定の期間を徒過した後は「債権 claims」の行使が制限されると表現している。時効は実体法上の制度か手続法上の制度かという問題は,国際私法における重要問題であったが,契約上の債務の準拠法に関するローマ条約では,実体法上の制度とする立場がとられている (10条1項d号)。

3．債権以外には抗弁その他の権利は時効にかからない

　　抗弁権が時効にかかるか否かは，理論的に困難な問題である。普通法では，一般に，抗弁は時効にかからないと考えられていた。この原則は，現在でも多くの国々で受け継がれている（フランスについて Ferid & Sonnenberger 1 C 249，ベルギーについて Storme, in: Hondius 44，ギリシャについて民法273条を参照）。イングランドにおいても，救済手段が否定されるにとどまり権利は否定されないとされることから，実質的に同じ状況である。多くの法制度はこれに関する一般的準則をもたないが，いくつかの法制度では，基礎となる債権が時効にかかった場合でも一定の場合には抗弁が存続する旨の特別規定がある。Spiro, Begrenzung § 215; Peters & Zimmermann 266のほか，イタリアについて Cass. 28 July 1987, n. 6542, in: Giust. civ. 1988, I, 456，および，Vitucci 63ff. の叙述を参照。独立の抗弁と，債権を基礎にした抗弁とを区別するものもある（スペインについて，STS 12. 3. 1965; Diéz-Picazo & Gullón Ballesteros, 467; Pantaléon, Prescripción　5009を参照）。この場合，独立の抗弁は時効にかからないのに対し，債権を基礎とする抗弁は時効にかかる。ドイツについて，Münchener Kommentar (-von Feldmann) § 194, n. 24を参照。抗弁の時効（および，債権の時効が抗弁に対して有する効果）の全般については，Spiro, Begrenzung §§ 215ff., 540を参照。

　　実務上最も重要な問題が生じるのは，履行留保権（PECL 9：201条を参照）であると思われる（Peters & Zimmermann 266を参照）。ドイツの支配的見解では，履行留保権の基礎となる債権を剣として用いることがもはやできない場合でも，履行留保権は，なお盾として用いることができるとされる（Staudinger (-Peters) § 222, n. 37のほか，ポルトガルについて民法430条，デンマークについて Gomard III, 232，オランダについて民法6：56条を参照。ペータース＝ツィンマーマン鑑定意見〔随所で引用されている Peters & Zimmermann, "Verjährungsfristen", in: Bundesminister der Justiz, Gutachten und Vorschläge zur Überarbeitung des Schildrechts, vol. I (1981), 77に収録された私的改正提案を指す〕212条，ドイツ債務法改正委員会草案222条も参照）。

4．適用範囲

　　各国の国内法のほとんどにおいて，時効に関する準則の適用範囲は広い。解放的時効に関するドイツの準則（民法195条以下）は，請求権の時効（Anspruchsverjährung）という観念に基づいており，債務法よりもはるかに広い適用範囲を有する。これに対する批判については，Peters & Zinmmermann 186, 287ff. を参照。イタリアでは，民法2934条は，何らの制限なしに権利の消滅について規定しているが，民法948条3項および533条2項において，物権的返還請求権（rei vindicatio）および相続財産回復請求権（hereditatis petitio）への適用を除外している。ポルトガルでは，時効に関する準則は，債務だけでなく，原則としてあらゆる権利に適用される（民法298条1項）。オーストリア民法1451条では，時効は「権利」の喪失をもたらすと規定されているが，実質的には，1458条以下の除外規定により，時効は債権に関するものであることが示されている。オランダでは，民法3：306条以下は rechtsvorderingen に関する規定であり（この概念については，Asser-Hartkamp, Verbintenissenrecht I, nn. 638ff. を参照），ベルギーも同様である（民法2262条ならびに2262bis 条，および，Claeys, 1998-99 R.W. 386f. を参照）。全般について，Spiro, Begrenzung §§ 334ff. を参照。デンマークについては，「債務証書」に関する規定である Danske Lov of 1683の5.14.4条を参照。1908年の法律274号は，債権（fordringer）を適用対象としている。

5．基礎にある法政策的考慮

　　時効制度の基礎にある法政策的考慮については，Savigny, 267ff.; Story, n. 576; English Law Commission Consultation Paper No. 151 on Limitation of Actions, 11ff.; Andrews, (1998) 57 Camb. L. J. 590; Johnston 1. 40ff.; Spiro, Begrenzung §§ 3ff.; Peters & Zimmermann, 104, 112ff., 189f., 288ff.; Staudinger (-Peters) Vorbem zu §§ 194ff., nn. 5 ff.; Asser-Hartkamp, Verbintenissenrecht I n. 653;

Loubser, 22ff.; *Zimmermann*, 2000 JZ 853ff. を参照。

6. 補遺―ドイツ新時効法

　序文（7節）で言及したように，ドイツの時効法は，最近重大な改正が行われた。この改正はあまりに最近のことであるため本章の叙述には反映されておらず，本章のコメントおよびノートでは旧規定が参照されている。以下では，補遺として，ドイツ新時効法の概要を紹介し，参考文献を掲げる。全体的にいえば，ドイツ新時効法は，主要な部分で本原則と類似する。もっとも，細部では多くの相違点がある。ドイツ新時効法について検討するものとして，*Heinz-Peter Mansel*, Die Neuregelung des Verjährungsrechts, 2002 NJW 89ff.; *Heinz-Peter Mansel, Christine Budzikiewicz*, Das neue Verjährungsrecht（2002）のほか，ドイツ新時効法と本原則が提案する時効制度とを詳細に比較し，前者に否定的評価を下すものとして，*Reinhard Zimmermann*, Das neue deutsche Verjährungsrecht: ein Vorbild für Europa?, in: *Ingo Koller, Herbert Roth, Reinhard Zimmermann*, Schuldrechtsmodernisierungsgesetz 2002（2002）, pp. 9ff. を参照。当初，ドイツ債務法現代化法「討議草案」（2001年9月公表）では，新法とまったく異なる制度が提案されたところ，これに対して多くの批判が寄せられた（特に，*Heinz-Peter Mansel*, Die Reform des Verjährungsrechts, in: *Wolfgang Ernst, Reinhard Zimmermann*（eds.）, Zivilrechtswissenschaft und Schuldrechtsreform（2001）, pp. 333ff.; *Detlef Leenen*, Die Neuregelung der Verjährung, 2001 JZ 552ff. を参照）。これを受けて，2002年には，討議草案の改訂を任務とする委員会において，最終的に採用された制度につながる変更が加えられた。ヨーロッパ契約法原則の諸規定は，2001年2月にコペンハーゲンで開催されたヨーロッパ契約法委員会会合で承認されたが，上記ドイツの委員会は，討議草案の変更を決定する時点で，ヨーロッパ契約法原則のドイツ語訳に接していた（なお，ヨーロッパ契約法原則は，その後，編集会議で若干の変更を経ている）。このドイツ語訳は，ウルリヒ・ドロブニクとラインハルト・ツィンマーマンによるものであり，誌上（（2001）9 ZEuP 400ff.）に公表されたものである。ドイツの立法者は，「ヨーロッパ契約法委員会で採用された時効法の枠組みが，広範に」取り入れられていることを認めている（Beschlussempfehlung und Bericht des Rechtsausschusses（6. Ausschuss）, Drucksache 14/7052（9 October 2001）, p. 178を参照。この姿勢は，Begründung zum Regierungsentwurf, Drucksache 14/6040, pp. 96 and 103でも維持されている）。もっとも，ドイツ新時効法には，本原則に対して特段の批判的検討を加えず本原則と異なる規定を置く部分も多く，細部にわたり本原則が取り入れられているとはいえない（このことに対する批判として，*Reinhard Zimmermann, Detlef Leenen, Heinz-Peter Mansel, Wolfgang Ernst*, Finis Litium?, Zum Verjährungsrecht nach dem Regierungsentwurf eines Schuldrechtsmodernisierungsgesetzes, 2001 JZ 684ff.を参照）。

第2節　時効期間および起算点

▶14：201条　一般の時効期間

> 一般の時効期間は，3年である。

コメント

　時効制度は，可能なかぎり，単純，明快，かつ統一的なものでなければならない。本原則が，債務法上のあらゆる債権に妥当する一般的な時効期間を定めているのも，そのためである。

A．統一的な時効制度の正当化根拠
　時効法が有する機能の1つは，多大な費用と時間を要する訴訟が起こされるのを防止すること（*ut sit finis litium*）である。時効に関する準則そのものが要因となり，個別事案における時効の成否をめぐって訴訟が長期化することになれば，それは耐え難いことであろう。ある準則が，特定の類型の債権について時効期間を定めるのであれば，その債権の類型が明確に定義されている必要がある。しかし，この定義に用いられる概念にも，解釈の余地が残るであろう。それと同時に，ある類型の債権に関する規定は，異なる時効期間を定める別の準則と適用領域を接しているだろう。そうであれば，2つの時効期間のうち短い方の期間をすでに徒過した債権者は，およそ，自らの債権には長い時効期間を定めた規定が適用されると主張するであろうし，その結果，裁判所は，それら2つの規定の適用範囲が厳密にどこで棲み分けられるのかを判断しなければならない。さらに，これら時効期間のうちいずれか一方を適用することが何らかの理由で不適切であるとされる場合に，次のようなさらなる問題も生じる。すなわち，裁判所や学者が，時効準則で用いられている概念を操作し，例えば契約の類型を，一般的視点からではなく時効制度との関連において再構成してしまう危険がある。

　さらに，細分化された時効制度を正当化しうるような十分に明確で説得力のある一般的基準は，債務法に関するかぎり，存在しないと思われる。例えば，日常的取引から生じる債権や，ごく少額の債権については，複雑な取引関係から生じる債権や非日常的な債権よりも短期の時効期間にかからせる方がよいと考えられる。しかし，これらの境界を説得的に画し，法律で厳密に定義することは不可能である。これと異なり，債権者または債務者の専門性を基準にすることも考えられる。しかし，当事者の専門性に基づく規律は，きわめて不明瞭である上に時代遅れになるおそれがつきまとい，または，あまりに抽象的かつ一般的な規律になる（したがって，解釈の対立をもたらす）であろう。さらにいえば，このような規律は，契約に基づいて履行を求める権利のほか，契約違反に基づく損害賠償請求権が問題となる場面で意味をもちうるにとどまるであろう。その他の法定債権については，法定債権関係の当事者になったことがほとんどない専門家もいるから，なおさら，このような規律に説得力があるとはいえない。

時効期間の細分化に関して最も一般的に用いられる基準は，債権の（法的）性質である。しかしこの基準も，突き詰めれば，適切な基準とはいえないと思われる。時効の成否は，当事者間の法律関係が不分明な場合に問題になることも多い。例えば，契約が有効に成立しているかどうかが疑わしい場合もありうる。この場合の債権者は，自らが有しているのは履行請求権なのか，損害賠償請求権なのか，それとも不当利得返還請求権なのかがわからない。また，契約が，売買契約と賃貸借契約，売買契約と請負契約，もしくは請負契約とサービス提供契約といった，異なる契約類型の境界に位置づけられる場合もありうる。さらに，債権者の損害賠償請求権には，契約に基づくもの，不法行為に基づくもの，または契約締結上の過失に基づくものがありうる（最後のものは，前二者のいずれにも分類されうる）。このようなことから，債務法上の債権について，それぞれの法的性質ごとに扱いを区別することはほとんど不可能である。時効法との関係では，このように各種の権利が相互に密接に関連しあう状況は，とりわけ重要な意味をもっている。特に，債権の種類ごとに異なる時効期間によって，一貫性のある帰結および評価が妨げられることになるのである。

　したがって，例えば契約の無効による原状回復請求権は，契約上の履行請求権よりも長期の時効期間に服するとすべきではない。「時間の曖昧化作用」によって債務者が直面する困難さは，いずれの場合も同じだからである。これと同様に，契約法上の原状回復請求権と不当利得に基づく原状回復請求権の取扱いを異にしたり，不当利得法上の債権でも異なる類型に属する債権間で取扱いを異にすることも，当を得ているとはいえないであろう。さらに，不当利得返還請求権は，事務管理（*negotiorum gestio*）に基づく債権と選択的な関係に立つ場合が多い。そして，不当利得返還請求権と不法行為に基づく損害賠償請求権も競合する場合が非常に多いが，これらは同一の時効制度に服すべきである。後者の損害賠償請求権についていえば，契約締結上の過失や拡大損害に関する契約上の損害賠償請求権と非常に密接な関係にあり，これらとの間で取扱いを異にすべきではないし，証明の困難性の増大という観点からすれば，不履行に基づく損害賠償請求権は履行請求権より長期の時効期間に従うとすべき理由もない。このように，ほぼすべての類型の債権は，相互に密接な関連性を有しているのである。以上のことは，契約上の債権に限定した時効制度が構築されるべきではないということの根拠でもある。時効に関する準則が，14：101条のコメントで述べた一般的な法政策目的に即したものであるべきだとするならば，それは，債権類型ごとに最適な制度を規定するものではありえず，可能なかぎり広い適用範囲を有するものでなければならない。そして，明確性，安定性，予測可能性の要請が，不必要な複雑さによって損なわれないように，特に配慮されなければならない。したがって，これらを総合的に考慮すれば，すべての債権について等しく適合的とはいえない制度であっても，債務者や債権者が自らの法的地位

を把握し,それに基づいて自らの行動を決定することを困難にする制度を採用するよりは望ましい。

定期的な債務について特別な準則を設けることも,当を得たものではない(いくつかの法典はこのような規定を置いている)。どのようなものが定期的債権に属するのかを確定することは困難である。さらにいえば,このような特別準則が必要とされるのは,一般の時効期間が特に長期(例えば30年)であることが背景になっている。しかし,本原則における一般の時効期間は,3年という短い期間である。

本原則が定める一般の時効期間は,すべての,履行を求める権利に適用される。債務法において何らかの基準により時効期間を細分化すると一貫性および整合性が損なわれる結果になりやすいことは,すでに述べた通りである。その他の法領域(特に,物権法,親族法,および相続法)における,債権と性質を異にする権利には,本原則は適用されない。

B. 国際的な傾向

過去100年間における時効法の展開と,新たな立法および草案をみるときには,(i)時効期間の短期化傾向,および,(ii)時効期間の統一化傾向のあることがわかる。そして,ヨーロッパ諸国の法制度では,現在でも6ヵ月から30年の範囲で様々な時効期間が存在するが,その一方で,2年ないし6年の時効期間に服する債権の種類が漸増している国は次第に増えており,この範囲内で一般の時効期間が定められるべきであるとの考え方が生じている。一般の時効期間を何年にするかという点が,ある程度恣意的な選択になることは否定できない。しかし,第3の国際的な傾向,つまり認識可能性基準(discoverability criterion—14:301条を参照)が次第に意識されてきていることをも考慮すれば,2年ないし6年の範囲内でも比較的短期の期間が選択されるべきであろう。なぜなら,自らの債権の存在を知らず,かつ合理的にみて知ることのできない債権者に対して時効は進行しないことが法制度によって保障されていれば,債権者に対して合理的かつ迅速な債権の行使を期待してよいからである。ヨーロッパにおける重要な立法では,3年という期間が規定されており(製造物責任指令(85/374/EWG)10条),次第に,EU立法における一般的な基準として認められてきているようである。

ノート

1. 不必要な複雑さに対する批判

時効に関する準則が不必要に複雑であることは,広く批判の対象になっている(Spiro, Begrenzung §259; Peters & Zimmermann 288ff.; Hondius, in: Hondius, 15ff.; Loubser 24を参照)。この問題について,ドイツ法は特に厳しく批判されている(Peters & Zimmermann 186ff., 196ff.; Zimmerman, in: *Jayme*, 154ff. を参照)。イングランドおよびフランスでも，同様の批判がある(Law Commission Consultation Paper on Limitation of Actions, 241ff.; *Bénabent* 123ff. を参照)。さらに，ベルギーの憲法裁判所では，時効期間が過度に細分化されているために一貫性を欠いている状況が違憲な差別的取扱いに当たるとの判断が下されている(*M.E. Storme*, (1997) 5 ERPL 82ff.; *Claeys*, 1998-99 R.W. 379ff. を参照)。ただし，*Andrews*, (1998) 57 Camb. L.J. 596も参照。

2. 長期の一般的時効期間（複雑な時効制度）

　ヨーロッパにおける多くの法制度は，長期の一般的時効期間とともに，特別な状況に関する短期の時効期間を多数有しており，このことが，時効制度の複雑化を招いている。ドイツ民法では，古典期後期のローマ法を受け継いで一般の時効期間は30年とされたが（195条），多数の債権についてより短い時効期間が定められた(*Peters & Zimmermann* 108ff., 115ff. を参照)。1900年以降，立法者は，無数の特別法で，民法上の一般的時効期間に対してさらに多数の例外を定めている（例えば，*Staudinger*（-*Peters*）§195, nn.52ff. を参照)。ギリシャ民法における一般の時効期間は20年であるが，実際上重要な多数の債権について短期の時効期間が民法で規定されている（例えば，250条，554条，937条を参照)。イタリア民法では，一般の時効期間は10年だが，重要な債権については全般的に短期の時効期間が定められている（2946条以下)。ただし，一定の物的権利については20年の時効期間が定められている（民法954条，970条，1014条を参照)。オランダでは，一般の時効期間は20年だが（民法3：306条)，これは名目上のものにすぎない。3：307条（契約債務の履行)，3：308条（利息，終身定期金，配当などの定期的給付)，3：309条（不当利得)，3：310条（損害賠償)，および3：311条（不履行に基づく契約解除権または追完請求権）の規定により，実質的には，一般の時効期間は5年である。ポルトガル民法では，一般の時効期間は20年だが（309条)，多くの短期の時効期間が定められている（例えば，310条は5年の時効期間を定める)。契約外の損害賠償請求権および不当利得返還請求権については，3年の時効期間が適用される（498条，482条)。フランス民法における一般の時効期間は30年である。しかし，多くの場合について10年の時効期間が適用される。特に挙げれば，商事債務（商法189 bis 条)，請負人に対する訴権（民法2270条)，および，契約外の責任に基づく訴権（1985年7月5日法による民法2270-1条）である（競売による責任につき，2000年7月10日法30条3項も参照)。さらに，フランス民法は，多様な短期の時効期間を規定している（2271条以下では，5年，3年，2年，1年，6ヵ月の時効期間が規定されている)。ルクセンブルクもほぼ同様の状況であるが，契約外の責任に基づく訴権には30年の一般的時効期間が適用される。オーストリア民法（1811年公布）では，一般の時効期間は30年だが，多数の短期の時効期間があり，その多くは3年である（批判につき，*Koziol-Welser* I, 200を参照)。スペイン民法（1889年公布）では，一般の時効期間は15年である（民法1964条後段)。しかし，特別の時効期間を定める一連の規定がある（民法1963条〜1968条は，30年，20年，6年，5年，3年，1年の時効期間を規定し，商法945条〜954条は，5年，4年，3年，2年，1年，6ヵ月の時効期間を規定する)。デンマーク法では，一般の時効期間は20年であるが（Danske Lov of 1683の5.14.4条)，1908年12月22日法律第274号は，動産売買ならびに役務提供，賃貸借，利息，および，他人が損害を生じさせたことに基づいて生じる契約外の債権の多くなど，多数の一般的な債権について5年の時効期間を規定している。

3. 時効期間の短期化および時効制度の単純化の傾向

　スウェーデンでは，10年の時効期間を定める規定があるが（時効法（1981：130）11条)，消費者保護を図るために3年の時効期間が適用されている（ただし，若干の例外がある)。フィンランドも10年の時効期間を定める規定をもつが（Prescription Decree of 1868の1条)，特別法で短い時効期間が多数規定されている（例えば，1994年の保険法)。ベルギーでは，1998年6月10日法により，現在では契約外の責任に基づく損害賠償請求権については5年，その他の人

的権利については10年とされている（民法2262bis条1項。ただし，契約責任に基づく損害賠償請求権と契約外の責任に基づく損害賠償請求権とを区別することへの批判につき，*Claeys*, 1998-99 R.W. 391ff., および，*Claessens & Counye* 83ff., を参照）。もっとも，特別の時効期間も多数存在する（例えば，民法2270条は10年の時効期間を定める）。

スコットランドでは，かつては，20年の一般的期間と，特別な状況に関する多数の短い期間が存在したが，1973年の時効および出訴期限（スコットランド）法により，債務法上の権利のほとんどについて期間は5年とされた（6条および別表1）。人身損害に関する訴訟，および，名誉毀損に関する訴訟については，3年の期間が適用される（17条，18条，および18A条）。イングランドの1980年の出訴期限法では，不法行為または「単純契約 simple contract」に関する訴訟については6年とされているが，人身損害に関する訴訟（3年），隠れた損害に関するネグリジェンス訴訟（3年），製造物責任訴訟（3年），および，名誉毀損ならびに故意の詐欺に関する訴訟（1年）については，短期の期間が適用される（1980年の出訴期限法2条，5条，4A条，11条，11A条，12条，14A条）。アイルランド法では，「単純契約」については6年，不法行為訴訟および契約違反による人身損害に関する訴訟については3年の期間である（1957年の出訴期限法11条）。

UNCITRAL時効条約（1974年）では，国際動産売買に関する債権の時効期間は4年である。ヨーロッパ共同体内における一般的，統一的基準の展開に関しては，*von Bar* I, n. 395を参照。

ドイツの債務法改正委員会は，3年，5年，および10年の時効期間を提案した（具体的には，契約上の債権および契約外の債権のほとんどについて3年，瑕疵ある建物および瑕疵ある建築資材に関する争いについて5年，不当利得について10年である（債務法改正委員会草案195条，198条，199条，201条））。

▶ 14：202条　裁判手続によって確定された債権の時効期間

(1) 判決によって確定された債権の時効期間は，10年である。
(2) 仲裁判断，または，判決と同等の効力を有するその他の手続によって確定された債権についても，同様である。

コメント

A．特別の時効期間の必要性

本条が定める時効期間は，本原則で唯一の特別な時効期間である。判決が当初の債権にいかなる影響を及ぼすかという理論的問題（当初の債権が存続するのか，それとも新たな債権が取って代わるのかという問題）があるが，これは本条の扱うところではない。本条が定める場合に適用される時効期間は，14：201条が規定する一般の時効期間よりも相当程度長い期間でなければならない。判決で確定された債権は，可能なかぎり確実に確定されているのであり，その他の債権に比べ「時間の曖昧化作用」の影響はかなり小さい。その上，債権者に債権を行使する意思があることは疑う余地がなく，債務者は支払いを求められることを認識している。そしてさらに，当事者間の法的紛争は解決済みである。したがって，不確実性がもたらさ

れることはなく，公共の利益に反することもない。これと反対に，時効期間が短期であり，そのために，債務者の財産状態からして無意味とわかっている状況でも一定期間内に強制執行することを債権者が強いられるとすれば，そこに不必要な費用が生じるのであり，その方が公共の利益を害することになろう。ここでもやはり，時効法は法的紛争を防ぐべきであり，紛争を誘発しないよう，さらには紛争の要因とならないようにすべきである。

もっとも，特別の時効期間を何年と定めるかについては，やはり恣意的な面があることは否めない。しかし，次のことを考慮すれば，10年とするのが合理的な選択であると思われる。すなわち，10年という期間は，(i)現代の立法または立法提案に最も多くみられる期間であること，および，(ii)この場合の時効期間として最長の30年（ドイツ法）と，最短の6年（3年の場合もある）（イングランド法およびイングランド法律委員会提案）との妥協点として現実的な期間といえることである。

たしかに，判決で確定された債権について特別の時効期間を採用することは，統一的時効制度の探求に逆行する。しかし，本条で扱われる債権は，本章の適用されるその他の債権との区別が曖昧になることはなく，両者は明確に区別されうる。したがって，本条に関するかぎり，債権の種類ごとに異なる時効期間に向けられる一般的な批判論拠は当てはまらない。

B．時効期間の性質および確認判決との関係

本条で提案されている10年の時効期間は，通常の時効期間であり，時効の一般準則に従う。特別な考慮を要するのは，この時効期間がどの時点から進行を開始するかである（これについては，14：203条を参照。さらに，時効期間の中断に関する14：401条および14：402条も参照）。

確認判決は，債権を発生させる前提条件のみならず，債権それ自体の存在を確定するものであるかぎり，14：202条の趣旨に適うものである。

C．判決以外の手続

判決以外に債権者がどのような手続を踏めば10年の時効期間が問題となりうるのかについては，本原則で列挙することはできない。決定的な基準は，そうした手続が判決と同等の効力を有するとされるか否かである。債権について当事者間で行われた裁判上の和解は一例となりうるであろう。また，私的な文書でも，それに基づいて執行するために裁判所の形式的行為を必要とせず，直ちに執行可能なものであれば，本条の適用を受ける。仲裁判断が例示されているのは，これが一般に認知されており，実務上も重要だからである。

ノ　ー　ト

1. 特別の時効期間

　ほとんどの法典に，裁判手続によって確定された債権の時効に関する特別準則が置かれている。そこでは，通常，長期の期間が規定されている。30年とするのは，フランス（Cass.soc., 7 October 1981, Bull.civ. V, n. 764），オーストリア（*Rummel (-Schubert)* § 1487, n. 7 を参照），ドイツ（民法218条1項および債務法改正委員会草案205条1項），20年とするのは，ギリシャ（民法268条1項），ポルトガル（民法311条1項），オランダ（民法3：234条），デンマーク（1908年12月22日法律第274号1条2項ならびに Danske Lov の5.14.4条を参照），および，スコットランド（1973年の時効および出訴期限（スコットランド）法7条および別表1の2項 a 号），12年とするのは，アイルランド（1957年の出訴期限法6条 a 号），10年とするのは，イタリア（民法2953条。ただし，給付判決（*sentenza di condonna*）にのみ適用され，確認判決には適用されない），ベルギー（*Claessens & Counye* 80），スウェーデン（時効法（1981：130）7条），および，フィンランド（Prescription Decree の1条）である。イングランドの1981年の出訴期限法だけは，短期の期間（6年）を規定している（24条）。判決で確定された債権について一般の時効期間を選択している法制度が多いことは確かだが，その他の法制度で定められている長期の時効期間は，短期の一般的時効期間に対する例外である。

2. 当初の債権に対する判決の影響

　当初の債権に対する判決の影響をめぐる学説上の議論に関し，法典編纂以前の普通法時代の議論について *Windscheid & Kipp* § 129, n. 3，同じ問題に関するスコットランドにおける議論について *Johnston* 6.43ff. のほか，*Spiro*, Begrenzung § 162 も参照。ドイツ民法は，「その債権自体が短期の時効に従う場合でも」判決で確定された債権には一般の時効期間が適用される，と明文で規定している（218条1項）。

3. 定期的な支払いを目的とし，将来に履行期が到来する債権

　ドイツ法，オーストリア法，およびポルトガル法では，判決で確定された債権の長期時効期間に対し，次のような例外が認められている。それによれば，定期的な支払いを目的とし，将来において履行期が到来する債権については，4年の時効期間が適用される（ドイツについて民法218条2項，オーストリアについて *Rummel (-Schubert)* § 1478, n. 7，ポルトガルについて民法311条2項）。ドイツ債務法改正委員会は，この準則を維持することを提案している（債務法改正委員会草案205条3項）。オランダ民法には，「判決に基づいて1年ごと，またはそれより短い期間ごとに行われるべき支払いについては，時効期間は5年である」との準則がある（民法3：324条3項）。*Spiro*, Begrenzung § 164，および，そこに引用されたスイスの判例ならびに学説も参照。

　上記の特別準則は，30年間にわたって領収書を保管することが煩雑であることを考慮して，債務者保護を企図したものである。しかし，本原則の提案する期間は10年であって，30年ではないことに留意しなければならない。

4. 判決以外の手続

　判決以外に10年の時効期間が適用されるその他の手続に関しては，ドイツについて民法218条～220条，債務法改正委員会草案205条，イタリアについて *Roselli-Vitucci*, 474，ギリシャについて Full Bench of A.P. 30/1987, HellDni 28 (1987) 1444 (1445)（支払指図に関する事案）を参照。アイルランドでは，仲裁判断に関しては，1957年の出訴期限法6条 a 号の定める12年の期間（上述のノート1を参照）は適用されず，6年の一般的期間が適用される。

▶14:203条　時効期間の起算点

(1) 一般的時効期間は，債務者が履行をしなければならない時から，損害賠償請求権にあってはその債権を発生させる行為の時から，進行を開始する。
(2) 債務者が一定の作為または不作為を内容とする継続的債務を負うときは，一般的時効期間は，その債務に対する違反の都度に進行を開始する。
(3) 14:202条が定める時効期間は，判決または仲裁判断が既判力（res judicata）を生じた時から，その他の手続にあってはそれが強制可能になった時から，進行を開始する。ただし，債務者が履行をする必要がない間は，このかぎりではない。

コメント

A．一般準則

　時効期間は，原則として，債権を裁判所に訴求できる債権者，または，仲裁手続を開始することのできる債権者に対する関係でのみ，進行するべきである。なぜなら，事件の本案審理はこれらの裁判手続によって行われるからである。手続の係属中は，時効期間は進行を停止する（14:302条を参照）。もっとも，債権を裁判所に訴求し，または仲裁法廷に訴えることができるのは，その債権が履行期にある場合——言い換えれば，債務者が履行をしなければならない場合（7:102条を参照）——に限られる。当事者が履行をしなければならない時という基準はひろく認められており，多くの状況で有用な基準である。7:102条は，契約上の債権に関する規律を定めるにとどまる。法定債権に関しては，債権者の債権についてすべての要件が充たされたときは債務者は履行をしなければならない，というのが一般的な準則であろう。

　設例1：AとBは，AがBに対し，引き渡された自動車の代金を10月10日に支払うことに合意した。Aの履行期は契約から確定されうる（7:102条1項）。それは10月10日である。このとき，時効期間は，Bとの関係では10月10日から進行を開始する。

　設例2：Aは，錯誤により，Bに給付すべき一定額の金銭をCに給付した。Cは，金銭を受領した瞬間に，その金銭を返還すべき債務を負う（この債務は，不当利得に基づく債務である）。このとき，Aの金銭返還債権の時効期間は，Cが金銭を受領した日から進行を開始する。

B．損害賠償請求権

　もとより，特別の考慮が必要な場合もある。他人が惹起した損害に対する賠償請求権の履行期は，原則として，その権利の発生時点に到来する。しかし，この権利

は，損害賠償責任を設定する準則で定められたすべての要件が充たされて初めて発生する。この要件の1つとして損害の発生が挙げられることが多いが，損害は，賠償責任を生じさせる行為（身体または財産に対する侵害）の時から数年を経て発生することもある。この場合は，ある当事者が不法行為に基づく損害賠償請求権を有するのか否かが，何年も確定しないことがありうる。また，損害の発生が賠償責任準則を適用するための要件の1つなのかという点も，疑問の余地がある。さらにいえば，不法行為に基づく損害賠償請求権はすべて同一の時効制度に従うとすべきか，それとも，予測不能な潜在的結果については，それが顕在化した時から時効期間が進行するとすべきか，という点も困難な問題となろう。純粋経済損害の事例についても，損害の発生に照準を合わせた準則を適用するには特殊な問題が生じる。こうしたことから，時効期間の起算点を損害の発生にかからせないことが望ましいと思われる。したがって，時効期間は，損害賠償請求権の要件のうち損害発生以外のすべての要件が充足された時，すなわち，不法行為が行われた時（または，契約違反が生じた時）から，進行を開始する。この準則によって債権者が不利益を被ることはない。なぜなら，債権者が潜在的な損害を知らず，または合理的にみてこれを知ることができないときは，14：301条に従い，その間は時効期間が進行を停止するからである。そのため，この準則が実際上の意味をもつのは，いわゆる「上限期間（long-stop）」，本原則でいえば時効期間伸長の上限期間（14：307条）の計算が問題になる場面に限られる。他方で，認識可能性基準には必然的に不確実性が伴うから，そのこととの関係において，容易に確定できる時点を定める必要もある。この時点として唯一考えられるのは，不法行為の時である。一般的時効期間と「上限期間」について1個かつ同一の起算点を規定するという明快な規定方法も，本条の準則のさらなる利点である。

　設例3：Aは，1956年10月1日に，Bに責任がある交通事故により受傷した。Aは軽傷（打撲と軽い脳震盪）を負っただけですんだようにみえた。しかし，1961年の夏になって，Aは内臓に重大な障害を負っていたことが判明した。このとき，Aが事故による潜在的な結果を知らず，または合理的にみてこれを知ることができなかった間（本件では，おそらく1961年夏の一定時点までの間）は，時効期間の進行が停止する（14：301条）。仮に，事故の時点で損害の発生が明らかであったならば，3年の時効期間は，1956年10月1日から進行を開始する。1986年12月まで潜在的結果が顕在化しなかったときには，時効期間は30年を超えて伸長されえないため（14：307条），Aの債権は時効にかかる。
　その他の損害賠償請求権についても，同じ考慮が妥当する。不履行に対する損害賠償請求権（本原則8：101条，8：108条，9：501条以下を参照）の時効期間は不履行の時から進行を開始し，契約締結上の過失に対する債権の時効期間は，相手方が信義誠実および公正取引に反する交渉破棄（本原則2：301条2項を参照）をした時から進行を開始する。

C．不作為債務

　時効は，債務の履行を求める権利に関係する（14：101条）。これには，債務者が一定の行為をしない債務を負う場合も含まれる。このような場合，時効期間はいつから進行を開始するのか。履行期は適切な起算点ではありえない。なぜなら，債権者の有する債権は，債務者が違反する以前から履行期にある。しかし，債権者は通常，債務者の違反行為が行われるまでは，時効期間の進行を停止させるために債務者を提訴する理由をもたないからである。時効が問題となりうるのは，債務者の負う債務が一定期間にわたる場合，すなわち，債務者が継続的な不作為債務を負う場合に限られるであろう。この場合，時効期間は，最初の違反行為時に一度だけ進行を開始するのではなく，さらなる違反行為がある度に新たに進行を開始するとするのが適切と思われる。

　設例4：Aは，録音スタジオを有し，有名なピアニストたちのCDを制作していた。Aは，アルフレッド・ブレンデルがシューベルトを演奏するCDの制作にあたり，10月10日に録音を行うことを計画した。Aの隣人であるBは，10月の1ヵ月間，自宅の建築を行っていた。Aは，Bから，10月10日は建築作業を中断するとの約束をとりつけた。しかしBは，約束の当日に建築作業を行った。このとき，時効について特別な問題は生じない。10月10日まで時効期間は進行を開始する余地がないし，10月10日を過ぎれば，約束を遵守することは不可能となり，Aは損害賠償を請求しうるにとどまるからである。この損害賠償請求権は，通常の時効の準則に従う。

　設例5：Aは，ハンブルクの保険会社Bの従業員であった。Aは，退職後3年間，ハンブルクにおいて自らの利益のために保険証券を販売しない債務を負った。Aは，3月20日に，ハンブルク郊外で若干の保険証券を販売した。さらにAは，10月20日になって，ハンブルク中心部に自らの保険代理店を開設した。このとき，時効期間は，3月20日の違反によりその日から進行を開始し，10月20日の違反によって，10月20日から新たな時効期間が進行を開始する。この結論は，時効期間の伸長または再起算の効果をねらった一定の措置をBが講じなかったのは，BにおいてAの債務の違反を大目にみようと考えたからではなく，最初の違反がそうした措置を講じる費用と負担に見合うほど重大ではなかったからである，との観点から正当化される。

　これと同じ問題は，債務者が一定の作為をする継続的債務を負う場合にも生じる。

　設例6：酪農場経営者Dは，隣接するレストランに，毎朝20缶の牛乳を引き渡すことに合意した。Dがこの債務を遵守しているかぎり，レストラン経営者はDを提訴する理由がない。仮に，引き渡された牛乳が20缶に満たないことがあったり，Dが利用する配達人に生じた一時的障害により，1日2日Dが牛乳を引き渡さないことがあったとしても，レストラン経営者がDを提訴しないでおこうと考えることはおおいにありうることである。しかし，4年後にDがこれ以上債務を履行しないと決断したときに，レストラ

ン経営者がDを提訴することは妨げられるべきではない。

D．裁判手続によって確定された債権

この場合の選択肢として考えられるのは，判決日と判決が確定した日（つまり，上訴されないか，または上訴できなくなった時）である。現行法に比較的多くみられるのは，後者である。その論拠については，時効期間の進行に対する裁判手続の効力という関連問題を扱う箇所に譲る（14：302条を参照）。本条3項は，判決について想定しうるあらゆる上訴の類型を取り込むために，既判力が生じた時と定めている。

確認判決により，債務者の将来の定期金支払債務が確定されるときは，時効期間は，それぞれの支払いについて，それぞれの履行期から進行を開始する（本条3項ただし書を参照）。

仲裁判断の場合には，既判力を生じる時期について適切な時期が仲裁判断の中で明示されるであろう。しかしその他の手続については，時効期間は，強制可能になった時から進行を開始する（14：203条3項。なぜなら，強制することができるのでなければ，これらの手続に判決と同等の効力を認めることはできないからである（14：202条2項））。

ノ　ー　ト

1．一般準則

債権が強制可能になった時という時点は，時効期間の起算点として広く用いられている（オーストリア民法1478条，イタリア民法2935条，ポルトガル民法306条，ベルギーについて *Claessens & Counye* 84，スコットランドについて1973年の時効および出訴期限（スコットランド）法6条，7条，および11条，*Johnston* 4.06ff.，デンマークについて1908年12月22日法律第274号3条（しかし，Danske Lov の5.14.4条によれば，時効は債務が発生した時から進行する），スペイン民法1969条，オランダ民法3：307条（契約債務の履行を求める権利））。ドイツ法（民法198条）によれば，時効は債権発生時から進行するが，一般的には，これは債務者が履行を強制されうる時（履行期）をいうと解すべきである，という点で一致している（*Peters & Zimmermann* 172 ff.; *Staudinger (-Peters)* §198, nn. 1ff.，ペータース＝ツィンマーマン鑑定意見196条1項；債務法改正委員会草案196条1項を参照。フィンランドでは，時効は債務発生時から進行し（Prescription Decree の1条），スウェーデンでは，債務発生時から進行する（時効法（1981：130）2条）。ギリシャ法（民法251条）によれば，債権が発生し，かつ，強制可能になったのでなければならない。さらに詳しくは，*Spiro*, Begrenzung §26; *Koopmann* 45ff.; *Loubser* 48ff. を参照。イングランドの1980年の出訴期限法では，訴訟原因の成立した日とされている（例えば，2条および5条を参照）。これは，「原告になる可能性のある者が，被告になる可能性のある者に対して訴えることができる権利を最初に取得した時」である（*Preston & Newsom* 8，さらに，*Dannemann, Karatzenis & Thomas*, (1991) 55 RabelsZ 702を参照）。アイルランド法も同一である（1957年の出訴期限法11条1項）。UNCITRAL 時効条約9条では，「債権が発生した時」とされている。

2．損害賠償請求権

損害賠償請求権については，その時効の起算点を履行期または訴訟原因発生時としているすべての法制度において問題が生じている(*Peters & Zimmermann*, 173f.; *Staudinger* (*-Peters*) § 198, nn. 17ff.; Law Commission Consultation Paper on Limitation of Actions, 30ff. を参照)。これは，認識可能性基準が次第に重視されているためである（14：301条を参照)。しかし，上限期間（14：307条を参照）は，一般的に，違法な行為の時から起算されている（例えば，ドイツについて民法852条1項，オーストリアについて *Rummel* (*-Schubert*) § 1487, n. 7, オランダについて民法3：310条を参照)。しかしスコットランドでは，上限期間は権利行使が可能になった時から進行する（1973年の時効および出訴期限（スコットランド）法7条)。

3．不作為債務

ドイツ民法には，不作為債務に関する特則が置かれており，それによれば，時効はそれぞれの違反の時から進行する（民法198条2文; *Peters & Zimmermann* 303f.; *Staudinger* (*-Peters*) § 198, nn. 33ff. を参照)。ペータース＝ツィンマーマン鑑定意見196条3項も債務法改正委員会草案196条1項2号も，この規定の維持を支持する。ドイツの学説は，この準則の継続的作為債務への類推適用を支持する（*Münchener Kommentar* (*-von Feldmann*) § 198, n. 11を参照。ただし，*Staudinger* (*-Peters*) § 198, n. 13（これは当然の帰結であるとする）も参照)。その他の法制度では，一般原則から同様の結論が導かれている（*Asser-Hartkamp*, Verbintenissenrecht I, n. 664; *Spiro*, Begrenzung § 48f. を参照。デンマークについて，*Ussing*, Alm. Del. 399 and 407（時効は，それぞれの違反行為の時から進行する）を参照)。

4．裁判手続によって確定された債権

判決で確定された債権の時効が判決の日から進行するのは，オランダ（民法3：324条1項）およびオーストリア（*Rummel* (*Schubert*) § 1478, n. 7）である（*Spiro*, Begrenzung § 162も参照)。判決確定の時から時効が進行するのは，ドイツ（民法218条1項，債務法改正委員会草案205条1項)，イタリア（民法2953条)，ギリシャ（民法268条1文)，およびスウェーデン（時効法（1981：130）7条）である。イングランドの1980年の出訴期限法24条1項では，判決の強制に関する出訴期限は，その判決が強制可能になった時から進行する。アイルランドの1957年の出訴期限法6条a号も同様である。これは確認判決を排除しており，非常に制限的であると思われる（*Spiro*, Begrenzung § 133; *Staudinger* (*-Peters*) § 218, n. 5を参照)。

5．特殊な起算点

いくつかの民法では，一定の場合について特殊な起算点が規定されている。例えば，役務提供または動産引渡しがあった年の終期（ドイツ民法201条)，金銭の支払いを求める通知をすることができた時（ドイツ民法199条，ギリシャ民法252条）である（比較法分析として，*Spiro*, Begrenzung § 35; *Loubser* 54ff. を参照)。しかし，このような特殊な起算点の必要性に対しては疑問が呈されている（*Peters & Zimmermann* 245ff.; *Spiro*, Begrenzung § 125を参照)。*Staudinger* (*-Peters*) § 198, nn. 7ff. も参照。

第3節　時効期間の伸長

▶14：301条　債権者が認識を欠く場合における時効期間の進行停止

> 債権者が，次の各号に掲げるいずれかの事項について知らず，かつ，合理的にみて知ることができない間は，時効期間の進行は停止する。
> (a) 債務者が誰であるか
> (b) 債権の発生原因となる事実（損害賠償請求権にあっては損害の種類を含む）

コ メ ン ト

A．用　語　法

　大陸法では，伝統的に時効期間の「中断 interruption」と「進行停止 suspension」が区別される。時効期間が中断した場合には，中断事由の発生前に経過した期間は算入されず，時効期間は新たに進行を開始する。他方，時効期間の進行停止には，時効が停止している期間が算入されないという効果があり，停止の原因が止んだ場合には，停止前の時効期間がふたたび進行を始める（ただし，そもそも時効期間の進行が開始していなかった場合には，停止の原因が止んだときに初めて時効期間の進行が開始する）。したがって，時効期間の進行停止は，当初の時効期間を伸長する。時効期間を伸長する効果がある制度としては，他に時効期間満了の延期（postponement）がある。時効期間満了が延期される場合には，時効期間は通常通り進行するが，付加された一定の期間が経過しなければ時効は完成しない。本原則はこれら3つの制度を設けているが，誤解を生じさせるおそれがあるため，前述の「中断」という語を用いていない。これに代えて本原則は，ある事象が発生したときに新たな時効期間の進行が開始する場合を指すものとして，「更新 renewal」という語を用いている。それゆえ，第3節および第4節について体系的に説明すれば以下のようになる。時効期間は，(i)伸長されることがある（第3節）。また，(ii)更新され，新たな時効期間の進行が開始することもある（第4節）。前者の時効期間の伸長は，(a)時効期間の進行停止（14：301条～14：303条），または，(b)時効期間満了の延期（14：304条～14：306条）によって生じうる。時効期間の進行が開始していなくても，時効期間の進行が停止される場合があることに注意しなければならない。時効期間の更新が生じるのは，債務者による承認があった時（14：401条），または，裁判手続で確定された債権に関する10年の時効期間においては債権者が強制執行のための適切な措置を講じた時（14：402条）である。

B．一般的に認識可能性基準を採用することの正当化根拠

消滅時効は，事実上，財産を剥奪するに等しい効果をもちうる。債権は，債権者の資産であり，それが裁判所を通じて実現できないことになれば，その価値は失われるからである。このような時効の効果は，債権者が，債権を実現するための適切な機会を有していた場合に初めて正当化される。したがって第1に，債権者は，債権について知っていたか，あるいは少なくとも，合理的にみて知るべきであったといえなければならない。認識可能性基準の重要性は，(本原則のように) 比較的短い一般的時効期間が定められている場合に，いっそう際立つ。短期の時効期間および債権の消滅時効制度自体は，主として債務者の保護を企図したものであるが(14：101条コメントEを参照)，認識可能性基準は，債権者の合理的な利益を考慮し，両当事者の均衡を図る上で不可欠である。今日では，このような認識がますます広まっている。認識可能性基準の広まりと，時効期間の短期化という一般的な傾向との間に密接な関係があるということは驚くに値しない。より正確には，(i)債権者の不知が考慮される債権の範囲がますます拡大しているという傾向，および，(ii)このように債権者の不知を考慮することには，時効の完成が遅くなるおそれが内在するところ，債権者の具体的認識から合理的な認識可能性へと基準を移行させることでこうしたおそれを低減するという傾向が存在している。本原則は，このような展開を反映するものである。

根本的なレベルにおける選択的な判断をしなければならない。認識可能性基準があらゆる債権について一律に適用されるのであれば，3年という統一的な時効期間は受け入れられる。しかし，認識可能性基準によって不可避的に生じる不確定性が重大であるから，時効の進行を純粋に客観的な基準にかからせるべきであるとすれば，その帰結は，債権の種類ごとに異なる時効期間を設けなければならないことになる。あらゆる種類の債権を，1つの客観的な時効の枠組みに服せしめることが不可能であるということについては，ひろく一致をみているからである (特に，他人によって惹起された損害に対する損害賠償請求権の時効は，債権者の認識 (または合理的な認識可能性) にかからせるべきである)。もっとも，認識可能性基準がとりわけ重要となるのは，まさに，そのような債権 (さらに限定すれば，人身損害から生じる損害賠償請求権) に関してである。このほかに，債権者が債権についての認識を欠いていることがよくある状況としては，契約違反の場合がある。契約外の損害賠償請求権と，契約違反に基づく損害賠償請求権は，密接に関連することがあり，両債権が選択的な関係に立つことがある。ここで，一方の損害賠償請求権に関して，債権者が債権を知らず，または合理的にみて知りえなかったにもかかわらず，債権を時効によって消滅させることが不公正であるならば，他方の損害賠償請求権についても，同様に不公正である。ある法制度において，損害賠償請求権について主観的基準が採用されたとすれば，債務法の領域において種々の債権が相互に関連

しているこ とからすると，あらゆる債権について一律に主観的基準を適用すべきである。このように一律に主観的基準を適用することによって法的な不確定性が生じるとしても，その代償はそれほど大きいものではない。いくつかの典型的な債権の類型についていえば，契約の当事者は，通常，自分たちの取引がいつ締結され，いつその履行（特定履行）を請求できるようになるかを知っているであろう。また，契約の当事者は，契約が無効となり，その結果として自身が給付したものの原状回復が可能となったか否かを認識しているのが通常である。このことは，とりわけ，錯誤，強迫，または詐欺を理由とする取消しについて相手方への通知を要求する制度に当てはまる。さらに，違法な侵害に対する原状回復に関しても，契約外の損害賠償請求権と密接に関連するため，両者の扱いを異にすることは正当化されない。

C．何が認識可能でなければならないか

厳密には，どのような事項が債権者の認識欠如の対象とされるべきであろうか。債権の発生原因となる事実，および債務者が誰であるかという2つの事項が重要であることについては，ひろく一致をみていると思われる。

> 設例1：1994年10月10日の早朝，Aは自分の車を運転していたところ，Bの家の前に停めてあったBの車に衝突した。Aは，飲酒運転が発覚して警察沙汰になることをおそれて，事故現場から走り去った。この事故を目撃した者はいなかった。1998年のはじめ，Aは，酒場で飲み歩いていた際に，その事故のことを自慢げに話した。そこに居合わせた者の1人がそのことをBに伝えたところ，Bは，Aに対して損害賠償を請求することにした。このとき，時効期間の進行（通常であれば，1994年10月10日に開始していたであろう）は，Aが事故の当事者であることをBが聞いた時まで停止している。それ以前には，Bは，債務者が誰であるかを知らず，かつ，合理的にみて知ることができなかったからである。

さらに，重要性の基準が用いられることもある。それによれば，債権者が，自らの債権が重要であることを知らず，かつ，合理的にみてそれを知りえない間は，時効期間の進行は停止する。この基準は，当初は些細な侵害に思われたが，後になって予想もしなかった重大な結果が生じるような場合に，その重大な結果について当初の侵害の時から時効が進行するのを防ぐことを意図したものである。このような考慮は，いくつかの国の判例の展開においてもみられる。関連する問題は次のような場合にも生じる。例えば，事故の被害者が，当初は物損について認識していたが，後になって初めて，その事故によって健康上の被害も受けていたことに気づいたという場合である。いずれの場合も，本条b号の「損害の種類」という文言を通じて処理される。

> 設例2：Aは，フットボールの試合から家に帰る途中，相手チームのサポーターに殴ら

れた。Aは額に切り傷を負い，大量に出血したが，容易に治療できた。そのため，Aは，自らを殴った者たちを提訴しないことにした。1年後の1995年10月，Aは，内臓に重度の損傷を受けていたことを知った。このとき，時効期間は1995年10月から進行を開始する。

設例3：Aは，けんかの最中にBに棒で頭を殴られ，重傷を負った。その結果，Aの視力は40％失われた。4年後，Aは完全に失明した。失明の原因がBによる頭部の殴打であることは，立証可能である。このとき，失明によって生じた損害賠償請求権の時効期間の進行は，（40％の視力喪失による損害とは異なり）Aが失明した時まで停止する（ただし，当初Aが負傷した時点で，失明することが合理的にみて予測可能であった場合を除く）。

D．時効期間の進行を停止させる事由としての債権者の認識欠如

債権者が債権について知らず，かつ，合理的にみて知りえない間は，時効期間を進行させるべきではない。それならば，認識可能性基準は時効期間の起算点に関連づけるのが自然であるようにも思われる。しかし，本原則はそのような考え方をとっていない。時効期間の起算点が，債務者が履行を実現すべき時であるということに変わりはないが，債権者が債権について知り，または合理的にみて知りうる状態になるまで，時効期間の進行が停止するのである。このことは，通常であれば，債権者が合理的に認識可能となるまで時効期間の進行が開始しないということを意味する。別の言い方をすれば，時効期間の進行が「はじめから」停止するのである。債権者の不知が時効期間の進行開始後に生じる場合，例えば，債権者が死亡し，相続によって新たに債権者となった者が相続の事実を知らない場合，または，債務者が死亡し，債権者が，誰が新たな債務者であるかを合理的にみて知りえない場合は，途中で時効期間の進行が停止することになる。

債権者の認識を時効期間の起算点の基準とする場合と比べて，債権者の不知を時効期間の進行停止事由とすることには，以下のような利点がある。(i)時効期間の起算点が債権者の認識可能性によって決定されるとした場合であっても，時効期間が進行を開始するには，債務が発生し，履行期が到来していることも必要である。(ii)合理的にみて債権について知りえない債権者に対しては時効期間を進行させるべきでないという考え方は，より上位の命題，すなわち，債権者がそれを行使しえない場合には債権を時効によって消滅させてはならない（*agere non valenti non currit praescriptio*）という命題の1つの現われである。この命題は，不可抗力（*vis major*）による場合には時効期間が進行しないこと，および，債権者が無能力となり，かつ法定代理人が選任されていない場合には時効期間の満了が延期されることの根拠にもなっている。これら（およびその他）の障害事由は時効期間を伸長する際に考慮されるが，そこでは，障害事由が，時効期間の起算点においてすでに生じていたか

否かは問題とされない。以上のことから，認識可能性に関わる問題は，これらの他の障害事由と同列に扱うのが，体系上整合的であるように思われる。(iii)債務者に対して訴えを提起した債権者は，債権の根拠となる要件を立証しなければならない。債権が時効によって消滅していないことは，そのような要件ではない。時効は抗弁である。時効を援用するのが債務者であるならば，時効の要件を立証しなければならないのは債務者である。その要件の中核をなすのは，いうまでもなく，その債権に適用される時効期間が徒過したことである。時効期間が徒過したか否かは，時効期間の起算点がいつかによって左右される。起算点が債権者の認識可能性によって決定されるとすれば，多くの場合債務者は，時効の抗弁の立証活動において不合理な困難に直面するであろう。債権者の家屋に生じた損害，債権者の身体に対する侵害，瑕疵のある履行から生じた結果等が，合理的にみて認識可能であったか否か，または，債権者がそれらの事実を具体的に認識していたか否かといったことは，債権者の領域に属する事柄であり，債務者の認識が及ぶところではない。さらに，債権の種類を問わず，およそ債権者は，債権の履行期が到来した時点でその債権について知っているのが通常である。債権者が自らの債権について知らないという例外的な場合には，そのことは債権者が立証すべき事柄である。このことは，認識可能性を時効期間の起算点の要件とするのではなく，債権者が合理的にみて債権について知りえないことを時効期間伸長事由とすることで，より明確になるであろう（一般原則によれば，通常，時効期間の進行が停止したこと，または，その他の理由により時効期間が伸長したことの立証責任は，債権者が負うとされる）。(iv)最後に，以上のように考えることによって，消滅時効の構造をかなり簡素化できる。「通常の」時効期間の起算点とは異なる時点から進行を開始し，期間の伸長や更新に関して特別の規制に服する「上限期間」を，別個に規定する必要がなくなるからである。その結果，時効期間は10年（または30年）を超えて伸長することはできないと規定することで足りる（14：307条を参照）。

ノ ー ト

1．用 語 法

  時効の中断と停止との伝統的な区別については，*Windscheid & Kipp* §§ 108f.; *Mugdan* I, 523; *Spiro*, Begrenzung §§ 69ff., 127ff.; *Peters & Zimmermann* 124ff. を参照。それぞれの定義については，ドイツ民法205条，217条，ギリシャ民法257条，270条，オーストリア民法1494条，1497条を参照。

  時効の停止はよく知られた概念である（フランス，ベルギーおよびルクセンブルク民法2251条，オーストリア民法1494条以下，ドイツ民法202条以下，ギリシャ民法255条以下，イタリア民法2941条以下を参照）。時効期間満了の延期という概念は，一般的には比較的最近のものであるが，広まってきており，オーストリア，ドイツ，ギリシャにそれがみられる（*Mugdan* I, 528; *Spiro*, Begrenzung §§ 87ff. を参照。オランダでは，この概念が，時効の停止という概念に

完全にとって代った（オランダ民法3：320条以下，*Asser-Hartkamp*, Verbintenissenrecht I n. 682; *Koopmann* 83ff. を参照））。

時効の進行開始の停止（*Anlaufhemmung*）という概念は，いくつかの国でよく知られている（ドイツ民法204条，ギリシャ民法256条，イタリア民法2941条1号（配偶者に対する債権の時効の進行は，婚姻が継続している間は停止する），デンマークにおける債権者不知の場合の時効停止の準則（下記2）も参照）。

2．認識可能性基準の生成

ドイツ民法は，不法行為に対する損害賠償請求についてのみ，主観的基準を採用している。すなわち，被害を受けた当事者が，侵害の事実および誰が損害賠償義務を負うのかを知らないかぎり，時効は進行しないとしている（852条1項）。ギリシャ法（民法937条）も同様のことを定めている。オーストリア法（民法1489条）は，契約上の債務と契約外の債務を区別していない（*Rummel*（*-Schubert*），§1489, n. 2）。スイス法は，不法行為に対する損害賠償請求権と不当利得返還請求権の消滅時効に関して，債権者が知っていることを要求している（債務法60条1項，67条1項）。オランダでは，不当利得返還請求権，損害賠償請求権，および履行の懈怠に基づいて契約を解消する権利もしくは（完全）履行を求める権利の時効に関して，債権者が知っていることを要求している（民法3：309条，3：310条，3：311条）。イングランドの1980年の出訴期限法は，身体もしくは生命の侵害，過失不法行為における潜在的な損害，および製造物責任に関する訴訟において，債権者の知・不知を問題にしている（11条，11A条，12条，14条，14A条を参照）。アイルランドでは，1991年の（改正）出訴期限法が，次のように規定している。（不法行為法上，契約上もしくは制定法上の）義務違反による人身損害においては，被害を受けた当事者は，訴訟原因が生じた時，または被害者がそれを知った時（訴訟原因の発生に遅れてそれを知った場合）から，3年内に訴訟を提起しなければならない。スコットランドでは，潜在的な損害および人身損害については認識可能性基準が，名誉毀損については債権者の知・不知の基準が採用されている（1973年の時効および出訴期限（スコットランド）法11条3項，17条，18条，18A条；*Johnston*, 4.17ff.）。ベルギーでは，「損害が明らかになった時に初めて時効が進行を開始するのでないかぎり」，短期の時効期間を定めることには，違憲の疑いがあるとされている（*M.E. Storme*, (1997) 5 ERPL 88; *Claeys*, 1998-99 R.W. 381も参照）。アイルランドでも，1991年の（改正）出訴期限法制定前には，財産権を有していることを知らない場合であっても，権利者がその財産権を奪われることになる制度には，違憲の疑いがあるとされていた。このような違憲の疑いは，当時は，違反のあったときから期間が進行するとされていた特定の契約違反について，主張されたものである。*Morgan v. Park Developments Ltd.* [1983] I.L.R.M. 156; *Heagerty v. O'Loughren* [1990] ILR 148; *Brady & Kerr* 59ff. を参照。

スペイン法では，不法行為によって生じた債権について，債権者の知・不知の基準あるいは認識可能性の基準のいずれを採用すべきかが争われている。STS（*Sentencias del Tribunal Supremo*）10. 10. 1977，およびこれに反対する STS 11. 11. 1968を参照。*Díez-Picazo & Gullón Ballesteros* I, 472も参照。ポルトガル民法498条2項によれば，債務者が誰であるか，あるいは損害の範囲を被害者が知らない場合であっても，損害の発生を知った場合には，その時から時効が進行する。イタリアについては民法2941条8号を参照。債務者が詐害的に債務を隠匿した場合には，その詐害行為が明らかになるまで時効は停止する。デンマークでは，1908年12月22日法律274号における時効（時効期間5年）は，債権の存在または債務者の所在を，債権者が知らず，かつ合理的にみて知りえない場合には，進行を停止する（同法3条）。フィンランドでは，不法行為に対する損害賠償請求権について10年の時効期間を定める規定は，その行為の結果が明らかになった時から10年ということを意味すると解されている。*Routamo & Ståhlberg* 345を参照。ベルギーでは，1998年6月10日法により，不法行為に対する損害賠償請求権についての5年の時効期間は，認識可能となった時点から進行するとされている（民法2262bis条1段落2文）。

これに対し，スウェーデン法は，債権者の不知を，時効期間の伸長の根拠としていない（ただし製造物責任を除く）。
　クリスティアン・フォン・バールは，EC各国の時効に関する立法において，認識可能性が標準となりつつあるとしている。*von Bar* I, n. 395を参照。さらに，*Zimmermann*, 2000 JZ 861ff.（比較法），*Andrews*, (1998) 57 Camb. L.J. 589ff.（認識可能性基準を拡張しようとするイングランド法律委員会の提案を批判している）も参照。

3．重要性の基準

　イングランドでは，人身損害に対する損害賠償請求権についての3年の出訴期限は，債権者がその侵害が重大であることを知らないかぎり進行しない。潜在的な損害についても同様である（1980年の出訴期限法14条1項，14A条7項）。アイルランドの1991年の（改正）出訴期限法2条1項も，同様の準則を定めている。他の法制度では，損害賠償請求権に関する債権者の知・不知の要件についての裁判所の解釈を通じて，同様の結果がもたらされうる（例えば，ドイツにつき，*Münchener Kommentar* (-*Stein*) §852, n. 22を参照）。

4．立 証 責 任

　立証責任の問題につき，本条との関連では，*Spiro*, Begrenzung §§359f.; *Peters & Zimmermann* 248, 306; *Loubser* 112; Law Commission Consultation Paper on Limitation of Actions, 398を参照。

▶14：302条　裁判またはその他の手続における時効期間の進行停止

> (1) 時効期間は，債権について裁判手続が開始した時から進行を停止する。
> (2) 時効期間の進行停止は，判決が既判力を生じるか，または，その他の方法により紛争が解決するまで継続する。
> (3) 前2項の規定は，必要な修正を加えた上で，仲裁手続および判決と同等の効力をもつ文書を得る目的で開始されたその他のすべての手続に適用される。

コ　メ　ン　ト

A．選　択　肢

　ある債権について訴えを提起した債権者は，時効法によって期待されている行為をしたといえる。すなわち，債権者は，自らすすんで紛争を公的に解決しようとしているのである。仮に，裁判手続に係属している間も時効期間が進行し続けるとすれば，明らかに不当であろう。裁判手続に係属した後は，債務者は，時効以外に考えられるあらゆる防御方法を用いて争うことができ，また，紛争が解決したと債権者が考えていないことを知っている。裁判手続は，債権が失効するのを防ぐのである。

　このような状況において法制度が取りうる選択肢は，次の3つである。(1)時効期間の進行が終了（cease）する，(2)時効期間が「中断 interrupt」または更新（renew）する（その効果は新たな時効期間の進行である），(3)裁判手続に係属している間は，

14:302条

時効期間の進行が停止する。
　(1)　時効期間の進行終了　　第1の選択肢（終了）は，出訴期限という考え方からは，最も自然に導かれるものであるが，実体法上の効果を定める原則との関係では，望ましいものではない。というのは，裁判手続が本案について判決することなく終わった場合にどうなるのかが不明であり，そうでなければ，不自然な擬制を用いなければならなくなるからである。
　(2)　時効期間の中断または更新　　第2の選択肢（中断または更新）は，ローマ法に起源をもつ法制度において伝統的に採用されてきたものである。しかし，訴えの提起が時効期間を単に停止させるだけでなく中断させるという考えには，やや問題がある。というのは，原告の訴え提起によって開始する裁判所の手続は，判決またはその他の方法によって紛争が解決するまで継続するからである。このように，ここで中断の原因となる事実は，他の中断事例におけるような瞬間の出来事ではない。それが瞬間の出来事であるならば，時効期間そのものが大きく伸長することはありえないであろう。しかし，ここで中断の原因とされるのは継続的なプロセスである。このプロセスが終了する時には，通常，債権の実体は明らかになっている。また，たとえ明らかにならなかったとしても，その場合に時効期間を全体としてふたたび進行させる理由はない。中断という方法をとる法制度は，一般に，「中断」がいつまで続くかを明示しているか，または，訴訟手続の当事者や裁判所が行うあらゆる行為を中断の原因としている。このどちらの処理も，満足のいくものではない。特に，本案について判断することなく手続が終了した場合には，これらの処理は，不要な複雑さを招くとともに，実際的にも望ましくない結果を招いてしまう。管轄権のない裁判所への提訴やその他の手続上の瑕疵により，本案について判断することなく訴えが却下された場合であっても，時効期間の進行に対して一定の影響を及ぼすべきである。なぜなら，(a)債権者が，そのような瑕疵を常に避けられるわけではなく，(b)個別のあらゆる事案について，裁判手続での行為に関して債権者を非難することができるかを調査することは実際上不可能であろうし，また，(c)いずれにしても，債権者は，債権を行使する意思を明らかにしているからである。中断という選択肢をとる法制度は，このような状況において，次の2つの結論のうちいずれかを選択するほかない。すなわち，時効期間が中断するか（しかし，そうすると時効期間があまりにも長くなりすぎるであろう），結局中断しないか（そうすると，迂遠な擬制を伴うだけでなく，上述の理由で実際的にも容認できない）のどちらかである。
　(3)　時効期間の進行停止　　したがって，望ましい解決法は，第3の選択肢，すなわち，裁判手続が継続している間は時効期間の進行が停止するというものである。裁判手続において，本案について判決が下されるとき，考えられる帰結は2つある。すなわち，原告が勝訴し，債権が裁判手続によって確定する（この場合14：202条

が定める時効期間に服する）か，または，訴えが退けられ，時効が問題となりえた債権の不存在が公的に確定するかである。訴えの手続上の瑕疵や事後の訴えの取下げによって，本案について判決が下されることなく手続が終了した場合には，債権者には，新たな訴えを提起するための期間として，もとの時効期間の残りの部分が与えられるにすぎない。これで，必要にして十分である。債権の存在が確定されなかった以上，14：101条のコメントEで言及した政策的判断(1)および(3)に基づいてまったく新しく時効期間を開始させることは，正当化されえないだろう。

B．適用面での諸問題

次のような場合の債権者については，特別な注意が必要となりうる。すなわち，時効完成までごく短い期間しか残っていない時点で，手続上の理由で訴えを却下された場合である。そのようなとき，停止事由の止んだ後に債権者が行動を起こすための最小限の期間を確保することは，合理的であるということもできる。しかし，債権者を，訴えを提起しなかった場合より有利な地位に置く理由はないように思われる。

どの時点で時効期間の進行が停止するかは，適用される法において，何が訴訟を開始させるための行為と考えられているかによる。時効期間の進行停止は，判決が既判力を生じるか，または，その他の方法によって紛争が解決するまで続く。それゆえ，債権者が勝訴判決を得た場合，判決によって確定された債権の時効期間は，判決が既判力を生じた時点から開始するのであり（14：203条3項を参照），判決の言渡し時からではない。判決の言渡し時から新たな時効期間が進行するという考え方は，すでに否定された考え方，すなわち，判決を含む裁判手続中のあらゆる出来事が中断の事由となるという考えに近いものである。

> 設例：Aは，Bに対し，1994年3月15日を支払期日とする債権を有していた。1997年3月1日，Aは，この債権について，レーゲンスブルクの地方裁判所に訴えを提起した。1997年10月10日，裁判所は，管轄権がないことを理由に訴えを却下した。訴えは，レーゲンスブルクの区裁判所に提起すべきものであった。同日，Aは上訴権を放棄した。このとき，時効期間は，1997年3月1日（裁判手続が開始した日）から10月10日（地方裁判所の判断が既判力を得た日）まで進行を停止する。結果として，Aには，レーゲンスブルクの区裁判所に裁判手続を求めるために，14日間の期間が与えられる。

原告が訴訟を提起する際には，強制執行の権原を求めるのが通常である。もっとも，債権の存在を確定する確認判決の申立てであっても，時効期間の進行を停止させるには十分である。確認判決自体が，14：202条の定める特別の時効期間の適用を正当化するのに十分であるのと同様である。

C．その他の手続

裁判手続に適用される準則は，その他の手続についても，それが強制可能な文書の取得を目的とするものであるかぎり，適用される。そのような手続としてどのようなものがあるかは，適用される法による。特に仲裁手続に言及しているのは，それが一般に知られており，実務上も重要だからである。仲裁手続の開始に関しては，債権者がとりうる手段のすべてを講じたのでなければ，手続は開始しないとするのが，一般準則である。直接執行が可能な私的文書（14：202条のコメントCを参照）に関して，いつ手続が開始するかは，解釈に委ねられる。

ノート

1．出訴期限進行の終了

イングランド法では，債権者が債務者に対して手続を開始した時に，出訴期限の進行が終了する（*McGee* 2.001ff.; Law Commission Consultation Paper on Limitation of Actions 164）。このようなアプローチは，アイルランドおよび，UNCITRAL 時効条約13条にも採用されている。手続の遅延の問題については，イングランド法に関して *McGee* 355ff. を参照。UNCITRAL 時効条約17条では，裁判手続が本案について判断することなく終了した場合，出訴期限は「進行し続けたものとみなされる」が，手続が終了した時点で出訴期限が経過しているか，または，残りの期間が1年以下であれば，債権者に1年の追加期間が与えられる。これに対する批判として，*Smit*（1975）23 AJCL 342ff. を参照。

2．時効の中断

裁判手続の開始の効果として時効が中断するのは，フランス，ベルギーおよびルクセンブルク（それぞれの民法2244条），オーストリア（民法1497条），ドイツ（民法209条），スペイン（民法1973条，商法944条1項），ポルトガル（民法323条），ギリシャ（民法261条），スイス（債務法138条），イタリア（民法2943条），オランダ（民法3：316条），スコットランド（1973年の時効および出訴期限（スコットランド）法6条，7条，9条および *Johnston* 5.04ff.），および，スウェーデン（時効法（1981：130）7条）である。デンマークでは，1908年12月22日法律274号に定める時効は，債権者が，裁判上の訴えを提起し，かつ，判決，和解，またはその他の裁判所の判断を得るために，不合理に遅延させることなくその訴訟を遂行した場合に中断する（2条）。Danske Lov 5.14.4条に定める時効については，このような準則はなく，債権者による催告の後，新たに時効の進行が開始するとされている。フィンランドでは，Danske Lov と同様の定めが置かれている。スウェーデン法でも同様に，催告（*skriftlig erinran*）により，新たな時効期間が開始するとされている（時効法（1981：130）5条以下）。

「中断」が継続する期間に関する準則として，ドイツ民法211条，ギリシャ民法261条，イタリア民法2945条を参照。オーストリア民法1497条では，中断は，裁判手続が「適切に継続している」かぎり続く。スイス債務法138条では，当事者および裁判所による手続上の行為はすべて，新たな中断の原因とされる。*Spiro*, Begrenzung §147も参照。スコットランド法については，*Johnston* 5.40を参照。

3．手続上の瑕疵がある訴えおよび訴えの取下げ

オーストリア民法1497条2文によれば，すべての手続上の要件を充たした訴えによってのみ，

時効が中断される。19世紀のドイツ法では，手続的に瑕疵のある訴えであってもよいとされていたが，管轄権の欠如を理由として訴えが却下された場合はその例外とされていた。フランスおよびルクセンブルクでは，管轄権のない裁判所への訴えの提起によって時効が中断される（それぞれの民法2246条）。イタリア民法2943条3項も，裁判所が管轄権を有していなくても，訴えの提起によって中断の効果が生じるとする。その他の瑕疵ある訴えであっても，それによって債務者が不履行状態に陥るものであれば，同様に中断の効果が生じる。ドイツでは，民法212条1項，2項に基づき，手続が本案の審理に進むことなく終了した場合には，手続の開始は中断事由とならない。もっとも，債権者は，その手続の終了後6ヵ月以内に再び訴えを提起することによって，中断の効果を維持することができる。この場合，時効は先の訴えの提起によって中断したものとして扱われる（二重の擬制）。債権者が提訴後に訴えを取り下げた場合も，同じように処理される。ギリシャについては，民法263条, A.P. 1267/1995, HellDni 38 (1997) 838も参照。オランダについては，民法3：316条2項を参照。ドイツ，ギリシャ，オランダでは，訴えが取り下げられた場合，通常，訴えに手続的な瑕疵があった場合と同様に扱われる（*Spiro*, Begrenzung§142，およびそこに掲げられた文献を参照）。スペイン商法944条2項では，債権者が敗訴した場合または訴えが取り下げられた場合には，時効は中断したものとは扱われない。スイス法では，中断の効果が生じるのは，訴えが本案判決に至った場合のみであり，債権者が訴えを取り下げた場合については，問題が残る（*Spiro*, Begrenzung§§139ff. を参照）。こうした問題の大部分は，裁判手続によって生じる効果を中断から進行停止へと「格下げ」することによって回避される。

4．裁判手続の停滞（Abeyance）

いくつかの法典では，債権者が訴訟手続の進行を怠ったために裁判手続が停滞した場合について規定を設けている（ドイツ民法211条2項，ギリシャ民法261条，イタリア民法2945条3項。また，比較法的考察を行うものとして *Spiro*, Begrenzung§147を参照）。しかし，こうした状況に関する規定は不要であるように思われる。というのは，債権者が手続の進行を怠った場合，通常は，被告が訴えを却下させるための措置を取ることが期待されうるからである（*Spiro*, Begrenzung§147 (n. 16); *Peters & Zimmermann* 261, 325を参照。反対の見解として，Abschlußbericht, 86）。むろん，細部については，適用される手続法に委ねられる。

5．追加期間（Extra Time）

本案判決に至らずに手続が終了した場合に，再び訴えを提起するために債権者が得られる最低限の期間は，60日（スイス債務法139条），6ヵ月（ドイツ民法212条2項，ギリシャ民法263条2項，オランダ民法3：316条2項），1年（UNCITRAL時効条約17条2項），と様々である。期間の追加を認めることに反対するものとして，ドイツの債務法改正委員会報告書（Abschlußbericht, 86）が説得的である。

6．時効の進行が終了する時点

時効は，その債権について裁判手続が開始した時点で中断（interrupt）される。厳密な中断時点については，適用される手続法に委ねることになるだろう。10 UNCITRAL Yearbook 159 (1979) の比較法分析を参照。

7．確認判決

確認判決を求める訴えによっても，時効は中断されうる。ドイツについて，民法209条，ペータース＝ツィンマーマン鑑定意見205条，債務法改正委員会草案208条，南アフリカについて，*Loubser* 135，比較法的考察として，*Spiro*, Begrenzung§133を参照。

8. 仲裁手続

仲裁手続が係属している間も，時効が停止し，または中断されうる。ドイツについて民法220条および債務法改正委員会草案217条，スイスについて債務法135条2号，ギリシャについて民法269条，イタリアについて民法2943条4項，ポルトガルについて民法324条，スコットランドについて Johnston, 5.07f., さらに UNCITRAL 時効条約14条を参照。これらの規定のいくつかは，どの時点から時効の進行が停止するかについて，明確に定めている。例えば，ドイツ民法220条2項，UNCITRAL 時効条約14条を参照。

▶14：303条　債権者の支配を越えた障害の場合における時効期間の進行停止

> (1) 時効期間は，債権者が自己の支配を越える障害によって債権の行使を妨げられ，かつ債権者がその障害を回避しもしくは克服することが，合理的にみて期待しうるものではなかったかぎりにおいて，進行を停止する。
> (2) 第1項は，時効期間の最後の6ヵ月内に障害が発生しまたは存続している場合にのみ，適用される。

コメント

債権者は，債権を行使するための公平な機会を有していなくてはならない。さもなければ，時効は，債権者にとって不当に厳しいものとなるだろう。債権を行使できない場合に，債権を行使していないという理由で，債権者を非難することはできない。すなわち，訴えることのできない者に対して時効は進行しない (*agere non valenti non currit praescriptio*)。その上，忘れられてはならないのは，14：201条に規定された短期の一般的時効期間が，債務者の合理的な利益を考慮しているのに対し，時効期間進行の開始と停止に関する準則は，債権者のために機能するものでなければならないということである。さらに，債権についての認識を欠く債権者を保護しながら，債権を行使できない債権者を保護しないとすることは，不均衡であるように思われる。しかし，訴えの提起を妨げる障害が，時効期間の満了のかなり前に止んだ場合に，時効期間を延長すべきやむをえない理由は存在しない。したがって，債権者が時効期間の最後の6ヵ月内に債権を行使することを妨げられた場合に，妨げられた期間だけ時効期間を伸長すれば，足りるように思われる。

設例1：BはAに対して10万ユーロの債権を有していた。その債権は，1992年3月10日に履行期が到来した。1993年1月1日，Bが滞在していたオーストリアのリゾート地が，大規模な雪崩によって外部から孤立した。2週間後にようやく交通が回復し，Bはそのリゾート地から出ることができた。Bの債権は，1995年3月10日に時効にかかる。このとき，時効期間は延長されない。というのは，Bは1993年に2週間，彼の支配を越える障害によって金銭の支払請求ができない状態だったが，その事件の後もなお，債権を行使できる期間として2年を超える期間が残されていたからである。

設例2：設例1と同一の事実において，Bは1994年8月25日から同年9月6日*まで孤立していた。Bの債権は，1995年3月16日に初めて時効にかかる。というのは，その障害は，時効期間の最後の6ヵ月内における6日間，Bの債権行使を妨げたからである。

    *原文ママ。期間計算につき初日不算入を採用すれば，設例1における時効期間の最後の6ヵ月は1994年9月11日から1995年3月10日までとなり，したがって，本条の準則に基づいて時効期間の進行を6日間停止させるには，Bは1994年9月16日まで孤立していたことが必要であると思われる。

設例3：設例1と同一の事実において，Bは1995年1月20日から同月23日まで孤立していた。Bの債権は，1995年3月14日に時効にかかる。というのは，Bは時効期間の最後の6ヵ月内における4日間，債権の行使を妨げられていたからである。

設例4：設例1と同一の事実において，Bは1995年3月6日から同月14日まで孤立させられていた。Bの債権は，1995年3月18日に時効にかかる。Bは，時効期間の最後の6ヵ月内に生じた障害のために，9日間にわたり債権の行使を妨げられた。時効期間の進行停止は3月6日に始まり，3月14日に終わった。しかし，停止させられたのは，停止がなければ3月10日に満了したであろう，もとの時効期間の進行である。したがって，停止事由が止んだ後に進行するのは，もとの時効期間の残りの4日間**のみである。

    ** 原文ママ。設例4では，時効期間の最後の6ヵ月内にBが孤立していたのは1995年3月6日から同月10日までの5日間であり，停止事由が止んだ後に進行するのは，もとの時効期間の残りの4日間ではなく，5日間となる。したがって，Bの債権が時効にかかるのは，1995年3月19日であると思われる。

時効期間の進行停止事由となる障害の範囲を定義するために選択された定式は，本原則8：108条と一致する。したがって，同条に対するコメントがここでも妥当する。

ノ　ー　ト

1．不可抗力による時効期間の進行停止

いくつかの法典は，債権者による債権の行使が事実上不可能である場合に時効期間の進行を停止する準則を定めている。ドイツにおいては，債権者が不可抗力（*höhere Gewalt*）の結果として権利の行使を妨げられていたのでなければ，時効期間の進行は停止しない。「司法の停止」がその一例である（民法203条）。ギリシャ民法255条1項は実質的にドイツと同一であり，ポルトガル民法321条もそうである。UNCITRAL時効条約では，「債権者の支配を越え，債権者が回避することも克服することもできなかったであろう状況」が考慮されている（21条）。スイス債務法134条6号は，スイスの裁判所で債権を主張することができない間は時効期間の進行が停止するという準則を定めている。この準則の解釈には争いがある（*Spiro*，Begrenzung § 72; *Peters & Zimmermann* 271を参照）。オーストリアについては，民法1496条を参照。

2．そのような停止事由を有しない法典

その他の法典は，同様の準則をもたないか（オランダについて，*Asser-Hartkamp*, Verbintenissen-

14：304条

recht I n. 684を参照)，または，非常に特殊な状況のみを扱う準則を有する（イタリア民法2942条は，戦時における軍人および軍関係者に対する債権について規定する。スペイン商法955条によれば，時効期間の進行は，戦争，疫病，または革命の場合には，政府によって停止させられる。スペイン民法に同様の準則はない）。おそらく，これらの国々の裁判所は，適宜，悪意の抗弁（*exceptio doli*）またはそれに類似する手段を用いるだろう。*Spiro*, Fs Müller-Freienfels, 624を参照。フランスにおいては，民法典の起草者が，特定の停止事由のみを採用し，これらの事由が限定列挙であるべきことを明らかにしている（民法2251条）。それでもなお，裁判所は，訴えの絶対的不能（*impossibilité absolue d'agir*）の事例において時効の進行停止を確立するために，訴えることのできない者に対して時効は進行しない（*agere non valenti non currit praescriptio*）という普通法としてのローマ法・カノン法（Roman-Canon common law）の格言（それは廃止されたと考えられていたが）を援用した（*Ferid & Sonnenberger* 1 C224を参照。*Ferid & Sonnenberger*は，裁判所は実質的に法律の文言に反する判決を下したと述べる。同様の見解は，*Terré, Simler, Lequette* n. 1396にもみられる）。ベルギーの判例は，債権者が法律上の障害によって権利の行使を妨げられる場合には，時効期間の進行停止を承認しているが（*Storme*, in: *Hondius* 69を参照），その他の場合については，法律上の停止事由が限定列挙であると判示し続けてきた。イタリア法において，訴えることができない者に対して時効は進行しないという準則は，いまなお時おり援用される。しかし，それは，請求しないという合意（*pactum de non petendo*）の事例におけるように，特定の停止事由を類推適用することを正当化するために用いられているにすぎない（*Roselli-Vitucci* 413を参照）。イングランド法およびアイルランド法は，不可抗力を停止事由として認めない。スウェーデン法，デンマーク法，フィンランド法にも，不可抗力が時効に及ぼす効果に関する準則はない。

3．時効期間の最後の部分のみが重要であること

　　不可抗力などの場合に時効期間の進行停止を認める法典および法律は，この準則の効果を，本条において規定された方法と同一ではないものの，同じような方法で限定する傾向にある。ドイツ法およびギリシャ法によれば（ドイツ民法203条，債務法改正委員会草案212条，ギリシャ民法255条1項），債権者が時効期間の最後の6ヵ月内において不可抗力の結果として債権の行使を妨げられるかぎりにおいてのみ，時効期間の進行が停止される。したがって，時効期間の進行が停止されうる最長期間は，6ヵ月である。ポルトガルでは，3ヵ月という期間が定められている（民法321条）。UNCITRAL時効条約21条は，「債権行使の障害となる状況が止んだ日から1年が経過するまでは満了しないように」，出訴期限を延長する（コメントについては，10 UNCITRAL Yearbook（1979）164参照）。それゆえ，事実上，債権者は債権を行使するために最短1年の期間を保障されている。しかし，UNCITRAL時効条約が採用する準則によって扱われているほとんどの障害は，短期間存続するにすぎない。障害が止んだ後に1年（または6ヵ月であっても）という期間を債権者に保障することは，不均衡であるように思われる。

▶14：304条　交渉における時効期間満了の延期

　当事者が債権または債権を発生させうる事情に関して交渉している場合には，その交渉における最後の伝達がされた時から1年が経過するまで，時効期間は満了しない。

コ　メ　ン　ト

　裁判外での和解に向けた当事者間の交渉は，促進することが望ましい。もっとも，そのような交渉は，債権が時効にかかることが差し迫っているという圧力の下で行われるべきではない。また，そのような交渉をすることが，債権者にとっての落とし穴になるようなことがあってはならない。債務者が債権について交渉を開始し，それによって債権者が訴訟提起を思いとどまることとなった場合には，債務者は，後になって，交渉中に徒過した期間を援用して履行を拒絶することは許されない。結局のところ，本条は，本原則1：201条に規定されている信義誠実の原則を特に具体化したものとみるべきである。

　交渉が時効に及ぼす影響を最小限に抑えるためには，時効期間の進行を停止させるのではなく，時効期間の満了を延期することで十分である（両者の違いについては，14：301条のコメントAを参照）。交渉が失敗した場合には，債権者は，裁判を通じて債権を行使するか否かを決断するための合理的な最低限の期間があれば十分であり，それ以上の期間は必要ではない。

　設例1：Aは，Bに対して2万ユーロの債権をもっている。この債権の弁済期は1994年10月10日である。1994年10月10日から1995年3月10日までの間，AとBの間で，債権の存否について交渉が行われた。このとき，時効は，1997年10月10日に完成する。すなわち，この場合には，交渉によって時効期間が伸長されることはない。

　設例2：設例1と同一の事実において，交渉は，1996年12月20日から1997年5月5日まで行われたとする。このとき，時効期間が満了するのは，1998年5月5日（交渉終了の1年後）である。

　設例3：設例1と同一の事実において，交渉は，1997年9月1日から1998年5月15日まで行われたとする。このとき，時効期間が満了するのは，1999年5月15日（交渉終了の1年後）である。

　「交渉」という用語は，広く解釈されなければならない。「交渉」には，相手方は債権を終局的に拒絶してはいないと債権者が信じることが合理的であるような，あらゆる意見交換が含まれる。調停手続も，交渉という用語に含まれるべきである（いくつかの国では，例えば医療過誤訴訟に関連して，調停手続が重要性を増しているようである）。

　本原則は，時効期間の進行が停滞する期間の始期および終期を明らかにする形式的要件を定めていない。しかし，債務者としては，いつ交渉が決裂したのかを明確にしておくことが賢明だろう。というのも，一般原則によれば，交渉が決裂したこ

とを証明しなければならないのは債務者だからである。ここでは，通知またはその他の伝達の効力発生時期に関する1：303条の準則が問題となりうる。すなわち，交渉における最後の伝達（communication）がされたとみなされるのは，通常，それが名宛人に到達した時である。

ノ　ー　ト

1．法定の停止事由としての交渉

　　交渉を時効期間の進行停止事由とする考え方は，近年，ドイツ法においてかなり多くの支持を得ている。民法852条2項（不法行為によって生じる損害賠償請求権）および651g条2項2文（主催旅行），639条2項（請負契約 contract of *locatio conductio operis* における瑕疵）を参照。852条2項の準則は複数の特別法において準用されており，さらに，一定の契約上の損害賠償請求権に類推適用されている（BGHZ93, 64 (68f.); *Münchener Kommentar* (-*Stein*) §852, n. 67を参照）。これらの特別準則が適用されない事例では，裁判所は，いまなお民法242条の信義則に依拠せざるをえない（*Münchener Kommentar* (-*von Feldmann*), §194, n. 16, および，*Münchener Kommentar* (-*Stein*), §852, n. 67に掲げられた文献を参照）。そのため，ドイツにおける2つの改正提案は，交渉に関する一般準則の制定を提案している。ドイツ法においては，本条のコメントで提案されているのと同様に，交渉は広く解釈されなければならないということが，一般に承認されている（例えば，*Münchener Kommentar* (-*Stein*), §852, n. 68; *Spiro*, Begrenzung §108を参照）。

　　デンマーク法では，債務者が真摯な交渉に入ったときは，その交渉が決裂するまで時効は進行を停止する（*Gomard* III, 239を参照）。ギリシャ法では，債権者が，債務者の詐欺により時効期間の満了前6ヵ月以内に債権の行使を妨げられたときは，その間，時効は進行を停止する。この準則は，最高裁判所（Areios Pagos）により，交渉が行われた事例に適用された（13/1989, HellDni 31 (1990), 1235 (1236)）。イタリアでは，裁判外の和解が行われたときは，その和解がされた時からその和解を無効にする判決が確定するまでの間，時効は進行を停止するとした判決が存在する（*Roselli-Vitucci* 413を参照）。これは，交渉によって時効の進行が停止するのと類似した状況である。この判断の背後には，訴訟を提起することのできない者に不利に時効が進行することはないという原理が存在しているものと思われる。

2．その他の考え方

　　本条のような規定は，他の法制度にはほとんどみられないものの，ごく少数の国では，「時効について交渉してとり決めること」を債務者に認めることで十分であると考えられている（*Zimmermann & Whittaker* 504における，設例20（Prescription I）についての北欧法に関する国別報告を参照）。大部分の法制度は，債権者を何らかの方法で救済しようとしている。スイスに関して，*Spiro*, Begrenzung（§108）は，法律上の根拠はないものの，交渉が継続している間は時効の進行が停止するとする。その他の諸国では，債務の承認および権利の放棄という概念の拡大解釈，約束的禁反言または人的抗弁（personal bar）などのエクイティー上の法理を利用し，もしくは，信義則という一般的概念，権利濫用の法理，または悪意の抗弁（*exeptio doli*）に依拠する方法が用いられている（詳細については，*Zimmermann & Whittaker* における，設例20に関する国別報告（ギリシャ，オーストリア，フランス，ベルギー，スペイン，イタリア，オランダ，イングランド，アイルランド，スコットランド，および北欧諸国），ならびに設例21末尾の比較法的考察を参照（493ff., 530f.））。オランダの判例については，*Koopmann* 72 ff. も参照。アイルランドでは，当事者の一方が交渉中は時効の進行が停止することを（明示ま

たは黙示に）表示していたことが明らかなときは，裁判所は，エクイティー上の権限に基づき，その当事者による出訴期限の主張を拒絶することができる（*Brady & Kerr* 171ff. を参照）。スウェーデン法では，交渉は，通常，10年の時効期間を新たに開始させる「催促 reminder」に該当するであろう（時効法（1981：130）5条以下）。

3．方式は必要か

交渉により時効の進行が停止するという準則に反対する論拠の1つは，それが不確実性をもたらしうるというものである。具体的には，時効の進行が停止する時点，ふたたび進行を始める時点が不明確であるというものである（*Preston & Newsom* 146を参照）。このような反対意見に対応するために，方式要件が提案されることもある。すなわち，当事者の一方が書面で交渉を要求した時に時効の進行が停止し，当事者の一方が書面で交渉の継続を拒絶した時に進行の停止は終了するという提案である（*Peters & Zimmermann* 320ff. を参照）。しかし，ドイツ債務法改正委員会は，そのような提案に反対した。すなわち，その提案は通常の慣習に反するものであり，かつ，法律に関する知識や経験の少ない当事者を不利な地位に追いやるおそれがあるとされている（*Abschlußbericht* 94）。さらにいえば，このような提案は制限的にすぎ，一般的な信義誠実に基づいて問題を処理する範囲が広くなりすぎるであろう。

4．調停手続

調停手続は，ドイツの2つの改正提案において，時効の進行停止事由として特に挙げられている（*Peters & Zimmermann* 322; *Abschlußbericht* 94）。

▶14：305条　当事者が無能力者である場合の時効期間満了の延期

> (1) 無能力である者に代理人が付されていない場合には，その者が有する債権またはその者に対する債権の時効期間は，その者が無能力者でなくなった時，または，代理人が選任された時から1年が経過するまで，満了しない。
> (2) 無能力者とその代理人の間に生じた債権の時効期間は，その者が無能力者でなくなった時，または，新たに代理人が選任された時から1年が経過するまで，満了しない。

コメント

A．選択肢

訴訟を提起することができない者に対して時効は進行しないという原則は，債権者が無能力者である場合にも，その債権者に対して時効は進行しないということを要求する。典型的な例は，債権者が未成年者の場合である。未成年者は，未成年であるがゆえに，裁判所で債権を行使することができないからである。それゆえ，いくつかの法制度では，未成年者に対して時効は進行しないという一般準則が定められている。しかし，それは行き過ぎであろう。未成年者には，通常，その者に代わって訴訟を提起することのできる成年の代理人（例えば，親権者または後見人）が付されている。したがって，未成年者の保護が必要となるのは，そのような代理人が

付されていない場合に限られるといえる。

B．本原則の基本的な立場

上述の2つの立場のうちどちらを選択するかは容易ではない。しかし，未成年者が債権者である場合に，その債務者は，最も短くても，債権者が成年に達してからさらに3年が経過するまでの間は債権を行使されうる状態に置かれるのだとすれば，取引の安全があまりにも重大な危険にさらされることとなり，均衡を失する。取引の安全という観点からすれば，第三者の利益に対して未成年者の利益を優先させることはできない。法制度は，親権者または後見人が未成年者の利益を保護する責任を負うということを前提にするのが合理的といえるからである。このことは，人身損害に関する債権以外の債権，例えば契約上の債権の時効を考える場合に，特に当てはまる。債権が時効にかかるのを防ぐための適切な措置を代理人が怠った場合には，そのようなリスクは未成年者が負担すべきであり，未成年者は，代理人に対してその補償を請求すべきである。さらにいえば，未成年者が代理人に対して有する債権の時効期間の満了は，成年に達した後に合理的な期間が経過するまで延期されうるから，そのかぎりで未成年者の利益は保護されうる。

C．代理人が付されていない無能力者

本条は，無能力者の保護が必要とされる状況を定めている。本条1項は，未成年者その他の無能力者に代理人が付されていない場合にかぎり適用される。さらに2つの点に注意しなければならない。(i)無能力状態または代理人のない状態が解消された後の合理的な期間が法によって保障されているかぎり，無能力者の保護は，代理人のいない状態が時効期間満了の前1年内に存在する場合に認めれば足りる。したがって，代理人がいない状態であることにより時効期間の進行が停止するのではなく，単に，時効期間の満了が延期されるにすぎない。(ii)この準則は，無能力者が債権者である場合のみならず，無能力者が債務者である場合にも影響を及ぼす。代理人がいない無能力者の債権者にとって，債権を行使することは，不可能ではないにせよ容易でないことが多い。したがって，無能力者の債権者に対しても，無能力者に認められるのと同じ保護を与えることが，公平であると考えられる。

D．無能力者と代理人の間の債権

本条2項は，本条1項を補完するものである。(例えば)代理人が適切な措置を怠ったことによる結果は，第三者との関係では未成年者が負担するべきであるとしても，その場合の未成年者は，少なくとも，代理人に対して損害賠償を請求できるのでなければならない。未成年者がこのような損害賠償を請求できるのは，通常，成年に達してからである。もっとも，この場合においても，時効期間の進行を停止

する必要はない。成年に達した後に，損害賠償を請求するための合理的期間が与えられれば十分である。さらに，無能力者に代理人が付されていない場合と同様，この準則は，代理人が無能力者に対して有する債権にも影響を及ぼすとするのが公平である。

E．人身損害

いくつかの国では，子どもに対する性的虐待に関する民事訴訟が生じてきている。このような場合，法は，子どもの代理人が適切な措置を講じることを期待しうる。しかし，法がそのように期待できるのは，虐待の加害者が子どもの親族以外の他人である場合である。親が加害者である場合には，親子間のあらゆる債権について時効期間の満了を延期することが，少なくともある程度必要であろう。しかし，未成年者は多くの場合，子ども時代のトラウマ体験を抑圧し，何が起こったのかを自覚することを妨げる心理的障壁を打破するには，かなりの時間を必要とする。したがって，このような場合には，時効期間の満了を延期するよりも，時効期間の進行を停止する方が，より適切であろう。さらに，子どもが親以外の家族から虐待を受けた場合に，そのことを親が黙認していたり，または別の理由で，親が虐待の加害者に対して損害賠償請求することを望まないということもある。このような場合に，第三者に対する債権，または少なくとも親に対する債権について，いずれかの時効を停止する準則の導入が必要となりうる。

本委員会は，子どもに対する性的虐待から生じる債権について，特別の準則が必要となりうることは認識している。しかし，本委員会としては，関連する諸問題を十分に検討することができなかったということに加えて，このような特別の状況を本原則の諸準則において扱うことが適切でない以上，この問題に関する特別法によって扱われるのが最善の方法であると考えた。

F．婚姻当事者間の債権

無能力の問題ではないが，関連して述べておいた方がよい問題がある。いくつかの法では，婚姻当事者間の債権は，子とその両親または後見人との間の債権と同様に扱われ，婚姻が継続している間は時効の進行が停止するとされている。両者に共通する基盤は家族の絆であり，ドイツ民法の起草者が用いた当時の表現によれば，「最大の配慮と保護が必要とされる敬愛 piety の関係」である。しかし，そのような準則は，今日ではほとんど支持されえないと思われる。そのような準則は，問題を解決するというよりも，むしろ問題を覆い隠すものである。婚姻当事者の一方が死亡した場合に，他方の当事者が，通常であれば何年も前に時効にかかっていたであろう債権を持ち出し，仲の悪い相続人を不意打ちするようなことを許してはならない。また，離婚が，婚姻当事者間における過去の関係を清算するきっかけとなっ

てはならない。そのようなことを認めたのでは，婚姻によって，時効にかかりかけていた債権についての時効による保護が奪われることになるのであり，差別的取扱いであるとされかねない。また，婚姻当事者間の債権について時効の進行を停止させることの基礎にある考え方が仮に当を得たものであるとされるならば，その準則を，他の同居親族にも適用できるよう一般化されてはならないのはなぜか，説明に窮する。そうかといって，その適用範囲を限定しようとすると，適用範囲の確定が困難になり，法的安定性が害されることになる。時効の進行について特則を設ける必要があるのは，無能力者とその代理人の間の債権に限られる。そして，その特則の理論的根拠は，ここで述べたものとは異なるものである。すなわち，その根拠は，これらの者の間の人的な関係に求められるのではなく，無能力者において何らかの措置を講じることが不可能であるという点に求められる。

G．成年者が無能力である場合

ここまで述べてきたところでは，主として未成年者を問題にしてきた。上述したことは，精神的な障がいのために債権を行使することができない者についても，適切な修正を加えた上で適用される。

ノ　ー　ト

1．無能力者に対して時効は進行しない

　　　フランス，ベルギー，ルクセンブルク，イングランド，アイルランド，およびスコットランドでは，時効は，無能力者に対して進行しない。フランス，ベルギーおよびルクセンブルク民法2252条前段，イングランドの1980年の出訴期限法28条，アイルランドの1957年の出訴期限法49条，1973年の時効および出訴期限（スコットランド）法6条4項b号，および，*Johnston*, 6.130 ff. を参照。この一般準則に対する例外については，フランス民法2252条後段（この規定につき，*Ferid & Sonnenberger* 1 C 223を参照），および，イングランドの1980年の出訴期限法28条，28A条における複雑な規定を参照。イングランド法律委員会は，同条の規定がなお維持されるべきかどうかという問題については，現時点では未解決のままにしている（Consultation Paper on Limitation of Actions 297ff.）。

2．代理人のない無能力者

　　　時効に関して，代理人のいない無能力者を保護するのは，オーストリア民法1494条，ドイツ民法206条，ギリシャ民法258条2項，ポルトガル民法320条，およびイタリア民法2942条である。

　　　同時に，これらの民法典によれば，無能力者の代理人に対する債権の時効は，無能力の状態である間は一般に停止するとされている（オーストリア民法1495条，ドイツ民法204条，ギリシャ民法256条，ポルトガル民法320条，イタリア民法2941条2号〜4号）。同様の準則として，スイス債務法134条1号および2号，オランダ民法3：321条1項b号，フランス民法475条を参照。全般について，*Spiro*, Begrenzung §§ 75f. を参照。

　　　大陸法では，法的な無能力それ自体を考慮する立場から，未成年者の利益と債務者の利益を

調整する立場への展開があるが、これについては、*Mugdan* I, 528、および、*Peters & Zimmermann* 128を参照。スイスおよびオランダでは、未成年者が有する債権の時効を停止する規定は置かれていない（ただし、未成年者の代理人に対する債権を除く）。その詳細、および他の諸国におけると同様の結論を導くための方策については、*Spiro*, Begrenzung §§ 95ff., 106を参照。スペイン法では、時効は無能力者に不利なものであっても進行するが、無能力者に、「過失により時効を完成させた代理人」に対する救済手段を与えている（民法1932条）。

ドイツでは、代理人の不存在は時効期間の進行を停止させるのではなく、時効期間の満了を6ヵ月延期するにとどまる（これは民法206条が規定するところであり、同条は、債務法改正委員会によっても支持されている（債務法改正委員会草案214条））。ギリシャにおける同様の準則として、民法258条2項を参照。イタリアの準則は異なっており、無能力者に代理人がない間、および、代理人が選任されるか、または無能力状態を脱した時から6ヵ月の間、時効が停止する（民法2942条）。

代理人のいない無能力者が債権者である場合のみならず、債務者である場合にも時効が中断するのかについては、*Peters & Zimmermann* 251ff., 321; Abschlußbericht, 90f. を参照（これを認めない例として、ドイツ民法206条、および、イタリア民法2942条）。

3．無能力者と代理人の間の債権

無能力者とその代理人の間の債権の時効は、一般には、時効期間の満了を延期するという方法ではなく、時効期間の進行を停止する方法で伸長される。オーストリア民法1495条、ドイツ民法204条、ギリシャ民法256条2号および3号、スイス債務法134条1号および2号、イタリア民法2941条2号～4号、ポルトガル民法318条b項、なお、ドイツ債務法改正委員会草案213条も参照。さらに、フランスについて、*Taisne*, Jurisclasseur civil, Arts. 2251-2259, n. 14を参照。反対の立場に立つものとして、オランダ民法3：321条1項b号、*Staudinger*（*-Peters*）§ 204, n. 3を参照。

4．人身損害

子どもに対する性的虐待の事例における時効については、*Hondius* 9f., Law Commission Consultation Paper on Limitation of Actions 294f., オランダにつき、HR, 23 October 1998 and 25 June 1999, Ned.Jur. 2000, 15/16, アイルランドの2000年の出訴期限（改正）法を参照。

5．婚姻当事者間の債権

次の諸国では、婚姻関係が継続するかぎり、婚姻当事者間の債権の時効は停止するとされている。すなわち、フランス、ベルギーおよびルクセンブルク（民法2253条）、オーストリア（民法1495条）、ドイツ（民法204条）、ギリシャ（民法256条）、ポルトガル（民法318条a号）、スイス（債務法134条3号）、イタリア（民法2941条1号および憲法裁判所判決（19.2.1976 n. 135 in Giust. civ. 1976, III, 131））、オランダ（民法3：321条1項a号）である。全般について、*Spiro*, Begrenzung § 74、および、Fs Bosch, 975ff. を参照。この準則を婚姻類似の関係に拡張する例は、ほとんどみられない。ドイツ債務法改正委員会の立場（Abschlußbericht, 90）、および、イタリア憲法裁判所の判決（29.1.1998, n. 2）を参照。イングランドおよびスコットランドでは、このような準則はない。この準則に対する鋭い批判について、*Staudinger*（*-Peters*）§ 204, n. 2を参照。

▶14：306条　相続の場合における時効期間満了の延期

> 債権者または債務者が死亡した場合には，被相続人の財産に属する債権または被相続人の財産を引き当てとする債権の時効期間は，その債権が，相続人もしくは相続財産の代理人によって行使可能となった時，または，相続人もしくは相続財産の代理人に対して行使可能となった時から1年を経過するまで，満了しない。

コメント

　少なくとも，ヨーロッパにおけるいくつかの現行相続制度の下では，ある者が死亡した場合に，その者の財産に属する債権または当該財産を引き当てとする債権に関して，訴えまたは訴えられることのできる代理人または相続人を欠くという事態が生じうる。この場合には，無能力者について採用された準則（14：305条）に倣い，時効期間の満了を延期するのが合理的である。両者は，非常に類似した状況である。訴訟を提起することができない者に対して時効期間は進行しない，というのが基礎にある考え方である。この考え方は，相続財産に属する債権または相続財産を引き当てとする債権にも妥当する。

ノート

　本準則は，ドイツ法にみられる（民法207条。ただし，権利行使が可能になった後に与えられる期間は，1年ではなく6ヵ月とされている）。この準則をめぐって問題は生じておらず，何の疑いももたれていない。この準則を維持することは，次の2つの改正提案で支持されている（ペータース＝ツィンマーマン鑑定意見204条，債務法改正委員会草案215条，*Abschlußbericht*, 91を参照）。同一または類似の準則を採用する法制度は，きわめて稀である。ただし，ギリシャ民法259条，および，ポルトガル民法321条は別である。また，スイスでは，債務法134条6号（スイスの裁判所に請求できない債権に関する一般条項）が，この種の事例に適用されている（*Spiro*, Begrenzung §72（158f.）を参照）。フランス，ベルギーおよびルクセンブルク民法2258条2項，ならびにスペイン民法1934条は，時効期間が伸長されないことを明文で規定している（cf. *Díez-Picazo & Gullón Ballesteros* I, 471を参照）。イングランドの1980年の出訴期限法11条5項は，人身損害を受けた被害者が3年の期間が経過する前に死亡したときは，その期間は，被害者が死亡した日または代理人が死亡の事実を認識した日のいずれか遅い方から3年となると規定する。アイルランドについては，1961年の民事責任法9条を参照。

▶14:307条　時効期間の上限

> 本原則に基づいて時効期間の進行が停止し，または，時効期間の満了が延期された場合でも，時効期間は10年（人身損害に関する債権については30年）を超えることができない。ただし，14:302条に基づく時効期間の進行停止については，このかぎりではない。

コ　メ　ン　ト

A．統一か区別か

　本原則の時効制度は，短期の時効期間（14:201条の3年）を中心に据えているが，合理的な認識可能性という準則（14:301条）のために，時効期間が数十年におよぶこともありうる。しかし，時効期間は，無制限に伸長されるべきではない。すなわち，当事者は，一定の段階で，その事件が結着したものとして扱うことができるのでなければならない。認識可能性原理に対する歯止めとして，その期間を徒過すれば，債権者の認識如何にかかわらずそれ以降は債権の行使が許されなくなるような，上限期間が必要であると考えられる。このような上限期間は，前述の，時効法の基礎にある3つの法政策的考慮（14:101条のコメントE）から必要とされる。このような上限期間は，国際的にも次第に広く認められている。問題は，この上限期間を何年とすべきかである。国際的傾向としては，ここでも，（すべてがそうであるというわけではないが）比較的短い期間に向かっていることが確認できる。しかし，そのような比較的短期の上限期間は，多くの場合，人身損害に関するのではない債権に対してのみ適用される。そのため，比較的現代的な立法および改正提案を視野に入れるときには，ここでも，債権の性質に応じて区別するのか，それともすべての債権について統一的に処理するかという2つの選択肢がある。

　区別するという選択肢をとる場合には，人身損害に関する債権とそれ以外の債権という区別に即して考えるべきことになるだろう。特に問題が多いと指摘されてきた状況のほとんど（子どもに対する性的虐待，石綿症，医療過誤）は，人身損害に関する債権に属する。これらの債権が区別して扱われる理由は，損害が明らかとなるまでに長期間を経過する場合が多いこと，および，生命，健康，より一般的に身体的完全性が特に法的保護に値することである（一般的に，人身損害は財産上の損害に比べてはるかに重大であると考えられている）。財産上の損害に関しては，多くの国で，10年という短期の上限期間で十分であると考えられている。また，その他の債権の類型（例えば，履行請求権または不当利得返還請求権）についても，上限期間を10年とすることに異論はない。人身損害については，30年の上限期間が適切であることがひろく認められている。最後に，人身損害に関する債権とそれ以外

の債権という区別は，比較的明瞭であると思われる。人身損害とは，人の身体の完全性に対するあらゆる侵害である。そのような人身損害から生じるあらゆる債権（精神的損害とそれに対する慰謝料も含まれる）について，30年の上限期間が適用される。

もう1つの選択肢として，人身損害とその他の債権の両者に妥当する妥協的な解決を指向することも考えられる。もっとも，この場合には，いずれの債権についても適切な解決ができるわけではない。このような選択肢を採用する論拠には，次のものが考えられる。すなわち，(i)人身損害の事例においては，30年という長期の期間でさえ完全な解決であるとはいえない。なぜなら，債権者が自らの債権を知らない場合もありうるからである。(ii)ある事件において，人身損害と財産上の損害の双方が生じる場合もある。例えば，次のような場合が考えられる。瑕疵のある機械が爆発し，買主の健康および財産に損害をもたらしたという場合，あるいは，家屋の修繕に際してアスベストが使用され，その数年後に家屋所有者がアスベストに起因するガンに罹患して多額の治療費用を支払い，それと同時に，家屋も取り壊さなければならなかった場合である。後者の例で，かなりの年月を経てこのような出来事が起こった場合に，アスベストの使用について誰に責任があったのかということ，および，その家屋にアスベストが使用されていたために所有者の健康被害が惹起されたということを証明できるとする。このとき，健康侵害を理由とする損害賠償を請求することはできるが，財産上の損害を理由とする損害賠償は請求できないとするのは納得しがたい。一方の請求が認められるのであれば，他方の請求も認められるべきである。(iii)財産上の損害に関する訴訟において，20年ないし30年を経過した後に債務者が自らの地位の防御を図ることは困難であるが，この困難は，人身損害に関する訴訟においても変わらない。時間の曖昧化作用は，債権の類型が何であるかによって異なるものではない。証人は死亡し，債務者の記憶は失われ，重要な文書は失われる。ここでも，次のことが想起されなければならない。すなわち，われわれは，長い年月が経過した後でも債権について立証することができるにもかかわらず時効によって債権の行使を禁止される債権者の困難にばかり目を向ける傾向がある。その一方で，時効制度によって不当な債権の行使が防止される事例が数多くあるということを，われわれは忘れがちである。(iv)人身損害に関する債権の重要な発生原因の1つは，欠陥のある製造物である。これについては，製造物責任指令の結果として，すべてのEU加盟国で（人身損害と財産上の損害の両者についての）一般的な上限期間が存在する。製造物責任指令では，この種の事例に関して十分と考えられた期間として，10年という比較的短い上限期間が定められている（しかも，この比較的短い期間は，製造者が欠陥のある製品を流通に置いた時から進行を開始するとされている）。

最終的に，本原則では，上述の2つの選択肢のうち最初のものを採用し，人身損

害（30年の上限期間）とその他の債権（10年の上限期間）を区別することとされた。もっとも，本原則においては，一般に考えられているところとは異なり，この上限期間は時効期間ではない。このことは，時効期間の起算点が認識可能性によって定められるのではないことによる。時効期間の起算点は14：203条に規定されており，この規定は一般的に適用される。債権者が，債権を発生させる事実もしくは債務者が誰であるかを知らなかったとき，または合理的にみて知りえなかったであろう場合には，その間，時効期間は進行を停止する。したがって，上限期間は，時効期間を最大どこまで伸長できるのかに関する準則である。その結果，同一の債権について2つの時効期間が並行して進行することはない。そうではなく，3年という統一的な時効制度があり，この時効期間が最大10年（または30年）まで伸長されうるということである。いうまでもなく，この10年（または30年）の期間は，14：203条に規定された時点から計算されなければならない。

環境損害に関しては，特別な考慮が必要である。この場合も，人身損害の場合と同様に，本委員会は，上限期間を10年とするのでは不適切であると考えた。しかし，「環境損害」という概念は，いまだ確定できないものであって，複雑な問題を投げかけている。それゆえ本委員会は，環境損害の問題を，時効の一般準則において扱うことは賢明ではないと考えた。この問題は，特別の立法に委ねられるべきである。

B．適用範囲

上限期間が，債権者が認識を欠く場合における進行停止の場合に適用されることは，明白である。しかしながら，この法分野での法的安定性に対する要請が特に強いものであることを意識すれば，この場合に限らず，上限期間をできるだけ広く適用すべきである。この上限期間を超えることが許されるのは，事柄の性質上当然の理由がある場合に限られる。このような理由が存在するのは，唯一，裁判手続の場合における進行停止の場合である（14：302条）。裁判手続による債権の確定を試みる以上のことを，債権者に期待することはできない。その裁判手続がどれほどの期間を要するかは，一般的には，債権者にはどうすることもできない事柄である。まさに存在している不確実さを排除しようとしている状況において，時効によって債権者が不利益を受けることがありうるとすれば，明らかに公平を失するであろう。

本条が定める上限期間は，14：302条を除き，本原則の規定する進行停止または満了延期のすべての事由に適用される。これらのうちの複数の事由が同一の債権に適用される場合も，同様である。したがって，14：301条，14：303条，14：304条，14：305条，および14：306条の効果は制限されることになる。合意による時効期間の延長については，14：601条を参照。

設例：1994年3月10日，Aは，自らの家屋にいくつかのひび割れがあるのを発見した。

その家屋は，数年前にBによって建築されたものであった。Aは，そのひび割れを検査してみたところ，次の3つのことが明らかになった。(i)そのひび割れは，家屋の基礎部分の欠陥によるものであること，(ii)その欠陥についてBに責任があったこと，(iii)これ以上の悪化を防ぐための修繕には高額の費用がかかることである。本原則9：501条に基づく損害賠償請求権の時効期間の起算点（すなわち，瑕疵のある履行がされた時点）は1986年3月1日であったとする。このとき，時効期間の進行は，1994年3月10日まで停止している。AおよびBが損害賠償請求権について交渉を始めた場合には，14：309条により時効期間はさらに伸長されうるが，1996年3月1日を超えて伸長されることはない。

C．詐欺的秘匿により上限期間は排除されるか（*Fraus Omnia Corrumpit?*）

いくつかの国には，債務者が債権の存在を詐欺的に（または故意に）秘匿した場合には，時効期間の進行を停止するという一般準則が存在する。しかし，債権者が債権について知らず，または合理的にみて知ることができなかったであろう間は時効期間の進行が停止するのであるから，このこととの関係では，このような準則は不要と思われる。実務上重要な唯一の問題は，（単なる不知ではなく）詐欺がある場合に，上限期間を適用除外とするべきかどうかである。しかし，この問題について特別な準則を置くことは，不都合の方が大きいであろう。一定の状況において債務者が時効の抗弁を提出することを否定されるかどうかは，一般的かつ複雑な問題であり，簡明な定式にすることはできない。信義誠実（本原則1：201条）という上位の要請を認める法制度においては，原則として，上限期間を排除する可能性は否定されないであろう。時効の抗弁を提出することは法的な行為であり，他の法的な行為と同様に信義誠実の要請に服するからである。もちろん，時効準則は（個別の事案における正義を犠牲にしても）法的安定性を達成するためのものであるから，軽々に修正されてはならないという点は考慮されなければならない。さらに，詐欺的秘匿がある場合でも，時の経過を完全に度外視することはできない。なぜなら，長い年月が経過した後には，詐欺的秘匿があったか否かを争うことは次第に困難かつ非生産的になるからである。それでもなお，信義誠実の問題は生じうる。しかし，信義誠実が問題になる場合というのは，そのすべてが債権の詐欺的秘匿に分類されうるわけではない。威迫（force and fear）も同様に問題になりうる。また，詐欺または威迫がない場合でも，一定の場合（例えば，債務者が時効を援用しないことを約束していた場合）には，債務者は時効の援用を否定されうる。

ノ ー ト

1．一般的な上限期間

　　ドイツ民法852条1項は，（不法行為が行われた時から）30年という上限期間を定めている（こ

の上限期間は，不法行為が行われた時から起算されるのに対して，3年の短期の期間は，債権者が認識した時から進行する）。ギリシャ民法937条1項2号は，上限期間が20年であることを除いてドイツと同じである。スイス債務法60条1項，67条1項は，2つの状況について10年の期間を定めているが，いずれも認識を要件としている。オランダ民法3：309条，310条，311条，および，1973年の時効および出訴期限（スコットランド）法7条は，20年の上限期間を定めており，イングランドの1980年の出訴期限法11A条および14A条は，例外的に（ネグリジェンス訴訟における潜在的損害および製造物責任について）10年と20年という2つの上限期間を定めている。ペータース＝ツィンマーマン鑑定意見208条は，10年の一般的上限期間を推奨している。ドイツ債務法改正委員会草案199条，201条は，人身損害の賠償請求権について30年，不法行為によるその他の損害賠償請求権について10年の期間を提案している。イングランド法律委員会は，人身損害以外のすべての訴訟について10年の上限期間を，人身損害については30年の上限期間を提案している（Law Commission Consultation Paper on Limitation of Actions, 290）。ベルギー法における新たな規定は，20年の上限期間を定めている（不法行為に基づくすべての損害賠償請求権（2262 bis 条1項2段）に適用される。詳細について，*Claeys*, 1998-99 R.W. 388 ff. を参照）。全般について，*Storme*, in: *Hondius*, 58（2つの期間を組み合わせるのが唯一のバランスのとれた解決であるとする）; Law Commission Consultation Paper on Limitation of Actions, 284ff.; *Spiro*, Begrenzung§42; Zimmermann, 2000 JZ 863f. を参照。さらに，製造物責任指令10条以下で採用されているアプローチ（3年および10年），環境に危険を及ぼす行為によって生じた損害についての民事責任に関する条約17条で採用されたアプローチ（3年および10年）も参照。これに対して，フランス法（民法2270-1条1項に規定された期間について，*Lambert-Faivre* n. 388を参照），南アフリカの時効法，およびケベック民法では，上限期間は設けられていない。これに関する議論については，*Loubser* 37; *Deslauriers*, in: *Hondius*, 300を参照。アイルランドも，上限期間という制度をもたない（1991年の欠陥のある製造物についての責任に関する法律，および，土地に関する金銭の回復訴訟については，上限期間が例外的に定められている。*Brady & Kerr*, 34を参照）。しかし，アイルランドでは，裁判所に一般的な裁量権が与えられており，裁判所は，訴えの提起が異常に遅延したものであるか，または弁解の余地のないほど遅れたものであることを理由に手続を却下することができる（14：101条のノート4も参照）。1991年の出訴期限（改正）法での認識可能性基準の導入により出訴期限が伸長されることとなったのに対し，このような裁判所の権限が上限期間類似の切り札となりうる（14：301条のノート2を参照）。

2．人身損害に関する債権

人身損害に関する債権について比較的短期の上限期間を定めることは問題となりうるが，これに関する比較法的考察として，*Hondius* 9 ff. を参照。イングランド法律委員会は，人身損害に関する債権については30年という特別の上限期間を推奨している（Consultation Paper on Limitation of Actions, 291）。ドイツ債務法改正委員会は，生命，健康，身体，および自由を，法的保護に値する利益として列挙している。ここに自由が含まれている理由は，自由の不法な侵奪によって生じうる精神的損害は，長い時間が経過して初めて明らかになることがあるからである（Abschlußbericht 76）。オランダの最高裁判所は，最近の2つの判決において，民法3：310条に定められている20年の上限期間は，例外的な状況の下では適用を排除しうるとしている（HR 28 April 2000, Ned.Jur. 2000, 430/431）。いずれの事件も，アスベストへの曝露が原因で特殊なガンを発症した事例である（通常，潜伏期間は20年～40年である）。オランダの最高裁判所は，上記判断の根拠を民法6：2条に求めた（同条によれば，法律，一般的慣習，または法律行為に基づくいかなる準則も，具体的状況の下，信義誠実の原則に照らして不適切である場合には，適用されない）。これら2つの判決に関しては相当多数の評釈が著されているが，賛成するもの（e.g. *Hondius*, 2000 NTBR 275）もあれば反対するもの（e.g. *van Schaick*, 2000 WPNR 6414）

もある。この議論状況の評価について，*Hartlief*, 2001 NTBR 58ff. も参照。2001年3月現在，アスベスト被害に関して，上限期間を排して時効期間を伸長する法案が提出されている。

3．詐　欺

　時効は，債務者による詐欺的行為（例えば，債務を秘匿したり，騙して債権の行使を思いとどまらせること）を理由に停止されうる。そのように規定するのは，イタリア民法（2941条8号，*Roselli-Vitucci*　416），ギリシャ民法（255条2文），オランダ民法（3：321条1項f号），イングランドの1980年の出訴期限法32条1項b号，アイルランドの1957年の出訴期限法71条1項，スコットランドの1973年の時効および出訴期限（スコットランド）法6条4項a号iである。フランス，ベルギー，オーストリア，ドイツ，スイス，およびケベックの法典にはこの種の一般規定はないが，短期の時効期間を定める規定に関する特別規定として，ドイツ民法477条1項，638条1項を参照。比較法的考察として，*Spiro*, Begrenzung§82を参照。

　詐欺的行為の場合に，上限期間の適用は排除されるべきか。これを肯定するものとして，イングランド法律委員会のConsultation Paper on Limitation of Actions 304ff., ベルギー法の立場から否定するものとして，*Claeys*, 1998-99 R.W. 397ff. を参照。一定の状況の下，信義誠実を根拠に上限期間の適用が排除されうるか否かという問題について，前述のノート2に挙げたオランダの判決を参照。

第4節　時効期間の更新

▶14：401条　承認による更新

> (1) 債務者が，債権者に対して，一部弁済，利息の支払い，担保の提供その他の方法によって債権を承認した場合には，新たな時効期間が進行を開始する。
> (2) 新たな時効期間は，その債権が当初服していた時効期間が一般の時効期間であったか，14：202条に規定された10年の時効期間であったかにかかわらず，一般の時効期間である。ただし，その債権が当初10年の時効期間に服していたときは，その10年の期間が本条によって短縮されることはない。

コメント

A．用　語　法

　本条は，大陸法において，伝統的に「中断 interruption」と称されてきた問題を扱うものである。「中断」とは，中断を生じる事由より前に経過した期間は〔時効期間に〕算入されないというものである。時効期間は，新たに進行を開始する。「中断」という用語は，ローマ法における *interruptio temporis* がその起源であるが，広く認められているにもかかわらず，やっかいで，誤解を招きやすいものである。そ

れゆえ，本条では，時効期間の更新（renewal）という語を用いている。この観念の本質は，新たな時効期間が進行を開始するというところにある。

　更新は，時効期間の進行停止や時効期間満了の延期と比較すると，明らかに，時効期間に対する根本的な干渉である。それは，次の２つの場合にしか正当化されない。すなわち，債務者による債権の承認があった場合（14：401条），および，債権者によって強制執行が行われ，または申し立てられた場合である（14：402条）。

　B．承　　認
　債権を承認した債務者は，時効により与えられる保護を要求していない。その一方で，債務者による承認を信頼して訴えの提起を差し控えた債権者に対して，保護が与えられなければならない。このような状況下において債権者が行動をおこさないということは，特に，その債権に関する問題は終了したとの債務者側の期待との関係で，もはや同様の重要性をもつものではない。また，債務者による承認は，債権に関する不確定性を減少させるものである。このような承認を法が考慮しうる唯一妥当な方法は，新たな時効期間の進行を開始させることである。承認は，瞬間的な事由であるから，そこに進行停止という効果を結びつけることはできない。

　いくつかの法制度は，承認が書面によってされることを要求する。このような方法を採用する論拠は，法的安定性が高められる点にある。しかし，多くのヨーロッパの法典は，不要式の（明示または黙示の）承認で十分であるとする。もちろん，債務者の行為を解釈することが困難な場合もありえるが，その困難は，表示その他の法的に意味のあるあらゆる行為について行われるのと同様に，解釈の一般準則を用いて解決されうる。その上，債務者の書面による表示であっても，様々な解釈の余地が残されることも少なくない。契約法における一般的傾向は，確実に，不要式へと向かっている。ここで扱っている対象は契約上の表示ではないけれども，承認を，方式要件を導入するに値するほどに重要な，特別な，あるいは本来的に不安定なものとみるべき理由はない。承認を，特殊なもの，またはそもそも危険なものと考える理由はないのである。不要式の承認で足りるとする国々においても，その立場が不十分であるとは考えられていない。

　法的安定性は，債権の承認が，債権者に対してされなければならないとすることで，十分に確保されている。債権者が，第三者に対する承認を信頼することは合理的ではない。債務者の第三者に対する承認は，債務者と第三者との関係を考慮してされることもあるので，債権者に対する関係で明確な債務承認があったとみることはできない。

　行為による承認の明確な例は，一部弁済，利息の支払い，または担保の提供である。

14：401条

設例1：Aは，Bに対して，400ユーロの債務を負っている。Aの債務の弁済期は，1996年10月10日である。1999年10月5日に，Bは，その金員の一部を弁済し，残額についてはできるだけ早い時期に支払うことを承認した。このとき，1999年10月5日に，残債務について新たな3年の時効期間が進行を開始する。

設例2：Aは，Bによって引き起こされた自動車の事故によって負傷した。Aは，入院費および治療費として合計1万ユーロを支出した。Aは，Bに対し，この医療費について損害賠償を請求した。Bが加入していた保険会社は，5000ユーロしか支払おうとしなかった。そのため，Bは，それが支払うべき金員の全部であることを明示した上で，額面5000ユーロの小切手をAに送付した。このとき，Bは，Aに対する債務が1万ユーロであることまでは承認していないので，残りの5000ユーロについての時効期間は更新されない。

14：401条の準則は，裁判によって確定された債権にも適用される。しかし，この債務を債務者が承認しても，新たに10年の時効期間が進行を開始するのではない。この場合には，3年の一般の時効期間が進行を開始する。もっとも，すでに進行している14：201条の10年の時効期間が短縮されることはない。

設例3：Aは，Bに対して，2万ユーロの債務を負っている。この債権は，1989年10月10日に確定した判決によって確定されている。4年後，Aは，一部弁済により債務を承認した。このとき，時効が生じるのは，〔当初の10年の時効期間が満了する〕1999年10月10日である。

設例4：設例3と同一の事実において，1998年3月10日に債務が承認された。このとき，1998年3月10日から，新たな3年の時効期間が進行を開始する。

ノ ー ト

　　承認が時効中断の効果を有するべきか否かについては，ユス・コムーネ（*ius commune*）の下では争いがあったが（*Peters & Zimmermann* 130，およびそこに掲げられた文献を参照），今日では一般的に肯定されている。フランス，ベルギーおよびルクセンブルグについて民法2248条，オーストリアについて民法1497条，ドイツについて民法208条，ギリシャについて民法260条，イタリアについて民法2944条，スペインについて民法1973条，ポルトガルについて民法325条，オランダについて民法3：318条，スコットランドについて1973年の時効および出訴期限（スコットランド）法6条，7条，10条，*Johnston* 5.66ff.，デンマークについて *Gomard* III，235，スウェーデンについて時効法（1981：130）5条，国際動産売買における時効に関する UNCITRAL 時効条約20条，イングランドについて1980年の出訴期限法29条以下（ただし，すべての債権に適用されるものではない），ペータース＝ツィンマーマン鑑定意見198条，債務法改正委員会草案206条，Law commission Consultation Paper on Limitation of Actions 308ff.（現在の制度をすべての債権に拡張することを推奨する）を参照。
　　イングランドおよび UNCITRAL 時効条約（20条）では，承認が書面によってされることが

要求されているが，上記の他の法律は，一定の方式によることを要求していない。それらのうちのいくつかは，特に，承認が黙示のものでもよいと明文で定めており（オーストリア民法1497条，ポルトガル民法325条），他のものは，一部弁済や利息の支払い，あるいは担保の提供を，承認の典型例として挙げている（ドイツ民法208条）。UNCITRAL時効条約では，利息の支払いや一部弁済の事例において「合理的にみて，その弁済や履行から，債務者が債務を承認しているものと推断される場合」に，方式要件に対する例外が認められている。イングランド法およびスコットランド法は，一部弁済を書面による承認と同視する。スコットランド法は，書面による表示とは別に，「債務者により，または債務者に代わり，債務の履行のためにされた給付であって，債務がなお存在することを明示するもの」は承認に該当するとする。

承認の法的性質について検討するものとして，Spiro, Begrenzung §§ 151ff.; Staudinger (-Peters) § 208, nn. 5ff.

ドイツ（民法208条。ペータース＝ツィンマーマン鑑定意見198条，債権法改正委員会草案206条も参照。）およびポルトガル（民法325条）においては，承認は，債権者に対してされなければならない。明文の規定はないが，オランダ法（Asser-Hartkamp, Verbintenissenrecht I n. 680）においても，同様に解されている。イングランド法，スコットランド法，UNCITRAL時効条約も，債権者に対する承認を要求している。全般について，Spiro, Begrenzung §§ 153を参照。

デンマークにおいては，Danske Lov 5.14.4条の時効は，債権者が債務について督促をし，その督促が債務者に到達した時から，再度進行を開始する（ただし，1908年12月22日の法律274号に定める時効については異なる）。このような督促は，訴訟による必要はなく，書面による必要もない。1908年の法律2条によれば，承認は，方式を要せず，5年の時効期間を再度進行させる。フィンランドでは，督促であれば，どのような方式のものであっても時効期間が更新されるとされている。承認についても，その方式にかかわらず，同様の効果が生じる。このことは，Prescription Decreeの1条における時効に妥当する。特別な時効規定の下では，訴えの提起が要求されることもある。

▶14：402条　強制執行の申立てが行われた場合の更新

> 14：202条に定められた10年の時効期間は，債権者によって強制執行のための適切な措置がとられた時から，新たに進行を開始する。

コメント

債権者が，執行可能な判決または法律上執行可能なその他の証書を取得した場合，そのような判決その他の証書に基礎づけられた債権には，14：202条に定められた10年という長期の期間が適用されるが，時効に服することに変わりはない。したがって，これらの債権は，ふたたび時効の危険にさらされることになる。債務者の承認を得る以外に，債権者が時効にかかることを防ぐ唯一の方法は，強制執行のための申立てをすることである。申立ては，通常，瞬間的な出来事である。そのため，強制執行の申立てという行動に，債権者に有利な効果をもたせるとしても，時効期間の進行停止または時効期間の満了の延期を生じさせる事由とするにとどめることはできない。また，債権者は，方式を踏んで債権を行使することを明らかにしている。

したがって，強制執行の申立てには，新たな時効期間を開始させる効果が与えられるべきである。

通常，強制執行は，債権者の申立てに基づいて，裁判所その他の公的機関によって実現される。したがって，そのような申立てが無効であったり，執行行為に入る前に取り下げられるのでないかぎり，申立てによって時効の更新が生じる。

ノ ー ト

　　強制執行による時効の更新については，ドイツ民法209条2項5号，ドイツ債務法改正委員会草案207条，イタリア民法2943条，ギリシャ民法264条，フランスおよびベルギーの民法2244条，スコットランドについて，*Johnston* 5.55を参照。明示されていないが，オランダ民法3：316条その他多くの法でも同様のことが認められている。全般について，*Spiro*, Begrenzung § 134; Abschlußbericht, 80ff. を参照。一般的な要件が充たされていないために執行行為が無効である場合，または，強制執行の申立てが取り下げられた場合については，ドイツ民法216条および債務法改正委員会草案207条を参照。全般について，*Spiro*, Begrenzung §§ 134, 139ff. を参照。

第5節　時効の効果

▶14：501条　一般的効果

(1) 時効期間が満了した後，債務者は履行を拒絶する権利を有する。
(2) 債務の履行のために給付されたものは，時効期間が満了していたという理由のみに基づいて，その返還を請求することができない。

コ メ ン ト

A．時効の「弱い」効果

ある法体系が，時効を実体法の問題として捉えるとしても（本原則がそうである。14：101条のコメントBを参照），2つの選択肢がある。第1の選択肢は，時効期間が経過した場合には，債権は消滅したものとするというものである（時効の強い効果）。第2の選択肢は，履行を拒絶する権利を債務者に与えれば足りるというものである（すなわち，時効は，実体法段階での抗弁となる。弱い効果）。後者のアプローチによれば，債務者は，時効が完成しているにもかかわらず弁済した場合，その弁済は法律上の原因を欠くものではなく，返還を請求することができないこととなる。これに対して，前者のアプローチによれば，債務者は，法律上の原因なく弁

済したのだから，返還を請求できることになる。しかしながら，時効の強い効果を認める法体系においても，通常，このような帰結は導かれていない。また，そのような法体系においては，論理的には，時効を，裁判所が職権で考慮しなければならない問題として扱うこととなるはずであるが，実際には，そのように扱われていない。それゆえ，国際的に優勢を得てきたのは，実際には，時効の弱い効果であるといえる。これは驚くに値しない。弱い効果は，時効法が追求している目的に照らして，より適切である。弁済の意思を有し，弁済する義務があることを承認しているとみることができる債務者に対して，法体系が保護を押し付ける理由はない。さらに，時効期間が経過した後に，債務者が弁済することを許されるとしても，公共の利益（時効が生じれば争訟は終わる。*ut sit finis litium*）は侵害されない。反対に，債務者がすでに行った弁済について返還請求を許されるとすれば，平穏が害されるであろう。時効にかかった後であっても，弁済がされたのであれば，問題は決着したものと扱われなくてはならない。およそ時効制度は，不可避的に，完全に有効な債権であっても債権者がその債権を行使できなくなるという効果をもたらすものであるが，法は，時効制度の基礎にある政策目的に照らして不必要といえる場合にまで，そうした効果を貫徹すべきものではない。

　それゆえ，本条1項により，債務者は，履行を拒絶する権利を与えられる（権利滅却の抗弁）。これは，時効が法律上当然に作用するわけではないということを意味する。さらに，債務が存続するということでもある。

　履行のために支払われ，または引き渡されたものは，時効期間が満了していたという理由だけで，その返還を請求することができない。他の理由によって，返還を請求することはできる。例えば，債務者が，債権が時効にかかっていないことを留保して，履行した場合，または債権者が，詐欺により，債権が時効にかかっていないと，債務者に誤信させた場合である。

　債務者が，時効にかかっていた事実を知っていたか否かは，重要ではない。債務者は，時効にかかっていることを知らなかった場合にも，弁済したものの返還を請求することができない。債務者は，時効にかかっていることを知って弁済した場合も，現に存在する債務を履行するために弁済したのであり，それゆえ，贈与を行ったと考えることはできない（この結論は，例えば，〔集団的手続における〕不利益を被る〔他の〕債権者からの主張との関連で，重要となりうる）。

　本原則は，物的担保であれ人的担保であれ，担保に対する時効の効果を扱うものではない。

B．時効の抗弁が認められない場合

　すでに指摘したように（14：307条のコメントCを参照），時効の抗弁の提出は，一定の状況下では，信義誠実の原則に反することを理由に許されない可能性がある。

14：501条

　例えば、債権者が債権を適切な時期に行使することを債務者が妨げてきた場合、とりわけ債務者が時効の抗弁を提出する権利を放棄した場合が、これに当たる。この問題は、時効が認められる範囲を狭める合意を禁じる法体系において、実際上きわめて重要な意義を有する。そのような法体系では、通常、時効の利益を一方的に放棄することも無効とされるので、そのような場合に債権者を救済するには、信義誠実の原則に依拠するほかない。本原則では、合意による時効制度の修正について、より自由な制度が採用されており（14：601条）、このような問題はほとんど生じない。すなわち、当事者が、時効が認められる範囲を狭めることを許されなかったであろうという理由だけで、時効の利益の放棄について、否定的な評価が下されることはない。さらに、そのような場合には通常、放棄についての黙示の合意が存在しているものと推定するのが、合理的である。それでもなお、本原則において問題がないわけではない。特に、人身損害の場合に、債務者が、14：307条および14：601条に規定された30年の上限期間の満了直前に、時効を援用する権利を放棄した場合である。この場合、債務者は、債権の行使を遅らせた期間について、時効の抗弁を主張することを許されないだろう（1：201条）。

　時効にかかった後で、債務者は、債権者との合意により、または一方的に、時効の抗弁を提出する権利を放棄することができる。この場合にも、債権はなお存在しており、放棄は、債権が行使されるのを妨げる可能性を除去する効果を有するにとどまる。

ノ ー ト

1．時効が債権に及ぼす効果

　　スコットランドにおいて、時効は、当該債務を消滅させる効果を有する。1973年の時効および出訴期限（スコットランド）法8A条、6条、7条、*Johnston* 4.101を参照。フランス、ベルギーおよびルクセンブルク民法（2223条、および同条に関する *Terré, Simler, Lequette* n. 1042を参照）、イタリア民法（2934条、2938条）、およびスペイン民法（1930条2項、および *Díez-Picazo & Gullón Ballesteros* I, 467を参照）においても、時効によって債務は消滅するとされている。それにもかかわらず、裁判所は、職権によって時効による債務の消滅を顧慮することができない。すなわち、時効は、抗弁として主張されなくてはならない。オーストリア民法1449条、1451条、1479条、1501条も参照。ドイツ法においては、被告に、履行拒絶権が与えられ、債務は消滅せずに存続する。ドイツ民法222条1項および *Staudinger* (*-Peters*) §222, nn. 34ff. を参照。ギリシャについて、民法272条1項、オランダについて、*Asser-Hartkamp*, Verbintenissenrecht I n. 655、ポルトガルについて、民法303条以下、デンマーク法について、*Gomard* III, 231および *Ussing*, Alm. Del. 384、スウェーデン法について、*Lindskog*, Preskription 320ff.、フィンランド法について、*Aurejärvi & Hemmo* 222も参照。*Spiro*, Begrenzung §226ff., 241, 244, *Loubser* 14ff., *Abschlußbericht*, 100ff., および Zimmermann, 2000 JZ 855ff. は、履行拒絶権アプローチを支持している。ドイツ民法の起草者が主張した、履行拒絶権アプローチを支持する論拠は、今日でもなお有効である。*Peters & Zimmermann* 136を参照。イングランドにおいては、出訴期限満了の効果は、権利を消

減させるのではなく，救済を遮断するものである（Law Commission Consultation Paper on Limitation of Actions 162ff., 393ff. を参照）。アイルランドにおいても同様である。UNCITRAL 時効条約24条によれば，出訴期限の満了は，「法的手続において当事者によって援用された場合にのみ，当該手続において考慮される。」とされている。

時効にかかった後に残ることとなる債務は，しばしば自然債務（*naturalis obligatio*）と呼ばれる。原則として，時効によって債務が消滅すると考える法制度においても，債務が存続すると考える法制度においても，このように呼ばれている。例えば，*Malaurie & Aynès* n. 157; *Staudinger*(*-Peters*) § 222, n. 34; *Asser-Hartkamp*, Verbintenissenrecht I n. 657; *Lindskog*, Preskription 320 ff.; *Spiro*, Begrenzung § 244を参照。しかしながら，次のような正当な指摘もされてきた。すなわち，いずれにせよ，ここでは歴史的な意味で自然債務という語を用いているわけではなく，（時効が援用されていないかぎりにおいて）債権は完全に強制可能であるということを考慮すれば，自然債務という語を用いることは，それほど有用なわけではないという指摘である。

2．「弁済があったとの推定を生じさせる」時効

フランス，ベルギー，ルクセンブルク，イタリアおよびポルトガル民法には，様々な形で，その期間の満了によって，債務が履行されたことの推定を生じさせる短期の期間がみられる。フランス民法2271条以下および *Terré, Simler, Lequette* n. 1376，イタリア民法2954条以下，ポルトガル民法316条以下を参照。そのような推定は，不当な請求に対して，完全な保護を与えるものではない。それゆえ，それに加えて，適切な時効制度が必要となる。一般の時効期間を短く定めた場合，これに加えて，弁済があったとの推定を生じさせる時効を併存させると，時効に関する法は不必要に複雑なものとなるだろう。推定を生じさせる時効に対する批判として，*Spiro*, Begrenzung § 246; *Peters & Zimmermann* 263ff.; *Loubser* 9ff. を参照。

3．不当利得返還請求権の排除

債務の履行のために給付されたものについて，その債務の時効期間が満了していたという理由だけで返還を請求できないということは，非常に広く承認されている。フランスについて，*Terré, Simler, Lequette* n. 1403，スペインについて，*Pantaléon*, Prescripción 5009，ポルトガル民法304条2項，オーストリア民法1432条，ドイツ民法222条2項，スイス債務法63条2項，ギリシャ民法272条2項，イタリア民法2940条，デンマークについて，*Gomard* III, 231および *Ussing*, Alm. Del. 384，フィンランドについて，*Aurejärvi & Hemmo* 222，UNCITRAL 時効条約26条，*Spiro*, Begrenzung § 232ff. を参照。

4．信義誠実の原則と時効援用権の放棄

時効制度の適用において，信義誠実の原則が及ぼす効果，とりわけ債務者が時効期間の満了前に時効援用権の放棄を宣言したことをどのように考慮すべきかについて，*Spiro*, Begrenzung § 343; *Staudinger*(*-Peters*) § 222, nn. 17ff., 20ff., ならびに *Zimmermann & Whittaker* 508ff. における，設例21（Prescription II）に関する国別報告（ドイツ，ギリシャ，オーストリア，フランス，ベルギー，スペイン，イタリア，オランダ，イングランド，アイルランド，スコットランド，デンマーク，スウェーデン，フィンランド）を参照。*Storme*, in: *Hondius*, 70ff. も参照。

時効にかかった後で，時効援用権を放棄することは可能である。フランス，ベルギーおよびルクセンブルグ民法2220条，ギリシャ民法276条，イタリア民法2937条，ポルトガル民法302条，ドイツについて，*Staudinger*(*-Peters*) § 222, nn. 28ff.，オランダ民法3：322条2項，*Asser-Hartkamp*, Verbintenissenrecht I nn. 659ff.，*Koopmann* 95ff.，および比較法について，*Spiro*, Begrenzung § 343; *Loubser* 150ff. を参照。

▶14:502条　付随的な債権に対する効果

> 利息の支払いを求める権利，および，付随的な性質を有するその他の債権の時効期間は，主たる債権の時効期間より後に満了することはない。

コメント

時効が生じれば争訟は終わる（*ut sit finis litium*）。法が意図するのは，公共の利益と債務者保護のために，長い間放置された債権に関する訴訟の提起を阻止することである。ある債権の時効期間が満了したにもかかわらず，その債権から生じた利息の支払いを求めて，なお債権者が債務者を訴えることができるとすれば，上記の政策目的はないがしろにされる。これを認めると，債務者は，防御のために，主たる債権それ自体の内容について争わざるをえなくなるからである。同様の考慮は，付随的な性質を有するその他の債権，例えば，主たる債権から得られる利益や費用の支払いを求める債権についても妥当する。したがって，付随的な債権について時効期間が満了していない場合であっても，付随的な債権は，主たる債権とともに時効にかかるという準則が必要となる。

ノート

本準則は，ドイツ（民法224条），ギリシャ（民法274条），スコットランド（*Johnston* 4. 101 (3)），スイス（債務法133条），UNCITRAL時効条約（27条，ただし利息に限る），ドイツ債務法改正委員会草案（224条）にみられる。オランダにつき民法3：312条，イタリアにつき *Trabucchi* 524，デンマークにつき *Gomard* III, 232，スウェーデンにつき時効法（1981：130）8条および *Lindskog*, Preskription 331, 341ff. を参照。本準則は，「今日では一般的に承認されている」と言ってよい（*Spiro*, Begrenzung §59, 236）。本準則の適用を受ける債権の範囲について，詳しくは，*Staudinger* (-*Peters*) §224, nn. 5 ff. を参照。

▶14:503条　相殺に対する効果

> 債権は，その時効期間が満了しているときであっても，相殺に供することができる。ただし，債務者が，それ以前に時効を援用していたとき，または，相殺の通知を受けてから2ヵ月以内に時効を援用したときは，このかぎりではない。

コメント

時効にかかった債権は，もはや強制することができない。しかし，なお，相殺の

権利にとっては有効な基礎となりうる。立法例の多くは，自働債権の時効期間が満了していなかった時点で相殺適状にあった場合，相殺の権利は，自働債権の時効によって排除されないという趣旨の準則を定めている。この準則の基礎にあるのは，ひとたび相殺の権利が生じれば，たとえその段階で相殺の意思表示がされていなくても，すでに生じた相殺の権利を保護するという政策的考慮である。しかし，この政策的考慮は，時効法の基礎にある政策的考慮とうまく適合しない。「時間の曖昧化作用」が及ぼす影響は，債権が訴訟を通じて行使されるにせよ，相殺において自働債権として用いられるにせよ，変わらない。いずれの場合でも債務者は保護を必要とする。また，いずれの場合でも，長い間放置された債権が訴訟の対象となりうるとすれば，公共の利益が害されるであろう。本原則によれば，相殺に遡及効はない（13：106条参照）。これにより，相殺の意思表示がされた時点のみを問題とすればよくなるため，事態は単純化される。時効法の目的を考慮すれば，（自働債権の）債務者が，事前に時効を援用していた場合には，相殺の意思表示が許されないことは明らかである。しかし，訴訟の提起によるか，相殺の意思表示によるかにかかわらず，債権者が債権を行使しないかぎり，債務者には時効を援用する理由がない。それゆえ，債務者には，相殺の通知を受けた後に，時効の抗弁を提出するための合理的な期間が与えられなければならないであろう。その期間内に債務者が時効の抗弁を提出しなかった場合には，相殺は効力を生じる。その場合には，債権は，時効期間が満了したにもかかわらず存続することになる。

設例：AはBに1万5000ユーロで自動車を1台売却した。この自動車は，1995年10月1日にBに引き渡された。Aの売買代金債権の弁済期は同日に到来した。1997年9月，この自動車のブレーキの欠陥に起因する事故により，Bは1万7000ユーロの損害を被った。Aにはブレーキの欠陥について責任があった。BのAに対する債権の時効期間は，1995年10月1日（不履行があった日）に進行を開始した。しかし，Bが欠陥の存在を知らなかった間（1997年9月まで）は時効期間の進行は停止していた。このとき，1998年10月1日以前に，BがAに対して損害賠償の訴えを提起した場合には，AはBに対する売買代金債権を自働債権として相殺をすることができる。10月1日以降にBが訴えを提起した場合であっても，Aからの相殺の通知を受けてから2ヵ月以内にBが時効を援用しないときは，Aは相殺をすることができる。

ノ ー ト

　自働債権が時効にかかってない時点で，2つの債権が相殺適状にあった場合には，自働債権の時効によって相殺の権利は排除されない。ドイツにつき民法390条2項（この準則は *Peters & Zimmermann* 266, *P. Bydlinski*, (1996) 196 AcP 293ff. によって批判されている），ギリシャにつき民法443条，ポルトガルにつき民法850条，スイスにつき債務法120条3項および *Spiro*, Begrenzung§216，オランダについて民法6：131条1項を参照。国際動産売買における時効に関するUNCITRAL時効条約25条2項も参照。オーストリアにつき *Koziol-Welser* II, 104（ただし，*Dullinger* 165ff. による反論も参照），スコットランドにつき *Wilson* 13.6および *Johnston* 4.101(1)を参照。この準則は，相殺の意思表示に遡及効があることを考慮に入れようとするものである。もっとも，フランス法公のように，相殺が法律上当然に生じる法制度においては，このような準則は不要である。ただし，イタリア民法1242条は，2つの金銭債権が併存し始めた日に，いずれかの債権について時効が生じていた場合にかぎり相殺が排除されることを明確に定めている。スペインにつき，*Pantaléon*, Prescripción 5009を参照。相殺の効果が法律上当然には生じず，かつ，相殺の意思表示に遡及効がない法制度に関しては，*Wood* 13-18ff.（イングランド），*Ussing*, Alm.Del. 384（デンマーク），Prescription Decree 5条（フィンランド），時効法（1981：130）10条（スウェーデン）を参照。

第6節　合意による修正

▶14：601条　時効に関する合意

> (1) 時効の要件は，時効期間を短縮または延長するなど，当事者間の合意によって修正することができる。
> (2) 前項の規定にかかわらず，時効期間は，14：203条に定められた起算点から1年未満に短縮し，または30年より長期に延長することができない。

コメント

A．時効を困難にする合意

　当事者は，時効制度の適用から離脱する旨の合意をすることができる。合意の内容には様々なものがある。当事者らは，自らの債権に適用される時効期間の延長または短縮，起算点の変更，時効の停止事由の追加または削減などを望むことがありうる。時効をより困難にする合意を認めることについては，それをより容易にする合意に比べてより多くの反論がある。そのような反論は，通常，債権の時効が保護しようとしている公共の利益を根拠としている。しかし，次のことを思い起こさねばならない。債権の時効が主に債務者の保護を目的としていること，そして債務者がそのような保護を放棄する場合には，私的自治が公共の利益に優先すると考えられることである。また，時効をより困難にする合意を認めていない国々で適用されている一般的時効期間は比較的長い（10，20，または30年）ために，さらなる延長を認めることが実際上問題になるということである。いずれにせよ，一般的時効期間が短い場合に比べるといっそう問題である。したがって，多くの国々の法制では，

時効期間を延長する合意は時効期間が例外的に短い場合に個別的に認められている。建物や物品の隠れた瑕疵に関する契約上の保証責任に関する時効は，その典型例であり，実際にも重要なものである。また，次の考えもまた受け入れられる傾向にある。すなわち，時効延長の禁止は，債務の履行期を延期する合意や，履行に猶予期間を与える合意（*pacta de non petendo*）のように，間接的に時効をより困難にする合意には影響しないという考えである。しかし，当事者は債務の履行期を延期できるとするなら，時効期間の起算点自体を遅らせるべきでないとする理由を見出すのは容易ではない。さらに，これらの合意を区別することは困難であるため，時効延長の禁止を免れる可能性が広く認められる。これらの問題は，時効延長の禁止を放棄することにより解決できる。

　以上に述べたことは，本原則で提案されている時効制度の下では，一層望ましい。当事者の自治により，(i) 3年の短い一般的時効期間，および(ii)時効制度一般の画一性に対して，必要な調整を施すことができる。3年の時効期間やその他時効に関する多くの原則は，すべての類型の債権や，考えられるすべての状況に，等しく適合するわけではない。当事者は，契約の自由に加えられる一般的制限を遵守しているかぎり，自由により適切な枠組みを考案することができるのでなければならない。本章に定められた原則は，諸利益間の微妙な較量に基礎を置くものであって，合理的な均衡がまったく違った方法で達成されうる場合があることを認めなければならない。例えば，契約当事者は，合理的な判断の下に，債権者が認識を欠く場合の時効の停止（14：301条）を不確実性の根源と考えて，より長い時効期間を取り入れることによりこの準則を排除することができる。

B．制　　限

　時効の要件を修正する合意については，以下の2つの条件を付すべきである。(i) 時効制度への介入を認める標準契約の条項は，特に慎重に精査すべきである。不公正契約条項指令は，加盟国において国内法化されているとおり，条項の精査に必要となる手法を定めている（本原則4：110条も参照）。(ii)公共の利益の観点からは，必ずしも時効制度が強行法規として定められることは要求されない。当事者の自治がひろく認められる。債権が3年ではなく7年で時効にかかることとされても，公共の利益が害されることはない。少なくとも，債務者が，債権者との合意を通じて時効期間を長くし，時効による保護を部分的に放棄するという決断をした場合に，それを無効としなければならないほどに公共の利益が害されることはない。もっとも，債務者が，合意により時効期間を50年，あるいは100年とすることまで認めるべきではない。これを認めると，事実上，債権が時効にかからないことになってしまうからである。本条が，合意によっても30年を超える時効期間を定めることはできないとしている理由は，この点にある。30年という期間は，本原則において，例

外的な状況の下で認められている最長の時効期間（人身損害に関する時効期間伸長の上限。14：307条）であり，いくつかの加盟国において，今なお用いられている一般の時効期間でもある。30年の期間は，14：203条に定める時点を起算点として計算される。

C．時効を容易にする合意

上に述べたことは，時効の完成を容易にする合意について，より強く妥当する。そのような合意は，今日でもすでにひろく認められている。さらに，そのような合意は，時効法の根底にある政策的考慮の基礎となっている公共の利益に抵触することもない。それでもなお，当事者の自治に最低限の制限を付すことが公平にかなうと考えられてきた。その制限が1年という時効期間の下限である。この下限は，プロの当事者が十分な交渉を経て合意した場合にも適用される。

ノ ー ト

1．強行規定としての時効制度

時効期間を長く（または短く）する，法律上の起算点と異なる時点を起算点とする，時効期間の進行停止事由を追加し，または法律が定める進行停止事由を削除する等の契約を結ぶことによって，当事者が，法律が定める時効制度から離脱することができるかについては，立場にかなりの違いがみられる。この点についてとりわけ厳格な態度をとり，合意による修正をまったく認めていない国もある。スイス債務法129条，ギリシャ民法275条，イタリア民法2936条，ポルトガル民法300条を参照。さらに，最も新しい立法例としてケベック民法2884条も参照。UNCITRAL時効条約においても，時効制度は強行規定とされている（22条「出訴期限は，当事者間の合意によって修正することができない…」）。もっとも，2つの例外が定められている。1つは，債務者は，時効期間が進行している間はいつでも債権者に対する書面による通知をもって時効期間を延長することができるというものである。もう1つは，仲裁手続について，条約が定める出訴期限より短い期間内に開始しなければならないとする条項を，売買契約で定めることを許容するものである。

2．一方向にのみ強行規定である時効制度

いくつかの法制度では，当事者が，時効を容易にする合意（特に，法定の時効期間より短い期間を定める合意）をすることは認められているが，時効をより困難にする合意（特に，法定の時効期間より長い期間を定める合意）をすることは認められていない。このような国では，時効制度は一方向にのみ強行規定としての性質をもつ。ドイツ民法225条，オーストリア民法1502条，フランスにつき，*Ferid & Sonnenberger* 1 C 254ff.，ベルギーにつき，*Cornelis*, Algemene theorie, no. 709（ただし，*Storme*, in *Hondius*, 71ff. で批判されている。），オランダにつき，*Asser-Hartkamp*, Verbintenissenrecht I n. 678，デンマークにつき，*Gomard* III, 233，フィンランドにつき，*Halila & Ylöstalo* 103ff. を参照。スコットランド法もこの立場をとっている。*Johnston* 4.05を参照（ただし，関連する規定（1973年の時効および出訴期限（スコットランド）法13条）の意味するところは不明確であると述べている）。

もっとも，例外的に短期の時効期間が定められている場合において，ドイツ民法477条1項

2文，480条1項2文，490条1項2文，638条2項，ドイツ商法414条1項2文，423条，439条により，時効期間を延長することとなる合意が許容されている。スイスにつき，*Spiro*, Begrenzung §345を参照。契約による保証は，たとえそれが時効期間を延長する効果をもつ（実際にそのような場合は多くある）としても，有効であるとされている。*Münchner Kommentar (-Westermann)* §477, nn. 21ff.; *Spiro*, Begrenzung §346を参照。時効の完成を間接的に困難にする合意（例えば，履行期を延期する合意，または請求しないことの合意（*pacta de non petendo*））は認められている（詳細については，*Spiro*, Begrenzung §344; *Standinger (-Peters)* §225, nn. 7ff.を参照）。このため，*Standinger (-Peters)* §225, n. 2は，当事者が時効期間の延長を望む場合，そこに乗り越えられない障害があるわけではないと述べている。

3．いずれの合意も認める立場

　ドイツ債務法改正委員会およびイングランド法律委員会は，原則として，時効期間を短縮する合意と延長する合意のいずれも認めることを勧告している。ドイツ債務法改正委員会草案220条（Abschlußbericht, 97ff. も参照）; Law Commission Consultation Paper on Limitation of Actions, 389 ff.を参照。イングランド法律委員会の勧告は，今日イングランドで有力になっている立場の影響を受けているようである（Law Commission Consultation Paper, 389を参照）。ドイツ債務法改正委員会は，30年という時効期間の上限（法定の時効の起算点から計算される）をあわせて提案している。債務法改正委員会草案220条3文を参照。イングランド法律委員会は，時効期間の上限およびその起算点に関する規定は強行規定であるとしている。Consultation Paper, 390を参照。スペイン法も，原則としていずれの方向の合意も認めているようである。時効の完成を容易にする合意について，*Díez-Picazo & Gullón Ballesteros* I, 468; *Pantaléon*, Prescripción 5013を参照。時効期間を延長することにより，時効の完成を困難にする合意も，時効が完全に排除される場合（*Díez-Picazo & Gullón Ballesteros* I, 468）または時効期間が民法1964条に定める15年の期間を超えることとなる場合（*Pantaléon*, *Prescripción* 5013）を除き，有効であるとされている。スウェーデン法によれば，時効期間を長くする合意および短くする合意のいずれも原則として有効とされるが，契約法36条により，不合理な契約条項は無効とされ，または修正されるという一般原則の適用がある（*Lindskog*, Preskription 582ff.）。

4．時効を容易にする合意

　時効の完成を容易にする合意は，通常の時効制度におけるよりも実効的に，時効法の基礎にある政策的考慮の実現を促進する。*Zimmermann*, in: Jayme, 188; *Asser-Hartkamp*, Verbintenissenrecht I n. 687を参照。それでもなお，このような合意は望ましくないとするものある。*Spiro*, Begrenzung §§347ff. を参照（もっとも，ある当事者間の債権について，その当事者が他の方法で制限を加えることは可能であり，それらの方法と禁止される方法との区別の問題が，少なからず生じうると述べている）。

CHAPTER 15　Illegality

Principles of European Contract Law, Part III

第15章　違　法　性

▶15：101条　根本原理に反する契約

> 契約は，欧州連合の各加盟国の法において根本的であると認められている原理に反するかぎりにおいて，無効である。

コ　メ　ン　ト

A．本章の射程および配置

　本章は，契約または契約条項が違法とされる場合に，そのことによって契約または契約条項にどのような影響が及ぶのかについて扱う。本章の対象は，本原則第4章（有効性）で扱われている問題と関連する。本章に取消しという救済手段が規定されていないとしてもである。全3部を統合した新版が完成すれば，本章は，第4章の独立した節として組み込まれるであろう。現段階で本章が第Ⅲ部のほぼ最後に配置してあるのは，後に本章が移動される際に前章までの条文番号に影響を及ぼさずに済むよう配慮したためである。

B．各加盟国の法において根本的であると認められている原理に反する場合

　15：101条は，道徳違反，コモン・ローにおける違法性，公益，公の秩序（*ordre public*），および善良の風俗（*bonos mores*）など国ごとに多様な概念の使用を避ける意図の下，EU域内において普遍的に見出される法の根本原理（EC法を含む）という非常に広範な観念を用いて定式化されている。これらの根本原理に関しては，例えば次のような公的文書が指標となりうる。すなわち，EC条約（物品・役務・人の自由な移動，競争市場の保護などを目的とする），ヨーロッパ人権条約（苦役および強制労働の禁止（4条），自由権（5条），私生活および家族生活の尊重（8条），思想の自由（9条），表現の自由（10条），結社の自由（11条），婚姻する権利（12条），財産権の保護（第一議定書1条）），EU基本権憲章（上記諸権利の多くに加え，個人情報の保護（8条），職業選択の自由および勤労の権利（15条），営業の自由（16条），所有権（17条），男女平等（23条），子どもの権利（24条），団体交渉権および団体行動権（28条），不当解雇からの保護（30条），高度な消費者保護（38

条）などを内容とする）である。

　国内法上の概念にとどまるものは，それ自体としては，本原則により規律される契約に影響を及ぼさず，それらの概念を直接援用することはできない。もっとも，比較法研究を通じて，加盟諸国の法において根本的であると認められている原理が発見され，解明されることはありうる。したがって，15：101条は，個人の自由を不当に制限する契約（例えば，著しく長期間の拘束を伴う契約や，自由競争を制限する契約），労働権を不当に制限する契約，その他の方法で取引を過度に制限する契約，家族生活や性的倫理について一般的に承認された規範に反する契約，裁判手続の適切な進行を阻害する契約（例えば，イングランドにおける，訴訟から不当な利益を得ることを目的とした受任の合意，それ以外の諸国における，訴訟の分け前に関する合意（*pacta de quota litis*））に適用される。さらに詳しくは，*Kötz and Flessner*, 155-161を参照。

　根本的であると認められる原理を基礎づける公益は，時の経過とともに，社会の発展に応じた社会規範に従って変化しうる。

　本原則には，過大な利益取得または不公正なつけ込みを伴う契約に関する準則（4：109条），および，個別に交渉されていない不公正な契約条項に関する準則（4：110条）が置かれているため，これらに該当する事例は15：101条の射程外である。

C．無　　効

　本原則の本章では，効力がないことを示す各国の諸概念（絶対的または相対的な nullity, voidness, voidability, unenforceability）の使用を避け，これらに代えて，「無効 *ineffectiveness*」という概念を用いている。無効とは，EU加盟各国の法において根本的であると認められている原理に反するために，契約を強制すること（これは契約それ自体の問題とは異なる）が許されないことも含む。

D．裁量の余地はない

　ヨーロッパにおける法の根本原理に反する契約の効力について判断するにあたり，裁判官または仲裁人は裁量を有しない。15：102条の立場と異なる点である。そのような契約には，如何なる効力も与えられない。当事者の意図や認識は，問題にならない。

ノ　ー　ト

　ヨーロッパにおける全ての法制度において，道徳または公益の根本原理に反する契約を無効とする規定が置かれている。しかし，用語法は様々である。
　フランス民法は，コーズ（*cause*）および目的（*objet*）の法理の中で道徳違反を扱っており，

善良の風俗（bonos mores）および公の秩序（ordre public）という2つの概念を用いている（民法1133条，1172条）。実際には，前者の概念は後者の概念に包摂されている。イタリア民法1343条は，公の秩序（ordine pubblico）および善良の風俗（buon costume）の語を用いている。ポルトガル民法280条，281条は，公の秩序（ordem pública）および善良の風俗（bons costumes）の語を用いている。さらに，特別準則において，自由意思による基本的な市民権（fundamental civil rights）の制限は，それが公共の利益に反する場合には無効であると規定している（民法81条1項）。オランダ民法3：40条では，善良の風俗および公の秩序に対する違反について規定されている。

スペイン民法1275条は，善良の風俗に反するために契約の原因が不法である場合について規定している。また，(1)両当事者が契約自由の範囲を逸脱する場合（民法1255条。道徳または公の秩序 ordre public によっても契約自由は限界付けられる），(2)契約の目的が善良の風俗（bonos mores）に反する役務であるために不法である場合（民法1271条3項）には，契約は無効であり効力を生じないとされうる。

ドイツ民法138条およびオーストリア民法879条は，善良の風俗への違反について規定している。スイス債務法20条は，善良の風俗への違反について簡潔に規定している。ギリシャ民法178条も参照。

フィンランド法では，善良の風俗（bonos mores）に反する契約は無効とされている。例えば，*Telaranta* 250-274および *Hemmo* I, 300-307を参照。デンマーク法においては，1683年の Danske Lov 5.1.2 条の準則が，「良識 decency」に反する契約は無効であると規定している。この準則は，犯罪を犯す契約または犯罪を請け負う者に報酬を支払う契約に適用される。また，特定の政党に投票する約束，または宗教上の信仰を変えもしくは変えない約束など，約束者に対して行動の自由を不当に制限する義務を負わせる約束にも適用される。法律上要請される行為，または法律上義務づけられた行為に対して対価を支払う約束は，道徳に反し，強制することはできないとされうる。例えば，訴訟において証人として真実を述べることに対し報酬を支払う約束などである（*Andersen & Madsen* 235および *Gomard,* Kontraktsret 195ff.を参照）。

イングランド，アイルランド，スコットランド法では，15：101条の扱う内容は，「コモン・ローにおける違法性」，「道徳違反の契約」，または「公益に反する」契約の標題の下で語られることが多い。このような契約は無効とされうるが，多くの場合は，「強制不可能」と表現される。*Chitty* paras. 17.003-17.139; *Clark* 323-7; *MacQueen & Thomson* 4.68-4.75を参照。イングランド法については，目下，法律委員会の報告書（Consultation Paper on Illegal Transactions）において再検討がされている。法律委員会の暫定的な提案の趣旨は，違法性または公益の侵害を契約の強制を求める請求に対する抗弁事由とすべきか否かについては，その判断を裁判所の裁量に委ねるべきであるというものである。

▶15:102条　強行規定に違反する契約

(1) 契約が，本原則1:103条に基づいて適用される強行規定に違反する場合において，その違反が契約に及ぼす効果がその強行規定に明文で定められているときは，その定めに従う。
(2) 強行規定違反が契約に及ぼす効果がその強行規定に明文で定められていないときは，その契約は，全部有効，一部有効，全部無効，または改定すべきものと判断されうる。
(3) 本条2項の規定に基づいて下される判断は，次の各号に掲げる事情その他すべての重要な事情を考慮して，違反に対して適切かつ均衡のとれたものでなければならない。
  (a) その強行規定の目的
  (b) その強行規定がどのような者を保護しているか
  (c) その強行規定に基づいて課されるサンクション
  (d) 強行規定違反の重大性
  (e) 故意による強行規定違反か否か
  (f) 強行規定違反と契約との関連性

コメント

A．総　説

　根本原理に反するものではなくとも，法に反するという意味において違法な契約は多い。15:102条は，そのような契約を扱うものである。15:101条および15:102条の構造上，強行規定に対する違反が15:101条にいう根本原理に対する違反にも該当する場合には，15:101条が適用される。したがって，実際に15:102条で扱われるのは，15:101条に比べて重要性の低い法規違反である。現代の国家に存在する種々の法律上の規制に照らすと，15:102条の射程に含まれる違反の中には，単に技術的な性質を有するにとどまるものが存在するのも事実である。それゆえ，違反の効果については柔軟な対応が要請される。

B．適用される法律が強行規定であること

　15:102条は，どのような場合に契約が違法であるのかを定めるものではない。本原則は，本原則によって規律される契約に適用される自己完結的な準則体系を示すものであるが，それらの契約に本来適用される国内法その他の実定法の規定，なかでも，一定の状況において契約の効力を否定し（make contracts null, void, voidable, annullable），または強制不可能とする明示または黙示の準則または禁止規定を，完全に度外視することはできない。これらの準則が，国際私法および本原則1:103

条に基づき契約に適用される場合において，15：102条が機能することになる。もっとも，本条は，違法とされた場合の効果しか規定していない。

本原則1：103条は，強行規定を2つの類型に区別している。すなわち，(1)国内法の強行規定のうち，契約に本来適用される法が許容するかぎりにおいて当事者が契約の規律を本原則に委ねることを選択したことにより，その適用が排除されることとなる規定，および，(2)関係する国際私法上の準則によれば契約を規律する法のいかんにかかわらず適用可能な準則である。この区別は，1980年の契約債務の準拠法に関するローマ条約7条に倣ったものである。同条には次のように規定されている。ローマ条約に基づいてある国の法が適用される場合において，その状況に密接な関連を有する別の国の法によれば，契約に適用される法のいかんにかかわらず同国の強行規定が適用されるべきものとされているときは，そのかぎりにおいて，その強行規定は効力を有しうる。このような強行規定に効力を認めるか否かを判断する際には，その規定の性質および目的，ならびにその規定の適用または不適用によってもたらされる結果が考慮されなければならない。もっとも，ローマ条約は，法廷地法の準則の適用に関し，その準則が契約に適用される法のいかんにかかわらず強行的な場合に限定するものではない。さらに，ローマ条約16条によれば，同条約により指定された国内法の準則の適用が否定されうるのは，その準則を適用することが，法廷地の公の秩序(*ordre public*)と明らかに相容れない場合に限られる，と規定されている点にも留意しなければならない。

C．強行規定違反の有無が問題になる場合

強行規定に対する違反は，契約締結の当事者，契約締結の態様，契約の内容もしくは目的，または（例外的であるが）契約の履行の各場合について生じうる。

違反の有無が最も明白なのは，特定の契約を締結できる当事者を定めた強行規定への違反である。

> 設例1：ある法律で，会社が消費者信用業務を営む場合には，政府の認可を得なければならず，認可を受けていない与信業者の締結した消費者信用契約は，業者側からこれを強制することはできないと規定されている。また，認可を受けることなく消費者に対し与信を行った業者は，刑事罰の対象になる。このとき，認可を受けていない業者による消費者信用契約の締結は，強行規定に違反する。

比較的困難なのは，契約の目的の違法性が問題となる場合である。一般的には，違法な目的が契約の有効性に影響を及ぼすには，その違法な目的が両当事者にとって共通でなければならない。少なくとも，当事者の一方が有する違法な目的を相手方が認識し，または認識するべきだったという意味において共通でなければならない，と考えられているようである。

契約債務の履行の仕方が違法であるにとどまる場合には，通常，契約そのものが違法性に関する強行規定によって影響を受けることはない。例えば，運送会社の運転手が，陸路で物品の運送契約を履行するに際してスピード違反を繰り返し，または信号無視をしたとしても，その運送契約は，本条の準則による影響を受けない。契約そのものが，道路交通法上の強行規定に違反したのではないからである。ただし，一方または双方の当事者が，契約が違法な方法で履行されることを当初から意図していた場合に限定していえば，契約またはその履行に関する合意の有効性，またはどの範囲で有効であるかが問題となりうる。このような状況は，契約の目的が違法な場合に類似する。

　　設例２：ある商品を緊急に必要としている買主が，売主を説得して，商品を運送する際に速度制限に違反するという約束をさせた。このとき，売主のした約束は，違法性に関する準則の適用を受ける。

　違法性に関する本条の準則は，契約に違法な条件が付される場合にも適用される（条件については，本原則第16章を参照）。

Ｄ．違法とされた場合の効果

　違法とされた場合に契約が受ける影響を判断するにあたっては，第１に，問題の強行規定がどのような効果を規定しているかが考慮されなければならない。

　強行規定が違反の効果を明文で規定している場合は，その効果が生じる。例えば，問題の強行規定が，違反があれば契約は無効であると定めている場合，または，違反があっても契約は無効ではないと定めている場合には，それぞれ定められた通りになる。例えばEC条約81条は，事業者同士において，域内市場の競争を妨害，制限，または歪曲する目的または影響をもつ合意をすることを禁止し，そのような合意は「自動的に無効 automatically void」と規定している。これとは反対に，契約の締結過程または履行過程で犯罪が行われた場合でも，その契約を当然に無効（void）または強制不可能なものとせず，または損害賠償請求権の発生を否定しない法律もある（例えば，パッケージ旅行に関する理事会指令（90/314/EEC）を国内法化した，イギリスのパッケージ旅行に関する規則（1992 reg. 27）を参照）。

　第２に，問題となっている強行規定が，その規定への違反が契約にどのような影響を及ぼすかについて，明文で定めていない場合がありうる。本原則では，この第２の状況について対処しなければならない。この点について本原則は，契約から生じる問題を判断する権限をもつ者（裁判官または仲裁人）に，この問題についても委ねることとした。契約から生じる問題について裁判官または仲裁人の判断に委ねられることがなければ，（15：101条が適用される場合を除いて）契約が違反により影響を受けることはない。特段の定めがないかぎり契約は有効であり，ここで述べ

ている状況に関し無効（invalidity）を規定する本原則条項や強行規定は存在しないからである。

15：102条2項が適用される場合，裁判官または仲裁人には，契約を，全部有効，一部無効，もしくは全部無効にするか，または改定する裁量が与えられている。裁判官または仲裁人が行う判断は，関連するすべての事情，特に15：102条3項に列挙された事情を考慮した上で，違反に対し適切かつ均衡のとれたものでなければならない。

15：102条2項は，裁判官または仲裁人に対し，考えうる効果のすべてを選択肢として与えている。そこには，契約に何の影響も与えず，かつ完全に強制可能なままにするという選択肢が含まれる。また，契約の一部のみを有効とする判断もありうる。その例としては，当事者の一方からのみ強制可能とすること，契約の一部分についてのみ強制可能とすること，特定の時期でのみ強制可能とすることなどが考えられる。一定の救済手段（例えば履行請求）は利用できないが，その他の救済手段（例えば不履行に対する損害賠償請求）は利用可能とする判断もありうる。契約を完全に無効（ここでは，契約の無効 nullity と強制不可能の両方を含む意味である）とする判断，または，裁判官または仲裁人により改定された内容の下で契約の強制を認めるとの判断もありうる。

E．違法の効果を判断する際に考慮されるべき要素

本原則15：102条3項は，裁判官または仲裁人に対し，違法が契約に与える影響を判断する際には関連するすべての事情を考慮するよう命じている。この判断過程の指針として，いくつかの考慮されるべき要素が列挙されている。そこに列挙された項目は限定的ではなく，また，複数の要素が重なりあうこともありうる。

(i) 強行規定の目的

問題の強行規定が，それに違反する契約の有効性について明文で定めていない場合には，法解釈の一般原則に従い，その規定の立法趣旨が判断されなければならない。規定の目的に合致した処理がされるべきである。本原則は，強行規定違反が契約に及ぼす影響について明文の定めがない場合においては，常に，その強行規定の実効性を損なわないためには契約を無効（set aside）とすることまで求められるのか否かを考慮すべきであるとの立場をとるものである。立法目的が考慮されなければならない例としては，国内のある立法について，国際取引または越境取引に適用されることが意図されているか否かが問題になる場合，または，国際的な法準則もしくは共同体法上の準則について，純粋な国内取引にこれを適用すべきか否かが問題になる場合などが考えられる。

(ii) 誰を保護するための強行規定か？

この考慮要素は，強行規定の目的（上記(i)を参照）に関する問題と密接に関連す

る。例えば、ある種類の契約に関する規定により、当事者の一方がその種類の契約の締結を禁止されていた場合に、そのことから直ちに、相手方が違法を主張して契約の有効性を妨げることができるわけではない。

　設例3：ある法律に、国内の建築作業は、登録された建築業者でなければ施工してはならないと規定されている。しかし、その法律には、未登録の建築業者が締結した契約にどのような影響が及ぶのかに関する規定がない。未登録建築業者との間で住宅を増築する契約が締結され、仕事の75％が完了したところで、その建築業者が仕事を中止した。この場合において、裁判官または仲裁人が、この規定の主要な目的が依頼者の保護にあると結論づけるとすれば、依頼者は、未登録建築業者に対して契約の履行請求をすることはできないが、未登録建築業者に対して、欠陥工事によって被った損害、または登録建築業者に仕事を完成させるために要した追加的費用について損害賠償を請求することができる。

　設例4：ある会社が、自社の株主との間で、その会社の株式のさらなる購入を容易にするために資金援助をする旨の合意をした。この合意は、会社法の規定に違反する。この会社法の規定の目的は、株主および会社債権者の保護である。この場合において、すべての株主が資金援助を受けて株式を購入し、かつ、この取引によって会社債権者が不利な影響を受けないのであれば、この合意は有効とされうる。

　設例5：消費者保護に関するある法律において、営業所以外の場所で貸付けに関する交渉をし、または貸付けの合意を行うことが禁止されている。この法律の目的は、消費者信用業者のために与信業務を行う訪問販売人または電話勧誘人の「不意打ち的勧誘 cold selling」から消費者を保護することにある。このとき、消費者信用業者は、法律に違反する状況下で締結された合意を強制することができない。これに対し、当該禁止規定の保護対象である消費者は、その合意を強制することができる。

⑶　強行規定違反に対する制裁が別途定められている場合

　問題の強行規定において違反者に対する刑事罰または行政罰が定められている場合、当該行為の抑止という目的にとっては、それらの制裁を課すことで十分であり、さらに契約の効力を否定するまでもないと考えられる。抑止という目的は、通常、私法で対応するよりも、そのような刑事罰や行政罰を通じてよりよく達成される。これらの制裁は、当事者の非難可能性の程度を考慮したものであることが多く、そのことからすれば、問題の行為に対する適切な対応という点で、契約の全部または一部を無効にするよりも優れていると考えられる。

　設例6：ある法律に、一定の大きさの船は、一定の重量以上の船荷を運搬してはならないと規定されている。その法律は、刑事罰を規定しているが、禁止規定違反に対する私法上の効果については何ら規定していない。船主Aは、その法律に違反してBのために積荷を運んだ。Bは、その履行が違法であると主張し、運賃の支払いを拒絶した。この

場合において，この法律の目的はAに刑事罰を課すことによって十分に達成されるから，契約は無効ではなく，Bは運賃を支払わなければならない。

設例7：ある法律により，裁判所職員が職務外の活動に従事して報酬を受けることが禁止されている。この規定の目的は，公務員に職務専念を義務づけ，かつ，公務員がそのような合意をしないようにすることにある。この目的は，有責性の程度を考慮した懲戒処分を課することにより達成されうる。これは，契約の相手方が公務員の役務提供を無償で受けられるようにするよりも優れている。

(iv) 強行規定違反の重大性

裁判官または仲裁人は，強行規定違反の違法性が契約にどのような影響を及ぼすのかを判断するにあたり，強行規定違反の重大性を考慮することができる。違反が重大でないか，または非常に軽微である場合には，そのことは契約を有効とする要素になりうる。

設例8：ある船舶所有会社が，船舶の積載重量の上限を定める規則に違反したが，超過した積載重量はごく僅かであった。このとき，この違反だけを根拠に，船舶所有会社が船賃を請求できなくなるとするべきではない。

上記とは反対に，強行規定違反が重大かつ深刻な結果をもたらす場合には，契約に何らかの影響が及びうるだろう。

(v) 故意による強行規定違反か否か

本条3項e号により，裁判官または仲裁人は，強行規定違反についての当事者の知・不知を考慮することができる。具体的事案におけるその他の要素（特に，問題となる法律の目的）を前提にして，両当事者が違法であることを知り，または意図していた場合には，両当事者がそのことを知らなかった場合と比べて，契約を無効とする違法性があることのより強力な論拠となる。比較的複雑な問題が生じるのは，当事者の一方のみが強行規定違反を認識しているが，相手方は認識していない場合である。この場合には，どちらの当事者が契約を強制しようとしているのかによって結論が変わりうる。

設例9：ある運送契約において，運送人が違法な履行をした。運送人は，問題となる法規の要求に反することを知っていた。このとき，顧客が，契約締結時または履行時にその違法性を認識していた場合には，運送人の契約違反に基づいて損害賠償を請求することができない。これに対し，顧客が違法性を認識していなかった場合は，損害賠償を請求することができる。運送人が契約を完全に履行した後に契約代金を請求することができるか否かについては，さらに，禁止規定の目的および課されうるその他の制裁（例えば刑事罰）などを考慮して判断される。

最も困難な問題が生じるのは，契約が違法な目的のために締結された場合である。

AがBに武器や爆発物の販売をすることが適法であり，かつ，これらの武器等を(例えば自衛や建設作業などのために)用いることが適法である場合には，Bがこれらの武器等を違法に用いようとする意図があっても，供給契約の有効性に影響を与えるべきではない。しかし，Aが契約を締結する時点でBの違法な目的を認識し，または共謀している場合（例えば，Aが，Bがテロ組織の構成員であることを知りながらプラスチック爆弾を供給する場合）には，AからBに対し武器等の代金を請求できないとすることにより，そのような契約の締結がある程度抑止されうる（少なくとも，そのような物品の信用売買は抑止されうる）。

(vi) 強行規定違反と契約との関連性

この考慮要素の下で検討を要するのは，当事者の一方または双方による違法な給付が，契約で明示的または黙示的に約束されているか否かである。例えば，船やトラックに過積載しなければ履行できない運送契約は，これを無効と結論づけることは比較的容易である（もっとも，契約の適切な改定によって処理されることも考えられる）。

ノ ー ト

1．法規に違反する契約

　　ヨーロッパにおけるすべての法制度は，何らかの法規定に違反する契約について規定を設けている。道徳または公序に関する根本原則に違反する契約におけるのと同様である。

　　多くの法制度では，このような準則は，契約自由の制限または契約の原因（causa）もしくは目的（object）に関する準則の中に位置づけられている。例えば，フランス民法1133条（法により禁止されている場合はそのコーズは不法である），イタリアについて民法1343条（強行規定に違反する原因は違法である），1344条（契約が強行規定の適用を回避する手段である場合もその契約の原因は違法である），1345条（「両当事者が，もっぱらその双方に共通する違法な動機から契約を締結するに至った場合」にはその契約は違法である），*Sacco-De Nova* 559–572; *Mariconda* 367–400, スペインについて民法1255条，1271条，1275条，*Díez-Picazo* I, 4th edn 242–243），ポルトガルについて民法280条1号，*Hörster* 526を参照。

　　ドイツ民法134条は，法律上の禁止に対する違反について規定する。オーストリア民法879条も同様である。イタリア民法1343条では，強行規定という語が用いられてるのに対し，オランダ民法3：40条では，命令法規に対する違反という概念が用いられている。スイス債務法20条は，違法な内容の契約について簡潔に規定している。

　　デンマーク法では，契約の成立や内容によって法規定が違反される場合，契約において要求されもしくは意図された履行によって法規定が違反される場合，契約の目的たる行為によって法規定が違反される場合に分けて扱われている。*Ussing*, Afthaler 186ff.; *Gomard*, Kontraksret 195, および *Andersen & Madsen* 232を参照。

　　フィンランド法は，違法な契約の有効性に関する一般的な規定を設けていない。しかし，学説および判例のいずれにおいても，法規定に違反する契約が無効となりうることが認められている。*Telaranta* 250–274, および *Hemmo* 300–307を参照。

イングランド，アイルランドおよびスコットランド法では，標準的な教科書にはすべて，「違法性」または「制定法違反による無効」などの標題をもつ章が立てられている。さらに詳しくは，*Enonchong*，スコットランド法の複雑な展開については，*Macgregor* in Reid & Zimmermann vol. II, chap. 5 を参照。

2．強行規定違反の効果

ヨーロッパの法制度の多くは，原則として，法律違反の契約は無効とされている。しかしながら，かなりの柔軟性を認めるものが多い。

イタリア民法1418条は，「法律に別段の定めがない限り，強行規定に違反する契約は無効である」と規定する。また，法律上の禁止に違反する事例において，その法律が明文で無効を規定する場合には，契約は無効である。しかし，禁止が，契約の内容や主体に関するものであって，違反に対する行政罰または刑事罰のみを規定しており，契約の有効性に言及していない場合には，契約が無効か否かは，事案の事情を考慮して確定される（Cass. 16/7/1946, n. 892, in *Foro It.* 1947, I, 376; *Gazzoni* 965を参照）。

フランス法，ベルギー法，ドイツ法およびオーストリア法では，「絶対的無効」と「相対的無効」が区別される。絶対的に無効とされるのは，公共の安全と秩序の保護を目的とする法律に違反する合意である。誰が無効を主張してもよく，無効とするための特別な行為は要求されない。これに対し，違反された法律の目的が契約当事者の一方を保護することのみである場合は，その当事者が，管轄権を有する裁判所で契約の無効を主張しなければならない。したがって，暴利行為の被害者（オーストリア民法879条2項4号を参照）が合意の無効確認を求めるには，その取引の無効を主張する必要がある。

ドイツ民法134条，スペイン民法6条3項，ポルトガル民法294条およびギリシャ民法174条は，法律上の禁止に違反する法的行為は，法律に別段の定めがないかぎり，無効であると規定している。オーストリアでは，法規定に違反して締結された契約上の合意がすべて無効になるわけではない。法律に違反する合意の無効が法律に明文で定められていない場合には，合意が違法とされた場合の効果は，違反された規定の趣旨・目的によって定まる。その結果，必ずしも常に無効とされるのではなく，それ以外の効果が指示されることがありうる。例えば，ある規定が，合意の内容ではなく，締結の態様，場所，および時間のみに関係する場合，これに違反する合意も有効である。オランダ民法3：40条2項および3項も同趣旨であり，次のように規定している。すなわち，命令法規への違反は無効であると規定した上で，法律が契約当事者の一方のみの保護を目的としている場合には契約を取り消すことのみが可能であるとし（つまり，この場合は絶対的無効ではない），ただし，法律の趣旨から異なる結果が導かれる場合にはこのかぎりではないとする。さらに，法規定が，それに反する法的行為の無効を目的としない場合には，上記規定は適用されない。これらの規定の基本的な趣旨は，違反された法規に実効性を与えるための支援的制裁（supporting sanction）として契約を無効にするまでの必要があるか否かという観点からの，司法上の考慮の機会を保証することにある。さらに，ポルトガルでは，消費者信用取引において一定の事項を遵守しなかった場合，その契約は，違反された事項の性質に応じて，無効，取消し，または一部強制不可能といった影響を受ける（Decree-law n. 349/91, 21 September 1991, art. 7, n. 1, 2, 3）。これに対し，法律に規定がない場合は，契約への影響は，その法律の目的から導かれる。例えば，ある売買契約が，法律で定められている閉店時間よりも後に結ばれた場合，その契約は有効である。なぜなら，適用される強行規定の目的が公正な競争だけに向けられているからである（*Hörster* 521）。逆に，契約当事者が，法律が要求する資格をもたなかった場合は，その契約は無効となる（STJ 05.11.74）。

イングランド法およびスコットランド法では，違法な契約は無効とされうるが，「強制不可能」と表現されることの方が多い。この場合，いずれの当事者も履行請求または損害賠償請求をできない。したがって，当事者は，何事もなく違法な契約から手を引くことができる。裁判

所は，職権で違法性を考慮し，その判断に基づいて請求を斥ける（*Chitty* para. 17.196; *MacQueen & Thomson* 4.67）。もっとも，法律に違反する契約の効果について，やはり法的な柔軟性が存在する。いくつかの事例において，裁判所は，法律の実効性を確保するために契約を無効にするまでの必要があるか否かを考慮している（例えば，*St John Shipping Corp* v. *Joseph Rank Ltd* [1957] 1 Q.B. 267; *Archbolds*（*Freightage*）*Ltd* v. *S Spangletts Ltd* [1961] 2 Q.B. 374を参照）。イングランド法では，現在，法律委員会による検討が進められている（Consultation Paper on Illegal Transactionを参照）。法律委員会の暫定的な提案の趣旨は，違法性または公益の侵害を，契約の強制を求める請求に対する抗弁事由とすべきか否かについては，その判断を裁判所の裁量に委ねるべきであるというものである。ただし，この裁量には枠が設けられており，裁判所には一定の要素を考慮することが求められている。すなわち，(1)違法性の重大性，(2)契約の強制を求める当事者の認識および意図，(3)救済を否定することが違法な行為の抑止効果をもつか，(4)救済を否定することが，その契約を違法とする規定の目的に資するか，(5)救済を否定することが違法性の程度と均衡がとれているかである。

デンマーク法では，法律違反が契約に与える影響は，問題の規定が定める効果に従う。これに関する明文の規定がないために問題が生じるのは，主として，公共の利益のための禁止規定が違反される場合である。この種の違反があっても，無効とされない場合がある。デンマーク小売店舗法に違反する営業時間後の販売，不動産の分筆につき法律が要求する許認可を得ることなしに締結された土地の一部の売買，および無許可労働の合意は，無効ではないと考えられている。もっとも，*Andersen & Madsen*（232 note 259）では，違法な履行を約束したが未だ履行していない当事者は，履行を拒絶することができるとの立場が支持されている。以上に対して，法律が定める上限価格に違反する合意や，その当時の刑法に違反することを理由として裁判所命令により没収された海外のポルノ作品の購入は，強制できないと判示されている（Supreme Court Decision in Ugeskrift for Retsvæsen 1963 303）。また，外国人への土地の売却に対する禁止を回避するためにされた終身賃貸借の合意も同様に強制不可能とされている（Western High Court in Ugeskrift for Retsvæsen 1972 794）。全般について，*Ussing*, Aftaler 186ff.; *Gomard*, Kontraksret 195，および *Andersen & Madsen* 232ff. を参照。

スウェーデンには，法律違反が契約に与える影響に関する一般的規定はない。いくつかの法律には，違法な内容の契約や一部が違法な契約を無効とする明文規定があるが，それ以外の法律では，法律上の効果はまったく規定されていない。一般的には，スウェーデン法は15：102条と一致していると思われる（特に，Supreme Court in NJA 1997 p. 93で示された原則，Jordabalken Chap. 4 § 1, second para. における一部無効の原則，および，Jan Anderssonによる包括的な研究（TfR 1999, 533-752）を参照）。

フィンランドでは，違法性が契約に及ぼす影響は，個別の状況により異なる。*Telaranta* 250-274および *Hemmo* 300-307を参照。

▶15：103条　一部無効

> (1) 15：101条または15：102条によって契約の一部のみが無効となる場合には，その残部の効力は，維持される。ただし，当該事件のあらゆる事情を適切に考慮すればその契約の残部を維持することが不合理であるときは，このかぎりではない。
> (2) 15：104条および15：105条は，必要な修正を加えた上で，一部無効の場合に適用される。

コメント

A．一部無効

　本原則は，違法性や道徳違反が取引に与える影響を最小限にするという一般的な意図に基づいて，次のような可能性を定めている。まず，契約の一部のみが違法である場合には，契約の残部は依然として有効であり，強制が可能である。ただし，あらゆる事情を考慮すればそのことが不合理なときは，このかぎりでない。4：116条における取消しの方法においても，これと同じ態度が貫かれている。考慮される事情は，以下の通りである。すなわち，無効な部分がなくても契約が独立して存続するかどうか，契約の残部のみでも両当事者がその契約に合意していたかどうか，そして，給付と反対給付という各当事者の債務における均衡に対して一部無効がどのような影響を与えるかである。

ノート

　一部についてのみ違法な契約を分割できることについては，ヨーロッパの法制度において広く認められている。しかし，その形式は様々である（例えば，ベルギー民法1217条および1218条，ドイツ民法139条，スイス債務法20条，ギリシャ民法181条，イタリア民法1419条，オランダ民法3：41条を参照）。ドイツでは，民法134条が，民法139条に対する特則であるとひろく認められている（*Münchener Kommentar*（-*Mayer-Maly*）§134 no. 109）。ドイツ民法134条の一般準則によれば，契約は原則として全部無効であるが，一部無効とすることによって禁止規定の目的が達成されうる場合には，このかぎりではない。しかしながら，この準則によってもたらされる実際上の効果は，通常は，139条による場合と同様である。本条に定められている準則は，デンマーク契約法の一般原則に一致している（*Gomard*, Alm. Del. 128を参照）。スペインでは，民法には明文規定が無いけれども，同様の効果をもつ消費者保護のための特別立法が存在する。ポルトガル民法においては，違法を理由とする一部無効や，公序良俗違反を理由とする一部無効について，特別規定は存在しない。一般原則を適用することで対処されている（本原則4：115条〜4：117条のノートを参照）。イングランドについては，*Chitty*, para. 17.185ff. を参照。スコットランドについては，*Stair Memorial Encyclopaedia*, vol. 15, para. 764を参照。

　オーストリア法においては，「一部無効 partial nullity（*Teilnichtigkeit*）」の範囲は，主として，違反された法規定の保護目的から導かれる（例えば，OGH SZ 63/23を参照）。契約を維持することが当事者にとって合理的かどうかという問題は，重視されない。制定法に違反している場合の多くでは（とりわけ，約款に基づいて締結された消費者契約が不公正であり，それゆえ消費者保護法6条に基づいて違法である場合に），法律の違反に関係のない部分について，契約は維持される。つまり，有効性は維持されるが，契約内容は縮小される（効果維持的縮減 *geltungserhaltende Reduktion*）。

　イタリア法では，契約が優先する *favor contractus* との一般原則が認められており，それによれば，1つの条項が無効であることは，契約全体の無効を意味するものではない。この場合には，法律により，強行規定が無効の条項にとって代わる。しかし，その無効とされた部分がなければ両当事者が契約を締結しなかったであろうということが明らかならば，契約の一部無効

は，契約全体の無効を意味する（イタリア民法1419条1項）。

▶15：104条　原状回復

(1) 15：101条または15：102条に基づいて契約が無効とされた場合，いずれの当事者も，その契約に基づいて給付したものの原状回復を求めることができる。この場合において，受領したものの原状回復は，適切でない場合を除き，同時に履行されなければならない。
(2) 本条1項に基づく原状回復の認否，および，それが認められた場合の同時履行による原状回復の適否を判断するにあたっては，15：102条3項に挙げられている各要素を考慮しなければならない。
(3) 無効の理由を知りまたは知るべきであった当事者は，原状回復を求めることができない。
(4) 何らかの理由により原物での原状回復ができない場合，受領したものの相当な価額が支払われなければならない。

コメント

A．原状回復

禁止およびその他の強行法規は，通常，それらに違反した場合の契約の有効性について何も定めていない。そうであるとすれば，一方または双方の当事者が債務の履行を開始した場合に，その契約が無効であったときの救済手段については，なおさら，そこに定めが置かれていることはない。一般に，ヨーロッパ各国の法体系は，この問題を分析するにあたって，ローマ法の伝統を基礎に置いてきた。そこでは，無効が認められた時点での両当事者の状態が維持され，原状回復が否定されていた（不道徳な原因に基づき，占有者の地位が優先される *ex turpi causa melior est conditio possidentis*）。原状回復を否定する理由は，抑止，制裁，裁判所の威厳の維持から，違法なまたは道徳に反する取引をした当事者は自らを法秩序の外に置いたのだとする立場に至るまで，様々である。しかし，違法な契約に基づいてされた履行については，原状回復または巻き戻しを認める方が，無効に対する対応として適切であるように思われる。原状回復を否定することで生じうる問題点，特に，違法な契約の結果をそのままにしておくことについての問題点は，次の設例が示している。

　設例1：ある法律が，廃止された計量法を用いた契約は無効であるとしている。Aは，Bとの売買契約において，廃止された計量法を用いて，引き渡す商品の量と価格を決定した。Bは，引渡しを受け商品を消費した後に，代金の支払を拒絶した。このとき，

本原則に基づきAが売買代金を訴求できないとすると，原状回復の否定は，対価を支払わずに違法な取引の利益を得ることをBに認めることになる。

それゆえ，15：104条は，無効な契約に基づいてされた履行の原状回復に関して，柔軟な構造をもつ規定になっている。第1項は，4：115条（取消しの効果）に内在する一般的な規定を前提とするものであり，9：307条～9：309条（不履行）のような，より限定された場面を想定した規定ではない。それにもかかわらず，契約を無効とする規定または原理が原状回復の否定を要請するものであるか否かを判断するために，その規定または原理について検討する必要がある。適用される強行法規がこの問題について明文の定めを置いていない場合には，15：102条において契約の有効性を判断するために用いられているのと同様の考慮が，原状回復の認否，および，原告が原状回復を同時に行うことの要否についても妥当する。

設例2：消費者信用販売に関するある法律が，買主である消費者の初回支払額について下限を定めている。これに反する契約は，無効である。この法律を知っているにもかかわらず，買主は，法律が要求する支払いについて売主から請求されることも，自らこれを支払うこともなかった。しかし，買主は，この無効な契約に基づいて，期日の到来していた次期分の支払いを行った。このとき，買主は，払込金の原状回復を求めることができる。なぜなら，この法律は消費者保護のために制定されたものであり，さらに，立法の目的からすれば原状回復が望ましいからである。また，買主は，取引に基づいて受け取ったものを払込金と引き換えで原状回復しなければならない。

設例3：銀行の貸付けを規制するある法律の規定が，それ以前に行われた融資を返済していない顧客に対して貸付けを行うことは違法であると定めている。この法律の目的は，借主保護よりも，むしろ経済規制である。ある銀行が，この法律によれば無効である契約に基づいて金銭を貸し付け，その額について返還を求めた。このとき，銀行は，その顧客に原状回復を求めることができる。

設例4：ある家屋の貸主が，借主が賃貸家屋を公序に反して売春宿として使用していることを発見した。このとき，貸主は，公序に反する状況が続くのを防ぐために，家屋の明渡しを求めることができる。

原状回復原理の適用に関する詳細——例えば利得の消滅のような，状態の変更などの抗弁を主張できるか——は，適用される不当利得法に委ねられる。同様に，本原則は，違法な取引に基づく所有権その他の財産の移転については規定を置いていない。

ノート

多くの法体系では，原則として，違法なまたは道徳に反する取引の当事者には，原状回復に

よる救済も契約上の救済も認められない（オーストリア民法1174条，スイス債務法66条，イタリア民法2035条）。フランスおよびベルギーでも，同様の処理が判例によって行われてきた。一般に，この処理は，遡ればローマ法に由来する次の2つの原理を適用して導かれていると考えられている。すなわち，(1)いかなる請求も，原告自身の違法な行為を基礎とすることはできない。(2)両当事者の行為の違法性が同程度である場合，引き渡したものを取り戻すことはできない（D 12, 5, 4, 3）。しばしば，違法と道徳違反は区別されることがあり，前者の場合の方が，原状回復が認められやすい。このような方法は，フランスで多く用いられている。しかし，ある取引が違法であるのか道徳違反であるのかを判断するのは，困難な問題である。原状回復を否定するかどうかは，現在では大部分が裁判所の裁量であるとされており，また，原状回復が否定されるのは，例外的となっている（Terré, Simler, Lequette n. 404）。スペインでは，民法1305条，1306条に基づき，返還請求が認められるかを次の点に依拠させている。それは，違法な行為が犯罪に当たるか否か，および，不法な目的が双方の当事者に存するか否かである。双方の当事者の違法な行為が犯罪に当たる場合，両当事者は，互いに返還を請求することができなくなり，契約の目的物は，犯罪行為の道具として扱われる（民法1305条1項）。当事者の一方のみの行為が犯罪に当たる場合，この当事者は，契約の履行のために引き渡したものの返還を求める権利を認められないのに対して，相手方は，返還を求めることができ，また，履行を強制されることもない（民法1305条2項）。違法な行為が犯罪に当たらない場合，以下の準則が適用される。まず，双方の当事者に違法性がある場合には，いずれの当事者も，返還または履行を求める権利をもたない（民法1306条1項）。当事者の一方のみに違法性がある場合には，この当事者は，返還または履行を求める権利を認められないのに対して，違法性のない当事者は，引き渡したものの返還を求めることができ，契約の目的とされたものの履行を強制されることもない（民法1306条1項）。オーストリア法では，契約が相対的に無効である場合には，両当事者が履行したものについて，原状回復が認められる。

　ドイツの準則では，原則として原状回復が認められ，民法817条2文における抗弁（不道徳な原因からは訴権は生じない *ex turpi causa non oritur actio*）は，一般準則の例外であるとされている。民法817条2文は，懲罰的な性質をもつ準則であると考えられており，その適用は，かなり制限されている。さらに，この規定は，契約が無効であったことについて現実の認識を要求しているとされている。すなわち，当事者が，契約を無効とする事情について認識していても，禁止規定を知らなかった場合には，要件を充たさない。いかなる場合でも，「知るべきであった」では不十分である。817条は，給付者のみが契約の違法性を認識していた場合に，類推適用される。オランダ民法は，旧オランダ法の下での最高裁判所の判例に従い，原状回復を否定する一般準則を拒絶している。すなわち，特定の行為または履行の価値を算定することについて裁判所が道徳的に許容できないと考える場合を除いて，原状回復が認められる（民法6：211条）。ギリシャ民法は，違法なまたは道徳に反する原因による給付について，原状回復を要求している（904条）。しかし，道徳違反が問題となる事例において道徳に反する原因が給付者にも存する場合には，この要求は制限される（907条）。ポルトガルでは，違法な契約または公序良俗に反する契約の場合における原状回復に関して，特別な準則は存在しない。したがって，一般準則を適用することができる（PECL 4：115条〜4：117条のノートを参照）。

　イタリア民法は，2035条において，道徳に反する目的のために履行した者は，その目的が両当事者に存する場合，給付したものの返還を求めることはできないと規定する。この条文は，法律回避を目的とする契約（1344条）においては適用されない。その理由は，この場合，給付したものの原状回復を求める権利は，2033条〔非債弁済の一般規定〕によって認められるためである。

　デンマークにおいて違法な契約が問題になる場合，原状回復が認められるのは，それを認めることが禁止の目的に適う場合のみである。それは，例えば，受領者の所有権取得を防ぐことが禁止の目的である場合であり，無免許者による銃の購入または外国人によるデンマークの土

地の購入といった問題がこれに当たる（*Ussing*, Aftaler 201）。道徳に反する契約に関して一般的に承認されているのは，次の点である。すなわち，履行の受領にあたって，受領者の行為が善良の風俗に反しており（contra bonos mores），かつ，給付者がそれに反していない場合にのみ，原状回復が認められる。したがって，いずれの当事者の行為も道徳違反であった場合には，原状回復は認められない。これに対し，受領者の行為のみが不適切であった場合であっても，次のような場面では，原状回復が認められることが多い。例えば，ある者が何らかの適法行為，例えば犯罪を行わないことの対価として，金銭を受け取った場合である（*Ussing*, Aftaler 199）。

　イングランド法では，一般準則としては原状回復が認められない。しかし，例外的にそれが可能となる場合がある。例えば，原告に受領者と同等の違法性（in pari delicto）が認められないか，もしくは，取引が未だ完全に実行されていない場合，または，禁止された契約と関係なく請求が基礎づけられうる場合である（*Treitel*, Contract 452-65）。アイルランド法も同様である（*Clark* 314-19）。スコットランド法も同様であるが（*Stair Memorial Encyclopaedia* vol. 15, paras. 764-765），制定法がスコットランドの古い単位を用いてした契約を無効としている場合に，スコットランドエーカーを用いたジャガイモの売買に関して，原状回復による返還が認められたことがある。その理由は，この取引に道徳に反するところがなかったからである（*Curthbertson v. Lowes*（1870）8 M 1073，さらに，*Macgregor*,（2000）4 ELR 19-45を参照）。イギリス法律委員会は，違法な取引に関する最終報告書（Consultation Paper on Illegal Transactions）において，次のような提案をしている。すなわち，裁判所は，契約の違法性を原状回復請求に対する抗弁として認めるか否かについて判断する裁量権を有し，そこで諸般の事情を考慮することができる。さらに，裁判所は，一方当事者が違法な契約から離脱し原状回復を行うことを認めるかについても裁量権を有する。このとき，原状回復を認めることが違法な行為または目的の達成の見込みを減じるかが顧慮される。ただし，そこでは，原告に対して契約を強制できないこと，違法な行為を行ったことについて原告に心からの悔悛（genuine repentance）があること，そして，違法性が重大でないことが，充たされている必要がある。

▶15：105条　損害賠償

(1) 15：101条または15：102条により無効とされた契約の当事者は，相手方が無効の理由を知りまたは知るべきであった場合には，相手方に対して損害賠償を請求することができる。この損害賠償は，契約が締結されなかったのと同様の状態に，可能なかぎり近づけることを内容とする。
(2) 本条1項に基づく損害賠償の認否にあたっては，15：102条3項に挙げられている各要素を考慮しなければならない。
(3) 無効の理由を知りまたは知るべきであった当事者は，損害賠償を請求することができない。

コメント

A．損害賠償

　原状回復は，すべての事例で認められるというわけではない。契約が無効とされる場合に，当事者間で利益の移転があるとは限らないからである。しかし，無効な契約を締結したことで，当事者の一方が損失を被るという不公平な状況が生じうる。

このような状況に対処するために，本原則は損害賠償請求権を規定している。そうとはいえ，損害賠償の範囲を，当事者の積極的利益または期待利益に拡張するのは不適切であろう。なぜなら，当事者を，契約が履行されていたならば置かれていたであろう状態（9：502条）に置けば，違法または不道徳な契約を強制したことになるからである。そのため，本条の損害賠償の目的は，前条の原状回復と同様でなければならない。つまり，損害賠償の請求当事者を契約が締結されなかったならば置かれていたであろう状態に可能なかぎり近づけること，言い換えれば，消極的利益または信頼利益を保護することである。しかし，契約が違法であることを知りまたは知るべきであった当事者は，損害賠償を請求することができない。

> 設例：ある法律が，一定の化学薬品の供給者に対し，安全基準および環境基準を充たしていることを示す免許の保有を義務づけている。この免許がない供給者の締結した契約は無効である。行政機関により最近免許を取り消されたA会社は，B会社と化学薬品供給契約を締結したが，B社は，A社が免許を取り消されたことを知らず，かつ，A社の他に免許を有する唯一の会社であるC社の価格よりも安かったため，A社から薬品を購入した。B社がその化学薬品を購入したのは，製造過程で利用するためであり，その薬品を用いて製造した自社製品を販売して利益をあげるためであった。B社は，その化学薬品を安全に貯蔵・管理する設備を整えるために投資を行った。その後，A社の違反行為が明らかとなり，化学薬品の引渡しおよび代金の支払い前に，B社との契約が無効とされた。B社は，予定していた販売契約を締結することができなくなった。このとき，B社は，自社製品の販売契約から得られたであろう利益の賠償を請求することはできないが，契約が有効であるとの信頼の下で貯蔵・管理設備の整備に支出した費用，および，Aとの契約締結に要したその他の費用の賠償を請求できる。これには，Cとの契約締結の機会を喪失したことによる損害も含まれるであろう（ただし，Cと契約を締結するのに新たに要する費用や，BがAではなくCと契約していたならば得られたであろう利益は含まれない）。

原則として，原状回復と損害賠償は重畳的に請求することができないとする理由はないと思われる。上記の設例で，BがAに前払いをしていた場合には，代金の返還請求とともに，支出した費用の賠償請求が認められるべきである。

ノ　ー　ト

ドイツ民法309条，307条およびギリシャ民法365条，362条，363条では，法規違反の契約の当事者は，相手方が契約が違法であることを知りまたは知るべきであった場合には，自らが契約が違法であることを知りまたは知るべきであったのでないかぎり，消極的利益の賠償請求権を有する。オーストリア法では，法律違反について責任を負う当事者に過失がある場合にかぎり，損害賠償請求が認められる。ポルトガル法では，違法な契約もしくは善良の良俗または公の秩序に反する契約に関する損害賠償について特別な準則はなく，一般準則が適用される

（PECL 4：115条～4：117条のノートを参照）。デンマーク法は，法律または道徳に矛盾しない場合にかぎり，信頼利益の賠償のみを認めている（*Ussing*, Aftaler 259ff.）。
　イタリア民法（1338条）は，「契約の無効事由が存在することを知りまたは知るべきであった当事者は，そのことを相手方に告げなかった場合には，相手方が過失なくして契約が有効であると信頼したことにより被った損害を賠償する義務を負う」と規定している。*Sacco* 566; *Bianca* III, 167; Cass. 8/5/1968, n. 1415, in *Foro. pad*. 1968, I, 446; Cass. 28/9/1968, n. 3008, in Foro It. 1968, I, 966; Cass.16/3/1988, n. 2468, in *Giur*. It. 1989, I, 117を参照。この損害賠償の目的は，被った損害（いわゆる「消極的利益」）の回復，および，損害賠償を請求する当事者を契約が締結されなかったのと同様の状態に可能なかぎり近づけることである。これは，積極的利益（契約が履行されていたならばその当事者が得たであろう利益）は除かれるという意味である（Cass. 10/5/1950, n. 1205, Foro It. 1950, I, 1307; Cass. 23/2/1952, n. 497, in Foro It. 1952, I, 1535）。

# CHAPTER 16　Conditions
Principles of European Contract Law, Part III

第16章　条　　件

▶16：101条　条件の種類

> 契約上の債務には，不確実な将来の事実の発生を条件として付すことができる。このとき，債務は，その事実が発生した時にかぎり効力を有し（停止条件），または，その事実が発生した時に効力を失う（解除条件）。

コ　メ　ン　ト

A．本章の射程および配置

本章が対象とするのは，契約上の債務に条件が付されている場合である。本章は，契約の存在を前提としている。ただし，本原則1：107条が，本原則は，「一方的拘束，意思を懲憑するその他の表示および行為」についても，必要な修正を加えた上で適用されると規定していることに注意しなければならない。

本章は，契約においてしばしば用いられる条項について扱っている。それゆえ，本章は，本原則の第6章（内容および効果）を補うものである。本原則全3部が合冊される際には，本章は，第6章に組み込まれることになるだろう。現段階で本書の終わりの方に配置したのは，一時的な措置であり，後に移動させるときに前章までの条文番号に影響を及ぼさずに済むようにする意図である。

B．条件は不確実な事実に関するものでなければならない

契約当事者が債務を履行すべきかについて，発生するか否かが不確実な事実にかからせることができる。債務にこのような限定を加える契約条項を，条件という。条件には，停止条件と解除条件がある（後述コメントGを参照）。条件は，当事者の一方の契約債務のみに影響を及ぼす場合もあれば，両当事者の契約債務に影響を及ぼす場合もある。

設例1：ベッタラビア（Bettaravia）政府が，自国の港からのテンサイの輸出を一切無期限停止にした。ある契約が結ばれ，この輸出禁止措置が7月31日までに解かれれば，この日に売主がテンサイを発送することとされた。これは，売主の債務に影響を及ぼす停

止条件である。

設例2：ある合弁事業の合意において，造園業者と水道業者が，環境面の認可を得られれば，テーマパーク建設のための土地開発することで合意した。これは，両当事者の債務に影響を及ぼす停止条件である。

債務に付す条件は，将来の不確実な事実であれば，消極的に表現されていたり，事実の不発生にかからせるものであってもよい。

設例3：テンサイの売買契約が結ばれ，指定されたベッタラビア国の港において船積渡しによることとされた。売主の引渡債務は，ベッタラビア政府が契約で定められた引渡日までにテンサイの輸出規制を行わないことにかかるものとされた。ここでの不確実な事実は，輸出規制の行使である。このとき，引渡期日における売主の引渡債務には，解除条件が付されている。政府が輸出規制を引渡日までに実行すれば，債務は効力を失う。

条件の本質は，本原則の示すところによると，その不確実性にある。この不確実性は，外的な事実であることに由来する。外的な事実であるとは，両当事者が，影響を与える場合はありえても，それを操作することはできないということである。契約当事者が相当な注意をはらっていれば，停止条件の成就または解除条件の不成就に影響を及ぼすことはありうる。例えば，ある商品を輸出する契約において，売主の債務について，輸出許可の取得が条件とされていたとする。この許可は，輸出枠制を含む所管官庁の裁量下にある制度に服している。したがって，輸出許可を得られるかどうかは，申請者が所管官庁に申請する際の注意および技能によって左右されうる。それにもかかわらず，売主の商品引渡債務は，許可の取得が条件として付されていることになる。

もっとも，条件のなかには，一方当事者の意思に強く依存しており，その当事者に契約締結の意思がまったくないことを示すものもある。このとき，契約の拘束力は欠如しているに等しい。例えば，ある会社が，何らかの行為をする契約または一定額の金銭を支払う契約を結んだが，それを行うかどうかは完全にその会社の裁量の問題であるとされたとする。このようなものは，条件付き債務ではなく，債務ですらない。こういった随意条件と区別されるべき有効な条件として，一方当事者の債務が相手方の意思に依存する場合がある。例えば，ある売買契約において，買主が，自身の製造する商品について第三者からの購入の申込みを承諾すると決めた場合に，売主が原料を一定額で売却する義務を負うとするような場合である。

C．条件は将来の事実に関するものでなければならない

両当事者が，ある事実がすでに発生したことを知らない場合には，一見，過去の事実が債務の条件とされているかのようにみえる。過去の事実に関する不確実性は，情報の伝達速度が上がった現代においても，契約上の債務を形成する上で重要な役

割を果たしうる。それにもかかわらず，このときの条件の基礎になるのは，過去の事実ではなく，その事実に関する情報が将来公表されまたは入手可能となることである。

設例4：Aは，株式会社Cの株式について，前会計年度におけるCの純利益が所定の最低額に達していることを条件として，Bから購入することに同意した。この時点では，利益が指定した額に達しているかは明らかではなかった。C社の過去の利益が明らかになるのは，その会計報告が承認される時である。このとき，Aの債務は，不確実な将来の事実――年度末会計で明らかにされる純利益が，所定の額に達しているか否か――を条件にしたものと解される。

D．条件と契約に基づく債務の履行の前提との相違

契約当事者の一方が，相手方が契約条項に基づいて履行義務を負うよりも先に，債務を履行しなければならないとされる場合がある。このような契約条項は，条件とは区別されなければならない。契約上の債務が履行されることは，両当事者が予期していたことであり，必要であれば法は一般にそれを強制する。これを，本章における「不確実な将来の事実」に分類することは，適切ではない。契約債務の履行の順序に関して明示の契約条項がない場合については，7：104条のコメントを参照せよ。また，救済手段としての履行留保権（9：201条）および契約を解消する権利（9：301）が，一方当事者の履行について相手方の履行にかからせる契約条項と機能的に類似することにも注意せよ。

設例5：建築主Aは，契約により，請負人Bが仕事を完成した時に報酬を支払うこととされている。

この設例において，Aの報酬支払債務は，Bの先履行にかかっている。しかし，Bの履行に関する条項は，本章における条件ではない。このことは，16：102条との関係で重要とである。

E．条件と期限

さらに，条件は，期限とも区別されなければならない。ある契約において，一方当事者の履行期として，到来することが確実な将来の日が定められたとする。例えば，7月1日に売買契約が締結され，同月15日に売主が引き渡すこととされた場合である。このとき，引渡日の到来が引渡債務の条件であると表現するのは，誤りである。7月15日は確実に到来するからである。この債務は，将来の不確実な事実の発生にかかるものではない。債務が，将来のものであり，ある日まで猶予されているとは言えるかもしれないが，条件であるとは言えない。

条件と期限の線引きは，常に明確というわけではない。事実のなかには，発生す

ることは確実でも，いつ発生するか知りえないものもある。そのような事実にかかる条項は，期限であることが多い。しかし，その条項に，隠れた条件が含まれていることもある。債務が，定められた事実の発生前の別の事実の発生または不発生にかかっている場合である。

　設例6：Xは，Yに対して，Zの死亡時に5000ユーロ支払うという義務を負っている。これは，条件ではなく，単純な期限である。Zはいずれ死亡する運命にある。この条項は，不確実な事実（"if"）ではなく，確実な事実（"when"）に関する条項である。

　設例7：ある遺産に関する受託者が，Bが死亡した場合には，Bの子であるAの食費をBの遺産から支弁することを引き受けた。Bの死亡はいずれ確実に生じるので，一見したところ，これは，将来の債務ではあっても条件付債務ではないように思われる。しかし，Bが死亡する前にAが死亡することもありうる。この場合には，受託者は，債務を負わないことになるだろう。したがって，実際には，この債務は，AがBより長く生きることを条件としている。

F．法律上の効果

本原則は，法律上の効果として生じる条件については扱っていない。しかし，契約に適用されない国内法の遵守を，条件として合意することは可能である。

　設例8：ピクトリア（Pictoria）国から芸術作品を輸出する契約が結ばれ，売主の債務には，その輸出がピクトリア法上適法であることという条件が付された。ピクトリア法は，この契約に適用される法ではない。ピクトリア法によれば，輸出には許可が必要である。このとき，売主の債務は，ピクトリアの官庁から許可が与えられることが条件となる。

上記の設例において，売主は，明示または黙示に，別個の契約上の債務として，輸出許可を得る債務または輸出許可を得るために相当な注意を払う債務を負うこともある（16：102条のコメントDを参照）。許可を得られずまたは相当な注意を怠った場合には，引渡義務ではなく，この義務に違反したものとされうる。

G．停止条件と解除条件

停止条件の場合，債権者は，債務の効力が停止している間，債務者に対して履行を求めることができない。そのようなことは，取引の基礎を変えることになってしまうからである。しかし，この場合においても，契約当事者が履行期前の不履行に対する責任を負うことはありうる（9：304条を参照）。

停止条件の場合と同様に，解除条件も，一方当事者だけでなく双方の当事者の契約債務を制限することがある（上記設例1および2を参照）。次の設例は，一方当事者の債務が影響を受ける場合である。

設例 9：ある売買契約において，北ロシアの港からロシアの樺の木 1 万スタンダードを 5 週に分けて出荷することとされた。その契約では，売主の債務は，出荷の日に港が氷で閉ざされていないことが条件として定められた。4 回目の出荷が完了した後に，港が氷で閉ざされてしまった。売主の債務に付されているのは解除条件である。最終の出荷に関しては，条件が成就したため，売主はもはや出荷する責任を負わない。

買主が船を出す責任を負っており，売主が小型船で買主の船まで木材を運ばなければならないとされていた場合には，港が氷で閉ざされていないという条件は，買主と売主の双方の債務を制限することになる。

ノート

1．歴　　史
本章における準則には，長い歴史がある。様々な事例において，ローマ法の最初期の記録まで遡ることができ，幾世紀にもわたって，ヨーロッパの法伝統における途切れのない一線を形成している。

2．停止条件と解除条件
この区別は，多くの法体系にとって一般的なものである。フランス，ベルギーおよびルクセンブルク民法1168条，ドイツ民法158条，オーストリア民法696条，スペイン民法1113条，イタリア民法1353条〜1361条，ギリシャ民法201条〜202条，ポルトガル民法270条を参照。さらに，デンマークに関して *Ussing* Aftaler, 447-457，スコットランドに関して *Gloag* chap. XVI; *McBryde* para. 5.35ff. を参照。イングランド法では，この区別を認めているものの，停止条件を先行条件（conditions precedent）と呼び，解除条件を後行条件（conditions subsequent）と呼ぶのが通常である（*Chitty* para. 2-136; *Treitel*, Contract, 59）。アイルランド法は，一般的に，イングランドの考え方に従っている（*Clark* 198-205）。フィンランド法には，この問題に関する一般的な法規定はない。ただし，土地法においてこの区別が認められている（Maakaari 12. 4. 1995/540）。フィンランドの近時の学説は，条件を，契約解釈の問題に取り込もうとしているが，比較的古い文献（*Kivimäki & Ylöstalo* 291-297）では，この問題が独立して扱われている。

3．不確実な事実，過去および将来の事実
債務の条件とされている事実が不確実なものでなければならないことは，一般に認められている。フランス，ベルギーおよびルクセンブルク民法1168条および1181条，スペイン民法1113条を参照。そこでは，将来の事実であるか，（原則とは異なり）両当事者の知らない過去の事実であればよいとされている。オーストリア民法704条も参照。イタリア（e.g., *Barbero* 1099），ドイツ（e.g., *Münchener Kommentar* (-*Westermann*) §158 no. 8），イングランド（e.g., *Treitel*, Contract 58），スコットランド（e.g., *Stair* 1.3.7），およびアイルランド（e.g., *Clark* 198-205）の学説は，条件は不確実な事実にかかるものでなければならないと考えている。ギリシャ法は，不確実な将来の事実であることを強調する（民法201条および202条）。不確実な事実であっても，過去の事実であれば，それは真正の条件ではなく，主観的に不確実であるにすぎない（*Balis* 255を参照）。全般について，*Treitel*, Remedies 255-265を参照。

4. 条件と期限

条件と期限（確定した時点，または，到来時期は不確実であっても確実に到来する時点）の区別は，ヨーロッパの法伝統において非常に古くから存在しており，一般に承認されている。たとえば，*Zimmermann*, Obligations 741ff. を参照。

▶16：102条　条件に対する干渉

> (1) 条件が成就すれば不利益を受ける当事者が，信義誠実および公正取引に従う義務または協力義務に違反して条件の成就を妨害した場合には，その条件は成就したものとみなされる。
> (2) 条件が成就すれば利益を受ける当事者が，信義誠実および公正取引に従う義務または協力義務に違反して条件を成就させた場合には，その条件は成就しなかったものとみなされる。

コメント

A．条件に対する当事者の干渉

契約当事者が条件の成就または不成就に不適切に干渉した場合には，場合によっては，当該条件の成就または不成就を擬制することにより，信義誠実および公正取引に従う義務，および協力義務は，促進されうる。

B．停止条件

次の場合には，停止条件は成就したものとみなされる。

設例1：BからAに対してするソフトウェアの使用許諾において，そのソフトウェアが，Aの指定する利害関係なきコンピュータ技師Cによる専門的検査に合格することを条件とする合意がされていた。Aは，Bとの取引を後悔していた。そこでAは，このソフトウェアについて肯定的な判断をしていたCを買収し，検査不合格の判断をさせた。このとき，Cは検査合格の判断をしたものとみなされ，その結果，Aは，この使用許諾契約を履行する義務を負う。

同様の原則に基づき，次の場合には，停止条件は成就しなかったものとみなされうる。

設例2：DからEに対してするソフトウェアの使用許諾において，そのソフトウェアがDの指定する利害関係なきコンピュータ技師Fによる専門的検査に合格することを条件とする合意がされていた。この契約は，Dに有利かつEに不利な契約であった。Fは，専門家としてこのソフトウェアに否定的な判断をしていたにもかかわらず，Dに説得されて，検査合格の判断をした。このとき，Fは検査合格の判断をしなかったものとみな

され，その結果Eは，この使用許諾契約を履行する義務を負わない。

しかし，条件が成就したものと擬制する準則は，実現可能性による制約を受ける。例えば，ある商品を輸出する契約において，売主が適時に輸出許可を申請することを怠った場合には，買主はその契約に基づく商品の引渡しを求めることができない。このことは，履行請求権が認められない場合（9：102条2項a号を参照）と一致する。

C．解除条件

次の場合には，解除条件は成就しなかったものとみなされる。

設例3：Sは，Bに馬を売る契約を締結した。Bは，その馬をTに転売する予定であった。SとBは，Tが所定の期日までに馬を買い取らない場合には，Bの契約上の債務は効力を失うということに同意した。Bは，Sから購入した馬をTに売ろうとせず，別の売主から購入した馬をTに売却した。

Tにその馬の購入を勧めなかったというBの信義に反する行動のゆえに，Tがその馬を買い取らなかった場合には，Bは，Tがその馬を購入しなかったことを主張することができない。解除条件は成就しなかったものとして，Bにその馬を受領させ，さらに（未払いならば）代金を支払わせることが最も正当な帰結であり，信義誠実および公正取引に従う義務に違反したことに対する損害賠償額の算定を試みるよりも優れた帰結である。後者を試みる場合には，Tがその馬を購入したと考えられるか否かに関する推測的判断が要求されることになるだろう。

次の場合には解除条件は成就したものとみなされる。

設例4：農業を営むHは，自らのトラクターが盗まれたので，農家のOから代わりのトラクターを借りた。Hに対する好意から，賃料は市場価格より低く設定された。Hにトラクターを使用させるというOの債務には，Hが盗まれたトラクターの代わりに新しいトラクターを入手した場合には，その債務が消滅する旨の解除条件が付されていた。Hは，Tから新しいトラクター購入について魅力的な申し出を受けたが，市場価格より安い賃料によって利益を受け続けようと考え，その申し出を断った。

HがTの申し出を受けるべきであった場合には，条件は成就したものとみなされる。

D．条件に関する契約上の付随的義務

16：102条は，条件の成就不成就に干渉してはならないとする義務を定めるものではない。この問題は，信義誠実および公正取引に従って行為する義務，および契約が完全に実行されるようにするために協力する義務という，通常の義務に委ねられている（1：201条および1：202条）。当然ながら，契約当事者の一方が，条件の成就不成就に関して，信義誠実および公正取引に従って行為する義務および強力

義務という一般的義務を越えた義務を明示または黙示に引き受けることは可能である。実際，条件に関するそのような付随的義務を当事者に負わせなければ，十分に実行されない契約もあるだろう。

設例5：船積渡しとされた契約に基づく売主の引渡債務は，輸出国の所管行政庁による輸出許可を受けることが条件となっている。この許可は，申請に基づき，行政庁の裁量によって与えられる。この契約では，売主Sが申請者とされていた。

輸出許可の申請に関してSに課される義務の性質が，契約において何ら明示的に規定されていないとしても，Sは，少なくとも相当の注意をもって申請する義務を負う。他の契約条項や契約を取り巻く環境によっては，Sはより厳格な義務を負うこともある。特定の結果を達成する債務（結果債務 obligations de resultat）と，特定の結果を達成するために合理的な注意を払うという債務（手段債務 obligatios de moyens）との区別については，6：102条コメントDを参照。

ノート

1．条件に対する当事者の干渉

フランス，ベルギーおよびルクセンブルグ民法（いずれも1178条）には，16：102条に類似する規定が存在する。ドイツ民法162条も同様である。イタリア民法1359条では，16：102条1項で定められた原則が認められており，判例上，当事者の干渉行為が，契約上の義務に違反しているか，または信義誠実に反していることが要求されている（Cass. 13 April 1985, n.2464, in NGCC 1985, I, 610, noted by *Belfiore*）。また，イタリアの判例では，16：102条2項で定められた原則も認められており（Cass. 16 December 1991, n. 13519, in Giust. Civ. 1992, I, 3095），イタリア民法1358条では，信義誠実に反する行為をした当事者に対する損害賠償請求権が念頭に置かれている。同様の準則は，ポルトガル民法275条2項，ギリシャ民法207条，オーストリア法（判例—OGH JBl 1996, 782; ÖBA 1996, 892; JBl 1991, 382; JBl 1990, 37），フィンランド法（*Kivimäki & Ylöstalo*, 295）にも存在する。16：102条1項の原則は，スペイン民法1119条にも見られる。デンマーク法は，干渉してはならない義務を認めているが，条件の成就または不成就が擬制されるのは，それが適切な場合に限られるようである（Ussing, Aftaler 448ff.）。スコットランド法では，当事者が明示または黙示の義務に違反して，条件の成就を妨げ，または条件を成就させた場合，適切な場合には，条件の成就または不成就が擬制されうる（*Mackay v. Dick & Stevenson* (1881) 8R (H.L.) 37を参照）。イングランド法では，多くの場合，干渉した当事者の行為を黙示の契約条項の違反として扱うようであるが，条件の成就または不成就は擬制しないようである。アイルランド法は，イングランド法と同様のアプローチを採用するようであり，裁判所は，明示または黙示の作為義務または不作為義務が存する場合にのみ介入する（*Clark*, 200-01を参照）。

2．条件に関する契約上の付随的義務

契約当事者が明示または黙示に引き受けたのは，停止条件を成就させるように相当の注意を払うことなのか，それとも，停止条件を成就させることまでも引き受けたのかは，契約解釈の問題である。例えば，イングランド法について，*Re Anglo-Russian Merchant Traders Ltd* [1917]

2 K.B. 679; *Pagnan SpA* v. *Tradax Ocean Transportation* [1987] 2 Lloyd's Rep 342を参照。各国法には，一般的に，（信義誠実に従って行為するという一般的な義務以外に）これらの特別な義務が法律により生じるとは，定められていない。

▶16：103条　条件成就の効果

(1) 停止条件が付された債務は，両当事者による別段の合意がないかぎり，その停止条件が成就した時に効力を生じる。
(2) 解除条件が付された債務は，両当事者による別段の合意がないかぎり，その解除条件が成就した時に効力を失う。

コメント

A．将来効および遡及効

本条に規定された準則は，両当事者による別段の合意がないかぎり，条件成就の効果は将来に向かって（*ex nunc*）生じるとするものである。しかし，法制度の中には，条件成就の効果は遡及的に（*ex tunc*）生じるとするものもある。この違いが重要な意味をもつのは，主として，条件成就による物権的な効果が問題となる場合である。本原則は物権 proprietary interest の移転に関する準則を扱うものではないため，本条では，条件成就の効果を将来効とする比較的簡明な準則を採用している。条件成就の効果を遡及効とする準則の下では，重要な例外を定める必要が生じると考えられる上に，そのような例外を定式化することは困難と考えられる。
次の設例は，停止条件の場合における将来効の例である。

設例1：ボルドーにある住宅の売買契約において，売主の売却する債務の条件として，売主が所定の期日までにパリ市上級公務員に任用されることが定められた。売主は，期待通り上級公務員に任用された。

このとき，売主の住宅売却債務が，条件のない債務として効力を生じるのは，上級公務員として任用された時からである。それ以前は，条件付き債務であるにすぎない。
次の設例は，解除条件の場合における将来効の例である。ここで重要なことは，どの債務が条件によって影響を受けるのかを確定することである。

設例2：ある運送業者が，農場主との間で，4週間のあいだタンクローリーで農場に水を運搬する契約を締結した。契約では，その地域の干ばつが4週間以内に止んだ場合には，水を運搬する債務は効力を失うものとされていた。契約では，農場主は，各運搬の30日後に各運搬料を支払うこととされた。

第16章　条　件　*219*

このとき，干ばつが4週間以内に止んだ場合には，運送業者の債務は効力を失う。しかしその場合でも，農場主は，干ばつが止む前にされた運搬に対する未払料金を支払う債務を負う。これらの料金債務は，上記の条件によって影響を受けない。これらの料金債務は，将来支払われるべき債務であっても，それぞれの配達ごとに発生しているからである。

B．金銭または財産の返還

停止条件が成就しなかった場合，または解除条件が成就した場合において，契約当事者の一方が相手方に対し，すでに財産の引渡しまたは金銭の支払いを済ませているときには，その財産または金銭を返還する原状回復債務が生じることがありうる。例えば設例1において，買主になる者が手付金を支払っていたが，売主はパリ市から任用されなかった場合である。また設例2でいえば，農場主があらかじめ運送料金を支払っていたが，それに対する運送が結局されないこととなった場合である。このような状況における原状回復が，契約じたいによっては規律されない場合でも，不当利得法の問題が生じる。

ノ ー ト

ドイツでは，条件成就に遡及効はない。遡及効を生じさせる旨の合意は，その当事者間においてしか効力をもたない（民法158条2項および159条）。ギリシャ民法203条1項および2項，ならびにオーストリア法（解除条件につき民法696条，停止条件につき OGH SZ 55/109）における準則も，将来効である。フィンランド法では，別段の合意がないかぎり，条件は将来に向かって効力を有する（*Kivimäki & Ylöstalo* 296-97）。スコットランド法も同様と思われる（*Gloag & Henderson* 59）。デンマーク法では，契約解釈の問題とされるようであるが，これは，イギリス法およびアイルランド法において，条件が将来に向かって効力を有するのか，それとも遡及的な効力を有するのか否かが契約解釈の問題とされるのと同様である。フランス民法1179条では，条件成就の効果を遡及効とする原則が明文で定められているが，例えば，反対の合意（*Malaurie & Aynès* n. 184），租税法，または危険移転（民法1182条2項）に基づく重要な例外がある。これと同じ遡及効の原則はベルギーおよびルクセンブルク民法1179条にもみられるが，類似の例外がある。また，イタリア民法1360条にも遡及効の原則がみられるが，同条では，反対の合意がある場合は例外とされているほか，継続的契約の場合は遡及効とは反対の準則が適用される（民法1360条2項）。ポルトガル民法276条でも遡及効が規定されているが，やはり例外が定められている。さらに，スペイン民法1120条1項および1123条1項でも遡及効が規定されているが，例外もある。

第17章　利息の元本の組入れ

▶17：101条　利息が元本に組み入れられる場合

(1) 9：508条1項に従って支払われうる利息は，12ヵ月を経過するごとに，元本に組み入れられる。
(2) 本条1項の規定は，当事者間で支払いが遅延した場合の利息について合意されている場合には，適用されない。

コメント

A．概　念

単利の利息は，（契約上のものであれ法律上のものであれ）その計算の基礎となる元本には影響を及ぼさない。つまり，元本に増減はない。しかし，利息の元本組入れ（もしくは複利）が合意されている場合，または，法もしくは慣習に基づいて利息が元本に組み入れられる場合には，合意された期間（または元本組入猶予期間 rest period）が到来した時点で未払いになっている利息が，元本に組み入れられる。したがって，2番目の元本組入猶予期間には，その増加した元本から利息が生じるから，利息額はより高額となる。その後も同様である。

設例1：B銀行は，Lに対して，1万ユーロを貸し付けた。返済期日は2000年12月31日とされていたが，Lは返済しなかった。支払いが遅延した場合の利息について当事者間で合意されていない場合には，9：508条1項が適用される。この設例では，同条による利率は年10％であるとする。このとき，2002年1月1日の時点で，遅延に対する利息1000ユーロが未払いであれば，これが元本1万ユーロに組み入れられ，以後の元本は1万1000ユーロとなる。さらに，2003年1月1日には，未払いの利息1100ユーロが元本に組み入れられ，以後の元本は1万2100ユーロとなる。その後も同様である。

B．本条の配置および適用範囲

本原則全3部が合冊される際には，本条は，9：508条（金銭支払いの遅延）に組み込まれる。のちに本条を移動する際に前章までの条文番号を変更しなくても済むように，暫定的に，本条は第3部の最後に配置されている。

17：101条は，利息の支払いの遅延に対する救済手段として適用される。もっとも，当然のことながら，契約上の債務について，支払いの遅延を問題とすることなく利息の元本組入れを合意することは可能である。その重要な例が，交互計算上の差引計算で行われる利息の元本組入れである。本条は，このような約定に影響を及ぼすものではない。

C．正当化根拠

17：101条は，利息を生じる金銭債務の債権者に対して，債務者が利息を弁済期に支払わなかった場合に，その利息を元本に組み入れる権利を付与するものである。この権利は，9：508条1項では与えられていない権利である（同条のコメントBを参照）。この権利を付与することの正当化根拠は，金銭債務の債権者が取得する利息は債権者の資産であるという点に求められる。債権者は，元本そのものの支払いが遅延する場合と同様，利息の支払いが遅延することによってその受けるべき利益を奪われる。さらにいえば，債権者は，支払いの遅延によって著しい不利益を被る場合もある。特に，小規模な事業者が，支払いの遅延によって倒産に追い込まれる場合がそうである。したがって，共同体レベルでもいくつかの加盟国においても，支払遅延に対して制裁を課す傾向が明白になっている。利息の元本組入れは，効果が漸次に増大するものであるため，制裁として実効的である。

D．支払遅延の場合の利息に関する当事者の合意

17：101条は，当事者間において，支払いが遅延した場合の利息について明示または黙示の合意がある場合には，一般原則に従い，利息の元本組入れに関する一般準則が適用されないと定めている。当事者間で利息の問題が考慮されていた以上，その当事者らが元本組入れを望むなら，そのように定めるはずだからである。

> 設例2：当事者間で，「支払いがあるまで」年7％の利息が合意されていた。この条項は，信用に対する利息と遅延に対する利息の双方について定めた条項である。このとき，遅延に対する利息の元本組入れは，17：101条2項によって排除される。

E．期間の計算

元本組入猶予期間12ヵ月の始期を定めるには，利息の弁済期が契約でどのように合意されているかをみる必要がある。利息の弁済期に関する当事者の合意がない場合には，履行期に関する7：102条に従って判断されなければならない。この場合には，9：508条（金銭支払いの遅延）を援用することもできる。

F．損害賠償との関係

金銭支払い遅延の場合に利息を支払う債務は，機能的には，損害賠償を支払う債

務と同じである。利息は，通常の損害賠償とは異なる（9：508条のコメントBを参照）が，抽象的な損害賠償と考えることもできる。利息の元本組入れは，この救済手段を，債権者に有利に拡張するものである。したがって，9：508条2項（金銭支払いの遅延によって生じた損失のうち，利息では填補されない追加的損害の賠償）の適用範囲は狭くなる。債権者は，利息の支払いによってすでに填補された損失について損害賠償を請求する必要はなく，かつ，すでに填補された損失について損害賠償を請求することは許されないからである。

　もっとも，債権者は，それでも填補されない追加的損害の賠償を請求する権利を有する。しかし一般的には，利息の元本組入れが認められれば，そのような追加的損害の額は限定的なものとなるであろうし，（場合により）困難なそのような損害額の証明が必要となる場合も限られるだろう。

G．消費者の保護

　当然のことながら，消費者保護，特に消費者信用に関する国内法の準則(例えば，1986年のEC指令に基づく準則）が優先する。上記の指令自体は，利息の元本組入れを扱っていない。

ノ　ー　ト

1．総　　説

　利息の支払遅延に関する各国国内法の準則は，宗教上または思想上の背景の相違のゆえに，きわめて多様である。元本組入れの正当化は，主に次の6つによって図られている。すなわち，救済手段としての法定の損害賠償方法として，一方的な請求によって，法的な行為によって，明示の合意によって，交互計算によって，および慣習によってである。

2．法定の賠償方法

　オランダでは，利息の元本組入れは，利息の支払遅延に対する損害賠償の方法であり，法律が定める唯一の方法である（民法6：119条2項）。この規定は，金銭支払いの遅延に対する唯一の救済手段は法定利息（単利）の請求であるとする規定（民法6：119条1項）を受けて，これを拡張する規定である点に注意を要する。当事者において，より高い利率を合意することは許される（民法6：119条3項）。したがってオランダ法では，債権者は，利息の支払遅延によって生じた損害であって，その未払利息を元本に組み入れて計算した利息によっても填補されない損害については，賠償を求めることができない。

　フィンランド（*Wilhelmsson & Sevón* 73）およびスコットランド（*Wilson* 132）では，元本は返済されたが弁済期の到来した利息が未払いの場合，その未払利息について利息が生じる。

　イングランド法では，複利（または利息の元本組入れ）は，特別な状況において認められる。そのような状況としては，債権者が当該金銭を一定の目的に使用する予定であることを両当事者が考慮していた場合，または，支払いが遅延すれば債権者に借入れの必要が生じることを両当事者が考慮していた場合などがある。この場合の債権者は，金銭の借入れに要した費用の賠償を求めることができ，そこに複利計算による利息請求も含まれる(*Hartle v. Laceys* 28 February

1997（C.A.）．判例集不登載だが LEXIS 上で閲覧可能）。さらに，金銭が詐取された場合，または，受認者が金銭を着服または横領した場合にも，エクイティーに基づき，裁判所の裁量によって複利計算による利息請求が認められる（*President of India* v. *La Pintada Cia. Navigacion SA* [1985] A.C. 104, 116を参照）。

3．一方的な要求
ベルギーでは，民法1154条において，債権者が利息の元本組入れを裁判上で求めることが要件とされているが（フランスおよびルクセンブルクについては次項4を参照），近年，裁判外の要求でもよいと拡大解釈されている。もっとも，この債権者の要求は，利息の弁済期到来後1年を経過するまでは許されず，これは民法1154条の規定する通りである（Cass. 28 March 1994, Pasicrisie 1994.I.317 at 321–322）。

4．法的な行為
その他いくつかの国では，債権者は，一方的な行為によって利息を元本に組み入れることができるが，一定の形式が要求される。このような，一方的な行為によって利息を元本に組み入れる権利は，その基礎となる債務を債務者が黙示に負担していることに基づかなければならず，したがって，利息の元本組入れを利息支払遅延に対する法定の賠償方法とするオランダの制度と関連性があるように思われる。もっとも，この権利を行使するための要件の細部は，オランダ法とも，その他のローマ法系諸国とも大きく異なる。

オランダおよびベルギーの制度に最も近いのは，ポルトガル法である。債権者は，債務者に対し，弁済期が到来した，または将来弁済期が到来する利息を元本に組入れることを求める法的な通知をすれば足りる（民法560条1項）。

オーストリア，フランス，ルクセンブルク，ギリシャ，およびイタリア，さらにおそらくはスコットランドでも，債権者は，債務者に対し，未払利息の元本組入れに基づく利息，または複利の支払いを求めて訴えを提起しなければならない。しかし，その要件は国によりきわめて多様である。オーストリア（1868年の高利法の廃止に関する法律3条1項b号）およびスペイン（民法1109条1項）では，元本組入れに基づく利息の請求は，訴え提起時以降について，かつ法定の利率に基づいて（ただし，オーストリアでは約定利率が法定利率に優先する）請求しうる。

多くのローマ法系の諸国では，利息の弁済期から最低1年を経過していることが要求される（フランス，ベルギーおよびルクセンブルク民法1154条，ギリシャ民法296条1項，ポルトガル民法560条2項）。イタリアでは一般的に，またギリシャでは商人間の債務について，この期間は6ヵ月とされている（イタリア民法1283条および2000年2月9日の貸付けおよび預金に関する関係閣僚委員会の決議（Banca, Borsa e Titoli di Credito 2000 I 439）5条，ギリシャ民法施行法111条2項）。

もっとも，フランスおよびルクセンブルクでは，それぞれの法律の規定が異なって解釈されている。ルクセンブルクでは，民法1154条は，債権者が1年ごとに新たな訴えを提起することを要求していると狭く解釈されており，その理由は，元本組入れに基づく利息を事前に（*pro futuro*）求めることができない点に求められている（Cass. 10 April 1908, Pas.Lux. VIII 148）。これに対しフランスでは，将来に順次到来する弁済期について訴えを提起できるとされている（Cass. com. 20 October 1992, Bull.civ. 1992 IV no. 332; Cass.civ. 18 Feb. 1998, Bull.civ. 1998 III no. 42）。

5．当事者間の合意
利息の元本組入れについて当事者間で合意することはすべての諸国で認められているが，様々な制約もある。いくつかの国では，当事者は，利息の元本組入れについて自由に合意することができる（オーストリアにつき1868年の高利法の廃止に関する法律3条1項a号，デンマー

クにつき *Gomard*, II 196, フィンランドにつき *Wilhelmsson & Sevón*, 74, オランダにつき *Asser-Hartkamp*, Verbintenissenrecht I, nr. 525, スペインにつき *Diez-Picazo* II, 4th edn 287, イングランドにつき *Chitty* para. 38-250; *Mann* 70）。

　その他の諸国では，利息の弁済期到来後でなければ，元本組入れの合意は認められない。ドイツ（民法248条１項。もっとも，与信機関は同条２項により適用除外）およびスペイン（商法317条）では，これが唯一の制約である。フランスとルクセンブルク，イタリア，およびギリシャでは，利息の弁済期の到来後１年が経過しなければ，元本組入れの合意は認められない（この要件および関連法条等は，上記４で掲げたものと同一である）。イタリアでは一般的に，ギリシャでは商人間の債務について，この期間は６ヵ月とされている（イタリア民法1283条，ギリシャ民法施行法111条２項）。イタリアでは近時，分割返済を条件とする融資契約に関して，当座預金口座への返済による場合を除き，利息の元本組入れに関する合意が禁止された。これに対し，繰上げ返済契約では，繰上げ返済に係る期間の終期に弁済期が到来する利息を元本に組み入れる旨を定めることができる（2000年２月９日の貸付けおよび預金に関する関係閣僚委員会の決議（Banca, Borsa e Titoli di Credito 2000 I 439）３条および４条）。イタリアでは，さらに，貸付契約および預金契約における元本組入れ合意について先進的な透明化準則が導入され，これらの契約では，元本組入猶予期間および利率を明示しなければならないことになった。元本組入猶予期間が１年未満の場合は，元本組入れの影響を考慮した実質利率が明示されなければならない。顧客が書面によって特に承認したのでなければ，利息の元本組入れに関する合意は無効である（前掲の決議６条）。

6．交互計算

　すべての諸国で，合意による交互計算は，利息の元本組入れを当然に正当化する論拠として認められており，上で述べたような制約も課されていない。差引計算が行われる場合には，貸方利息であると借方利息であるとを問わず，差引計算の対象となる利息はすべて元本とともに組み入れられ，以後はそこから利息が生じる。ドイツとオーストリア，さらにギリシャ，イタリアにも，元本組入れについて明文の規定が存在する（ドイツおよびオーストリアにつき商法355条１項，ギリシャにつき民法施行法112条１項，イタリアにつき2000年２月９日の貸付けおよび預金に関する関係閣僚委員会の決議（Banca, Borsa e Titoli di Credito 2000 I 439）２条）。その他の多くの国では，判例により，交互計算の特別な処理が確立されている（フランスにつきCass.com. 11 Jan. 1984, Bull.civ. 1984 IV no.15, ベルギーにつき Cass. 27 Feb. 1930, Pas. 1930 I 129 (134), ルクセンブルクにつき Cour supérieure 13 March 1934, Pas. Lux. XIII 240 (244); Cour d'appel 27 February 1986, Bulletin Droit et Banque 1986 no.9 p.76, イングランドにつき *National Bank of Greece* v. *Pinios Shipping Co. No.1*, [1990] 1 A.C. 637 (H.L.) at 683ff., イタリアにつき Cass. 30 May 1989, no. 2644, Folo. It. 1989 I 3127, さらに *Cian-Trabucchi*（-*Zaccaria*）art. 1283 no. IV, art. 1825. no. II も参照）。

　イタリアでは特に，交互計算ごとに，元本に組み入れられる貸方利息と借方利息とで組入猶予期間が同一でなければならないとされている。さらに，交互計算閉鎖後も合意によりその残額から利息は生じうるが，閉鎖後に生じた利息は元本に組み入れることができなくなるとされる（前掲の2000年２月９日決議２条２項および３項）。

7．慣　　習

　いくつかの国では，法律の規定からは離れる場合でも，慣習を根拠に利息の元本組入れが認められる旨が，明文で定められている（イタリア民法1283条，ポルトガル民法560条３項，さらにイングランドにつき前掲の *National Bank of Greece* 判決を参照）。デンマーク（*Gomard*, II, 1995, 196）およびスウェーデン（*Walin* 255）でも，慣習に基づく利息の元本組入れが認められている。

17：101条

　　イタリア最高裁判所は，いくつかの判決において，与信機関と顧客の関係においては利息の元本組入れに関する確立した慣習が存在する旨を判示している（基本判例として Cass. 15 December 1981, no. 6631, Riv.dir.comm. 1982 II 89，さらに，上述ノート5に引用した Cass. 30 May 1989を参照）。1999年に，イタリア最高裁判所がこの判例を後退させた際には，立法府が直ちに行動をおこして，政令 legislative decree によって利息の元本組入れに関する契約条項は有効であるとされた。その後，この政令 governmental decree は，授権規定に違反し違憲であるとされた（Const. Court 17 October 2000, Giurisprudenza Commerciale 2001 II 179）。その結果，最終的には，1999年以降の最高裁判所の判例が効力を有しているが，この問題は学説において現在なお激しく議論されている。
　　交互計算に関して一般に行われている実務（前述ノート6を参照）は，慣習による元本組入れの一例である（もちろん重要な例である）。

第Ⅲ部文献一覧

　ノートで参照している著書，論文およびこれに類する資料は，全文献リストと国別リストの双方に掲げてある。

　ノートにおいては，著書は，一般的には，斜体の著者名，ローマ数字による巻数（例えばⅠ）および頁・段落・項目その他その本で採用されている数字で示している。もっとも，ドイツ民法についての Münchener Kommentar のような多数の巻からなる本の場合には，著書名の後に当該部分の著者名をハイフンを付して括弧の中に示した。同じ著者に複数の著書がある場合のノートでの引用は，文献一覧の記載の最後に示した角括弧内の略語で特定した。ギリシャ人著者の本の名前は，英語に訳してある。

　ノートにおける雑誌論文の出典は，著者名と文献略称で区別している。完全な出典は，リストをご覧いただければわかるようになっている。

　雑誌名の略称は，本書の最初の方にある略語表を参照されたい。

全文献リスト

Alpa-Bessone, I contratti in generale, IV (1991); Aggiornamento 1991-1998, vol. I, II, III (1999).

Andersen & Madsen, Aftaler og Mellemmænd, 4th ed. (2001).

Andrews, "Reform of Limitation of Actions: The Quest for Sound Legal Policy", (1998) 57 Camb. L.J. 589ff.

Asser-Hartkamp, Mr. C. Asser's Handleiding tot de Beoefening van het Nederlands burgerlijk recht, vol. IV Verbintenissenrecht, Part I, De verbintenis in het algemene, 11th ed. by *Hartkamp* (2000), Part II, Algemene leer de overeenkomsten, 11th ed. by *Hartkamp* (2001) [Verbintenissenrecht I or II].

Aurejärvi & Hemmo, Velvoiteoikeuden oppikirja (1998).

Aubert, Cession de dette, Rep. Civ. Dalloz.

Aynès, La cession de contrat et les opèrations juridiques à trois personnes (1984) [Cession].

Aynès, Cession de contrat: nouvelles précisions sur le rôle du cédé, D. 1998, Chron 25 [Nouvelles précisions].

Balis, Law of Obligations, 3rd ed. (1961, reprint 1969).

Bar, von, Gemeineuropäisches Deliktsrecht, vol. I (1996).

Barbero, Condizione, in Noviss. Dig. It. III, (1957).

Bärlund, Nybergh and Petrell (eds.), Finlands civil och handelsrätt (2000).

Bassi, "Factoring e cessione dei crediti d'impresa", in: Quaderni di Banca, borsa e titoli di credito (1993).

Begründung zum Regierungsentwurf, Drucksache 14/6040, pp. 96 and 103.

Bénabent, Le chaos du droit de la prescription extinctive, in: Mélanges dédiés à Louis Boyer (1996) 123ff.

Berger, Der Aufrechnungsvertrag (1996).

Beschlussempfehlung und Bericht des Rechtsausschusses (6. Ausschuss), Drucksache 14/7052 (9 October 2001), p. 178.

Bianca, Diritto Civile. vol. III, Il contratto; vol. IV, L'obbligazione (1993).

Björn, Factoring: A Comparative Analysis (1995).

Boele-Woelki, "De verjaring van vorderingen uit internationale koopovereenkomsten", in: Europees Privaatrecht (1996) 99.

Brady & Kerr, The Limitation of Actions, 2nd ed. (1994).

Briand, Élements d'une theorie de la cotitularité des obligations, Thèse. Nantes (2000).

Bundesminister der Justiz (ed.), Abschlulßbericht der Kommission zur Überarbeitung des Schuldrechts (1992) [Abschlußbericht].

Bydlinski, "Die Aufrechnung mit verjährten Forderungen: Wirklich kein Änderungsbedarf?" (1996) 196 AcP 276ff.

Bydlinski, Die Übertragung von Gestaltungsrechten (1986).

Cashin-Ritaine, Les Cessions Contractuelles de Créances de Sommes d'Argent dans les Rélations Civiles et Commerciales Franco-Allemands (2001).

Chitty, Chitty on Contracts, vol. I, General Principles, 28th ed. by *Beale* (1999).

Cian-Trabucchi, Commentario breve al codice civile, 5th ed. (1997).

Cian, Hundert Jahre BGB aus italienischer Sicht, (1998) 6 ZEuP 215.

Claessens & Counye, "De repercussies van de Wet van 10 juni 1998 op de structuur van het gemeenrechtelijke verjaringsregime", in: *Bocken, Boone, Claessens, Counye, de Kezel, de Smedt*, De Herhziening van de bevrijdende verjaring door de Wet van 10 Juni 1998-De gelijkheid hersteld? (1999) 63ff.

Claeys, De nieuwe verjaringswet: een inleidende verkenning, 1998-99 R.W. 377ff.

Clark, Contract Law in lreland, 3rd ed. (1992).

Coing, Europäisches Privatrecht, vol. I (1985), vol. II (1989).

Cordeiro, Tratado de Direito Civil, I (1999) [Tratado].

Cordeiro, Da boa fé no direito civil (1984) [Boa fé].

Cornelis, Bestendig handboek verbintenissenrecht (2000) [Handboek].
Cornelis, Algemene theorie van de verbintenis (2000) [Algemene theorie].
Dannemann, Karatzenis & Thomas, "Reform des Verjährungsrechts aus rechtsvergleichender Sicht" (1991) 55 RabelsZ 697ff.
Deale, Circuit Court Practice and Procedure, 2nd ed. (1994).
De Nova, La cessione del contratto, in Trattato di diritto privato diretto da Pietro Rescigno, vol. X (1994).
Derham, Set-Off, 2nd ed. (1996).
Dernburg, Geschichte und Theorie der Kompensation, 2nd ed. (1868).
Díez-Picazo, Fundamentos del derecho civil patrimonial, 3vols, 5th ed. (1996).
Díez-Picazo & Gullón Ballesteros, Sistema de Derecho Civil (2001).
Di Prisco, La compensazione, in Trattato di diritto privato diretto da Pietro Rescigno, vol. IX/1, 2nd ed. (1999).
Dirix, "De vormvrije cessie", in: *Dirix, Peeters, van Haegenborgh & Verbeke*, Overdracht en inpandgeving van schuldvorderingen, in Voorrechten en hypotheken. Grondige studies (1995).
Dörner, "Anfechtung und Vertragsbeitritt", NJW 1986, 2916.
Enonchong, Illegal Transactions (1998).
Fabricius, "Vertragsübernahme und Vertragsbeitritt", JZ 1967, 144.
Fenet, Recueil complet des travuax préparatoires du Code civil (1836).
Ferid & Sonnenberger, Das Französische Zivilrecht, vol. I/1, 2nd ed. (1994).
Ferri, Ordine pubblico, buon costume e la teoria del contratto (1970).
Furmston (ed.), Law of Contract (1999).
Fusaro, La cessione del contratto, in *Alpa-Bessone*, I contratti in generale, vol. IV (1991).
Galgano, Diritto civile e commerciale, vol II/1, Le obbligazioni e i contratti (1999).
Garcia Amigo, La cesión de contratos en el derecho español (1964).
Gazzoni, Manuale di diritto privato, 9th ed. (2001).
Georgiadis, Law of Obligations, General Part (1999).
Georgiadis & Stathopoulos (eds.), Civil Code Commentary, vol. I (1978). vol. II (1979).
Gernhuber, Die Erfüllung und ihre Surrogate (1994).
Ghestin, Traité de Droit Civil, Les Obligations: Les Effets du Contrat, 3rd ed. (2001) with *Billiau and Jamin*.
Gloag, The Law of Contract, 2nd ed. (1929).
Gloag and Henderson, Inroduction to the Law of Scotland, 10th ed. (1995).
Gomard, Almindelig Kontraktsret, 2nd ed. (1996) [Kontraktsret].
Gomard, Obligationsret (1991-1994).

Goode, Commercial Law, 2nd ed. (1995) [Commercial Law].
Goode, "Inalienable Rights?" (1979) 42 MLR 553 [Inalienable Rights?].
Goode, Legal Problems of Credit and Security, 2nd ed. (1988) [Credit and Security].
Grothe, Fremdwährungsverbindlichkeiten (1999).
Haanappel & MacKay, Burgerlijk Wetboek, (English translation) (1990).
Halila & Ylöstalo, Saamisen lakkaamisesta (1979).
Hartlief, Verjaring, rechtszekerheid en billijkheid, 2001 NTBR 58ff.
Hemmo, Sopimusoikeus I (1997).
Herbots, Contract Law in Belgium (1995).
Hondius (ed.), Extinctive Prescription: On the Limitation of Actions (1995).
Hörster, A parte geral do Código Civil (1992).
Jauernig (ed.), Bürgerliches Gesetzbuch, 9th ed. (1999).
Johnston, Prescription and Limitation (1999).
Kegel, "Verwirkung, Vertrag und Vertrauen", in: Festschrift für Klemens Pleyer (1986) 513 [Fs Pleyer].
Kegel, Probleme der Aufrechnung: Gegenseitigkeit und Liquidität rechtsvergleichend dargestellt (1938) [Aufrechnung].
Kerameus-Kozyris (eds.), Introduction to Greek Law, 2nd revised ed. (1993).
Kivimäki & Ylöstalo, Suomen siviilioikeuden oppikirja, 3rd ed. (1973).
Koopmann, Bevrijdende verjaring (1993).
Kötz, "Rights of Third Parties", in International Encyclopedia of Comparative Law, vol. VII, chap. 13 (1992) [IECL].
Kötz and Flessner, European Contract Law, vol. I (1997).
Koziol, Die Übertragung der Rechte aus Kreditverträgen, Fs Ostheim (1990).
Koziol-Welser, Grundriβ des bürgerlichen Rechts 11th ed. vol. I: Koziol (2000), vol. II: Welser (2000).
Krejci, Betriebsübergang und Arbeitsvertrag (1992).
Kruithof, de Ly, Bocken & de Temmerman, "Verbintenissen: Overzicht van rechtspraak" (1981-1992), TPR 1994, 171.
von Kübel, "Recht der Schuldverhältnisse", Part I, in: *Schubert* (ed.), Die Vorlagen für die erste Kommission zur Ausarbeitung des Entwurfs eines Bürgerlichen Gesetz-buches (1980).
Lambert-Faivre, Droit du dommage corporel, 4th ed. (2000).
Larenz, Lehrbuch des Schuldrechts, vol. I, 14th ed. (1987).
Law Commission (*Englalnd and Wales*), Consultation Paper No. 151, Limitation of Actions (1998) [Limitation of Actions].

Law Commission（*England and Wales*）, Consultation Paper No. 154, Illegal Transactions: The Effect of Illegality on Contracts and Trusts（1998）[Illegal Transactions].

Leenen, Die Neuregelung der Verjährung, 2001 JZ 552ff.

Lima & Varela, Código Civil anotado, I 1987.

Lindskog, Preskription（1990）[Preskription].

Lindskog, Kvittning - Om avräkning mellan privaträttsliga fordringar（1984）[Kvittning].

Lipstein, "Qualification", in: International Encyclopedia of Comparative Law, vol. III, chap. 5（2000）.

Loubser, Extinctive Prescription（1996）.

Macgregor, "Illegal Contracts and Unjustified Enrichment" 4 ELR（2000）19ff.

Macgregor, "Pacta Illicita", in: *Reid & Zimmermann*, below vol. II ch. 5.

MacQueen & Thomson, Contract Law in Scotland（2000）.

Malaurie & Aynès, Obligations, vol. III, Régime général, 11th ed.（2001-2002）.

Malderen, van, "De overdracht van verbintenissen ut singuli" in Bestendig handboek verbintenissenrecht.

Mancini, La delegazione, l'espromissione e l'accollo, in Trattato di diritto privato diretto da Pietro Rescigno, vol. IX/1, 2nd ed.（1999）.

Mann, The Legal Aspect of Money, 5th ed.（1992）.

Mansel, Die Neuregelung des Verjährungsrechts, 2002 NJW 89ff.

Mansel, Die Reform des Verjährungsrechts, in: *Ernst & Zimmermann*（eds.）, Zivilrechtswissenschaft und Schuldrechtsreform（2001）, pp. 333ff.

Mansel & Budzikiewicz, Das neue Verjährungsrecht（2002）

Mariconda, Le cause di nullità, in *Alpa-Bessone*, I contratti in generale; Aggiornamento 1991-1998, III.（1999）.

Marty & Raynaud, Droit Civil: Les Obligations, vol. II, Les effets par Raynaud et Jestaz, 2 nd ed.（1989）[Obligations II].

McBryde, The Law of Contract in Scotland, 2nd ed.（2001）.

McCracken, The Banker's Remedy of Set-Off（1993）.

McGee, Limitation Periods, 3rd ed.（1998）.

McMahon & Binchy, The Law of Torts, 3rd ed.（2000）.

Meijers, Toelichting, Eerste & Gedeelte, Ontwerp voor een nieuw burgerlijk wetboek,（Boek 1-4）（1954）.

Mugdan, Die gesamten Materialien zum Bürgerlichen Gesetzbuch für das Deutsche Reich, vol. I（1899）.

Münchener Kommentar（Münchener Kommentar zum Bürgerlichen Gesetzbuch）, 3rd ed.,（1992ff.）（括弧内のハイフンの後に著者名を表示）.

Murdoch's Dict., Murdoch's Dictionary of Irish Law, 3rd ed.（2000）.
Nörr, Scheying & Pöggeler, Handbuch des Schuldrechts, vol. II, 2nd ed.（1999）.
Oetker, Die Verjährung（1994）.
Pantaleón, Cesión de Créditos, Anuario de Derecho civil, 1988, pp. 1033-1131［Cesión］.
Pantaleón, Prescripción, in: Enciclopedia jurídica básica, vol. III（1995）［Prescripción］.
Papantoniou, Transfer of contractual relationships（1962）.
Parlementaire Geschiedenis, Parlementaire Geschiedenis van het Nieuwe Burgerlijk Wetboek, Boek 6（*Van Zeben, Du Pon & Olthoff*（eds.））（1981）.
Perlingieri, Della cessione dei crediti, in *Scialoja & Branca*（eds.）, Commentario del codice civile（1982）［Cessione］.
Perlingieri, Dei modi di estinzione delle obbligazioni diversi dall'adempimento, in Commentario del codice civile *Scialoja & Branca*（eds.）,（1995）［Estinzione］.
Peters & Zimmermann, "Verjährungsfristen", in: *Bundesminister der Justiz*, Gutachten und Vorschläge zur Überarbeitung des Schuldrechts, vol. I（1981）, 77.
Pichonnaz, "The Retroactive Effect of Set-Off（Compensatio）"（2000）68 TR 541.
Pinto, Cessão da posição contractual（1970）.
Preston & Newsom on Limitation of Actions, 4th ed. by John Weeks（1989）.
Ramberg-Hultmark, Allmän avtalsrätt（1999）.
Ranieri, "Bonne foi et exercice du droit dans la tradition du Civil Law",（1998）RIDC 1055.
Reid & Zimmermann（eds.）, History of Private Law in Scotland（2000）.
Reiterer, Die Aufrechnung（1976）.
Rieg, Cession de contrat, Rep. Civ. Dalloz（1987）No. 1.
Ripert/Roblot, Traité de droit commercial, vol. II, 16th ed. by *Delebecque & Germain*（2000）.
Rodhe, Obligationsrätt（reprint 1994）.
Rojo Ajuria, La compensación como garantía（1992）.
Roselli-Vitucci, La prescrizione e la decadenza, in Trattato di diritto privato diretto da Pietro Rescigno, vol. XX/2（1998）.
Routamo & Ståhlberg, Vahingonkorvausoikeus（2000）.
Rubio Garcia-Mina, La declaración de quiebra y los créditos pendientes（1959）.
Rummel（ed.）, Kommentar zum ABGB, vol. I, 3rd ed.（2000）, vol. II. 2nd ed.（1992）（括弧内のハイフンの後に著者名を表示）.
Sacco-De Nova, Il contratto, in Trattato di diritto privato diretto da Pietro Rescigno, vol. X/2, 2nd ed.（1995）.
Sacco, Il contratto, vol. II, in Trattato di diritto civile diretto da Sacco（1993）.

von Savigny, System des heutigen Römischen Rechts. vol. V (1841).
Schima, Betriebsübergang durch "Vertragsnachfolge" RdW (1996).
Scot. Law Com. 15, the Scottish Law Commission's Report on Reform of the Law relating to Prescription and the Limitation of Actions (Scot. Law Com. No. 15, 1970).
Smit, The Convention on the Limitation Period in the International Sale of Goods: Uncitral's First-Born (1975) 23 AJCL 337.
Sourlas, Commentary to the Civil Code (ErmAK) vol. II (1954).
Spiro, Die Begrenzung privater Rechte durch Verjährungs-, Verwirkungs- und Fatalfris-ten, vol. I (1975) [Begrenzung].
Spiro, "Verjährung und Hausgemeinschaft", in: Festschrift für Friedrich Wilhelm Bosch (1976) 975 [Fs Bosch].
Spiro, Zur neueren Geschichte des Satzes "Agere non valenti non currit praescriptio", in: Festschrift für Hans Lewald (1953) 585 [Fs Hans Lewald].
Spiro, Zur Reform der Verjährungsbestimmungen, in: Festschrift für Wolfram Müller-Freienfels (1986) 617 [Fs Müller-Freienfels].
Stair, Institutions of the Law of Scotland (1693, new ed. by D. M. Walker 1981).
Stair Memorial Encyclopaedia, The Stair Memorial Encyclopaedia of the Laws of Scot-land (Multiple volumes.).
Starck, Roland & Boyer, Droit Civil, Obligations, vol. III, 5th ed. (1997).
Stathopoulos, Law of Obligations, 3rd ed. (1999) [Obligations].
Stathopoulos, Contract Law in Hellas (1995) [Contract Law].
Staudinger, Kommentar zum Bürgerlichen Gesetzbuch, 13th ed. (1993ff) (括弧内のハイフンの後に著者名を表示).
Storme, "Constitutional Review of Disproportionately Different Periods of Limitation of Actions (Prescription)" (1997) 5 ERPL 82ff.
Story, Commentaries on the Conflict of Laws, 8th ed. (1883).
Taisne, Jurisclasseur civil, Arts. 2251-2259, n. 14.
Telaranta, Sopimusoikeus (1990).
Terré, Simler, Lequette, Droit Civil, Les Obligations, 7th ed. (1999).
Trabucchi, Istituzioni di diritto civile, 38th ed. (1998).
Treitel, The Law of Contract, 10th ed. (1999) [Contract].
Treitel, Remedies for Breach of Contract (1988) [Remedies].
Ussing, Dansk Obligationsret: Almindelig Del, 4th ed. (1967), by Vinding Kruse [Alm. Del.].
Ussing, Aftaler paa Formuerettens Område, 3rd ed. (1950, reprinted 1962, 1974) [Aftaler].
Vaquer Aloy, "Importing foreign doctrines: Yet another approach to the Unification of

European Private Law? Incorporation of the Verwirkung doctrine into Spanish case law" (2000) 8 ZEuP 301ff.
Varela, Das obrigações em geral, II, 7th ed. (1997).
Verhagen & Rongen, Cessie, Preadvies voor de Vereniging voor Burgerlijk Recht.
Walin. Lagen om skuldebrev (1997).
Wilhelmsson & Sevón, Räntelag och dröjsmålsränta (1983).
Wilson, The Scottish Law of Debt, 2nd ed. (1991).
Windscheid & Kipp, Lehrbuch des Pandektenrechts, 9th ed. (1906).
Wood, English and International Set-Off (1989).
Zimmermann, "Die Aufrechnung: Eine rechtsvergleichende Skizze zum Europäischen Vertragsrecht", in: Festschrift für Dieter Medicus (1999) 707 [Fs Medicus].
Zimmermann, "Extinctive Prescription in German Law", in: *Jayme* (ed.), German National Reports in Civil Law Matters for the XIVth Congress of Comparative Law in Athens, 1994 153 [Extinctive Prescription].
Zimmermann, Grundregeln des Europäischen Vertragsrechts: Verjährung, (2001) 9 ZEuP, 400ff.
Zimmermann, The Law of Obligations: Roman Foundations of the Civilian Tradition, paperback edition (1996) [Obligations].
Zimmermann, Das neue deutsche Verjärungsrecht: ein Vorbild für Europa?, in: *Koller, Roth & Zimmermann*, Schuldrechtsmodernisierungsgesetz 2002, (2002) pp. 9ff.
Zimmermann, Leenen, Mansel & Ernst, Finis Litium?, Zum Verjährungsrecht nach dem Regierungsentwurf eines Schuldrechtsmodernisierungsgesetzes, 2001 JZ 684ff.
Zimmermann & Whittaker (eds.), Good Faith in European Contract Law (2000).
Zweigert & Kötz, An Introduction to Comparative Law, 3rd ed. (trans. *Weir*) (1998).

国別リスト

イングランド・アイルランド・アメリカ合衆国の文献資料はコモン・ローに分類している。比較法および全般的研究Comparative and general worksは最後に掲げている。

オーストリア

Bydlinski, Die Übertragung von Gestaltungsrechten (1986).
Dullinger, Handbuch der Aufrechnung (1995).
Koziol, Die Übertragung der Rechte aus Kreditverträgen, Fs Ostheim (1990).
Koziol-Welser, Grundriß des bürgerlichen Rechts, 11th ed. vol. I: Koziol (2000), vol. II:

Welser (2000).
Krejci, Betriebsübergang und Arbeitsvertrag (1992).
Reiterer, Die Aufrechnung (1976).
Rummel (ed.), Kommentar zum ABGB, vol. I, 3rd ed. (2000), vol. II, 2nd ed. (1992) (括弧内のハイフンの後に著者名を表示)
Schima, Betriebsübergang durch "Vertragsnachfolge" RdW (1996).

コモン・ロー（イングランド，アイルランド，アメリカ合衆国）

Andrews, "Reform of Limitation of Actions: The Quest for Sound Legal Policy", (1998) 57 Camb. L.J. 589ff.
Brady & Kerr, The Limitation of Actions, 2nd ed. (1994).
Chitty, Chitty on Contracts, vol. I, General Principles, 28th ed. by Beale (1999).
Clark, Contract Law in Ireland, 3rd ed. (1992).
Deale, Circuit Court Practice and Procedure, 2nd ed. (1994).
Derham, Set-Off, 2nd ed. (1996).
Enonchong, Illegal Transactions (1998).
Furmston (ed.), Law of Contract (1999).
Goode, Commercial Law, 2nd ed. (1995) [Commercial Law].
Goode, "Inalienable Rights?" (1979) 42 MLR 553 [Inalienable Rights?].
Goode, Legal Problems of Credit and Security, 2nd ed. (1988) [Credit and Security].
Hondius (ed.), Extinctive Prescription: On the Limitation of Actions (1995).
Law Commission (*England and Wales*), Consultation Paper No. 151, Limitation of Actions (1998) [Limitation of Actions].
Law Commission (*England and Wales*), Consultation Paper No. 154, Illegal Transactions: The Effect of Illegality on Contracts and Trusts (1998) [Illegal Transactions].
Mann, The Legal Aspect of Money, 5th ed. (1992).
McCracken, The Banker's Remedy of Set-Off (1993).
McGee, Limitation Periods, 3rd ed. (1998).
McMahon & Binchy, The Law of Torts, 3rd ed. (2000).
Murdoch's Dict., Murdoch's Dictionary of Irish Law, 3rd ed. (2000).
Preston & Newsom on Limitation of Actions, 4th ed. by John Weeks (1989).
Story, Commentaries on the Conflict of Laws, 8th ed. (1883).
Treitel, Remedies for Breach of Contract (1988) [Remedies].
Treitel, The Law of Contract, 10th ed. (1999) [Contract].
Wood, English and International Set-Off (1989).

デンマーク

Andersen & Madsen, Aftaler og Mellemmænd, 4th ed. (2001).
Gomard, Almindelig Kontraktsret, 2nd ed. (1996) [Kontraktsret].
Gomard, Obligationsret (1991-1994).
Ussing, Aftaler paa Formuerettens Område, 3rd ed. (1950, reprinted 1962, 1974) [Aftaler].
Ussing, Dansk Obligationsret: Almindelig Del, 4th ed. (1967), by Vinding Kruse [Alm. Del.].

フィンランド

Aurejärvi & Hemmo, Velvoiteoikeuden oppikirja (1998).
Bärlund, Nybergh and Petrell (eds.), Finlands civil och handelsrätt (2000).
Halila & Ylöstalo, Saamisen lakkaamisesta (1979).
Hemmo, Sopimusoikeus I (1997).
Kivimäki & Ylöstalo, Suomen siviilioikeuden oppikirja, 3rd ed. (1973).
Routamo & Ståhlberg, Vahingonkorvausoikeus (2000).
Telaranta, Sopimusoikeus (1990).
Wilhelmsson & Sevón, Räntelag och dröjsmålsränta (1983).

フランス，ベルギー，ルクセンブルク

Aubert, Cession de dette, Rep. Civ. Dalloz.
Aynès, Cession de contrat: nouvelles précisions sur le rôle du cédé, D. 1998, Chron 25 [Nouvelles précisions].
Aynès, La cession de contrat et les opèrations juridiques à trois personnes (1984) [Cession].
Bénabent, "Le chaos du droit de la prescription extinctive", in: Mélanges dédiés à Louis Boyer (1996) 123.
Briand, Élements d'une theorie de la cotitularité des obligations, Thèse, Nantes (2000).
Claessens & Counye, "De repercussies van de Wet van 10 juni 1998 op de structuur van het gemeenrechtelijke verjaringsregime", in: *Bocken, Boone, Claessens, Counye, de Kezel, de Smedt*, De Herherziening van de bevrijdende verjaring door de Wet van 10 Juni 1998-De gelijkheid hersteld? (1999) 63.
Claeys, De nieuwe verjaringswet: een inleidende verkenning, 1998-99 R.W. 377.
Cornelis, Bestendig handboek verbintenissenrecht (2000) [Handboek].

Cornelis, Algemene theorie van de verbintenis (2000) [Algemene theorie].

Dirix, "De vormvrije cessie", in: *Dirix, Peeters, van Haegenborgh & Verbeke*, Overdracht en inpandgeving van schuldvorderingen, in Voorrechten en hypotheken. Grondige studies (1995).

Fenet, Recueil complet des travaux préparatoires du Code civil (1836).

Ferid & Sonnenberger, Das Französische Zivilrecht, vol. I/1, 2nd ed. (1994).

Ghestin, Traité de Droit Civil, Les Obligations: Les Effets du Contrat, 3rd ed. (2001) with *Billiau and Jamin*.

Herbots, Contract Law in Belgium (1995).

Lambert-Faivre, Droit du dommage corporel, 4th ed. (2000).

Malaurie & Aynès, Obligations, vol. III, Régime général, 11th ed. (2001-2002).

Malderen, van, "De overdracht van verbintenissen ut singuli", in: Bestendig handboek verbintenissenrecht.

Marty & Raynaud, Droit Civil: Les Obligations, vol. II, Les effets par Raynaud et Jestaz, 2 nd ed. (1989) [Obligations II].

Rieg, Cession de contrat, Rep. Civ. Dalloz (1987) No. 1.

Ripert/Roblot, Traité de droit commercial, vol. II, 16th ed. by *Delebecque & Germain* (2000).

Starck, Roland & Boyer, Droit Civil, Obligations, vol. III, 5th ed. (1997).

Storme, "Constitutional Review of Disproportionately Different Periods of Limitation of Actions (Prescription)" (1997) 5 ERPL 82ff.

Taisne, Jurisclasseur civil, Arts. 2251-2259, n. 14.

Terré, Simler, Lequette, Droit Civil, Les Obligations, 7th ed. (1999).

ドイツ

Berger, Der Aufrechnungsvertrag (1996).

Begründung zum Regierungsentwurf, Drucksache 14/6040, pp. 96 and 103.

Beschlussempfehlung und Bericht des Rechtsausschusses (6. Ausschuss), Drucksache 14/7052 (9 October 2001), p. 178.

Bundesminister der Justiz (ed.), Abschlußbericht der Kommission zur Überarbeitung des Schuldrechts (1992) [Abschlußbericht].

Bydlinski, "Die Aufrechnung mit verjährten Forderungen: Wirklich kein Änderungsbedarf?" (1996) 196 AcP 276.

Dernburg, Geschichte und Theorie der Kompensation, 2nd ed. (1868).

Dörner, "Anfechtung und Vertragsbeitritt", NJW 1986, 2916.

Fabricius, "Vertragsübernahme und Vertragsbeitritt", JZ 1967, 144.

Gernhuber, Die Erfüllung und ihre Surrogate (1994).

Grothe, Fremdwährungsverbindlichkeiten (1999).
Jauernig (ed.), Bürgerliches Gesetzbuch, 9th ed. (1999).
Kegel, "Verwirkung, Vertrag und Vertrauen", in: Festschrift für Klemens Pleyer (1986) 513 [Fs Pleyer].
von Kübel, "Recht der Schuldverhältnisse", Part I, in: *Schubert* (ed.), Die Vorlagen für die erste Kommission zur Ausarbeitung des Entwurfs eines Bürgerlichen Gesetz-buches (1980).
Larenz, Lehrbuch des Schuldrechts, vol. I, 14th ed. (1987).
Leenen, Die Neuregelung der Verjährung, 2001 JZ 552ff.
Mansel, Die Neuregelung des Verjährungsrechts, 2002 NJW 89ff.
Mansel, Die Reform des Verjährungsrechts, in: *Ernst & Zimmermann* (eds.), Zivilrechtswissenschaft und Schuldrechtsreform (2001), pp. 333ff.
Mansel & Budzikiewicz, Das neue Verjährungsrecht (2002).
Mugdan, Die gesamten Materialien zum Bürgerlichen Gesetzbuch für das Deutsche Reich, vol. I (1899).
Münchener Kommentar (Münchener Kommentar zum Bürgerlichen Gesetzbuch), 3rd ed., (1992ff.)（括弧内のハイフンの後に著者名を表示）.
Nörr, Scheying & Pöggeler, Handbuch des Schuldrechts, vol. II, 2nd ed. (1999).
Oetker, Die Verjährung (1994).
Peters & Zimmermann, "Verjährungsfristen", in: Bundesminister der Justiz, Gutachten und Vorschläge zur Überarbeitung des Schuldrechts, vol. I (1981), 77.
Spiro, Die Begrenzung privater Rechte durch Verjährungs-, Verwirkungs- und Fatalfris-ten, vol. I (1975) [Begrenzung].
Spiro, "Verjährung und Hausgemeinschaft", in: Festschrift für Friedrich Wilhelm Bosch (1976) 975. [Fs Bosch].
Spiro, Zur neueren Geschichte des Satzes "Agere non valenti non currit praescriptio", in: Festschrift für Hans Lewald (1953) 585 [Fs Hans Lewald].
Spiro, Zur Reform der Verjährungsbestimmungen, in: Festschrift für Wolfram Müller-Freienfels (1986) 617 [Fs Müller-Freienfels].
Staudinger, Kommentar zum Bürgerlichen Gesetzbuch, 13th ed. (1993ff)（括弧内のハイフンの後に著者名を表示）.
Windscheid & Kipp, Lehrbuch des Pandektenrechts, 9th ed. (1906).
Zimmermann "Die Aufrechnung: Eine rechtsvergleichende Skizze zum Europäischen Vertragsrecht", in: Festschrift für Dieter Medicus (1999) 707 [Fs Medicus].
Zimmermann, "Extinctive Prescription m German Law", in: *Jayme* (ed.), German National Reports in Civil Law Matters for the XIVth Congress of Comparative Law in Athens, 1994 153 [Extinctive Prescription].

Zimmermann, Grundregeln des Europäischen Vertragsrechts: Verjährung, (2001) 9 ZEuP, 400ff.
Zimmermann, Das neue deutsche Verjärungsrecht: ein Vorbild für Europa?, in: *Koller, Roth & Zimmermann*, Schuldrechtsmodernisierungsgesetz 2002, (2002) pp. 9ff.
Zimmermann, Leenen, Mansel & Ernst, Finis Litium?, Zum Verjährungsrecht nach dem Regierungsentwurf eines Schuldrechtsmodernisierungsgesetzes, 2001 JZ 684ff.

ギリシャ

Balis, Law of Obligations, 3rd ed. (1961, reprint 1969).
Georgiadis, Law of Obligations, General Part (1999).
Georgiadis & Stathopoulos (eds.), Civil Code Commentary, vol. I (1978) vol. II (1979).
Kerameus-Kozyris (eds.), Introduction to Greek Law, 2nd revised ed. (1993).
Papantoniou, Transfer of contractual relationships (1962).
Sourlas, Commentary to the Civil Code (ErmAK) vol. II (1954).
Stathopoulos, Contract Law in Hellas (1995) [Contract Law].
Stathopoulos, Law of Obligations, 3rd ed. (1999) [Obligations].

イタリア

Alpa-Bessone, I contratti in generale, IV (1991); Aggiornamento 1991-1998, vols. I, II, III (1999).
Barbero, Condizione, in Noviss. Dig. It., III (1957).
Bassi, "Factoring e cessione dei crediti d'impresa", in: Quaderni di Banca, borsa e titoli di credito (1993).
Bianca, Diritto Civile, vol. III, Il Contratto (2000); vol. IV, L'obbligazione (1993).
Cian-Trabucchi, Commentario breve al codice civile, 5th ed. (1997).
De Nova, La cessione del contratto, in Trattato di diritto privato diretto da Pietro Rescigno, vol. X/2 (1994).
Di Prisco, La compensazione, in Trattato di diritto privato diretto da Pietro Rescigno, vol, IX/1, 2nd ed. (1999).
Ferri, Ordine pubblico, buon costume e la teoria del contratto (1970).
Fusaro, La cessione del contratto, in: *Alpa-Bessone*, I contratti in generale, vol. IV (1991).
Galgano, Diritto civile e commerciale, vol. II/1, Le obbligazioni e i contratti (1999).
Gazzoni, Manuale di diritto privato, 9th ed. (2001).
Mancini, La delegazione, l'espromissione e l'accollo, in Trattato di diritto privato diretto da Pietro Rescigno, vol. IX/1, 2nd ed. (1999).

Mariconda, Le cause di nullità, in *Alpa-Bessone*, I contratti in generale, Aggiornamento 1991-1998, III, (1999).
Perlingieri, Della cessione dei crediti in *Scialoja & Branca* (eds.), Commentario del codice civile (1982) [Cessione].
Perlingieri, Dei modi di estinzione delle obbligazioni diversi dall'adempimento (1975), in *Scialoja & Branca* (eds.), Commentario del codice civile (1995) [Estinzione].
Roselli-Vitucci, La prescrizione e la decadenza, in Trattato di diritto privato diretto da Pietro Rescigno, vol. XX/2 (1998).
Sacco-De Nova, Il contratto, in Trattato di diritto privato diretto da Pietro Rescigno, vol. X/2, 2nd ed. (1995).
Sacco, Il contratto, vol. II, in Trattato di diritto civile diretto da Sacco (1993).
Trabucchi, Istituzioni di diritto civile, 38th ed. (1998).

オランダ

Asser-Hartkamp, Mr. C. Asser's Handleiding tot de Beoefening van het Nederlands burgerlijk recht, vol. IV Verbintenissenrecht, Part I, De verbintenis in het algem-ene, 11th ed. by *Hartkamp* (2000), Part II, Algemene leer de overeenkomsten, 11th ed. by *Hartkamp* (2001) [Verbintenissenrecht I or II].
Haanappel & MacKay, Burgerlijk Wetboek, (English translation) (1990).
Hartlief, Verjaring, rechtszekerheid en billijkheid, 2001 NTBR 58ff.
Koopmann, Bevrijdende verjaring (1993).
Kruithof, de Ly, Bocken & de Temmerman, "Verbintenissen: Overzicht van rechtspraak" (1981-1992), TPR 1994, 171ff.
Meijers, Toelichting, Eerste & Gedeelte, Ontwerp voor een nieuw burgerlijk wetboek, (Boek 1-4) (1954) 301ff.
Parlementaire Geschiedenis, Parlementaire Geschiedenis van het Nieuwe Burgerlijk Wetboek, Boek 6 (*Van Zeben, Du Pon & Olthoff* (eds.)) (1981).
Verhagen & Rongen, Cessie, Preadvies voor de Vereniging voor Burgerlijk Recht.

ポルトガル

Cordeiro, Da boa fé no direito civil (1984) [Boa fé].
Cordeiro, Tratado de Direito Civil, I (1999) [Tratado].
Hörster, A parte geral do Código Civil (1992).
Lima & Varela, Código Civil anotado, I 1987.

Pinto, Cessão da posição contractual (1970).
Varela, Das obrigações em geral, II, 7th ed. (1997).

スコットランド

Gloag, The Law of Contract, 2nd ed. (1929).
Gloag and Henderson, Introduction to the Law of Scotland, 10th ed. (1995).
Johnston, Prescription and Limitation (1999).
Macgregor, "Illegal Contracts and Unjustified Enrichment" 4ELR (2000) 19ff.
Macgregor, "Pacta Illicita", in: *Reid & Zimmermann*, below, vol. II ch.5.
MacQueen & Thomson, Contract Law in Scotland (2000).
McBryde, The Law of Contract in Scotland, 2nd ed. (2001).
Reid & Zimmermann (eds.), History of Private Law in Scotland (2000).
Scot. *Law Com*. 15, the Scottish Law Commission's Report on Reform of the Law relating to Prescription and the Limitation of Actions (Scot. Law Com. No. 15, 1970).
Stair, Institutions of the Law of Scotland (1693, new ed. by D.M. Walker 1981).
Stair Memorial Encyclopaedia, The Stair Memorial Encyclopaedia of the Laws of Scot-land (Multiple volumes.).
Wilson, The Scottish Law of Debt, 2nd ed. (1991).

スペイン

Díez-Picazo, Fundamentos del derecho civil patrimonial, 3 vols. 5th ed. (1996).
Díez-Picazo & Gullón Ballesteros, Sistema de Derecho Civil (2001).
Garcia Amigo, La cesión de contratos en el derecho español (1964).
Pantaleón, Cesión de Créditos, Anuario de Derecho civil, 1988, pp 1033-1131 [Cesión].
Pantaleón, Prescripción, in Enciclopedia jurídica básica, vol. III (1995) [Prescripción].
Rojo Ajuria, La compensación como garantía (1992).
Rudio Garcia-Mina, La declaración de quiebra y los créditos pendientes (1959).
Vaquer Aloy, "Importing foreign doctrines: Yet another approach to the Unification of European Private Law? Incorporation of the Verwirkung doctrine into Spanish case law" (2000) 8 ZEuP 301ff.

スウェーデン

Lindskog, Preskription (1990) [Preskription].

Lindskog, Kvittning -Om avräkning mellan prrvatrattsliga fordringar (1984) [Kvittning].
Ramberg-Hultmark, Allmän avtalsrätt (1999).
Rodhe, Obligationsrätt (reprint1994).
Walin, Lagen om skuldebrev (1997).

比較法および全般的研究

Bar, von, Gemeineuropäisches Deliktsrecht, vol. I (1996).
Björn, Factoring: A Comparative Analysis (1995).
Boele-Woelki, "De verjaring van vorderingen uit internationale koopovereenkomsten", in: Europees Privaatrecht (1996) 99.
Cashin-Ritaine, Les Cessions Contractuelles de Créances de Sommes d'Argent dans les Rélations Civiles et Commerciales Franco-Allemands (2001).
Cian, Hundert Jahre BGB aus italienischer Sicht, (1998) 6 ZEuP 215.
Coing, Europäisches Privatrecht, vol. I (1985), vol. II (1989).
Dannemann, Karatzenis & Thomas, "Reform des Verjährungsrechts aus rechtsvergleichender Sicht" (1991) 55 RabelsZ 697.
Kegel, Probleme der Aufrechnung: Gegenseitigkeit und Liquidität rechtsvergleichend dargestellt (1938) [Aufrechnung].
Kötz, "Rights of Third Parties", in: International Encyclopedia of Comparative Law, vol. VII, chap. 13 (1992) [IECL].
Kötz & Flessner, European Contract Law, vol. I (1997).
Lipstein, "Qualification", in: International Encyclopedia of Comparative Law, vol. III, chap. 5 (2000).
Loubser, Extinctive Prescription (1996).
Pichonnaz, "The Retroactive Effect of Set-Off (Compensatio)" (2000) 68 TR 541.
Ranieri, "Bonne foi et exercice du droit dans la tradition du Civil Law", (1998) RIDC 1055.
von Savigny, System des heutigen Römischen Rechts, vol. V (1841).
Smit, The Convention on the Limitation Period in the International Sale of Goods: Uncitral's First-Born (1975) 23 AJCL 337.
Zimmermann, The Law of Obligations: Roman Foundations of the Civilian Tradition, paperback edition (1996) [Obligations].
Zimmermann & Whittaker (eds.), Good Faith in European Contract Law (2000).
Zweigert & Kötz, An Introduction to Comparative Law, 3rd ed. (trans. Weir) (1998).

ヨーロッパ契約法原則 I・II 目　次

日本語版への序文
序　文
ヨーロッパ契約法委員会構成員
序　論
第1章から第9章までの概要
略語表

ヨーロッパ契約法原則 I・II　条文

ヨーロッパ契約法原則 I・II　注解

第1章　総　則

第1節　本原則の適用範囲
1：101条　本原則の適用
1：102条　契約の自由
1：103条　強行規定
1：104条　合意に関する問題への適用
1：105条　慣習および慣行
1：106条　解釈および補充
1：107条　本原則の類推適用

第2節　一般的義務
1：201条　信義誠実および公正取引
1：202条　協力義務

第3節　用語法およびその他の規定
1：301条　定　義
1：302条　合理性
1：303条　通　知
1：304条　期間の計算
1：305条　認識および故意の帰責

第2章　契約の成立

第1節　総　則
2：101条　契約締結のための要件
2：102条　意　思
2：103条　十分な合意
2：104条　個別に交渉されなかった条項
2：105条　完結条項
2：106条　書面による変更への限定
2：107条　承諾なしに拘束力をもつ約束

第2節　申込みと承諾
2：201条　申込み
2：202条　申込みの撤回
2：203条　拒　絶
2：204条　承　諾
2：205条　契約の成立時期
2：206条　承諾のための期間
2：207条　遅延した承諾
2：208条　変更を加えた承諾
2：209条　抵触する約款
2：210条　専門家による確認書
2：211条　申込みと承諾によって締結
　　　　　されるのではない契約

第3節　交渉についての責任
2：301条　信義誠実に反する交渉
2：302条　守秘義務違反

第3章　代理権

第1節　総　則
3：101条　本章の射程
3：102条　代理の種類

第2節　直接代理
3：201条　明示的代理権，黙示的代理権，表見的代理権
3：202条　権限に基づき行為する代理人
3：203条　本人が誰であるかが明らかにされない場合
3：204条　権限なくまたは権限を越えて行為する代理人
3：205条　利益相反
3：206条　復代理
3：207条　本人による追認
3：208条　代理権の確認に関する相手方の権利
3：209条　代理権の存続

第3節　間接代理
3：301条　本人の名で行為しない仲介者
3：302条　仲介者の支払不能または本人に対する重大な不履行
3：303条　仲介者の支払不能または相手方に対する重大な不履行
3：304条　通知の必要性

　　　　第4章　有　効　性
4：101条　規律対象から除外される事項
4：102条　原始的不能
4：103条　事実または法律に関する本質的な錯誤
4：104条　伝達における誤り
4：105条　契約の改訂
4：106条　不正確な情報
4：107条　詐　欺
4：108条　強　迫
4：109条　過大な利益取得または不公正なつけ込み
4：110条　個別に交渉されていない不公正条項
4：111条　第三者
4：112条　取消しの通知
4：113条　期間制限
4：114条　追　認
4：115条　取消しの効果
4：116条　一部取消し
4：117条　損害賠償
4：118条　救済の排除または制限
4：119条　不履行に対する救済手段

　　　　第5章　解　釈
5：101条　解釈の一般的準則
5：102条　考慮すべき事情
5：103条　「作成者に不利に」の準則
5：104条　交渉された条項の優先
5：105条　契約全体との関連
5：106条　条項を有効とする解釈
5：107条　言語間の齟齬

　　　　第6章　内容および効果
6：101条　契約上の債務を生じさせる表示
6：102条　黙示的条項
6：103条　仮装行為
6：104条　価格の決定
6：105条　当事者の一方による決定
6：106条　第三者による決定
6：107条　依拠していた要素が存在しない場合
6：108条　履行の質
6：109条　期間の定めのない契約
6：110条　第三者のためにする合意
6：111条　事情の変更

　　　　第7章　履　　　行
7：101条　履行場所
7：102条　履行期
7：103条　期限前の履行
7：104条　履行の順序
7：105条　選択的履行
7：106条　第三者による履行
7：107条　支払いの形式
7：108条　支払通貨
7：109条　弁済の充当
7：110条　財産が受領されない場合
7：111条　金銭が受領されない場合
7：112条　履行の費用

第8章　不履行および救済手段・総則
8：101条　利用可能な救済手段
8：102条　救済手段の重畳
8：103条　重大な不履行
8：104条　不履行当事者による治癒
8：105条　履行の担保
8：106条　履行のための付加期間を定める通知
8：107条　第三者への履行の委託
8：108条　障害による免責
8：109条　救済を排除または制限する条項

第9章　不履行に対する救済手段・各則
第1節　履行請求権
9：101条　金銭債務
9：102条　非金銭債務
9：103条　損害賠償請求権の存続

第2節　履行の留保
９：２０１条　履行留保権

第3節　契約の解消
９：３０１条　契約を解消する権利
９：３０２条　分割履行契約
９：３０３条　解消の通知
９：３０４条　履行期前の不履行
９：３０５条　解消の効果・総則
９：３０６条　価値の減少した財産の返還
９：３０７条　支払済み金銭の返還請求
９：３０８条　財産の返還請求
９：３０９条　返還不可能な履行の弁償請求

第4節　代金の減額
９：４０１条　代金減額請求権

第5節　損害賠償および利息
９：５０１条　損害賠償請求権
９：５０２条　損害賠償の一般的算定基準
９：５０３条　予見可能性
９：５０４条　被害当事者に帰すべき損害
９：５０５条　損害の軽減
９：５０６条　代替取引
９：５０７条　時　価
９：５０８条　金銭支払いの遅延
９：５０９条　不履行に対する支払いが契約で合意されていた場合
９：５１０条　損害賠償の算定通貨

文献一覧
監訳者あとがき
索引（日本語索引・原語索引）

監訳者あとがき

　ヨーロッパ契約法原則（Principles of European Contract Law）は，私的団体である「ヨーロッパ契約法委員会」（Commission on European Contract Law）において1980年に開始されたEU域内契約法の統一へ向けての作業の成果であり，1995年に第Ⅰ部が公表され，1996年には第Ⅱ部が公表された。そして，さらに，2002年には第Ⅲ部が公表された。そして，それらの英語版として，Ole Lando and Hugh Beale (eds.), Principles of European Contract Law, Parts I and II (2000) と，Ole Lando, Eric Clive, André Prüm and Reinhard Zimmermann (eds.), Principles of European Contract Law, Part III (2003) が，フランス語版として，Georges Rouhette (sous la direction de), Isabelle de Lamberterie, Denis Tallon et Claude Witz (avec le consours de), Principes du Droit Européen du Contrat (2003)が，ドイツ語版として，Christian von Bar, Reinhard Zimmermann (Hrsg.), Grundregeln des Europäischen Vertragsrechts, Teile I und II (2002) と，Christian von Bar, Reinhard Zimmermann (Hrsg.), Grundregeln des Europäischen Vertragsrechts, Teil III (2005) が，さらに，日本語版として，潮見佳男・中田邦博・松岡久和監訳，オーレ・ランドー／ヒュー・ビール編『ヨーロッパ契約法原則Ⅰ・Ⅱ』（法律文化社，2006年）がそれぞれ刊行されている。

　ヨーロッパ契約法原則は，①ヨーロッパ域内の取引を制約する法的要因を撤廃することを通じてヨーロッパ域内の国際取引を容易にすることを主たる目的とするものであるが，副次的には，②EU域内の契約法の調和のために，統一的原則を立てることを通じて，概念・体系面での一般的基礎を提供するとともに，統一的な解釈を行うための基礎をも形成すること，③条約が規定していない範囲で，国内契約法の継続形成を行う際に内国裁判所および立法者にとって示唆を与えること，④域内取引紛争の仲裁人にとっての指針を与えること，⑤ヨーロッパ域内におけるコモン・ロー（common law）と大陸法（civil law）との間の媒介機能を果たすこと，そして⑥将来のヨーロッパ統一契約法典の起草へ向けての第一歩となることを目指している（以上につき，潮見佳男『契約責任の体系』〔有斐閣，2000年〕87頁以下）。

　もとより，ヨーロッパ契約法原則は，EU加盟国の学者が個人の資格で参加した私的団体により作成されたものであり，政府あるいは国際機関の公的支援を受けたものではない。しかしながら，英米法と大陸法，さらに北欧法をも視野に入れ，かつ国際取引をにらんだ場合の理想的な契約法の準則がどのようなものであるのかという見取り図を示している点で，同原則は，現代社会における契約法のあるべき姿のひとつと言うことができる。実際，同原則の第Ⅰ部・第Ⅱ部は，「債務法現代化

法」の下で2001年に大改正され，2002年1月1日より施行されたドイツ民法典の起草・立案に大きな影響を与えている（ドイツ債務法の現代化については，潮見・前掲書38頁以下，同『契約法理の現代化』〔有斐閣，2004年〕339頁以下。なお，本書自体のノートでは，債務法現代化前のドイツ民法旧規定が参照されているため，現代語化後の規定との対照にあたっては注意されたい。フランス民法についても，最近の債務法・時効法改正の動きにつき，同様である）。また，構成メンバーが一部重なっていることもあって，同原則は，第Ⅰ部・第Ⅱ部はもとより，第Ⅲ部をも含め，ほぼ同時進行しているユニドロワ（私法統一国際協会）の国際商事契約原則（Principles of International Commercial Contracts; 2004年版とその解説が出ている）とも相互に影響されあっている。

このようなヨーロッパ契約法原則を検討することは，わが国における近未来の契約法のあり方を探る上でも，少なからぬ価値をもつものである。もとより，同原則が提示している個別の準則や概念は，無批判に受け入れるのではなく，客観的に一検討素材として評価を下すべきものである。しかし，少なくとも，この内容を正しく理解するということは，これからのわが国における契約法（理）・債権法（理）の現代化・国際化へ向けた議論の素材を豊かにする上で，価値の高い作業であると考える（川角由和＝中田邦博＝潮見佳男＝松岡久和編『ヨーロッパ私法の展開と課題』（2008年，日本評論社）においても，ヨーロッパ契約法原則についての多くの関連論稿が扱われている）。

以上の次第で，私たちは，ヨーロッパ契約法原則の第Ⅲ部について，第Ⅰ部・第Ⅱ部の場合と同様に，講読と検討の場を設けた。この作業を基礎として，さらに，ヨーロッパ契約法研究会のメンバーおよび監訳者グループによって検討を加え，調整して完成したものが，本書『ヨーロッパ契約法原則Ⅲ』である。

『ヨーロッパ契約法原則Ⅰ・Ⅱ』の翻訳作業が終了後，2年以上経過したが，この時期に翻訳作業を終えることができたことは，私たちにとって大きな喜びである。

日本民法の改正に向けた議論が大きく進展する中で，その道しるべとして，「ヨーロッパ契約法原則」のもつ意味はさらに高まっている。本書がヨーロッパでの動向を知るための貴重な情報源として利用され，受け入れられることを願う次第である。

なお，第Ⅰ部・第Ⅱ部を含め，同原則については，松岡久和・中田邦博・潮見佳男らの研究者から成るグループ（ヨーロッパ契約法研究会，代表＝川角由和龍谷大学教授）がすでに日本語への翻訳権を取得していることを付記しておく（ヨーロッパ契約法原則は，「法律」ではない。あくまでもランドー教授を中心とした私的研究グループによる著作物であり，同グループに著作権がある）。また，本書第Ⅲ部の索引は，前書と同様にたんなる翻訳ではなくヨーロッパ契約法研究会での議論を踏まえ日本の読者にとって便利なように一定の方針の下で編集した。この作業は主に松岡が担当した（具体的な作成手順は，本書251頁〔松岡〕を参照されたい）。

なお，各翻訳者が担当した部分については，このあとに続く翻訳担当者一覧において明示しておく。

　本書刊行にあたっては，法律文化社の小西英央さんと野田三納子さんに多大のご尽力をいただいた。末尾ながら，記して御礼申し上げる。

　2008年9月

潮 見 佳 男
監訳者　中 田 邦 博
松 岡 久 和

❖ 翻訳担当一覧

第Ⅲ部序文	中田邦博
ヨーロッパ契約法原則Ⅲに関する委員会の構成員	中田邦博
第Ⅲ部への序論	松尾健一＝野々村和喜＝村田大樹
第10章から第17章の概要	松尾健一＝野々村和喜＝村田大樹

ヨーロッパ契約法原則Ⅲ　注解

第10章
10：101	村田大樹
10：102-103	石上敬子
10：104	米谷壽代
10：105	加藤彩代
10：106	野々村和喜
10：107	松尾健一
10：108	村田大樹
10：109	石上敬子
10：110	加藤彩代
10：111	米谷壽代
10：201	野々村和喜
10：202-204	松尾健一
10：205	村田大樹

第11章
	松岡久和＝藤井徳展

第12章
12：101-102	中田邦博
12：201	髙嶌英弘

第13章
13：101	潮見佳男
13：102	若林三奈
13：103	森山浩江
13：104-107	潮見佳男

第14章
14：101	石上敬子
14：201	米谷壽代
14：202	加藤彩代
14：203	野々村和喜
14：301	松尾健一
14：302	村田大樹
14：303	武田直大
14：304	坂口　甲
14：305	阪上淳子＝乙宗祥代＝小根田直徹＝木村悠里
14：306	古谷貴之
14：307	古谷貴之＝小根田直徹＝木村悠里＝乙宗祥代＝阪上淳子
14：401	荻野奈緒
14：402	村田大樹
14：501	武田直大
14：502-503	坂口　甲
14：601	冨田大介＝松尾健一

第15章
15：101	古谷貴之
15：102	加藤彩代＝米谷壽代
15：103	和島亜寿沙
15：104	村田大樹
15：105	田井義信

第16章
16：101	村田大樹
16：102	和島亜寿沙
16：103	三輪修也

第17章
	野々村和喜

第Ⅲ部文献一覧	松岡久和
索引（日本語索引・原語索引）	松岡久和

索　　引
（日本語索引・原語索引）

　この索引は，原著の INDEX を元に，次のような手順で作成した。まず，各執筆者が原著の INDEX を手がかりに本書の該当頁を拾い出すことから始めたが，その際，原著の INDEX の誤りも修正した。次に，原著の INDEX は，条文見出し程度しか拾い出しておらず，それも取捨選択の基準が不明なまま落ちているものが少なくない。そこで，各執筆者には，担当部分の条文見出しのみならず，本文中（小見出しを含む）から，検索語として適当と思われるものを拾い出してもらった。こうして原著の INDEX の倍以上になった項目を，松岡が取捨選択し，表現を統合・整理した。主な注意点は，次のとおりである。
- ・各項目のカバーする範囲を，開始頁だけでなく，例えば，393～417のように明示した。
- ・見出し語の不要な重複などは削除し，日本語見出しにあわせて欧文部分も適宜改編を加えている。そのため，本書の欧文索引は，原著の INDEX とは，質・量ともに異なるものとなっている。
- ・各国法固有の概念についても，主として独・仏・英とラテン語（法格言を含む）で日本の読者に参考となるものを拾い出し，イタリックで表示した。

　　　　　　　　　　　　　　　　　　　　　　　　　　　松岡　久和

日本語索引

あ 行

EC 条約　EC Treaty　　191, 196
EU 基本権憲章　European Union Charter on Fundamental Rights　　191
因果的な寄与度　Causal participation　　31
訴えることのできない者に対して時効は進行しない　Agere non valenti non currit praescriptio
　　152, 160
欧州連合（EU）　European Union
　　——における履行場所　place of performance　　84
　　——の法の根本原理　fundamental principles of law　　191

か 行

確認判決　Declaratory judgment　　142, 157, 159
家族法　Family law　　序論 4
為替手形の移転　Bill of exchange, transfer of　　51, 54
期間制限　Time limits
　　連帯債務における——　- in solidary obligations　　27
　　——と時効期間　prescription periods　　132〜133
企業買収　Take-overs　　104
期　限　Time clauses　　121, 213〜214
既判力　Res judicata, effect of　　38, 144, 147, 155, 157
基本的人権　Fundamental human rights　　序論 4
救済手段　Remedy(ies)
　　契約の無効　invalidity of contract　　204
　　取消しという——　- of avoidance　　191
　　不履行に対する——　- for non-performance　　22, 29, 42
　　利息の支払遅延に対する——　- for delayed payment of interest　　222
　　——の移転　transfer of -　　66
求償権　Recourse, rights of
　　対人的な——　personal -　　32
　　弁済による代位　subrogatory -　　32〜33
　　——に裁判所の判決が与える影響　effect of court decision on -　　38
　　——に時効が与える影響　effect of prescription on -　　38
強行規定　Mandatory rules of law　　58, 78, 194〜202
供　託　Deposit　　45
共同口座　Joint bank accounts　　42〜43
共同債務における権限の委譲　Mandate in communal claims　　43
共有債務　Community debts　　23
協力義務　Duty to co-operate　　216

252

金　銭　Money
　　将来の契約に基づいて発生する―― - claim arising under future contract　　75
　　――債権　- claim　　60～61, 110
　　――債務　obligation to pay -　　28, 84～85
　　――の支払遅延　delay in payment of -　　221～222
　　――の第三者への供託　depositing - with a third party　　45
　　→　支払い　see also Payment
金銭債務　→　債務　Monetary obligations see Obligations
金融証券の移転　Financial instruments, transfer of　　51～54
契　約　Contracts
　　違法な目的の――　- with an illegal purpose　　195, 199～200
　　過大な利益取得または不公正なつけ込みを伴う――　- conferring excessive benefit or unfair advantage　　192
　　個別に交渉されていない不公正な――条項　unfair - terms not individually negotiated　　192
　　根本原理に反する――　- contrary to fundamental principles　　191
　　長期――　- of long duration　　104
　　法規違反の――　- contrary to law　　194
　　――の強制不能　non-enforcement of -　　192
　　――の無効　invalidity of -　　138, 204
　　→　契約の無効　see also Ineffectiveness of contracts
契約債務の準拠法に関するローマ条約　Rome Convension on the Law Applicable to Contractual Obligations 1980　　195
契約上の金銭支払請求権　Contractual right to the payment of money　　51～52
契約全体の譲渡　Transfer of entire contract　　52, 104～107
契約の解消　Termination of contract
　　契約の一部の解消　partial -　　23
　　重大な不履行による――　fundamental non-performance　　22, 24, 61
　　――と債権者の共同での権利行使義務　creditors obliged to act together　　43
契約の原因　Causa　　200～201
契約の併存　Parallel contracts　　41
契約の無効　Ineffectiveness of contracts　　201～202
　　一部無効　partially ineffective　　203
　　違反された強行規定に定められた効果　effect prescribed by infringed mandatory rule　　196
　　裁判所の裁量的判断　judicial discretion to declare　　196～200
　　当然無効　automatic -　　192
原状回復　Restitution　　204～207
　　違法な契約の――　- under the illegal contracts　　204～205
　　契約で定められていない場合の――　if not regulated by contract　　220
　　――請求権の時効　prescription of rights to -　　138
建築請負契約　Construction contract　　72～73
権利の併存　Accumulation of rights　　41
故意の不法行為から生じた債権　Wilful delict, claims arising from　　128～129
公　益　Public policy　　191～193

更　改　Novation　96, 98, 100, 104
公共の利益　Public interest　141, 181, 184, 186〜187, 191〜193
交互計算　Current account　222, 225
公　示　→　通　知　Public notice, see Notice
抗　弁　Defence(s)
　一身専属的な——　personal -　40, 48
　権利減却の——　peremptory -　181
　債務に内在する——　- inherent in the debt　40, 48
　時効の——　- of prescription　181〜182, 185
　第三者の——　- of third person　101, 103
　手続上の——　procedural -　86〜87
抗弁的権利　Protective rights　序論 4
コーズ　*Cause*　192, 200
国際私法と強行規定　Private international law and mandatory rules　58, 194〜195
子どもに対する性的虐待から生じる債権　Sexual abuse of children claims　167, 171
混　同　*Confusio*　35, 47

さ　行

債　権　Claim(s)
　可分——　divisible -　22〜23, 60〜62
　共同——　communal -　42〜43
　金銭——　monetary -　56, 60, 76, 110
　契約以外に基づいて発生する——　non-contractual -　53
　契約に基づいて発生する——　contractual -　53, 57
　婚姻当事者間の——　- between spouses　167〜169
　譲渡性のない——　non-assignable -　77〜78
　将来——　future -　53, 56〜58, 68, 75, 90
　非金銭——　non-monetary -　56, 61〜62, 76
　不可分——　indicisible -　44
　複数——　plural -　序論 2 , 41, 122
　分割——　separate -　42
　連帯——　solidary -　42
　——という用語の意義　meaning of the term　序論 4 , 42, 52〜53, 132
　——と特定性要件　identification requirement　57〜58
　——の可分性の推定　presumption of divisibility　44
　——の行使期間　limitations of -　131, 134
　——の差押え　attachment of -　92〜93, 127〜128
　——の部分的な縮減　partial reduction of -　49
　——の変更　modification to -　72〜73, 89
　→　債権の移転　see also Transfer of claims
債権：債務　Debt(s)
　共有債務　community -　23
　債権と債務の混同　merger of -　35, 47

債務引受　assumption of -　　99
債務引受　*cession de dette*　　99
債務免除　release of the -　　36〜37, 47
将来債権　future -　　75〜76
不可分債務　indivisible -　　21
付　款　qualification　　27
履行期が既に到来している債権　already payable -　　52〜53
債権者　Creditor(s)
　――間の持分割合の平等の推定　presumption of equality　　概要 3, 46
　――の分配請求　right of recourse　　47
　――の保護　protection of -　　101, 160, 166, 177
　――の連帯の推定　presumption of solidarity　　42
債権譲渡　Assignment(s)　　51〜93
　一部譲渡　partial -　　60
　一方的行為による移転　- by unilateral act　　53
　求償のないファクタリング契約と――　non-recourse factoring　　76
　共謀による――の日付の遡及　collusive antidating of -　　64
　継続的な一連の金銭債権の――　continuous stream of receivables　　64, 75
　契約上の――禁止　contractual prohibition　　71
　契約に基づいて発生する債権の――　contractual claims　　51, 53
　現在の債権の――　existing claims　　56, 90, 92
　合意による――　*cession di crediti*　　56
　口頭の――　oral -　　63
　債権の違法な二重譲渡　wrongful double -　　65〜66
　（債権の）可分性　divisibility　　60
　債権の多重譲渡　competing -　　90
　債務者の属人的な要素に関する権利の――　rights personal to the creditor　　53, 77〜78
　譲渡対象債権と密接に関係する債権の――　closely connected with the assigned claim　　86〜87
　将来において履行期が到来する債権の――　claims payable in the future　　59
　将来の金銭債権の――　- of future rights to the payment of money　　75
　将来の金銭債権の包括的――　global - of future debts　　59
　将来の契約　future contract　　57
　将来の契約に基づいて発生する債権の――　- of claims under future contracts　　57
　書面による――　- in writing　　63
　真正の――　absolute -　　90〜91
　制定法上の――　statutory -　　59
　多重の――　successive -　　90
　担保のための――　- by way of security　　52, 90
　通知型融資と――　notification financing　　64
　同意なければ変更なし　no modification without consent　　72
　動産を目的とする権原証券の――　document of title to goods　　51, 55
　時に先んずる者は権利に先んずる　*qui prior est tempore potior est jure*　　91
　独立した権利の――　independent right　　73

債権譲渡（つづき）
　　何人も自己の有する以上の権利を譲渡できない（無権利の法理）　*nemo dat quod non habet*　90, 93
　　破産法上の優先債権と―――　preferential claims　93
　　ファクタリングと―――　factoring　51, 68, 76
　　無償の―――　gratuitous -　70
　　有償の―――　- for value　70
　　履行期が将来到来する現在の債権の―――　*debitum in praesenti, solvendum in futuro*　57, 75, 87
　　流通証券の―――　negotiable instrument　51, 53〜54
　　流通証券の―――　negotiable security　51, 54〜55
　　―――契約　agreement to assign　55
　　―――と隠れた質権　silent pledge　56, 74, 81〜82, 93
　　―――と銀行保証　bank guarantee　76
　　―――と公序　public policy　58, 77
　　―――と債権の事実的基礎　factual basis of the claim　71
　　―――と債権の存在および履行の強制可能性　existence and enforceability of claims　71
　　―――と債権を目的とする担保権の実行　enforcement of security interest in claims　55
　　―――と裁判上その他の差押え　judical or other attachment　90
　　―――と債務者に認められる選択権　options open to a debtor　79
　　―――と差押債権者　attachment creditor　92
　　―――と質権　pledge　52, 56
　　―――と実体的な抗弁および相殺権　substantive defences and right of set-off　71, 86, 88
　　―――と譲渡する権利　right to -　71
　　―――と譲渡人の破産　bankruptcy of assignor　65
　　―――と信用状　letter of credit　76
　　―――と増加費用　increased costs　60, 84〜85
　　―――と相殺権　set-off　72, 75, 86〜88
　　―――と担保責任　warranties　70
　　―――と適法性　legitimacy　74
　　―――と登録簿　register　51, 91
　　―――と特定可能性　identifiability　59
　　―――と特定性　specifity　59
　　―――と破産法上の偏頗行為に関する準則　insolvency rules govering unfair preference　64
　　―――と付従的でない権利の移転　transfer of non-accessory rights　71
　　―――と偏頗行為　unfair preference　93
　　―――と保証　undertakings　70〜71
　　―――と無因性の原則　principle of abstraction　56
　　―――と優先する権利の不存在　freedom of prior right　72
　　―――と履行場所　place of performance　84
　　―――と履行を留保する権利　right to withhold performance　80
　　―――に対する債務者の同意　debtor's consent to -　74〜75, 77〜78
　　―――についての債務者の認識　debtor's knowledge of -　80〜82
　　―――人の契約違反に関する責任　assignor's liability for the non-conformity　74

──の実体的な有効性　substantive validity　　71
　　──の証拠提示を求める権利　right to request evidence　　63
　　──の遡及効　retrospective effect of -　　68, 92
　　──の通知　notice of -　　63〜64, 79〜82, 86〜93
　　──の認識　knowledge of -　　79, 91
　　──の方式　form of -　　63
　　──の方式上の有効性および履行の強制可能性　formal validity and enforceability　　71
　　──の有効性　validity of -　　55, 63〜64
　　──の優先性／優先順位　priority　　66, 68, 72
　　→　債権の移転　see also Transfer of claim
債権譲渡以外の債権担保　Non-assignment securities　　51〜52
債権譲渡禁止条項　No-assignment clause　　69, 74〜77
債権の移転　Transfer of claims
　　合意による──　consensual -　　53, 56
　　真正の債権譲渡　outright -　　51〜52, 92
　　担保のための──　- by way of security　　51〜52
　　法律による──　- by operation of law　　53
　　──と独立した権利　independent rights　　62
　　──と付随的な権利　accessory rights　　62, 66, 73
財　産　Property　　序論4
　　動　産　corporeal movable -　　序論4
　　──権　- rights　　序論4, 133
　　──の移転　transfer of -　　56, 205
裁判所という用語の意義　Court, meaning of the term　　37
債　務　Obligation(s)　　23〜25
　　共同──　communal -　　23〜25
　　金銭──　monetary -　　概要1, 110, 222
　　結果──　- de résultat　　218
　　手段──　- de moyens　　218
　　条件付の──　conditional -　　211〜210
　　全部義務　- in solidum　　24, 27
　　同種の──　- of the same kind　　110
　　独立した複数の──　independent plural -　　23
　　賠償義務　- of reparation　　26
　　非金銭──　non-monetary -　　84〜85, 110
　　不可分──　indivisible -　　21, 24〜25, 29
　　複数の──　multiple -　　21
　　複数の──　plural -　　21, 122
　　分割可能な──　divisible -　　97
　　履行すべき──　- to perform　　213
　　→　債務の移転　see also Transfer of obligations
債務者　Debtor(s)
　　支払不能リスクの──間での比例的分担　proportional sharing of risk　　33

索引（日本語索引）　　*257*

債務者（つづき）
　同一の履行　same performance　　25〜26
　──間の平等性の推定　presumption of equality　　概要2
　──の代わり（の履行）；──の交替　substitution　22, 52, 95
　──の求償権　right of recourse of -　　32〜34, 37〜39
　──の支払不能　insolvency of -　　33, 36, 73
　──の証拠提示を求める権利　right to request evidence of -　　63
　──の責任　liability of -　　22, 37〜38
　──の増加費用　costs　　60〜61
　──の追加出費　additional expense　　62
　──の保護　protection of -　　45, 62, 81〜83, 133〜134, 150, 184〜186
　──の履行からの免責　- excused from performing　　29
債務者の交替　→　債務の移転　Substitution, *see* Transfer of obligations
債務の移転　Transfer of obligations
　──と債権者の事前の同意　advance consent by creditor　　95, 97
　──と三当事者すべてによる合意　agreement of all three parties　　95〜97
債務の免除　Release of debt　　47
詐欺的通謀　Fraudulent collusion　　37〜38
(消滅)時効　Prescription
　(効果としての)履行拒絶権　right to refuse performance　　131, 180〜181
　交渉の最後の伝達　last communication in the negotiations　　162
　催　促　reminder　　165
　時間の曖昧化作用　obfuscating power of time　　133, 141, 172, 185
　実体法と──　substantive law　　131〜132, 180
　取得時効　acquisitive -　　131, 134
　消極的──　negative -　　131
　人身損害の場合の──　personal injury cases　　182
　相殺する権利に対する効果　effect on set-off　　184〜186
　損害の種類　types of dameges　　149, 151
　ドイツ新──法　new German law of -　　13, 136
　付随的債権に対する効果　effect on ancillary claims　　184
　弁済があったと推定させる──　presumptive -　　183
　他の債権者の権利に対する影響　effect on rights of other creditors　　48
　他の債務者の責任に対する影響　effect on liability of other debtors　　38〜39
　履行期を延期する合意と──　agreement postponing the due date of a claim　　187
　履行の猶予期間を与える合意と──　agreement allowing additional times for performance; *pacta de non petendo*　　187
　──援用権の放棄　waiver of the right to invoke -　　181〜182
　──が生じれば争訟は終わる　*ut sit finis litium*　　181, 184
　──制度　- regime　　133〜135, 137〜139
　──と悪意の抗弁　*exeptio doli*　　164
　──という用語の意義　terminology　　131
　──と権利濫用　abuse of right　　164

——と公共の利益　public interest　　181, 184〜186
　　——と上限期間　long-stop　　153, 171〜176
　　——と信義則　good faith　　164
　　——と相殺の権利　right of set-off　　184〜185
　　——と当事者の自治　party autonomy　　186〜189
　　——の一般的効果　general effect of -　　180〜183
　　——の進行開始の停止　*Anlaufhemmung*　　154
　　——の中断　interruption of -　　149, 155, 158〜159, 176〜177
　　——の弱い効果　weak effect of -　　180〜181
　　→　求償，時効期間　*see* also Recourse, Period of prescription
時効期間　Period of prescription
　アスベストと——　asbestos　　172, 176
　医療過誤と——　medical malpractice　　163, 171
　確認判決の申立てによる——の進行停止　suspension of running of - by declaratory judgement　　157
　環境損害と——　environmental damage　　173
　強制執行の申立てと——　act of execution　　179〜180
　強制執行の申立てによる——の更新　renewal by attempted excution　　179〜180
　交渉による——の進行停止　suspension of running of - in case of negotiations　　162〜165
　交渉による——の満了延期　postponement of expiry of - in case of negotiations　　162〜165
　交渉の決裂と——　break down of negotiation　　163
　合理的な認識可能性の準則　reasonable discoverability rule　　150, 152, 171
　債権者の支配を超えた障害による——の進行停止　suspension of running of - in case of impediment　　160〜162
　（債権者の）認識欠如と——　ignorance　　152, 174, 187
　（債権者の）認識欠如と——　lack of knowledge　　151
　債権者の認識欠如による——の進行停止　suspension of running of - in case of ignorance　　149〜155, 173, 187
　債権に関する交渉と——　negotiations about the claim　　163〜164
　債権についての法的手続と——　legal proceedings on the claim　　155〜157, 173
　債権の種類ごとに異なる——　differentiated regime　　137〜138, 142, 150
　裁判手続の係属による——の進行停止　suspension of running of - in case of judicial proceedings　　155〜160, 171, 173
　債務の承認による——の更新　renewal by acknowledgement　　176〜179
　債務法上の債権と——　claims within law of obligations　　137〜138, 144〜146, 176〜178
　詐欺と——　fraud　　174, 176
　作為債務・不作為債務と——　obligations to do or refrain from doing something　　146
　重要性の基準　significance test　　151
　信義誠実の原則と——　principle of good faith　　163, 214
　進行停止事由となる障害　impediments leading to suspension　　160〜161
　人身損害に関する債権と——　personal injuries claims　　150, 154, 167, 171, 182, 188
　相続にともなう——の満了延期　postponement of expiry of - in case of succession　　170
　損害賠償請求権と——　right to payment of damages　　144〜145, 149

時効期間（つづき）
　代理人の欠如と―― lack of representation　　164～167
　仲裁判断と―― arbitral awards　　141～142, 144, 147, 155, 158
　調停手続と―― conciliation proceedings　　163, 165
　定期的な債務と―― periodical debts　　139
　判決で確定された債権と―― claims based on judgment　　141～144, 147, 157, 178～179
　不可抗力　*vis major*　　152
　不要式の承認と―― informal acknowledgement of claim　　177
　法的安定性と―― legal certainty　　134, 173～174, 177
　未成年者と―― minors　　164～167
　無能力者に代理人がいないことによる――の満了延期　postponement of expiry of - in case of incapacity　　165～169
　――の起算点　commencement of -　　144～148
　――の更新　extension of period renewal　　149
　――の進行停止　extension of period suspension　　149, 153
　――の短期化・統一化傾向　trend toward shorter and uniform　　139～141
　――の中断　extension of period interruption　　149, 153
　――の満了　extension of period postponement　　149
　――満了の延期　extension of period postponement of expiry　　162～163
　――を延長する合意　agreements lengthening -　　186
　→（消滅）時効　*see also* Prescription
自然債務　*Naturalis obligatio*　　110, 183
質　権　Pledge　　52
支払（い）　Payment
　一部弁済　partial -　　47
　利息の――　- of interest　　221～226
　――遅延　delay in -　　124, 221～226
　――不能のリスク　risk of non-payment　　33
　――を求める権利　rights to -　　53, 65, 184
支払不能　Insolvency
　債務者の――　- of debtor　　33, 36
　倒産の場面での相殺　set-off in -　　112
償還を求める権利　Recovery, right of
　条件付債務の場合の金銭または財産と――　money and property in case of conditional obligations　　220
　追加費用と――　additional expenses　　62
条　件　Conditions　　211～219
　解除――　resolutive -　　211～216
　将来の事実と――　future event　　212～213
　随意――　arbitrary -　　212
　停止――　suspentive -　　211～216
　不確実な事実と――　uncertain event　　211～212
　――と不確実性　uncertain character　　211～212, 215～216

——の成就を擬制する準則　rule of deemed fulfilment　　216〜217
　　——の将来効　prospective effect　　219
　→ 信義誠実および公正取引　see also Good faith and fair dealing
証券に化体された権利の移転　Documentary intangibles, transfer of　　54〜55
譲渡性のない債権　Non-assignable claims　　78
譲渡人と比較した譲受人の立場　Position of assignee compared to assignor　　86
消費者保護　Consumer protection　　203, 223
所有権　Ownership
　　違法な取引に基づく——　- under illegal transactions　　205
　　——の移転　transfer of -　　56
所有権留保条項　Reservation of title clause　　102
人格権　Personal rights　　序論 4
信義誠実および公正取引　Good faith and fair dealing
　　一般的義務としての——　general obligation of -　　32, 174, 181, 217〜218
　　譲渡対象債権の変更　modification of assigned claim　　72〜73, 89
　　譲渡人が知っている事情　matters known to the assignor　　73
　　——と詐欺的通謀　fraudulent collusion　　37
　　——に従う義務に違反した条件成就　fulfilment of conditions contrary to duties of -　　216
　→ 協力義務　see also Duty to co-operate
人身損害　Personal injury　　150, 154, 166〜167, 169, 171〜173, 175〜176, 182
信用状　Letters of credit　　66, 73
請求払保証状　Demand guarantees　　66
製造物責任指令　PL Directive　　139
責　任　Liability
　　共同——　collective -　　29
　　譲渡人の——　- of assignor　　71, 76
　　追加的負担部分についての——　- for supplementary share　　36
　　賠償——　- for reparation　　27
　　複数の者の——　- of several persons　　26
　　他の債務者に対する裁判所の判決の影響　effect of court decision on other debtors　　37〜38, 48
　　他の債務者に対する時効の影響　effect of prescription on other debtors　　38〜39
　　履行期前の不履行に対する——　- for anticipatory non-performance　　214
　　連帯——　solidary -　　28〜29
　　——の分担　sharing of -　　30〜31
善良の風俗　Bonos mores　　191〜193
相互代理　Reciprocal representation　　37
相　殺　Set-off　　34, 109〜129
　　金銭債務の——　monetary obligations　　110, 125
　　故意の不法行為と——　deliberate wrongful act　　128〜129
　　故意の不法行為と——　wilful delict　　128
　　合意による——　- by agreement　　121〜122, 127
　　合意による排除　exclusion by agreement　　128
　　債権者の利益が害されないこと　absence of prejudice　　116

相　殺（つづき）
　　債権内容の確定要件　liquidity requirement　　115
　　債権の特定　identification of claim　　122〜123
　　時効にかかった債権と——　claim that is prescribed　　184〜185
　　自然債務と——　naturalis obligatio　　110
　　自動債権　cross-claim　　110
　　受動債権　principal claim　　111
　　相互性　mutuality　　110, 112
　　対当額での免責　coextensive discharge　　125
　　通知による——　- by notice　　120〜121
　　倒産の場面での——　insolvency -　　114
　　同種の債務　obligations of the same kind　　113
　　独立の債権　independent claims　　87〜88
　　利　息　interest　　124
　　——権を確保することを望んでいる債務者　debtor wishing to preserve right to -　　74〜75
　　——と時効　prescription　　125
　　——と実体法　substantive law　　109, 112, 115
　　——と充当　appropriation　　123
　　——の意思表示　declaration of -　　109〜111, 114, 116, 120〜121, 124〜126, 185
　　——の禁止　prohibition of -　　127〜129
　　——の将来効　prospective effect of -　　124, 126〜127
　　——の遡及効　retrospective effect of -　　126
　　→　通貨，通知　see also Currency, Notice
相続法　Succession, law of　　序論 4 , 22, 42
相当な注意　Due diligence　　212, 214, 218
遡及効　Retrospective effect　　68, 124, 185〜186, 219
損害賠償：損害　Damages
　　違法な契約における——　- in case of illegal contract　　208
　　金銭支払いの遅延によって生じた損害に対する——　- for loss caused by delay in payment of money　　223
　　契約外の損害に対する——　- for non-contractual harm　　150
　　全損害を補塡する——　- covering the whole of the loss　　29
　　損害の種類　types of -　　149, 151
　　分割可能な——請求権　divisible right to -　　29
　　——請求権の移転　transfer of right to -　　66
　　——請求権の時効　prescription of a right to -　　144〜185
　　——責任の内部負担割合　sharing of liability for -　　30〜31

た　行

代位によって代位される者の利益が害されてはならない　*Nemo contra se subrogare consetur*　　33
代金減額請求権　Right to reduce price　　132
第三者　Third party
　　——のためにする契約　stipulation in favour of -　　96〜97

――への金銭の供託　depositing money with -　　45
第三者　Third person
　　担保を供した――　- granting security　101
　　――による履行　performance by -　　96
　　――の抗弁　defences of -　101, 103
多数当事者　Plurality of parties　21〜49
担　保　Security　110
　　債権譲渡以外の債権――　- created otherwise than by assignment　51, 52
　　質　権　pledge　102
　　相　殺　set-off　109〜129
　　土地債務　Grundschuld　66
　　取引の一部として譲渡された財産上の――　- over an asset transferred as part of a transaction　102
　　保証（人）　surety　66
　　――権　- rights　32〜33, 62
　　――付の債務　obligation backed by -　27
　　――に対する時効の効果　effect of prescription on -　181
　　――のための債権譲渡　assignment by way of -　51〜52, 92
遅延利息　Default interest　66
知的財産権　Intellectual property　序論4
仲　裁　Arbitration　37, 53, 141〜147, 155, 158, 160, 196〜197
通　貨　Currency
　　強制通用力のある――　obligatory -　84
　　異なる――による債務　debts in different -　118
通　知　Notice
　　契約の譲渡と――　transfer of contract　105
　　公　示　public -　63〜64
　　債権譲渡の――　- of assignment　63〜64, 74〜75, 79〜82, 86〜89, 91
　　相殺の――　- to effect set-off　120, 123〜124
　　（相殺の場合の）――要件　requirements of -　120
　　――の受領　receipt of -　91, 183〜185
通　知　Notification　63〜64, 91, 184
手続上の瑕疵　Procedually defective actions　157〜159
手続上の権利　Procedural rights　序論4
動　産　Corporeal movable property　序論4
当事者（の）意思　Intention of parties　26, 28, 42, 196
投資証券の移転　Investment securities, transfer of　51〜54
道徳違反　Immorality　191, 203〜207
独立した権利の移転　Independent rights, transfer of　62

　　な　行

認識可能性基準　Discoverability criterion　139, 150〜155

は 行

破　産　Bankruptcy
　　債権譲渡人の―――　- of assignor　　63〜64, 66, 90, 92〜93
　　債務者の―――　- of debtor　　72
　　―――法の準則　rules of - law　　34, 92〜93
パッケージ旅行に関する理事会指令　Council Directive on package travel, package holidays and package tours　196
罰　Sunctions
　　行政罰　administrative -　　198
　　刑事罰　criminal -　　198
非通知型融資　Non-notification financing　　64
ファクタリング契約　Factoring agreement　　75
夫婦財産制　Matrimonial commnity　　23
不可分債務　Indivisible obligations　　21, 24〜25, 29
付款のある債務　Qualification, obligation subject to　　27
複数債務者　Plurality of debtors　　21〜41
複数の者が惹起した損害　Harm caused by several people　　26
複　利　→　利　息　Compound interest, *see* Interest
付従的でない権利　Non-accessory rights　　66, 73
付従的な権利　Accessory rights
　　契約の譲渡における―――　- in transfer of contract　　105
　　交替における―――　- in substitution　　101
　　債権譲渡における―――　- in assignment of claims　　62, 66〜67, 73
不訴求特約　Covenant not to sue　　37
負担部分　Share　　30〜31, 33, 36
負担割合平等の原則　Equal sharing, rule of　　28, 30
不道徳な原因に基づき，占有者の地位が優先される　*Ex turpi causa melior est conditio possidentis*　204〜207
不当利得　Unjustified enrichment
　　債務者の対人的権利　debtor's personal action　　32
　　条件付債務と―――　conditional obligations　　220
　　譲渡性のある債権の譲渡　assignment of transferable claims　　53
　　相殺後の支払いと―――　payment made after set-off　　125
　　―――返還請求権　claims for the redress of -　　171
不履行　Non-performance
　　共同債権に対する―――　- of communal claim　　43
　　共同債務の―――　- of communal obligation　　28〜29
　　重大な―――　fundamental -　　22, 24, 61
　　重大な―――　substantial -　　42
　　譲渡人による―――　- by assignor　　87
　　将来の―――　future -　　66
　　―――に対する救済手段　remedies for -　　22, 29, 42

分割債務　Separate obligations　22〜23, 25, 28
保証（人）　Suretyship　66, 110
保証；担保責任　Warranties
　　債務者の資力　solvency of debtor　73〜74
　　担保責任の限定　restrictions　70, 73〜74

ま　行

未成年者　→　時　効　Minors *see* Prescription
持　分　Share　44, 46

や　行

約定担保権　Consensual security interests　72
有価証券　Security
　　投資証券　investment -　51, 54
　　流通証券　negotiable -　51, 54〜55
輸出許可　Export licence　212, 214, 217〜218
ヨーロッパ人権条約　European Convension on Human Rights　191
ヨーロッパにおける法の根本原理　Fundamental principles of law, European　192

ら　行

履　行　Performance
　　競合する——請求　competing demands for -　83
　　継続的——　continuous -　72
　　第三者への——　- to a third party　45
　　同一の——を行うべき数人の債務者　several debtors owing the same -　26
　　当事者が——をしなければならない時　time when a party has to effect -　144
　　非金銭債権の——　non-monetary -　53, 56, 61〜62, 75〜76
　　不可分の——　indivisible -　23, 42
　　分割した——　- in separate parts　23
　　別個独立の——　independent -　23
　　——拒絶権　right to refuse -　39, 131, 180
　　——の仕方の違法　illegal -　196, 200
　　——の分割　division of -　61〜62
　　——場所　due place of -　83〜85
　　——場所　place of -　83〜85, 112
　　——を受領する権利　right to receive -　132
　　→　不履行, 履行を求める権利, 救済方法, 履行の留保　*see also* Non-performance, Right to performance, Remedies, Withholding of performance
履行請求が認められない場合　Limitations on the availability of specific performance　217
履行の留保　Withholding of performance
　　共同債権と——　communal claims　43
　　共同債務と——　communal obligations　23
　　債権譲渡の証拠提示と——　evidence of assignment　79〜80

履行の留保（つづき）
　　連帯債権と—— solidary claims　　42
　　連帯債務と—— solidary obligations　　22
　　——と時効　prescription　　132
　　——と相殺　set-off　　117
履行場所　→　履　行　Due place of performance, *see* Performance
履行を求める権利　Right to performance
　　債権と——　claim　　序論4 , 42, 132
　　——と時効準則　rules on prescription　　133, 139
　　——の移転　transfer of -　　51
利　息　Interest
　　——の元本組入れ　capitalisation of -　　221～226
　　——の支払遅延　delayed payment of -　　222
　　——の支払いを求める権利　right to payment of -　　184
連帯債務　Passive solidarity　　46, 49
連帯債務　Solidary obligations　　21～40, 42
　　——における免除または和解　release or settlement in -　　36
連帯性の推定　Solidarity, presumption of　　27
連帯責任　Solidary responsibility　　28～29

原語索引

Accessory rights 付従的な権利
    - in assignment of claims　債権譲渡における——　　62, 66~67, 73
    - in substitution　交替における——　　101
    - in transfer of contract　契約の譲渡における——　　105
Accumulation of rights　権利の併合　　41
Agere non valenti non currit praescriptio　訴えることのできない者に対して時効は進行しない
    152, 160
Arbitration　仲裁　　37, 53, 141~147, 155, 158, 160, 196~197
Assignment(s)　債権譲渡　　51~93
    absolute -　真正の——　　90~91
    agreement to assign　——契約　　55
    assignor's liability for the non-conformity　——人の契約違反に関する責任　　74
    attachment creditor　——と差押債権者　　92
    bankruptcy of assignor　——と譲渡人の破産　　65
    - by unilateral act　一方的行為による移転　　53
    - by way of security　担保のための——　　52, 90
    cession di crediti　合意による——　　56
    claims payable in the future　将来において履行期が到来する債権の——　　59
    closely connected with the assigned claim　譲渡対象債権と密接に関係する債権の——　　86~87
    competing -　債権の多重譲渡　　90
    continuous stream of receivables　継続的な一連の金銭債権の——　　64, 75
    contractual claims　契約に基づいて発生する債権の——　　51, 53
    contractual prohibition　契約上の——禁止　　71
    collusive antidating of -　共謀による——の日付の遡及　　64
    bank guarantee　——と銀行保証　　76
    debitum in praesenti, solvendum in futuro　履行期が将来到来する現在の債権の——　　57, 75, 87
    debtor's consent to -　——に対する債務者の同意　　74~75, 77~78
    debtor's knowledge of -　——についての債務者の認識　　80~82
    divisibility　（債権の）可分性　　60
    document of title to goods　動産を目的とする権原証券の——　　51, 55
    enforcement of security interest in claims　——と債権を目的とする担保権の実行　　55
    existence and enforceability of claims　——と債権の存在および履行の強制可能性　　71
    existing claims　現在の債権の——　　56, 90, 92
    factoring　ファクタリングと——　　51, 68, 76
    factual basis of the claim　——と債権の事実的基礎　　71
    - for value/gratuitous -　有償の——／無償の——　　70
    form of -　——の方式　　63
    formal validity and enforceability　——の方式上の有効性および履行の強制可能性　　71
    freedom of prior right　——と優先する権利の不存在　　72

Assignment(s)（つづき）
　　future contract　将来の契約　　57
　　global - of future debts　将来の金銭債権の包括的——　59
　　gratuitous -　無償の——　70
　　identifiability　——と特定可能性　59
　　- in writing　書面による——　63
　　increased costs　——と増加費用　60, 84〜85
　　independent right　独立した権利の——　73
　　insolvency rules govering unfair preference　——と破産法上の偏頗行為に関する準則　64
　　judical or other attachment　——と裁判上その他の差押え　90
　　knowledge of -　——の認識　79, 91
　　legitimacy　——と適法性　74
　　letter of credit　——と信用状　76
　　negotiable instrument　流通証券の——　51, 53〜54
　　negotiable security　流通証券の——　51, 54〜55
　　nemo dat quod non habet　何人も自己の有する以上の権利を譲渡できない（無権利の法理）　90, 93
　　no modification without consent　同意なければ変更なし　72
　　non-recource factoring　求償のないファクタリング契約と——　76
　　notice of -　——の通知　63〜64, 79〜82, 86〜93
　　notification financing　通知型融資と——　64
　　- of claims under future contracts　将来の契約に基づいて発生する債権の——　57
　　- of future rights to the payment of money　将来の金銭債権の——　75
　　options open to a debtor　——と債務者に認められる選択権　79
　　oral -　口頭の——　63
　　partial -　一部譲渡　60
　　place of performance　——と履行場所　84
　　pledge　——と質権　52, 56
　　preferential claims　破産法上の優先債権と——　93
　　principle of abstraction　——と無因性の原則　56
　　priority　——の優先性／優先順位　66, 68, 72
　　public policy　——と公序　58, 77
　　qui prior est tempore potior est jure　時に先んずる者は権利に先んずる　91
　　register　——と登録簿　51, 91
　　retrospective effect of -　——の遡及効　68, 92
　　right to -　——と譲渡する権利　71
　　right to request evidence　——の証拠提示を求める権利　63
　　right to withhold performance　——と履行を留保する権利　80
　　rights personal to the creditor　債務者の属人的な要素に関わる権利の——　53, 77〜78
　　set-off　——と相殺権　72, 75, 86〜88
　　silent pledge　——と隠れた質権　56, 74, 81〜82, 93
　　specifity　——と特定性　59
　　statutory -　制定法上の——　59

268

    substantive defences and right of set-off　——と実体的な抗弁および相殺権　71, 86, 88
    substantive validity　——の実体的な有効性　71
    successive -　多重の——　90
    transfer of non-accessory rights　——と付従的でない権利の移転　71
    undertakings　——と保証　70〜71
    unfair preference　——と偏頗行為　93
    validity of -　——の有効性　55, 63〜64
    warranties　——と担保責任　70
    wrongful double -　債権の違法な二重譲渡　65〜66
    see also **Transfer of claim**　→　債権の移転

Bankruptcy　破　産
    - of assignor　債権譲渡人の——　63〜64, 66, 90, 92〜93
    - of debtor　債務者の——　72
    rules of - law　法の準則　34, 92〜93
Bill of exchange, transfer of　為替手形の移転　51, 54
Bonos mores　善良の風俗　191〜193

Causa　契約の原因　200〜201
Cause　コーズ　192, 200
Causal participation　因果的な寄与度　31
Claim(s)　債　権
    attachment of -　——の差押え　92〜93, 127〜128
    - between spouses　婚姻当事者間の——　167〜169
    contractual -　契約に基づいて発生する——　53, 57
    communal -　共同——　42〜43
    divisible -　可分——　22〜23, 60〜62
    future -　将来——　53, 56〜58, 68, 75, 90
    identification requirement　——と特定性要件　57〜58
    indicisible -　不可分——　44
    limitations of -　——の行使期間　131, 134
    meaning of the term　——という用語の意味　序論4, 42, 52〜53, 132
    modification to -　——の変更　72〜73, 89
    monetary -　金銭——　56, 60, 76, 110
    non-assignable -　譲渡性のない——　77〜78
    non-contractual -　契約以外に基づいて発生する——　53
    non-monetary -　非金銭——　56, 61〜62, 76
    partial reduction of -　——の部分的な縮減　49
    plural -　複数——　序論2, 41, 122
    presumption of divisibility　——の可分性の推定　44
    separate -　分割——　42
    solidary -　連帯——　42
    see also **Transfer of claims**　→　債権の移転

Community debts　共有債務　　23
Compound interest, see **Interest**　複　利　→　利　息
Conditions　条　件　　211〜219
　　arbitrary -　随意——　　212
　　future event　将来の事実と——　　212〜213
　　prospective effect　——の将来効　　219
　　resolutive -　解除——　　211〜216
　　rule of deemed fulfilment　——の成就を擬制する準則　　216〜217
　　suspentive -　停止——　　211〜216
　　uncertain character　——と不確実性　　211〜212, 215〜216
　　uncertain event　不確実な事実と——　　211〜212
　　see also **Good faith and fair dealing**　→　信義誠実および公正取引
Confusio　混　同　　35, 47
Consensual security interests　約定担保権　　72
Construction contract　建築請負契約　　72〜73
Consumer protection　消費者保護　　203, 223
Contracts　契　約
　　- conferring excessive benefit or unfair advantage　過大な利益取得または不正なつけ込みを伴う——　　192
　　- contrary to fundamental principles　根本原理に反する——　　191
　　- contrary to law　法規違反の——　　194
　　invalidity of -　——の無効　　138, 204
　　non-enforcement of -　——の強制不能　　192
　　- of long duration　長期——　　104
　　unfair - terms not individually negotiated　個別に交渉されていない不公正な——条項　　192
　　- with an illegal purpose　違法な目的の——　　195, 199〜200
　　see also **Ineffectiveness of contracts**　→　契約の無効
Contractual right to the payment of money　契約上の金銭支払請求権　　51〜52
Corporeal movable property　動　産　　序論 4
Council Directive on package travel, package holidays and package tours　パッケージ旅行に関する理事会指令　　196
Court, meaning of the term　裁判所という用語の意義　　37
Covenant not to sue　不訴求特約　　37
Creditor(s)　債権者
　　presumption of equality　——間の持分割合の平等の推定　　概要 3, 46
　　presumption of solidarity　——の連帯の推定　　42
　　protection of -　——の保護　　101, 160, 166, 177
　　right of recourse　——の分配請求　　47
Currency　通　貨
　　debts in different -　異なる——による債務　　118
　　obligatory -　強制通用力のある——　　84
Current account　交互計算　　222, 225

270

Damages　損害賠償；損害
　- covering the whole of the loss　全損害を補填する——　29
　divisible right to -　分割可能な——請求権　29
　- for loss caused by delay in payment of money　金銭支払いの遅延によって生じた損害に対する——　223
　- for non-contractual harm　契約外の損害に対する——　150
　- in case of illegal contract　違法な契約における——　208
　prescription of a right to -　——請求権の時効　144～185
　sharing of liability for -　——責任の内部負担割合　30～31
　transfer of right to -　——請求権の移転　66
　types of -　損害の種類　149, 151
Debt(s)　債権；債務
　assumption of -　債務引受　99
　already payable -　履行期が既に到来している債権　52～53
　cession de dette　債務引受　99
　community -　共有債務　23
　future -　将来債権　75～76
　indivisible -　不可分債務　21
　merger of -　債権と債務の混同　35, 47
　qualification　付　款　27
　release of the -　債務免除　36～37, 47
Debtor(s)　債務者
　additional expense　——の追加出費　62
　costs　——の増加費用　60～61
　- excused from performing　——の履行からの免責　29
　insolvency of -　——の支払不能　33, 36, 73
　liability of -　——の責任　22, 37～38
　presumption of equality　——間の平等性の推定　概要2
　proportional sharing of risk　支払不能リスクの——間での比例的分担　33
　protection of -　——の保護　45, 62, 81～83, 133～134, 150, 184～186
　right of recourse of -　——の求償権　32～34, 37～39
　right to request evidence of -　——の証拠提示を求める権利　63
　same performance　同一の履行　25～26
　substitution　——の代わり（の履行）；——の交替　22, 52, 95
Default interest　遅延利息　66
Defence(s)　抗　弁
　- inherent in the debt　債務に内在する——　40, 48
　- of prescription　時効の——　181～182, 185
　- of third person　第三者の——　101, 103
　peremptory -　権利減却の——　181
　personal -　一身専属的な——　40, 48
　procedural -　手続上の——　86～87
Demand guarantees　請求払保証状　66

索引（原語索引）　*271*

Deposit　供　託　　45
Declaratory judgment　確認判決　　142, 157, 159
Discoverability criterion　認識可能性基準　　139, 150〜155
Documentary intangibles, transfer of　証券に化体された権利の移転　　54〜55
Due diligence　相当な注意　　212, 214, 218
Due place of performance, *see* **Performance**　履行場所　→　履　行
Duty to co-operate　協力義務　　216

EC Treaty　EC条約　　191, 196
European Convention on Human Rights　ヨーロッパ人権条約　　191
European Union Charter on Fundamental Rights　EU基本権憲章　　191
European Union　欧州連合（EU）
　　fundamental principles of law　──の法の根本原理　　191
　　place of performance　──における履行場所　　84
Equal sharing, rule of　負担割合平等の原則　　28, 30
Export licence　輸出許可　　212, 214, 217〜218
Ex turpi causa melior est conditio possidentis　不道徳な原因に基づき，占有者の地位が優先される　　204〜07

Factoring agreement　ファクタリング契約　　75
Family law　家族法　　序論4
Financial instruments, transfer of　金融証券の移転　　51〜54
Fraudulent collusion　詐欺的通謀　　37〜38
Fundamental human rights　基本的人権　　序論4
Fundamental principles of law, European　ヨーロッパにおける法の根本原理　　192

Good faith and fair dealing　信義誠実および公正取引
　　fraudulent collusion　──と詐欺的通謀　　37
　　fulfilment of conditions contrary to duties of -　──に従う義務に違反した条件成就　　216
　　general obligation of -　一般的義務としての──　　32, 174, 181, 217〜218
　　matters known to the assignor　譲渡人が知っている事情　　73
　　modification of assigned claim　譲渡対象債権の変更　　72〜73, 89
　　see also **Duty to co-operate**　→　協力義務

Harm caused by several people　複数の者が惹起した損害　　26

Immorality　道徳違反　　191, 203〜207
Independent rights, transfer of　独立した権利の移転　　62
Indivisible obligations　不可分債務　　21, 24〜25, 29
Ineffectiveness of contracts　契約の無効　　201〜202
　　automatic -　当然無効　　192
　　effect prescribed by infringed mandatory rule　違反された強行規定に定められた効果　　196
　　judicial discretion to declare　裁判所の裁量的判断　　196〜200

partially ineffective　一部無効　　203
Insolvency　支払不能
　- of debtor　債務者の――　　33, 36
　set-off in -　倒産の場面での相殺　　112
Intellectual property　知的財産権　　序論4
Intention of parties　当事者（の）意思　　26, 28, 42, 196
Interest　利　息
　capitalisation of -　――の元本組入れ　　221～226
　delayed payment of -　――の支払遅延　　222
　right to payment of -　――の支払いを求める権利　　184
Investment securities, transfer of　投資証券の移転　　51～54

Joint bank accounts　共同口座　　42～43

Letters of credit　信用状　　66, 73
Liability　責　任
　collective -　共同――　　29
　effect of court decision on other debtors　他の債務者に対する裁判所の判決の影響　　37～38, 48
　effect of prescription on other debtors　他の債務者に対する時効の影響　　38～39
　- for anticipatory non-performance　履行期前の不履行に対する――　　214
　- for reparation　賠償――　　27
　- for supplementary share　追加的負担部分についての――　　36
　- of assignor　譲渡人の――　　71, 76
　- of several persons　複数の者の――　　26
　sharing of -　――の分担　　30～31
　solidary -　連帯――　　28～29
Limitations on the availability of specific performance　履行請求が認められない場合　　217

Mandate in communal claims　共同債務における権限の委譲　　43
Mandatory rules of law　強行規定　　58, 78, 194～202
Matrimonial commnity　夫婦財産制　　23
Minors see **Prescription**　未成年者　→　時　効
Monetary obligations see **Obligations**　金銭債務　→　債　務
Money　金　銭
　- claim　――債権　　60～61, 110
　- claim arising under future contract　将来の契約に基づいて発生する――　　75
　delay in payment of -　――の支払遅延　　221～222
　depositing - with a third party　――の第三者への供託　　45
　obligation to pay -　――債務　　28, 84～85
　see also **Payment**　→　支払い

Naturalis obligatio　自然債務　　110, 183
Nemo contra se subrogare consetur　代位によって代位される者の利益が害されてはならない　　33

No-assignment clause 債権譲渡禁止条項　69, 74〜77
Non-accessory rights 付従的でない権利　66, 73
Non-assignable claims 譲渡性のない債権　78
Non-assignment securities 債権譲渡以外の債権担保　51〜52
Non-notification financing 非通知型融資　64
Non-performance 不履行
　- by assignor　譲渡人による——　87
　fundamental -　重大な——　22, 24, 61
　future -　将来の——　66
　- of communal claim　共同債権に対する——　43
　- of communal obligation　共同債務の——　28〜29
　remedies for -　——に対する救済手段　22, 29, 42
　substantial -　重大な——　42
Notice 通知
　- of assignment　債権譲渡の——　63〜64, 74〜75, 79〜82, 86〜89, 91
　public -　公示　63〜64
　receipt of -　——の受領　91, 183〜185
　requirements of -　(相殺の場合の)——要件　120
　- to effect set-off　相殺の——　120, 123〜124
　transfer of contract　契約の譲渡と——　105
Notification 通知　63〜64, 91, 184
Novation 更改　96, 98, 100, 104

Obligation(s) 債務　23〜25
　conditional -　条件付の——　211〜210
　communal -　共同——　23〜25
　- de moyens　手段——　218
　- de résultat　結果——　218
　divisible -　分割可能な——　97
　independent plural -　独立した複数の——　23
　indivisible -　不可分——　21, 24〜25, 29
　- in solidum　全部義務　24, 27
　monetary -　金銭——　概要1, 110, 222
　multiple -　複数の——　21
　non-monetary -　非金銭——　84〜85, 110
　- of reparation　賠償義務　26
　- of the same kind　同種の——　110
　plural -　複数の——　21, 122
　- to perform　履行すべき——　213
　see also **Transfer of obligations**　→　債務の移転
Ownership 所有権
　transfer of -　——の移転　56
　- under illegal transactions　違法な取引に基づく——　205

Parallel contracts 契約の併存　41
Passive solidarity 連帯債務　46, 49
Payment 支払（い）
   delay in -　――遅延　124, 221～226
   - of interest　利息の――　221～226
   partial -　一部弁済　47
   rights to -　――を求める権利　53, 65, 184
   risk of non-payment　――不能のリスク　33
Performance 履　行
   competing demands for -　競合する――請求　83
   continuous -　継続的――　72
   division of -　――の分割　61～62
   due place of -　――場所　83～85
   illegal -　――の仕方の違法　196, 200
   independent -　別個独立の――　23
   indivisible -　不可分の――　23, 42
   - in separate parts　分割した――　23
   non-monetary -　非金銭債権の――　53, 56, 61～62, 75～76
   place of -　――場所　83～85, 112
   right to receive -　――を受領する権利　132
   right to refuse -　――拒絶権　39, 131, 180
   several debtors owing the same -　同一の――を行うべき数人の債務者　26
   time when a party has to effect -　当事者が――をしなければならない時　144
   - to a third party　第三者への――　45
   see also **Non-performance, Right to performance, Remedies, Withholding of performance**
   → 不履行，履行を求める権利，救済方法，履行の留保
Period of prescription 時効期間
   asbestos　アスベストと――　172, 176
   act of execution　強制執行の申立てと――　179～180
   agreements lengthening -　――を延長する合意　186
   arbitral awards　仲裁判断と――　141～142, 144, 147, 155, 158
   break down of negotiation　交渉の決裂と――　163
   claims based on judgment　判決で確定された債権と――　141～144, 147, 157, 178～179
   claims within law of obligations　債務法上の債権と――　137～138, 144～146, 176～178
   conciliation proceedings　調停手続と――　163, 165
   commencement of -　――の起算点　144～148
   differentiated regime　債権の種類ごとに異なる――　137～138, 142, 150
   environmental damage　環境損害と――　173
   extension of period interruption　――の中断　149, 153
   extension of period suspension　――の進行停止　149, 153
   extension of period postponement　――の満了　149
   extension of period renewal　――の更新　149
   extension of period postponement of expiry -　満了の延期　162～163

Period of prescription（つづき）
    fraud　詐欺と──　　174, 176
    ignorance　（債権者の）認識欠如と──　　152, 174, 187
    impediments leading to suspension　進行停止事由となる障害　　160～161
    informal acknowledgement of claim　不要式の承認と──　　177
    lack of knowledge　（債権者の）認識欠如と──　　151
    lack of representation　代理人の欠如と──　　164～167
    legal certainty　法的安定性と──　　134, 173～174, 177
    legal proceedings on the claim　債権についての法的手続と──　　155～157, 173
    medical malpractice　医療過誤と──　　163, 171
    minors　未成年者と──　　164～167
    negotiations about the claim　債権に関する交渉と──　　163～164
    obligations to do or refrain from doing something　作為債務・不作為債務と──　　146
    periodical debts　定期的な債務と──　　139
    personal injuries claims　人身損害に関する債権と──　　150, 154, 167, 171, 182, 188
    postponement of expiry of - in case of incapacity　無能力者に代理人がいないことによる──の満了延期　　165～169
    postponement of expiry of - in case of negotiations　交渉による──の満了延期　　162～165
    postponement of expiry of - in case of succession　相続にともなう──の満了延期　　170
    principle of good faith　信義誠実の原則と──　　163, 214
    reasonable discoverability rule　合理的な認識可能性の準則　　150, 152, 171
    renewal by acknowledgement　債務の承認による──の更新　　176～179
    renewal by attempted excution　強制執行の申立てによる──の更新　　179～180
    right to payment of damages　損害賠償請求権と──　　144～145, 149
    significance test　重要性の基準　　151
    suspension of running of - by declaratory judgement　確認判決の申立てによる──の進行停止　　157
    suspension of running of - in case of ignorance　債権者の認識欠如による──の進行停止　　149～155, 173, 187
    suspension of running of - in case of impediment　債権者の支配を超えた障害による──の進行停止　　160～162
    suspension of running of - in case of judicial proceedings　裁判手続の係属による──の進行停止　　155～160, 171, 173
    suspension of running of - in case of negotiations　交渉による──の進行停止　　162～165
    trend toward shorter and uniform　──の短期化・統一化傾向　　139～141
    vis major　不可抗力　　152
    see also **Prescription**　→　時　効
Personal injury　人身損害　　150, 154, 166～167, 169, 171～173, 175～176, 182
Personal rights　人格権　　序論 4
PL Directive　製造物責任指令　　139
Pledge　質　権　　52
Plurality of debtors　複数債務者　　21～41
Plurality of parties　多数当事者　　21～49

Position of assignee compared to assignor　譲渡人と比較した譲受人の立場　　86
Prescription　（消滅）時効
   abuse of right　――と権利濫用　164
   acquisitive -　取得時効　131, 134
   agreement allowing additional times for performance; *pacta de non petendo*　履行の猶予期間を与える合意と――　187
   agreement postponing the due date of a claim　履行期を延期する合意と――　187
   Anlaufhemmung　――の進行開始の停止　154
   effect on ancillary claims　付随的債権に対する効果　184
   effect on liability of other debtors　他の債務者の責任に対する影響　38～39
   effect on rights of other creditors　他の債権者の権利に対する影響　48
   effect on set-off　相殺する権利に対する効果　184～186
   exeptio doli　――と悪意の抗弁　164
   general effect of -　――の一般的効果　180～183
   good faith　――と信義則　164
   interruption of -　――の中断　149, 155, 158～159, 176～177
   last communication in the negotiations　交渉の最後の伝達　162
   long-stop　――と上限期間　153, 171～176
   new German law of -　ドイツ新――法　13, 136
   negative -　消極的――　131
   obfuscating power of time　時間の曖昧化作用　133, 141, 172, 185
   party autonomy　――と当事者の自治　186～189
   personal injury cases　人身損害の場合の――　182
   presumptive -　弁済があったと推定させる――　183
   public interest　――と公共の利益　181, 184～186
   - regime　――制度　133～135, 137～139
   reminder　催　促　165
   right of set-off　――と相殺の権利　184～185
   right to refuse performance　（効果としての）履行拒絶権　131, 180～181
   substantive law　実体法と――　131～132, 180
   terminology　――という用語の意義　131
   types of dameges　損害の種類　149, 151
   ut sit finis litium　――が生じれば争訟は終わる　181, 184
   waiver of the right to invoke -　――援用権の放棄　181～182
   weak effect of -　――の弱い効果　180～181
   see also **Recourse, Period of prescription**　→　求償，時効期間
Private international law and mandatory rules　国際私法と強行規定　58, 194～195
Procedural rights　手続上の権利　序論 4
Procedally defective actions　手続上の瑕疵　157～159
Property　財　産　序論 4
   corporeal movable -　動　産　序論 4
   - rights　――権　序論 4, 133
   transfer of -　――の移転　56, 205

Protective rights 抗弁的権利 　序論 4
Public interest 公共の利益 　141, 181, 184, 186〜187, 191〜193
Public notice, *see* **Notice** 　公　示 → 通　知
Public policy 公　益 　191〜193

Qualification, obligation subject to 　付款のある債務 　27

Reciprocal representation 相互代理 　37
Recourse, rights of 　求償権
　effect of court decision on - 　――に裁判所の判決が与える影響 　38
　effect of prescription on - 　――に時効が与える影響 　38
　personal - 　対人的な―― 　32
　subrogatory - 　弁済による代位 　32〜33
Recovery, right of 　償還を求める権利
　additional expenses 　追加費用と―― 　62
　money and property in case of conditional obligations 　条件付債務の場合の金銭または財産と―― 　220
Release of debt 　債務の免除 　47
Remedy(ies) 　救済手段
　- for delayed payment of interest 　利息の支払遅延に対する―― 　222
　- for non-performance 　不履行に対する―― 　22, 29, 42
　invalidity of contract 　契約の無効 　204
　- of avoidance 　取消しという―― 　191
　transfer of - 　――の移転 　66
Reservation of title clause 　所有権留保条項 　102
Res judicata, **effect of** 　既判力 　38, 144, 147, 155, 157
Restitution 　原状回復 　204〜207
　if not regulated by contract 　契約で定められていない場合の―― 　220
　prescription of rights to - 　――請求権の時効 　138
　- under the illegal contracts 　違法な契約の―― 　204〜205
Retrospective effect 　遡及効 　68, 124, 185〜186, 219
Right to performance 　履行を求める権利
　claim 　債権と―― 　序論 4, 42, 132
　rules on prescription 　――と時効準則 　133, 139
　transfer of - 　――の移転 　51
Right to reduce price 　代金減額請求権 　132
Rome Convention on the Law Applicable to Contractual Obligations 1980 　契約債務の準拠法に関するローマ条約 　195

Share 　持　分 　44, 46
Share 　負担部分 　30〜31, 33, 36
Security 　担　保 　110
　assignment by way of - 　――のための債権譲渡 　51〜52, 92

- created otherwise than by assignment 債権譲渡以外の債権―― 51, 52
  effect of prescription on - ――に対する時効の効果 181
  Grundschuld 土地債務 66
  obligation backed by - ――付の債務 27
  - over an asset transferred as part of a transaction 取引の一部として譲渡された財産上の―― 102
  pledge 質権 102
  - rights 担保権 32～33, 62
  set-off 相殺 109～129
  surety 保証（人） 66
Security 有価証券
  investment - 投資証券 51, 54
  negotiable - 流通証券 51, 54～55
Separate obligations 分割債務 22～23, 25, 28
Set-off 相殺 34, 109～129
  absence of prejudice 債権者の利益が害されないこと 116
  appropriation ――と充当 123
  - by agreement 合意による―― 121～122, 127
  - by notice 通知による―― 120～121
  claim that is prescribed 時効にかかった債権と―― 184～185
  coextensive discharge 対当額での免責 125
  cross-claim 自動債権 110
  debtor wishing to preserve right to - ――権を確保することを望んでいる債務者 74～75
  declaration of - ――の意思表示 109～111, 114, 116, 120～121, 124～126, 185
  deliberate wrongful act 故意の不法行為と―― 128～129
  exclusion by agreement 合意による排除 128
  identification of claim 債権の特定 122～123
  independent claims 独立の債権 87～88
  insolvency - 倒産の場面での―― 114
  interest 利息 124
  liquidity requirement 債権内容の確定要件 115
  monetary obligations 金銭債務の―― 110, 125
  mutuality 相互性 110, 112
  naturalis obligatio 自然債務と―― 110
  obligations of the same kind 同種の債務 113
  prescription ――と時効 125
  principal claim 受動債権 111
  prohibition of - ――の禁止 127～129
  prospective effect of - ――の将来効 124, 126～127
  retrospective effect of - ――の遡及効 126
  substantive law ――と実体法 109, 112, 115
  wilful delict 故意の不法行為と―― 128
  see also **Currency, Notice** → 通貨，通知
Sexual abuse of children claims 子どもに対する性的虐待から生じる債権 167, 171

Solidary obligations　連帯債務　21〜40, 42
　　release or settlement in -　――における免除または和解　36
Solidarity, presumption of　連帯性の推定　27
Solidary responsibility　連帯責任　28〜29
Substitution, *see* **Transfer of obligations**　債務者の交替　→　債務の移転
Succession, law of　相続法　序論 4, 22, 42
Sunctions　罰
　　administrative -　行政罰　198
　　criminal -　刑事罰　198
Suretyship　保証（人）　66, 110

Take-overs　企業買収　104
Termination of contract　契約の解消
　　creditors obliged to act together　――と債権者の共同での権利行使義務　43
　　fundamental non-performance　重大な不履行による――　22, 24, 61
　　partial -　契約の一部の解消　23
Third party　第三者
　　depositing money with -　――への金銭の供託　45
　　stipulation in favour of -　――のためにする契約　96〜97
Third person　第三者
　　defences of -　――の抗弁　101, 103
　　- granting security　担保を供した――　101
　　performance by -　――による履行　96
Time clauses　期　限　121, 213〜214
Time limits　期間制限
　　- in solidary obligations　連帯債務における――　27
　　prescription periods　――と時効期間　132〜133
Transfer of claims　債権の移転
　　accessory rights　――と付随的な権利　62, 66, 73
　　- by operation of law　法律による――　53
　　- by way of security　担保のための――　51〜52
　　consensual -　合意による――　53, 56
　　independent rights　――と独立した権利　62
　　outright -　真正の債権譲渡　51〜52, 92
Transfer of entire contract　契約全体の譲渡　52, 104〜107
Transfer of obligations　債務の移転
　　advance consent by creditor　――と債権者の事前の同意　95, 97
　　agreement of all three parties　――と三当事者すべてによる合意　95〜97

Unjustified enrichment　不当利得
　　assignment of transferable claims　譲渡性のある債権の譲渡　53
　　claims for the redress of -　――返還請求権　171
　　conditional obligations　条件付債務と――　220

280

debtor's personal action　債務者の対人的権利　　32
　　payment made after set-off　相殺後の支払いと──　　125

Warranties　保証；担保責任
　　restrictions　担保責任の限定　　70, 73〜74
　　solvency of debtor　債務者の資力　　73〜74
Wilful delict, claims arising from　故意の不法行為から生じた債権　　128〜129
Withholding of performance　履行の留保
　　communal claims　共同債権と──　　43
　　communal obligations　共同債務と──　　23
　　evidence of assignment　債権譲渡の証拠提示と──　　79〜80
　　prescription　──と時効　　132
　　set-off　──と相殺　　117
　　solidary claims　連帯債権と──　　42
　　solidary obligations　連帯債務と──　　22

■編者・監訳者・訳者紹介
　［編　者］
　オーレ・ランドー　（Ole LANDO）　　　　コペンハーゲン・ビジネススクール教授
　エリック・クライフ　（Eric CLIVE）　　　　エジンバラ大学ロースクール客員教授
　アンドレ・プリュム　（André PRÜM）　　　ルクセンブルク大学教授
　ラインハルト・ツィンマーマン　　　　　　マックスプランク外国私法・国際私法研究所所長，
　　　　　　　（Reinhard ZIMMERMANN）　　レーゲンスブルク大学教授（兼任）

　［監訳者］
　潮見　佳男　（Yoshio SHIOMI）　　　　　　京都大学大学院法学研究科教授
　中田　邦博　（Kunihiro NAKATA）　　　　　龍谷大学法科大学院教授
　松岡　久和　（Hisakazu MATSUOKA）　　　京都大学大学院法学研究科教授

　［訳　者］（50音順）
　石上　敬子　（Keiko ISHIGAMI）　　　　　東北大学大学院法学研究科博士後期課程院生
　荻野　奈緒　（Nao OGINO）　　　　　　　同志社大学大学院法学研究科博士後期課程院生
　乙宗　祥代　（Sachiyo OTOMUNE）　　　　元同志社大学大学院法学研究科博士前期課程院生
　小根田直徹　（Naomichi ONEDA）　　　　　元同志社大学大学院法学研究科博士前期課程院生
　加藤　沙代　（Sayo KATO）　　　　　　　元同志社大学大学院法学研究科博士後期課程院生
　木村　悠里　（Yuri KIMURA）　　　　　　元同志社大学大学院法学研究科博士後期課程院生
　阪上　淳子　（Junko SAKAGAMI）　　　　　元同志社大学大学院法学研究科博士前期課程院生
　坂口　　甲　（Kou SAKAGUCHI）　　　　　神戸市外国語大学外国語学部専任講師
　田井　義信　（Yoshinobu TAI）　　　　　同志社大学法科大学院教授
　高嶌　英弘　（Hidehiro TAKASHIMA）　　　京都産業大学法務研究科教授
　武田　直大　（Naohiro TAKEDA）　　　　　大阪大学大学院法学研究科准教授
　冨田　大介　（Daisuke TOMITA）　　　　　元同志社大学大学院法学研究科博士前期課程院生
　野々村和喜　（Kazuyoshi NONOMURA）　　　同志社大学法学部専任講師
　藤井　德展　（Narunobu FUJII）　　　　　大阪市立大学大学院法学研究科准教授
　古谷　貴之　（Takayuki FURUTANI）　　　　同志社大学大学院法学研究科博士後期課程院生
　米谷　壽代　（Hisayo MAITANI）　　　　　同志社大学大学院法学研究科博士後期課程院生
　松尾　健一　（Ken'ichi MATSUO）　　　　　同志社大学法学部准教授
　三輪　修子　（Naoko MIWA）　　　　　　　元龍谷大学大学院法学研究科修士課程院生
　村田　大樹　（Daiju MURATA）　　　　　　同志社女子大学現代社会学部助教
　森山　浩江　（Hiroe MORIYAMA）　　　　　龍谷大学法学部教授
　若林　三奈　（Mina WAKABAYASHI）　　　　龍谷大学法学部准教授
　和島亜寿沙　（Azusa WAJIMA）　　　　　　京都大学大学院法学研究科博士後期課程院生

	2008年10月15日　初版第1刷発行

ヨーロッパ契約法原則 Ⅲ

編　者	オーレ・ランドー/エリック・クライフ アンドレ・プリュム/ラインハルト・ツィンマーマン
監訳者	潮見佳男・中田邦博 松岡久和
発行者	秋　山　　　泰

発行所　株式会社　法律文化社

〒603-8053　京都市北区上賀茂岩ヶ垣内町71
電話 075(791)7131　FAX 075(721)8400
URL:http://www.hou-bun.co.jp/

© 2008 Y.Shiomi, K.Nakata, H.Matsuoka Printed in Japan
印刷：西濃印刷㈱／製本：㈱藤沢製本
ISBN978-4-589-03123-5

オーレ・ランドー，ヒュー・ビール編 潮見佳男・中田邦博・松岡久和監訳 **ヨーロッパ契約法原則Ⅰ・Ⅱ** Ａ５判・596頁・11550円	ヨーロッパ統一契約法制定へ向けて試みられた統一法モデル＝「ヨーロッパ契約法原則Ⅰ・Ⅱ」の条文と註解の翻訳。日本の契約法を現代的・比較法的な観点から見直すのに有用であり，必須文献の１つである。
ハイン・ケッツ著 潮見佳男・中田邦博・松岡久和訳 **ヨーロッパ契約法Ⅰ** Ａ５判・566頁・12600円	『比較法概論』の巨匠ケッツがヨーロッパ諸国の契約法準則の異同を論じ，誰も成し遂げられなかったヨーロッパ共通契約法の析出を指向した初めての試み。各国契約法の制度・運用，および日本の契約法を理解するための基本文献。
甲斐道太郎・石田喜久夫・田中英司・田中康博編 **注釈国際統一売買法Ⅰ・Ⅱ** ―ウィーン売買条約― Ａ５判・384～480頁・(Ⅰ)7560円　(Ⅱ)6195円	世界的な統一法では歴史上最大規模といわれる「国際動産売買に関する国連条約（国際統一売買法＝CISG）」のわが国で初めての本格的なコンメンタール。Ⅰ巻では101カ条のうち52条までを，Ⅱ巻では53条から101条までを注釈。
ボード・ピエロート，ベルンハルト・シュリンク著 永田秀樹・松本和彦・倉田原志訳 **現代ドイツ基本権** Ａ５判・570頁・12600円	ドイツの人権論に関する標準的な教科書。判例・事案を豊富に紹介し，それらの理論的位置づけを明快に説き，判例理論を体系的に解説する。巻末付録：「ドイツ連邦共和国基本法(抄)」「連邦憲法裁判所法」
中村義孝編訳 **ナポレオン刑事法典史料集成** Ａ５判・400頁・8400円	わが国の近代刑事立法にも影響を与えたとされるナポレオン刑事訴訟法典・刑法典の翻訳書。刑事訴訟法は制定時そのままの条文を，刑法では制定以降およそ２世紀にわたる条文の変遷を訳出した，史料的価値の高い１冊。

──────── **法律文化社** ────────

表示価格は定価（税込価格）です